"十二五"国家重点图书

28

财政政治学译丛

刘守刚 魏陆 主编

上海高校智库
上海财经大学公共政策与治理研究院

The New Fiscal Sociology
Taxation in Comparative and Historical Perspective

新财政社会学
比较与历史视野下的税收

艾萨克·威廉·马丁（Isaac William Martin）
阿杰·K. 梅罗特拉（Ajay K. Mehrotra） 编
莫妮卡·普拉萨德（Monica Prasad）

刘长喜 等译
刘守刚 校译

上海财经大学出版社

图书在版编目(CIP)数据

新财政社会学:比较与历史视野下的税收/(美)艾萨克·威廉·马丁(Isaac William Martin),(美)阿杰·K.梅罗特拉(Ajay K. Mehrotra),(美)莫妮卡·普拉萨德(Monica Prasad)编;刘长喜等译. —上海:上海财经大学出版社,2023.3
(财政政治学译丛)
书名原文:The New Fiscal Sociology:Taxation in Comparative and Historical Perspective
ISBN 978-7-5642-4076-9/F·4076

Ⅰ.①新… Ⅱ.①艾… ②阿… ③莫… ④刘… Ⅲ.①税收制度-研究 Ⅳ.①F810.422

中国版本图书馆 CIP 数据核字(2022)第 200277 号

□ 责任编辑　台啸天
□ 封面设计　张克瑶

新财政社会学
比较与历史视野下的税收

艾萨克·威廉·马丁
(Isaac William Martin)
阿杰·K.梅罗特拉　　编
(Ajay K. Mehrotra)
莫妮卡·普拉萨德
(Monica Prasad)
刘长喜　　等译
刘守刚　　校译

上海财经大学出版社出版发行
(上海市中山北一路 369 号　邮编 200083)
网　　址:http://www.sufep.com
电子邮箱:webmaster@sufep.com
全国新华书店经销
上海叶大印务发展有限公司印刷装订
2023 年 3 月第 1 版　2023 年 3 月第 1 次印刷

710mm×1000mm　1/16　23 印张(插页:2)　352 千字
定价:109.00 元

This is a simplified Chinese edition of the following title published by Cambridge University Press：

The New Fiscal Sociology：Taxation in Comparative and Historical Perspective (ISBN 9780521738392) by Isaac William Martin，Ajay K. Mehrotra，Monica Prasad，first published by Cambridge University Press 2009.
All rights reserved.

This simplified Chinese edition for the People's Republic of China (excluding Hong Kong，Macau and Taiwan) is published by arrangement with the Press Syndicate of the University of Cambridge，Cambridge，United Kingdom.

© Shanghai University of Finance and Economics Press 2023

This simplified Chinese edition is authorized for sale in the People's Republic of China (excluding Hong Kong, Macau and Taiwan) only. Unauthorized export of this simplified Chinese edition is a violation of the Copyright Act. No part of this publication may be reproduced or distributed by any means, or stored in a database or retrieval system, without the prior written permission of Cambridge University Press and Shanghai University of Finance and Economics Press.

Copies of this book sold without a Cambridge University Press sticker on the cover are unauthorized and illegal.

本书封面贴有Cambridge University Press防伪标签，无标签者不得销售。
图字：09-2023-0185号

2023年中文版专有出版权属上海财经大学出版社
版权所有　翻版必究

总　序

　　成立于2013年9月的上海财经大学公共政策与治理研究院,是由上海市教委重点建设的十大高校智库之一。通过建立多学科融合、协同研究、机制创新的科研平台,围绕财政、税收、医疗、教育、土地、社会保障、行政管理等领域,组织专家开展政策咨询和决策研究,致力于以问题为导向,破解中国经济社会发展中的难题,服务政府决策和社会需求,为政府提供公共政策与治理咨询报告,向社会传播公共政策与治理知识,在中国经济改革与社会发展中发挥"资政启民"的"思想库"作用。

　　作为公共政策与治理研究的智库,在开展政策咨询和决策研究的同时,我们也关注公共政策与治理领域基础理论的深化与学科的拓展研究。特别地,我们支持从政治视角研究作为国家治理基础和重要支柱的财政制度,鼓励对财政制度构建和现实运行背后体现出来的政治意义及历史智慧进行深度探索。著名财政学家马斯格雷夫早在其经典教材《财政理论与实践》中就将这样一种研究命名为"财政政治学"。但在当前的中国财政学界,遵循马斯格雷夫指出的这一路径,突破经济学视野而从政治学角度研究财政问题,还比较少见。由此既局限了财政学科自身的发展,又不能满足社会对运用财税工具实现公平正义的要求。因此,有必要在中国财政学界呼吁拓展研究的范围,努力构建财政政治学学科。

　　"财政政治学"虽然尚不是我国学术界的正式名称,但在国外的教学和研究中却有丰富的内容。要在中国构建财政政治学学科,在坚持以"我"为主研究中国问题的同时,应该大量翻译西方学者在该领域的内容,以便为国内财政学者从政治维度研究财政问题提供借鉴。呈现在大家面前的丛书,正是在上海财经大学公共政策与治理研究院资助下形成的"财政政治学译丛"。

"财政政治学译丛"中的文本，主要从美英学者著作中精心选择而来，大致分为理论基础、现实制度与历史经验等几方面。译丛第一辑推出10本译著，未来根据需要和可能，将陆续选择其他相关文本翻译出版。

推进财政政治学译丛出版是公共政策与治理研究院的一项重点工程，我们将以努力促进政策研究和深化理论基础为己任，提升和推进政策和理论研究水平，引领学科发展，服务国家治理。

胡怡建
2015年5月15日

撰稿人简介

弗雷德·布洛克(Fred Block)是加州大学戴维斯分校社会学教授。

W.埃利奥特·布朗利(W. Elliot Brownlee)是加州大学圣巴巴拉分校荣誉历史学教授。

安德里亚·路易斯·坎贝尔(Andrea Louise Campbell)是麻省理工学院政治学副教授。

约翰·L.坎贝尔(John L. Campbell)是达特茅斯学院1925级(Class of 1925)社会学教授,哥本哈根商学院政治经济学教授。

罗宾·L.艾因霍恩(Robin L. Einhorn)是加州大学伯克利分校历史学教授。

内奥米·费尔德曼(Naomi Feldman)是本-古里安大学经济学讲师。

克里斯托弗·霍华德(Christopher Howard)是威廉玛丽学院政府和公共政策学的帕梅拉·C.哈里曼教授。

井手英策(Eisaku Ide)是庆应义塾大学财政社会学副教授。

埃德加·凯瑟(Edgar Kiser)是华盛顿大学社会学教授。

埃文·S.利伯曼(Evan S. Lieberman)是普林斯顿大学政治学副教授。

艾萨克·威廉·马丁(Isaac William Martin)是加州大学圣地亚哥分校社会学副教授。

爱德华·麦克卡费里(Edward McCaffery)是南加州大学的罗伯特·C.帕卡德信托的法律教席(Robert C. Packard Trustee Chair in Law)以及法学、经济学和政治学教授,加州理工学院法学和经济学客座教授。

阿杰·K.梅罗特拉(Ajay K. Mehrotra)是印第安纳大学伯明顿分校的法学和历史学副教授。

比佛利·莫兰(Beverly Moran)是范德堡大学法学教授和社会学教授。

莫妮卡·普拉萨德(Monica Prasad)是西北大学社会学系助理教授和政策研究所研究员。

奥黛丽·萨克斯(Audrey Sacks)是华盛顿大学的社会学博士候选人。

乔尔·斯莱姆罗德(Joel Slemrod)是密歇根大学的保罗·W.麦克拉肯学院商业经济学和公共政策学教授，经济学教授，税收政策研究办公室主任。

斯文·施泰因莫(Sven Steinmo)是欧洲大学学院的政治经济学和公共政策学教授和主席。

约瑟夫·J.桑代克(Joseph J. Thorndike)是弗吉尼亚大学的税收分析中心的税收史项目主任和历史学访问学者。

查尔斯·蒂利(Charles Tilly)是哥伦比亚大学的约瑟夫·L·伯滕威泽社会科学教授。

致　谢

本书首次成形于 2007 年 5 月 4 日和 5 日在美国西北大学举办的讨论会——"历史的雷声：比较和历史视角下的税收"。我们首先要感谢的,是让此次会议圆满举行的各位工作人员,特别是伊丽莎白·安德森,没有她的努力,我们可能无法及时顺利地完成此书。

本项目得到了许多个人和机构在经济方面的支持,很高兴能在这里向他们表示感谢。他们是：西北大学比较历史社会科学项目组的安·奥尔洛夫(Ann Orloff)和詹姆士·马奥尼(James Mahoney),安·奥尔洛夫为此次研究的启动给予了鼓励并提供了资金支持；玛丽·帕蒂略(Mary Pattillo)及西北大学社会学系,菲利普·波斯特伟特(Philip Postlewaite)及西北大学法学院税收研究计划,费伊·洛马克斯·库克(Fay Lomax Cook)和西北大学政策研究院。最后,我们很高兴地感谢西北大学温伯格科学艺术学院的安德鲁·瓦赫特尔(Andrew Wachtel)和西蒙·格林沃尔德(and Simon Greenwold)给我们提供的慷慨支持和帮助。

许多人在此期间积极贡献了他们的想法、鼓励和批评。我们要感谢此书的所有作者,他们慷慨地用各自的专业知识来改善本书的其他章节而不单单是自己负责撰写的部分。我们还要特别感谢会议的参与者以及其他一些学者,他们为改进此书特定章节的内容提供了专业的解读和评论。他们是盖奇利·贝克斯(Gergely Baics)、史蒂文·班克(Steven Bank)、罗宾·博瑟斯(Robyn Boshers)、布鲁斯·卡罗瑟斯(Bruce Carruthers)、费伊·洛马克斯·库克(Fay Lomax Cook)、约瑟夫·科尔德(Joseph Cordes)、夏洛特·克兰(Charlotte Crane)、詹尼弗·西尔(Jennifer Cyr)、丹尼尔·厄恩斯特(Daniel Ernst)、爱德华·吉布森(Edward Gibson)、西蒙·格林沃尔德(Simon Greenwold)、迈克尔·格罗斯伯格(Michael Grossberg)、理查德·海(Richard

Hay)、劳拉·海茵(Laura Hein)、莉安德拉·莱德曼(Leandra Lederman)、马克·莱夫(Mark Leff)、詹姆斯·马奥尼(,James Mahoney)、杰夫·曼扎(Jeff Manza)、马利克·马丁(Malik Martin)、洛纳·梅森(Lorna Mason)、爱德华·麦卡弗里(Edward McCaffery)、莱斯利·麦考尔(Leslie McCall)、艾琳·梅斯(Erin Metz),雾淞·纳吉布(Rime Naguib)、本杰明一世·佩奇(Benjamin I. Page)、玛丽·帕蒂略(,Mary Pattillo)、西蒙娜·波利略(Simone Polillo)、威廉·波普金(William Popkin)、菲利普·波斯尔思韦伟特(Philip Postlewaite)、珍妮弗·罗森(Jennifer Rosen)、奥黛丽·萨克斯(Audrey Sacks)、约翰·加尔文·斯科特(John Calvin Scott)、莱恩·西布鲁克(Len Seabrooke)、詹姆斯·T.斯帕罗(James T. Sparrow)、南希·施塔特(Nancy Staudt)、戴夫·斯坦伯格(Dave Steinberg)、亚瑟·斯廷切姆贝(Arthur Stinchcombe)、凯思琳·西伦(Kathleen Thelen)、约瑟夫·J.桑代克(Joseph J. Thorndike)、安德鲁·瓦赫特尔(Andrew Wachtel,)、塞莱斯特·沃特金斯-海斯(Celeste Watkins-Hayes)等,以及其他几个匿名的评论者。

我们也要感谢美国社会学学会基金对这一学科发展的推动。这一基金是由国家科学基金会出资,旨在支持一个与2007年会议相关的研究生工作坊的项目,这个工作坊的主题是新财政社会学。参与这一工作坊的学者有:安东尼·阿尔瓦雷茨(Anthony Alvarez)、玛莎·克拉姆(Martha Crum)、巴勃罗·冈萨雷斯(Pablo Gonzalez)、马利克·马丁(Malik Martin)、洛纳·梅森(Lorna Mason)、安娜·佩森(Anna Persson)、西蒙娜·波利略(Simone Polillo)、奥黛丽·萨克斯(Audrey Sacks)、约翰·加尔文·斯科特(John Calvin Scott)、迈克尔·汤普森(Michael Thompson)、尼古拉斯·胡佛·威尔逊(Nicholas Hoover Wilson)等。他们不仅为此书的完成提供了极具见地的评论,更为重要的是,他们通过展现财政社会学的未来发展前景以激励我们。

我们也感谢剑桥大学出版社编辑约翰·伯格(John Berger)和他的同事的指导。第十二章有一个更长的版本,发表在《南卫理公会大学法律评论》上,在此感谢杂志社允许我们在此书中转载。感谢剑桥大学出版社许可我们转载查尔斯·蒂利(Charles Tilly)的《民主》一书的部分内容,感谢芝加哥大学出版社允许我们转载罗宾·L.艾因霍恩(Robin L. Einhorn)的《美国税收》和《美国奴隶制》(版权2006年由芝加哥大学出版社专有)。

我们把这本书献给查尔斯·蒂利,他的榜样力量仍在继续激励着我们。

前 言

查尔斯·蒂利（Charles Tilly）

在英国政治动荡期间，约翰·洛克（John Locke）一直在进行着哲学的思考。从 1683 年到 1690 年，即斯图亚特王朝的最后几年，洛克一直在欧洲大陆流亡。1685 年，查理二世去世，英国王位由信奉天主教的詹姆士二世继承。在议会中势力庞大的新教徒反对詹姆士二世，这些新教徒受到伦敦金融家和英国反天主教的普通民众的支持，并由此造成了一系列的危机。1688 年，奥兰治的威廉（詹姆斯二世的新教女儿玛丽的丈夫，荷兰执政）受英国权贵的邀请，入侵不列颠群岛，内战爆发，一直持续到 1691 年。在回顾历史时，人们将此次权力转移给威廉和玛丽的过程称为"光荣革命"。1690 年，洛克陪同玛丽女王从荷兰乘船抵达英格兰并带回了一份手稿，这份在流亡途中完成的手稿注定将成为英国新政权的奠基性文件——《政府论》。

洛克异常清晰有力地阐述了政府的契约理论。他宣称，政府在根本上依赖于财产和被统治者的同意。一个可行的统治阶级与被统治阶级之间的关系模式，需要有立法机关（即议会），由这个立法机关为人民（或者至少是有财产的人）说话。执行机关（即国王）有一定的自主权，但从根本上说是从属于国家立法机关。维持执行机关的运作需要供给资金。要解决此问题，执行机关需要提供保护来换取财政支持。

事实上，政府运转需要大量的经费支持，并且，每一个享受政府保护的人都应该按比例从他的财产（estate）中掏出金钱来供应政府。但是，这一行为仍然必须基于个人的同意。由多数人给予的这种同意，必须由公民自己给出，或者由公民选出的代表给出。这是因为，如果有人宣称自己有权向人民征税，而且只根据职权而无需经过人民的同意，那他就侵犯了有关财产的基本法律，并因此违背了政府的目的。这是因为，一个人只要凭乐意就能拿走我的财产，那

我还有什么财产呢？（Locke,1937:94—5）

在这里，洛克提出了两个要点：一是在统治者与被统治者之间存在的恰当协定(proper compact)，包含了政府提供保护来公平地交换财政支持的内容；二是在统治者与被统治者之间进行协商的媒介，应该是一个代议制的立法机构(representative assembly)。

无代表，不纳税！尽管对当代西方人而言，这条原则看起来似乎已有些陈腐，但即使是在17世纪90年代的欧洲，这条原则宣称的也是一个革命性的反事实(counterfactual)。在人类历史的大部分时间里，西方或者其他地方的统治者，在从他们统治的人群汲取常规收入(means of rule)时，从未考虑过跟代议制的立法机构商议。有时他们可以通过简单的掠夺来获取收入，有时可以通过交换的方式，即用他们掌控的商品来换取武器、人力或其他常规收入。不过，他们的主要做法是征收一种或另一种形式（用金钱或实物形式上缴）的税收，然后统治者再用税收来维持他们的行政管理、政治控制和恩惠赏赐。

由税收引出了许多有关政治过程，也引出了令人着迷的问题：

1. 虽然有时候我们所有的人都会觉得，政府凭借着不恰当的理由来抢我们的钱，但多数时候我们却乖乖地掏钱。我们的祖先也是如此，这样的纳税遵从是怎么产生的呢？

2. 有一些政体，在很大程度上依靠武力从外人那里掠夺资源而存活。然而一个依靠臣服的人口来提供基本资源的政府，必须确保当它第二次再来时，这些臣民愿意上缴资源。显然，单凭蛮力无法完成这项工作。那么一个政体该如何强迫或者诱骗它的公民重复上缴资源呢？

3. 政权所处的经济环境，严重地限制了能为统治者带来净收益的税收形式，但税收形式本身又影响经济的发展。在中国的农业经济时代，国家无法依赖销售税或者关税来筹集财政收入；在长达几个世纪的帝国时期，对稻米征税解决了财政收入问题，尤其是在国家建立地区性粮仓以调节供给失调后。①

---

① 此处的原文表述不是很准确。古代中国的财政收入形式变化比较大，到明代初期，主体财政收入是根据土地面积（区分等级）征收粮食（南方主要为米，北方主要为麦）；在明代中期以后直至清代，从征收实物（粮食）改为征收货币（白银或铜钱）。原文说到的地区性仓库，可能是指常平仓，主要是调节两个方面的供给失调：一年之中粮食收获季节与青黄不接时期粮食市场的不平衡；不同年份之间丰收年份与歉收年份粮食市场的不平衡。——译者注

那么,在经济与税收之间的互动作用是如何发生的?

4. 一个持久的税收体制依赖于大众的同意,不管这样的同意有多勉强。大众对政府行为表达赞同,基本上就是我们对民主的定义。那么,在多大程度上、用什么样的方式,税收的发展才能塑造出民主化的可能性与形式?

1965年出版的一本书,触发了我在职业生涯中对税收始终如一的痴迷。这本书的书名被译为《税收社会学理论》,它是一部有先见之明的但不幸几乎被遗忘的两卷本巨著。该书作者加布里埃尔·阿丹特(Gabriel Ardant)就我提出的上述问题进行了探讨,其内容直至今天仍然值得关注(Ardant,1965:1971—2)。阿丹特是一个非凡的学者,他既是一名社会主义者,法国第四共和国总理皮埃尔·孟戴斯-弗朗斯的合作者,也是财政部的总监(法国财政系统最高级别公务员)。1958年夏尔·戴高乐(Charles de Gaulle)上台执政时,阿丹特尽管讨厌戴高乐主义,但却拒绝辞职。后来戴高乐政府将他调离国内税收系统,改任突尼斯和其他发展中国家的财政顾问。在《税收社会学理论》一书中阿丹特所下的结论,就是基于他广泛对比发展中国家与法国之后形成的。

在后来的一篇文章中,阿丹特就税收的影响进行了归纳和总结:

其实,在一个特定的历史时期,税收对政治的影响是极为明显的:税收见证了现代国家中行政架构的发展。为什么会这样呢?应该把它归因到那个时代民众的无知吗?或者技术水平低下?在某种程度上,可能是这样。但是,即使当时政府有一个能力突出的财政部长,统治者依然可能会面临经济结构与国家征税严重不匹配的问题。这是一个基本的现象。分析当代与过去的税制表明,税收的征收、评定与交换经济紧密相连。商品和货币的流动,对于理解与评估课税对象(taxable materials)是必不可少的。仅仅知道生产的产量是不够的,这是因为经济结构决定了一个非常低的可税下限。过去的农业社会,只给政府提供了一个最低的税收潜力(Ardant,1975:165—6)。

基于此,阿丹特提出了两个重要的论点:第一,财政制度有效性的高低,取决于它跟政权所处的经济环境能否密切地匹配。第二,当代的高能政体之所以能建成,取决于两个条件:一是建立在交换经济基础上,二是创建的财政制度能从交换经济中获得收入。阿尔丹前瞻性的论述,为今天财政社会学的研究者设定了研究的议程。

正如本书的主编所言,一直以来社会科学家和历史学家对税收问题关注甚少，这令人吃惊甚至令人羞愧。税收问题看似是一个沉闷的话题，全都是无聊的数字和苍白的官僚，然而有三个理由让我们要特别重视税收问题。第一，从长远来看，税收是政府对国民私人生活的最大干预，这个干预程度如此之大，以至于国家扩张的历史就是抗税的暴力斗争史，国家整合的历史就是运用计谋和权力战胜税吏、逃避税收的历史。第二，跟着钱走。税收引起资源在国民与政府之间循环流转，为我们了解政权的全部运作提供了一种类似于CT扫描的结果。第三，它生动地表达了洛克问题中所包含的同意问题。

最近，由一群社会科学家和历史学家组成的相对较小但富有创造力的团体，开始纠正长期以来在研究领域中忽视税收的问题。他们已经开始做出跨学科的尝试，我们可以称之为财政社会学。之所以带有"财政"这一限定词，是要因为社会学领域以外的学者在理论和研究方面提供了重要的帮助。本书通过强调以下描述与解释税收的三个问题来展现最新、最好的工作成果：税收政策的社会基础，纳税人遵从的决定因素，税收的社会后果。这些章节反映了近期工作的活力和重要性，这些工作集中于研究税收的社会与政治进程。

目 录

第一章　历史的惊雷：新财政社会学的起源与发展/001

第一部分　税收的社会来源：比较视野下的美国税收政策

第二章　"少数人的不公平好处"："榨取富人"税制的新政溯源/037

第三章　美国人如何看待税收/061

第四章　看他们的嘴形：税收和右翼议程/085

第五章　让税收成为政党的生命/105

第二部分　纳税人同意

第六章　要求牺牲的政治：把财政社会学的洞察力应用到艾滋病政策和国家能力研究上/125

第七章　强国家的终结？——日本税收政策的演变/146

第八章　战争与税收：爱国主义何时克服搭便车冲动？/166

第九章　自由、民主和能力：来自早期美国税制的经验/187

第三部分 税收的社会后果

第十章 汲取和民主/211

第十一章 当代非洲国家税收管理的改进:历史的教训/218

第十二章 亚当·斯密与追寻理想税制/238

第十三章 财政社会学中的"性别"在哪里?
　　　　——比较视角下的税收和性别/256

第十四章 去日本的舒普使团:两大政治经济体的相交/281

结语:财政社会学的复兴?/304

参考文献/315

译者后记/347

译丛主编后记/349

第一章 历史的惊雷:新财政社会学的起源与发展

艾萨克·威廉·马丁(Isaac William Martin)
阿杰·K. 梅罗特拉(Ajay K. Mehrotra)
莫妮卡·普拉萨德(Monica Prasad)

> 抛开各类修饰之词,一族之精神、文化水准、社会结构以及由政策引出的行为——以上种种以及更多,都被写入了民族的财政史。人若知晓从此处倾听启示,将比从任何别处更能洞悉世界历史的惊雷。
> ——约瑟夫·熊彼特(Joseph Schumpeter,[1918]1991)

税收的重要性人所共知。政治学家知道,减税是当今美国党派斗争的主战场,而新自由主义意识形态的崛起则推动税收进入国际性政策议程。法学家确信,税收法令(tax code)已成为推行各种各样国内政策的首选工具——从针对产业政策的社会规制到教育补贴。历史学家强调,从美国独立战争到里根革命,税收始终是冲突与变迁的关键根源;而且无论何时何地,在公民认同的形成中税收一直处于核心位置。社会学家更懂得,他们关注的以下每一个议题都与税收有关:个人对社会的义务;国家的权力与合法性;公共与私人的资源配置;官僚机构的兴起;阶级、种族与性别不平等的再生产;等等。

有很好的原因可用来解释为什么学者已经认识到税收具有上述的重要性。税收固化了我们彼此之间的义务,界定了我们能够接受或力求集体努力革除的不平等程度。税收还区分了谁是我们政治共同体的成员,界定了"我们"这个圈子有多大,设定了政府可能行为的边界。在现代世界,税收就是社会契约。

有些学者还相信,新一波对税收的跨学科研究即将实现重大的学术突破。

在过去几十年间,包括经济学、社会学、政治学、历史学和法学在内的各学科研究者,均已开始认识到税收问题在现代性中的核心地位,并对税收的起源及后果做出了创造性的比较历史研究(Steinmo,1993;Howard,1997;Kornhauser,1985,1990;Avi-Yonah,2000,2004;Bank,2003;Brownlee,1996;Zelizer,1998;Lindert,2004;Gould and Baker,2002;Mumford,2002)。这些研究有潜力挑战我们对所处世界的常规理解。在当前,税收研究正在颠覆我们对很多事情的普遍认知,比如种族不平等(Moran and Whitford,1996;Brown,2007)、性别与家庭(Jones,1988;Staudt,1996;Brown and Fellows 1996;McCaffery,1997;Kerber,1999;Alstott,2001)、西方民主起源(Einhorn,2006a;Kwass,2000)以及福利国家(Howard,1997;Hacker,2002;Klein,2004)等。我们认为,如果将税收的社会关系置于一个社会变迁的历史或比较解释的中心,那么这一跨学科领域也许即将重新书写有关现代性本身的传统看法。

我们称这一新兴领域为新财政社会学。我们使用这一名称,并不是想宣称这一新领域专属于学院建制内的社会学系。正如本书各章的作者来自不同学科一样,新财政社会学知识的贡献者也有多样来源:除社会学之外,还横跨了经济学、政治学、法学、历史学和公共政策学等领域。我们选用"财政社会学"这一名称,是为了向经济学家约瑟夫·熊彼特致敬。正是他从同时代的奥地利人鲁道夫·葛德雪(Rudolf Goldscheid,1917)那里借来该术语,提议创建一门超越日益加深的学科分工狭窄化的科学,将经济学研究与历史、政治和社会等领域的研究结合起来。

本章开头的那段著名引语,概述了熊彼特在财政社会学中所展望的前景。他号召财政研究者们将一种比较与历史的方法引入该学科,将税收政策同时看作经济与社会大规模变迁的"症状"与"原因"。熊彼特解释道:"财政是社会调查的最佳出发点之一,尤其是在调查不限于政治生活之时。"关于财政社会学,他进一步写道,"非常值得期待"(Schumpeter,[1918]1991:101)。

除了极少数例外,20世纪多数历史学与社会科学的学者只注意到了熊彼特号召的一部分:将税收看作社会变迁征兆的告诫——即把税收作为一个有用的指标,比如说,作为民主、资本主义、国家兴起或社会现代化的指标。这种情况部分地源于熊彼特本人强调探究"财政史的症状意义",而不是将其作为

"原因"的方面(Schumpeter,[1918]1991:101,原文对症状一词有强调)。据此,现代学者低估了税收作为社会变迁原因或引擎的角色,而特别关注了财政社会学的征兆意义或反映性方面。

税收政策之所以能成为反映社会变迁的极佳指标,学者们之所以被税收研究所吸引,背后有诸多原因。税收收入的数据不仅丰富,而且与历史学家、社会科学家感兴趣的很多其他问题相关。税收记录是保存下来的最早书面记录之一(Webber and Wildavsky,1986),同时还是现存持续时间最长的数据系列之一(参见 Mann,1980)。在一个格外长的历史时段以及数量众多的国家中,相对高质量和高可比性的税收定量数据是可获得的。以上这些优点,使得税收政策适合作为"开展社会层面分析的一种测量工具"(Lieberman,2002:91),其应用范围从研究国家兴起到讨论不平等,再到社会团结的议题(Mann,1980;Kraus,1981;Chaudhry,1997;Piketty and Saez,2003,2006)。[①]

新财政社会学的"新",在于它认识到税收具有理论或因果关系——而不仅仅是症状或方法论层面——的重要性。这源于税收自身的定义。税收由纳税人向国家缴纳货币或产品(goods)的义务组成,而且这类义务并不特别对应任何东西。[②] 诚然,税款有时被指定用于特别用途,而且在现代民主社会,税收带有隐含的承诺,那就是税收资源将会被用于购买公共产品(Webber and Wildavsky,1986)。[③] 然而,一项税款并非是直接交换服务的一种缴费,而是国家施加于公民身上的一项义务,且在必要时国家甚至会强制执行。

这样定义的税收具有如下几个特点,表明它可能对理解现代社会生活有

[①] 税收纪录的质量当然是参差不齐的,不过正如罗宾·艾因霍恩(Robin Einhorn)在第9章所指出的,即使不准确的记录在症状方面是不准确的,它也提供了有关过去的宝贵证据。

[②] 早在1888年,美国政治经济学家理查德·T. 埃利(Richard T. Ely)就处心积虑地将税收定义为:"为满足政府开支或其他目的,由合法当局向公民索取的经济产品或服务的单向转让,这一转让含有以下意旨,即它是一种普遍的(common)负担,应由大众共同贡献或牺牲来承担"(Ely,1888:6—7)。一个世纪之后,世界银行(1988)也与之相似地将税收定义为"主要由中央政府发动的无回报的、强制的资金缴付。"我们的税收定义与埃利和世界银行界定的都不同,认为税收是为了社会的公认义务而执行的缴款而不是缴款本身。采用该定义让如下说法能够成立,即某人未能承担他或她缴纳所得税的责任——若将税收定义为缴款,将使这一陈述失去意义。

[③] 虽然工薪税(payroll taxes)指定了特别的用途,但实际上大量的福利开支都通过工薪税得以实现。很多学者猜想,福利国家韧性(resilience)的起因之一在于纳税人意识到他们已通过特定支付"购买"了获得福利国家供给物的权利。然而,在任何特定纳税人的花费和他/她获得的收益之间,并不存在一一对应关系:比如,一位从未享受公共卫生服务的纳税人仍要求为之承担费用。

着深远影响。第一,税收确立了个人与政府之间、个人(通过政府)与社会整体之间所经历过的最广泛、持久的关系之一。尽管现代社会碎片化为无数亚文化、角色、地位群体,但缴纳税款却是一件人人必做的事情,无论他们是消费者、私有房主、工薪族抑或投资者。这样的普遍性,使税收成了现代民族-国家"想象的共同体"(Anderson,1983)发展中的一个关键要素。当我们遵从税收义务时,我们不知道谁会特别分享我们的税款;当我们使用道路、学校和其他公共产品与服务时,我们并不知道具体受益于哪些人缴纳的税金。税收将我们卷入构成现代社会的普遍互惠网络之中。

第二,税收确立了纳税人和国家之间的动态关系,在二者之间持续地存在着潜在的利益冲突。在整个历史上及全世界范围内,税收或许算是唯一导致频繁反抗的国家政策(Burg,2004)。纳税人与统治者之间实际冲突的强度随时空而变化,但冲突可能性的存在使二者间关系成为一种动态关系。作为现代世界中社会秩序的保障者,国家所依赖的关系总是包含着冲突与失序的潜在可能性(latent potential)。在历史上,国家的权力当局已经用新形式的税收和新形式的统治来回应这样的潜在可能性。随着不同的纳税人和不同的统治者依据自身优势一再展开协商,纳税义务的形式就出现持续的变化(参见蒂利,本书第十章)。因为社会秩序依赖于国家,而国家又依赖于税收提供的资源,所以纳税人与统治者之间的关系或可重新协商,却不会断绝;二者之间可能的紧张关系会被持续地再生产出来,而不可能被消解。①

第三,税收为国家提供了具有可替换性的资源。在这方面,税收不像国家向公民要求的其他牺牲(比如遵守交通法规),甚至不像其他形式的国家汲取物(如应征入伍的兵役)。通过税收汲取的资源,可以替换为其他资源;它们不仅可使国家的某种行动成为可能,而且还能促成国家的绝大多数活动(即便并非全部)。国家的行动越广泛,它对税收的依赖就越深,税收政策变化引发的

---

① 正是这一点将税收与劫掠区分开来。阿丹特(Ardant,1965:35)通过详述一份成吉思汗(Genghis Khan)随从之间的一场争论的记录,阐明了这一道理(这场争论实际上发生在窝阔台汗执政时期,而不是成吉思汗——译者注)。征服中国后,大汗的一位将军建议对中国农民进行屠杀并夺取他们的土地用作牧场;而一位极富洞察力的当地顾问耶律楚材(Yelu Chucai)则说服大汗,如果让中国的耕作者活下来并每年对他们征税,大汗反而能为他的马匹获得更多饲草。这一政策对大汗和农民都有利,然而这也使得农民活下来以备他日再抗争——由此让农民和剥削者之间的利益冲突长久处于悬而未决的状态。

潜在影响就越宽泛。甚至减税的决定——减少对国家纳税的义务——也带来争议与冲突。因而在现代国家,税制不仅是一种动态的、具有潜在冲突性的关系,而且其变化的形式也能产生潜在的深远影响。纳税人逃税或抗税的决定,不仅能够挑战现存社会秩序,还能挑战保障这一秩序的那些基础——就此而言,逃避或者抗拒限速规定、社会政策或节约法令等,并不具有类似的后果。国家制定与实施税收的模式,反过来可以塑造社会秩序。因此,税制的动态关系能够影响广大范围内的社会后果——从民主的扩展到家庭的形成——我们将在后文详述。

简言之,税收关系无处不在、不断变化,而且位于现代性议题的核心。那为何社会科学家花了这么长的时间才开始着手从事熊彼特提出的财政社会学项目?为什么这些最初回应熊彼特响亮号召的学者大多醉心于税收反映性的一面,而不是关注它的因果效应?我们的答案将从古典财政学的分裂开始。在本章的剩余部分,我们将描述熊彼特项目的古典起源,以及之后现代研究型大学的学科分裂和知识生活的加速专业化如何将新兴的财政社会学撕裂为几个分离且孤立的学术脉络。最后,我们将描述把这些脉络编织在一起的新财政社会学,然后指出通向财政社会学的未来之路。

一、财政社会学的古典根源

在第一次世界大战引发财政危机时期,即在奥匈帝国的垂死之日里,熊彼特发出了他对一门新财政社会学的呼吁(McCraw,2007;Swedberg,1991)。他发表的宣言本身是古典政治经济学的最后喘息,而不是一门新科学的第一次呼吸;它代表的似乎是一种财政学综合研究传统的最高峰,而非猛然开启一个全新领域。一直以来,古典政治经济学的理论家都是思路开阔的社会科学研究者和财政学研究者。比弗利·莫兰(Beverly Moran)将在第十二章提醒我们,作为社会学与经济学的双料思想家,亚当·斯密始终以比较的和历史的视角来研究税收。对税收造成的社会后果与经济后果,斯密抱有同样浓厚的兴趣;对于税收如何制造冲突,如何提供塑造牢固的具有公民普遍地位的包容意识的途径等问题,斯密给出了创新性分析(Smith,[1776]1977)。在 19 世纪中叶,约翰·斯图尔特·密尔(John Stuart Mill)提醒同时代的人,财政学有一种制度的基础,他将自己对财政学的探讨置于现代性与进步性的广阔理论背景之中。

就19世纪的欧洲社会理论家而言,他们也一度同时是热衷于研究财政问题的学者。托克维尔(Tocqueville,[1856]1955)开创性地将法国大革命中爆发的阶级冲突溯源至革命前的税收法令(Kwass,2000),并明确辩论道,英国之所以避免了暴力革命是因为其税收法律没有在贵族与中间阶层(the middle classes)之间划出明确的界限。其他早期社会学理论家也专注于探讨税收的社会起源与后果。在赫伯特·斯宾塞(Herbert Spencer)的著作《社会学原理》中,有一章专门讨论税收增长的问题,并将其归因为战争的影响(Spencer,[1876—96]1967:213)。作为19世纪德国经济学历史学派中的一员,阿道夫·瓦格纳(Adolph Wagner)把一个国家的经济发展水平同公共部门相对规模的增长联系起来,因而也就含蓄地同政府的财政汲取能力联系起来(Wagner,1890)。卡尔·马克思(Karl Marx)将税收认定为资产阶级国家的"生命之源",他和恩格斯(Friedrich Engels)在《共产党宣言》中倡导高累进率的所得税(Marx,1852;Marx and Engels,1848)。除此之外,在埃米尔·涂尔干(Emile Durkheim)的著作《社会分工论》中持有一种扩展性论点,即社会发展不可避免地趋向对继承财富征收没收性的税收([1893]1984:316—22;同时参考[1892]1965:533—4)。马克斯·韦伯(Max Weber)将税收政策视作国家权威与社会冲突理论的论证基础。同鲁道夫·葛德雪(Rudolf Goldscheid)类似,韦伯将税收政策描绘为阶级、政党和身份群体(status groups)之间经济斗争的产物。他在考察后预言,现代民主政治将愈发"小心翼翼地对待有产者",因为政府必须更激烈地互相竞争,以吸引作为税基的流动资本(Weber,1978[1922]:352)。

在这样的背景下,令人不解的问题并不是熊彼特为什么憧憬一门财政社会学,而是为什么他的号召长久未被回应。其中有一个原因是制度性的而非知识性的。在熊彼特写作的时代,职业化与学术专业化的力量正促使公共经济学从历史学和其他社会科学中分离出来(Furner,1975;Ross,1991;Haskell,1977;Bender,1997)。熊彼特那一代的学术大师们力图通过划清各自的研究领域,将他们的学科与其他学科区别开来。很多位于学科交叉地方的问题,就此坠入学科分野时形成的缝隙之中,以致无人问津。正如尼尔·斯梅尔瑟(Neil Smelser)和理查德·斯维德伯格(Richard Swedberg)所写的:笼统而言,关于经济生活的社会学研究"从1920年后衰落了,且在20世纪80年代前没能恢复充分的活力"(Smelser and Swedberg,2005:11)。财政社会学同样衰落了。

新学术领域的劳动分工带来了效率,但也造成了不当的后果。在20世纪的多数时间中,大部分历史学家、社会学家、法学家和政治学家都没有提出有关税收的社会的、制度的起源或者后果等问题,因为他们已向经济学家让出了财政学研究领域。与此同时,经济学家亦未提出同样的问题,因为他们也已向社会学家和其他社会科学家让出了关于此类问题的研究。财政学取得进步,是以研究领域变窄为代价的。当公共经济学开始支配对税收的研究后,税收领域的非经济问题似乎消失了。在马丁·费尔德斯坦(Martin Feldstein)刚进入这一领域时,他尝试去思考一本在1959年被称为公共经济学圣经的教材,并表达了赞同性意见,写下如下的话:"很多早期财政学书籍最显著的特征,即那些对税收规则或管理事务的精细描述"消失了,它们的位置被"展示税收对价格与数量的局部均衡效应以及呈现关于无谓损失的联合效应的图表与代数式"所取代(Feldstein,2002:xxvii)。与对税收制度的精细描述一同消失的,还有那些关注税制的社会起源及社会后果并极富理论洞见的研究。

二、财政社会学的碎片化

今天的新财政社会学,起源于上述学术分裂之后形成的分离的学术传统。熊彼特那篇预言性的文章,已经将税收描述为一纸实际存在的社会契约,一个由统治者与被统治者在特定时空达成的历史性协定。他的文章提出了几个有关该契约的基本问题:为什么该协定采取了特定的形式?该协定是如何维持的?——或者说,当以一种持续不变的依据来征税时,是什么维持了纳税人的同意?这一财政协定是如何影响一个社会中盛行的文化与"生活形式"的?(Schumpeter,[1918]1991:100)这些问题并未随着社会科学的分裂而消失。

然而在20世纪的大多数时间里,探究这些问题的学者处于彼此隔绝的状态。他们要么身处美国以外的学术机构,以小群体的形式存在;要么栖居在经济学和法学专业中持有历史取向的角落里,受到相对孤立的理论传统的滋养。每个传统强调的都是熊彼特基本问题中的某一个,而几乎完全排除了其他问题。尽管大多数学者试图通过揭示税收与基本社会力量之间相互作用的普遍法则来回答这些问题,但各个传统汲取的却是不同的古典源泉,强调的是不同的力量。这些传统煞费苦心地收集、建造融合的新财政社会学需要的砖石,尽管按它们自己的标准来看,这些结果也并不令人满意。

三、现代化理论与经济发展的后果

传统财政社会学的第一个问题是,为什么税收制度采取了特定的形式?回答这一问题的第一条学科脉络认为,答案在经济发展。我们称这一脉络为现代化理论,因为它不仅与社会学与政治科学中关于现代化的一般理论(如Rostow,1960)相似,有时还与之重叠。财政社会学的现代化理论,吸收了早期制度经济学家的成果,其中最明显的例子就是塞利格曼(Edwin R. A. Seligman,1895—1931,1902,1911)的作品,这些作品深受德国历史学派的影响(Mehrotra,2007)。这一脉络的传统,持续至20世纪中叶并保持生命力,之所以如此,归功于两类学者的工作:一类是对美国税收史提出进步主义解释的经济学与法学学者(Blakey and Blakey,1940;Ratner,1942;Paul,1954);另一类是来自欧美的发展经济学家,在去殖民地化和冷战期间的对外援助背景下,他们被号召去给发展中国家税务官员提供建议。像W.埃洛特·布朗利(W. Elliot Brownlee)在第十四章所描述的,卡尔·舒普(Carl Shoup)就曾经是这一批发展税收经济学家中的领袖。舒普这样的顾问,发现他们需要回答下面的问题:何种税收政策最适合于何种社会环境?税收制度如何对社会和经济变迁做出回应?

秉承现代化理论传统的学者,特别想解释国家为何以及如何发展现代税收体制;而这里的"现代",意味着有一套高效、高产和公平的普遍性税收工具。对此他们给出的答案是,经济发展必然引领社会发展出现代形式的税收。就这一论点,塞利格曼给出了最直截了当的经典陈述:"财政状况从来都是经济关系的结果"(1895—1931:1);此处的经济关系被假定为遵循一条共同的发展轨迹。起初,传统农耕社会仅生产相对而言极少的剩余以供课税。于是,处于这类社会形态的国家倾向于征收很低的税额,且主要以实物形式——例如粮食收获中的一个份额——而非以货币形式征收。市场成长和工业生产的发展,使新的税种逐渐成为可能,因为经济发展增加了财富,创造了更多可供课税的剩余。贸易的增长,第一次让课税于贸易而非土地产出成为可能。经济发展也提供了一种衡量税基的便捷方法,即运用货币价格的形式(Eisenstadt, 1963;Bird and Oldman,1964;Ardant,1965;Hinrichs,1966;Musgrave,1969; Seebohm,1976)。

经济发展还被认为带来了民主(参见 Lipset,1959)。毫无疑问,民主能让国家贯彻现代税收制度,合法地加倍索取财政资源。扩张的市场创造了对基础设施——道路、学校和公用事业——的新需求,这就要求国家为提供公共产品而筹集规模前所未有的资金(Wiseman and Peacock,1961)。与此同时,政治平等导致对再分配性税收(redistributive taxation)的需求。通过对税收事无巨细地比较和历史研究,塞利格曼的观点是,平等主义力量持续不懈地驱动历史:税收政策史是连续逼近平等主义理念的过程,在此方面现代美国所代表的税收国家或许已经抵达终点(Seligman,1895－1931)。随后持进步主义观点的史学家修正了这种看似辉格党式的历史目的论假设——但是保留了关于现代化带来民主和税收平等的假设。随着经济地位较低的阶层获得普选权,"人民"战胜了"富人"或"利益集团",民主战胜了特权,税收政策变得愈发具有平等主义色彩(Blakey and Blakey,1940;Ratner,1942;Paul,1954;Buenker, 1985)。

现代化理论的重大疏漏在于,它无力解释现代社会中税收体制的多样性。诚然,他们并没有总是预言不同的社会将趋于采用相同的税收体制。欣里奇(Hinrichs,1966)在全面综合分析之后指出,由于现代经济的增长与分化让当局在政策工具和"税柄"(tax handles)方面有更多的选择,于是现代化终将导致各国税收体制出现差异。然而,尽管已指出现代税收体制的多样性,欣里奇和其他赞同现代化理论的学者却就此停止了进一步的探究。凡是经济发展不能解释的剩余变化(residual variation),都被简单地归咎为"文化",而"文化"又被理解为是一组独特的、不变的且科学或历史解释根本上难以介入的偏好(也见 Webber and Wildavsky,1986)。带有这种线性历史观的现代化理论,在回顾过往时,却证明自己是高度非历史的,因为在同等发达的经济与政体中,有能力造成巨大分化的文化和制度因素的特性,却被它忽视了。

四、精英理论:人们为何赞同税收

传统财政社会学第二条学科脉络的关注点,也许可被称作财政契约的"非契约基础"(参考 Durkheim,[1893]1984),即能让纳税人赞同某特定财政协议的那些制度化的规范(the institutionalized norms)。在 20 世纪早期和中期,在法学、犯罪学、会计学、心理学和经济学等学科中,对纳税人遵从(taxpayer compliance)的应用研究激增。然而,关于纳税人同意,正如埃文·利伯曼(Evan Lieberman)在第六章将指出的,更宽泛地来说,它不仅包括了个体的服从,还包括了政治默许(political acquiescence)。遵从课税要求的纳税人——狭义上指他们按法律要求缴税——可能仍然抗议这些税收,或者投票要求改变它们,甚至拿起武器来加以反对。

在这个更宽泛的意义上,对于纳税人同意的研究,严重受限于一种源自古典意大利社会学的精英传统(Michels,[1915]1968;Mosca,1994;Pareto,[1916]1963)。我们将这一传统称为精英理论。① 在财政社会学这一脉络中,最具影响的文本可能是意大利经济学家普维亚尼(Amilcare Puviani)在 19 世纪 90 年代写就的《财政幻觉理论》(*Theory of Fiscal Illusions*,[1903]1973)。精英理论在欧洲的财政学者中一直存续到战后时期(Laure,1956;Schmölders,1960;Volpi,1973)。在富布莱特项目海外访学的一年中,经济学家詹姆斯·布坎南(James Buchanan)偶然读到了意大利文版的《财政学》(*scienza delle finanze*);在布坎南的影响下,精英理论在 20 世纪 60 年代进入美国的公共经济学,并对公共选择理论的发展产生了重要的影响(Buchanan,1960)。在第二次世界大战后,凯恩斯主义共识主导了经济学专业;而对于不满理论现状的美国经济学家而言,精英理论对政府官员不抱幻想的观点极有

---

① 我们将财政社会学的这一脉络称为精英理论,以强调它与意大利社会学、政治科学中对精英的古典研究之间的连续性。它不应同更为英美政治社会学家所熟知的权力精英理论相混淆,后者将国家看作是为有权势的资本家利益群体(powerful capitalist interests)服务的一种工具(Domhoff,1998;Miliband,1974;Mills,1956)。

吸引力。于是，财政社会学的这一传统，为质疑国家计划的仁慈与效力提供了强有力的工具。

对于统治者和国民之间的关系，精英理论的支持者将其描绘为一种根本性的利益冲突。统治者寻求将他们的税收收入最大化，而国民则寻求将资源留给自己。那么为什么理性的纳税人会同意被剥削呢？普维亚尼给出的答案是，他们得到了错误的信息(Puviani,[1903]1973)。就是说，统治者能通过有意设计的税收政策，利用国民的感知偏差[①](perceptual biases)，达到彻底掏空国民钱包的目的。

隐藏税收的必要性，解释了现代税收体制中共有的很多制度特征。普维亚尼的论著采取了一个技术目录的形式指出：正是通过使用这些技术，政策制定者能够掩盖税收的负担并夸大公共支出的好处。直到20世纪70年代，只有少量文献探究了"以财政幻觉(fiscal illusion)解释选民同意征重税"的假设（更多批判性评论见Gemmell,Morrissey,Pinar,2002;Mueller,1989;Oates,1988)。

在精英理论中，还有一个支派大量吸收了帕累托(Pareto)([1916]1963)的经济学和社会学理论，并引导了美国公共选择学派的学者们去探究正式政治制度发挥的作用。在布坎南和戈登·塔洛克(Gordon Tullock)(1962)的带领下，公共选择学派的学者们探究了宪法中存在的可能造成民选的政府被寻租的官僚、政客和特殊利益集团操控的那些规则。他们认为，随着国家这个利维坦被特殊利益(集团)俘获，政治领袖就能为少数精英利益而使用税收来重新分配资源。在接下来的几十年间，受公共选择理论的激励，对日趋壮大的保守主义知识与政治运动持同情态度的美国经济与政治史学家，开始将税收增长视为特殊利益集团权力的体现。他们将创立新税的权力与镇压抗税的行动描绘为，寻租集团为扩大自己的影响而争斗的关键事件(Higgs,1987;Baack and Ray,1985;Beito,1989)。

毫无疑问，精英理论的传统对20世纪80年代兴起的多种"新制度主义"

---

① 在这种意义上，精英理论可以被视作新近对行为财政学(behavioral public finance)研究的先驱。这种研究的旨趣，专注于认知偏差与局限，但没有寻求给予精英特定的优先位置。见McCaffery and Slemrod(2006)。

做出了贡献,而公共选择理论也在继续产出有关税收政治经济学的新洞见。然而,由于它忽略了制度的历史发展问题,有很多学者对其表示不满意。① 由于公共选择理论聚焦于解释为何纳税人会赞同某一特定的均衡,这让精英理论在研究"制度如何随时间变迁"或"为何不同社会可能发展出不同的成套制度安排"时,显得力有不逮。为了对制度变迁模式有更广泛的洞见,财政社会学研究者或者向现代化理论回归,或者转向了第三个传统:强调战争。

五、军事国家理论:税收在国家能力方面的后果

第二次世界大战后,财政社会学传统的第三条学科脉络,是追随熊彼特对税收造成社会与文化后果的兴趣而展开研究。战后公共经济学的巨大成就之一,就是发展出精致的工具去衡量税收的经济后果,但是几乎没有学者响应熊彼特的号召去研究税收的社会与文化后果。特定的财政协议是怎么影响文明、文化和生活方式的?对熊彼特而言,这些都是财政社会学的关键问题。战后财政社会学的第三条脉络提出了这些问题,并发展了熊彼特本人曾提出的一个答案,那就是税收的社会后果主要是它对军事征服的重要性。

我们把这一理论传统称作军事国家理论(militarist theory),因为秉承这一传统的学者声称,军事竞争和税收发展携手并进。如同精英理论,军事国家理论也有古典的渊源。在理论上它可以追溯到斯宾塞的《社会学原理》,随后在 20 世纪早期的德国、奥地利社会理论家中流行起来(Goldscheid,[1925]1962;Hintze,1975;Schumpeter,[1918]1991;Weber,[1922]1978)。在 20 世纪 70 年代,军事国家理论获得了新的发展动力,当时西方政治经济体正面临着与福特制终结相关的社会经济的紊乱。结果是,现代化理论失去了它曾有的威望。在历史学、社会学和政治学等学科中,现代化理论的批评者们为了寻求理解欧洲国家的形成模式,转向了作为替代的军事国家理论(Finer,1975;Mann,1980;Tilly,1975)。

军事国家理论的中心问题是要解释现代科层制国家的崛起。在熊彼特阐述的这一理论的古典版本中,税收是国家崛起的关键,因为它提供了国家发动

---

① 若需了解追随这一路线而对"理性选择制度主义"的一般批评,可参见 Thelen(1999)。

战争并消灭对手所需的资源。正如熊彼特所言:中世纪欧洲王室的资金,不是从税收而是从个人向君主缴纳的各种应缴款(personal dues)和开发王室的土地来获得。然而在16世纪初,"不断增长的战争费用"致使这一体系被废弃。随着战争成本的逐步增长,君主转而向贵族与市民的咨议机构——即等级会议——来寻求更多的资金。为了共同防御,君主要求获得征税的权利;作为交换,等级会议赢得了管理税收的权利,并开始发展出一个独立于王室的公共官僚机构。随着国库与王室私人经济分离,"税收国家在理念与组织架构层面均得以实现"(Schumpeter,[1918]1991:105)。这样的税收国家是一部发动战争的机器。

尽管熊彼特的文章写于第一次世界大战期间,意在阐明当时政治局势之关键,并特别提出了极富预见性的问题,即"增长的战争债务对中欧战后稳定的影响",但他论点中包含的达尔文主义逻辑,却很容易被推广应用于解释其他时空中的事件。因此,后来的学者就用军事国家理论来解释整个历史进程中的国家演化。战争中的国家需要迅速动员资源。还有,因为国家处于持续竞争之中,必须发展最先进的军力才能确保获得相对于对手的优势,于是战争对财政需求不断地升级。只有采用最富成效的税收并将最现代的税收管理方式制度化的国家,才能动员比以往任何时候更多的劳力和物资,进而在这场持续的军备竞赛中处于优势地位。历史社会学家迈克尔·曼(Michael Mann)清楚地阐述了如下的逻辑:"一个渴望生存的国家,必须提高汲取能力来为职业陆军或海军付费。那些不这样做的国家,会在战场上被别国击溃甚至被吞并。"(Mann,1980:195)。通过将最有用和最高效的资源汲取形式——在实践中就是税收——制度化,那些胜利国由此获得胜利。被征服的国家,则采取了由征服者强加的现代税收政策。长远来看,军事竞争导致所有的幸存国家一致地采用高效、高产的税收体制。反过来,这类税收体制也导致了社会的军事化与科层化。

军事国家理论自有它的缺陷。和现代化理论、精英理论一样,它很难解释如下的问题:为何经过数百年战争淘汰而幸存下来的国家,有着截然不同的税收结构?此外,该理论似乎也无法解释,在20世纪多数的发达经济体为何会从战争国家转向福利国家?在这些国家,它们的税收制度正日益将资金用于支持卫生、福利和教育机构,而在这些方面的花销最终甚至超过了国防开支。解释这一财政趋势,似乎需要关注经济发展和政治制度——这正是现代化理论和精英理论的内容。

六、新财政社会学

这三条研究脉络在20世纪末开始融汇之时,新财政社会学就产生了。这门新学问建立在前辈学者奠定的基础上,但也以质疑其前提、拓展其范围的方式,与早期文献相接。如前文所述,每一个研究脉络阵营的发展,都让学者从他人那里获得了新洞见。

在融汇这些分别研究的流派过程中,学术界以外的发展也起了一定的作用。虽然在第二次世界大战后的繁荣期,美国传统中抵制纳税和反国家的思潮似乎隐没了,但这些力量在20世纪最后三分之一的时间中却在复兴(Keller,2007;Zelizer,2003)。在20世纪70年代,美国的州与基层政府发生了一系列备受瞩目的财政危机,并出现了反抗财产税的运动,让人们以全新的方式关注财政社会学的经典作品(O'Connor,1973;Bell,1973;Musgrave,1980;Padgett,1981;Block,1981;Shefter,1985;McDonald,1986;Hansen,1983)。对于凯恩斯主义知识上的枯竭(Gray,1998;Blyth,2002)、"宽裕财政时代"的终结(Brownlee,1996;Steuerle,2004)以及人们日益增长的对地方财产税的不满(Sears and Citrin,1985;Martin,2008)等现象,被组织良好的保守主义利益集团大加利用,以此来攻击累进税原则,并寻求减税以作为抽空福利国家财源或"饿死凶兽"的手段(Hacker and Pierson,2005b;Wilentz,2008)。所有这些,都让税收在美国国家政治中呈现出新的重要性。在美国之外,日益增长的资本国际流动性导致了对国际税收竞争的恐惧——伴随着美国颇具影响的1986年税收改革法案——一并促成了20世纪80年代与20世纪90年代学者们所描述的国际税收改革浪潮(Tanzi,1995;Steinmo,2003b;Swank,1998,2006)。类似的,冷战结束引起了对失败国家的发展、政治经济体转型和财政实践等议题的重新关注(Bird,1992;Burgess and Stern,1993;Turley,2006;Bräutigam,Fjeldstad and Moore,2008)。所有这些发展,吸引着来自社会科学各领域的学者新加入对税收的比较与历史研究中来。

第一章 历史的惊雷:新财政社会学的起源与发展

新加入的研究者发现,财政社会学中至此仍相互分离的几条脉络,需要综合起来。蒂利(Charles Tilly,1985)和玛格丽特·利瓦伊(Margaret Levi,1988)在各自富有影响力的作品中,通过讨论发动战争的精英,明确地将精英理论和军事国家理论的传统结合在一起,利瓦伊将其称作"掠夺性统治理论"(theory of predatory rule)。作为研究国家形成和政治权力的学者,这些(或许是无意的)早期新财政社会学的先驱者,间接地被引向税收;这是因为,税收是他们理解和解释国家权力起源及影响的更大研究议程的核心部分,而该议程也被诸多有历史思维的其他社会科学家共享(Evans,Rueschemeyer and Skocpol,1985)。追随这一线索,学者们利用新近获得的现代化初期的欧洲(Brewer,1989;Ertman,1997;Bonney,1999;Kiser and Linton,2001)、撒哈拉以南非洲(Herbst,2000)、累范特(Levant)地区(Heydemann,2000)、中国(Wong,1987)以及美国(Bensel,1990;Centeno,1997;Edling,2003;Thies,2004,2005,2006;Sparrow,1996;Johnson,2005;Bank,Stark and Thorndike,2008)的数据,检验并完善国家形成的"财政—军事"模型。虽然该研究计划中的发现并不能轻易地加以概括,但有许多文献指出,需要有综合的模型来解释税收政策发展的模式;这样的解释运用的是军事竞争中存在的互动,而在互动时又带有政体的制度特征和经济发展的类型特征。

与之类似但更有自觉意识的事情是,从20世纪80年代末至新世纪初,在致力于20世纪民主国家税收政策研究的学者中,开始出现制度主义的综合。社会学家约翰·坎贝尔(John L. Campbell,1993),历史学家埃洛特·布朗利(Elliot Brownlee,1996a,b)、罗伯特·斯坦利(Robert Stanley,1993)、马丁·唐顿(Martin Daunton,2001,2002),政治学家约翰·维特(John Witte,1985)、B·盖伊·彼得斯(B. Guy Peters,1991)、罗纳德·金(Ronald King,1993)和斯文·斯坦莫(Sven Steinmo,1993)等人的独立研究,明确寻求将战争、经济发展和政治制度整合成一个综合理论,来解释税收国家的发展。与先前那批"财政—军事"理论家不同,他们明确地认识到,研究对象不仅要包括理解一般的国家形成,还要包括理解特定的税收政策。尽管彼此间存在着差异,但所有这些学者都主张,要采用一个将经济发展视为动力的财政发展模型——不过该动力推动税收国家的发展,是沿着政治制度铺设的轨道,沿着在战争和其他危急时刻确立的道路。

秉承所有这些传统的学者,也开始从一般历史转向比较历史的研究。他们抛弃了传统与现代性之间的全面比较,也不再寻求历史的一般通用规律。取而代之的是当代财政社会学的研究者更倾向于努力思考,在相似发展水平下跨州或跨国的税收政策为何有差异。正如坎贝尔在本书结语中所指出的,学者如此做的特别原因在于:即便在面对公认全球化带来的趋同压力时,税收结构的分化似乎仍具有很强的韧性(见 Kiser and Laing,2001;Slemrod,2004;Swank and Steinmo,2002;Mumford,2002;Ganghof,2007;Livingston,2006;Sokoloff and Zolt,2006)。这些学者典型的做法是,用比较法来解释这些差异,而非寻找普遍规律。甚至那些并不自诩为比较研究者的学者,也大多放弃了在财政社会学早期潮流中常见的一种伪装,即任何社会(例如美国)的税收史都可反映普遍的模式。

或许更为根本的是,新研究在如下方面与大多经济系讲授的财政学存在着差异。第一个差异是,新财政社会学通常关注非正式的社会制度。反之,许多同时代的关于预算的经济学和政治学考察的是约翰·凯里(John Carey,2000)所谓的"羊皮纸上的制度(parchment institutions)"——主要指宪法和成文法律。新财政社会学研究的令人兴奋之处,在很大程度上源于它们的发现——税收深深嵌入于社会关系之中,而这些社会关系因为没写下来,制度化水平并不高(no less institutionalized,疑原文多了一个 no。——译者注)。税收政策与下列事物相互地形塑:公共信任的模式,社会分歧的模式,家庭、宗教、工作和闲暇的制度等。如本书的很多作者所阐明的那样,这份清单很长,而且还在变得更长。

新研究与经济系财政学差异的第二个方面是,前者重视历史的顺序和背景。新研究的学者经常借鉴路径依赖理论,认为社会制度发展是被关键节点、正反馈过程、离散与聚合的历史路径以及制度的连续性等决定。跟随着熊彼特的引领,新财政社会学的关注点集中于社会和政治演变进程中对未来有重

第一章 历史的惊雷：新财政社会学的起源与发展

大影响的历史事件。① 现代化理论已将历史想象为线性路径，其中不同的社会前后相续（从最传统到最现代）。与之相反，新研究将历史视作一座阡陌纵横的花园，其中关键的交汇处——常常是战争和经济危机——标志着选择时刻的到来。一旦一个社会走上了特定的发展路径，正向反馈会不断地加强这一选择。正是这一洞见，构成了本书专注于历史解释的基础。我们一致认为，对很多财政和社会现象的解释，其有效性取决于解释必须是历史的。从任何单一时点出发所做的经济或政治均衡考察，都不足以解释从一个存在多重均衡可能的世界中获得的观察结果。

差异的第三个方面是，新研究常常集中于关注社会层次而非个体层次才能被正确衡量的现象。本书通过对战争、可容忍的社会差别、宗教传统、性别制度、劳工体制及其他这类宏观社会现象的研究实例，证明了该领域在此方面的特征。另外，新的研究显示，将税收和社会科学中如下重大问题联系在一起有好处：民主的兴起、国家的发展和社会团结的来源等。

新财政社会学承诺阐明熊彼特提出的所有经典问题——税收体制的社会来源、纳税人同意的决定因素、税收的社会和文化后果。在 20 世纪后期的大部分时间里，由分离的传统分别处理的这些问题，现在正被横跨经济发展、政治制度和战争研究领域的交叉文献处理。新财政社会学特别指向了一个关于税收的新理论，将税收视为增加社会基础权力的社会契约。虽然有很多细节仍需澄清，但新理论仍然提出以下论点：经济发展并不必然导致特定形式的税收出现；相反地，制度背景、政治冲突和偶发事件导致了现代世界中税收国家的多样性；对纳税人同意的最佳解释不是强制、掠夺或幻觉，而是将其作为一个集体谈判（collective bargain）的产物；在这一谈判中，纳税人放弃部分资源以交换能带来社会生产能力扩大的集体物品；由于税收不仅对战争中的国家能力至关重要，事实上对全部社会生活亦是如此，因此税收国家的不同形式可以解释国家之间诸多政治与社会的差异。

本书接下来集中关注税收的三个方面——税收政策在国家基础上的来

---

① 正如熊彼特解释的那样，"财政史中的重大事件"提供了洞察力，可用来透视"社会存在与社会形成、国家命运的推动力量，还有实在条件和特定组织形式之形成、壮大、消逝的方式"（熊彼特，[1918]1991：101，在原作中他对此有强调）。

源、纳税人同意的发展、税收的后果,来阐明新财政社会学的潜力。

(一)第一部分 税收的社会来源:比较视野下的美国税收政策

第一部分的内容,将从财政社会契约中国家一方的观点出发,考察财政—社会契约的起源。为什么特定的国家选择特定的税收政策?对此,新财政社会学有一个核心假设是,解答这个问题需要关注特定的历史。本书的作者以美国这个特别知名、独特和有影响的国家为案例,通过聚焦于它的税收政策的发展来证明这一核心假设与方法路径。之前我们已经指出,新财政社会学的标志之一,就是意识到在特定历史时刻不同社会走上了偶然的而绝不趋同的路径。以该方法路径所包含的大有前景的有力证明为背景,新财政社会学的文献描绘了有关美国政治经济体历史发展的非凡画卷。

在一个现在众所周知的例子中,税收学者颠覆了过去将美国描绘为落后且吝啬的福利国家的标准形象。斯坦利·萨里(Stanley Surrey)对税式支出的开创性分析(Surrey,1973)已被学者用来证明,在比较的视野下,美国作为福利国家并非落后者,而仅仅是异常依赖于间接花费——这一间接花费以向中上收入人群倾斜的税式支出形式存在(Howard,1997;Adema,1999;Hacker,2002;Klein,2004)。另一个同样引人注目的发展(税收学者都了解,但福利国家研究者则未必)是如下的发现:在20世纪多数时间里,相较于庞大的社会民主主义福利国家,美国拥有一个累进税率更高的税收结构。这种特定的税收体制可以追溯到现代美国税收体制的开端以及进步时代的冲动,在那时尝试用直接的且分级(graduated)的税收,将财政义务落实到有最大税收承担能力的地区与阶级身上(Ratner,1967;Mehrotra,2005a;Morgan and Prasad,2009)。至少直到最近,相对于欧洲福利国家(包括作为平等主义前哨的法国和瑞典在内),美国对资本的征税率更高,对劳动和消费的征税率更低(Steinmo,1993;Carey and Tchilinguirian,2003;Martinez-Mongay,2003;Mendoza,Razin,and Tesar,1994;Lindert,2004;OECD,2001;Sørensen,2004;Volkerink and de Haan,2001)。根据近来最出色的税收累进性的比较研究,即使我们暂不考虑全国性消费税(national consumption taxes)的问题,相较于法国和英国,美国在20世纪70年代有着一个更高累进率的税收结构——虽然20世纪80年代新自由主义的减税已经扭转了这一累进性的对比局面(Piket-

第一章 历史的惊雷:新财政社会学的起源与发展

ty and Saez,2006;见 Prasad and Deng,2009 对税收累进性比较的测量)。

所有这些针对美国税收政策的考察,已给比较-历史研究的多条脉络带来了启发。首先,它们有助于解决福利国家研究中最重要的难题之一:庞大的社会民主主义福利国家,是如何在资本市场国际化环境中生存下来的？答案是,这些国家依赖消费税,而消费税不易受到金融或贸易国际化的冲击（Ganghof,2006；Lindert,2004）。第二,这些发现提供了一个看待当代美国政治的新视角。几乎可以毫不夸张地说,在当代美国制定国内经济政策,全都围绕税收展开；那些突然造访华盛顿的公司游说者,到最后通常总是带着某种税收优惠而归（Clawson, Neustadtl, Weller,1998；Birnbaum, Murray,1988）。这种模式表明,游说活动在美国所具有的活力,也许不是衡量商业力量的指标,而是衡量政治家智慧、看他们塑造出的结构能否成功稳定地募集竞选经费的指标（Doerenberg and McChesney,1987；McChesney,1997；McCaffery and Cohen,2006）。第三,有一些分析家已经指出,美国税收结构中较高的累进税率是造成该国具有更强烈的新自由主义倾向的一个因素（Wilensky,2002；Campbell and Morgan,2005；Prasad,2006）。

简言之,正如熊彼特所预言,对美国财政结构的考察,已为比较政治经济学的研究者揭示出"历史的惊雷"。它还将一组新问题提上研究的议程：那些庞大的福利国家,怎么会变得对消费税如此深度依赖？这一发现对我们研究资本主义在发达工业国与发展中世界的兴起,有什么样的启示？

本书的作者们致力于描绘美国政治经济学的这幅新图景,并为更宽泛地讨论"国家如何选择特定形式的税收"这一问题做出贡献。我们以约瑟夫·J.桑代克(Joseph J. Thorndike)讨论罗斯福新政的一章作为第一部分的开始。桑代克指出,21 世纪关于累进税的冲突,深深植根于美国的税收史。他呼应了先前学者的判断,即新政是美国税收国家形成的一个关键时期（Leff,1984；Higgs,1987；Beito,1989；Amenta, Dunleavy and Bernstein,1994；Coleman,1996；Brownlee,1996b）。不过,作为新政中一个关键的税法"1935 年的税收法案",并未如接下来数十年欧洲各国的全国消费税那样,成为新的主要财政汲取工具,同时也没有利好那些利益集团。"1935 年的税收法案"所做的,是试图对富人征收重税,由此造成在 20 世纪多数时间里,美国富商和国家之间存在着特有的、根深蒂固的不信任和敌意。桑代克认为,1935年法案可追溯至罗斯福政府中法律和经济专家彼此竞争带来的后果,并强调罗斯福本人的偏好(植根于先前的冲突)对界定政策方向有重大的影响。因此,在这一国家建设的关键时刻,政治精英遵循着早先政策冲突设定的模式,并为未来的冲突依次创造了条件。

接下来,我们转向安德里亚·坎贝尔(Andrea Campbell)与弗雷德·布洛克(Fred Block)之间的对话,他们讨论的是当下这一轮貌似持续不断地减税现象的起因。从纳税人的态度和政治精英的修辞术之间的联系,坎贝尔发现了这一现象的起源。坎贝尔认为,美国选民对税收的态度,通常对应着税收的水平。在文中,她呈现了首个完整的时间序列数据,涵盖了20世纪30年代以来美国公众对税收的意见。她在文中表示,相信联邦所得税"太高"的选民百分比与实际税收负担之间存在着紧密的共变关系(co-varied)。然而她也指出,对税收的不满,并非总能轻易地转变成政治行为。当精英将对税收有不满且被当作政治竞争议题引入公共议程之后,税收才变为政治话题。因此,坎贝尔追随着普维亚尼(Puviani)的脚步提出,政府官员可以影响纳税人的行为,而且这种影响至少在一定程度上独立于实际的税收成本与收益。逐渐上升的税收负担和一种新的精英话语结合在一起,二者共同将减税置于20世纪70年代以来政策议程的中心——最终导致了2001年和2003年剧烈的减税行动。

那么,美国的政治精英是如何想到要将减税置于政策议程中心的呢?弗雷德·布洛克(Fred Block)撰写的这一章,以小布什2001年和2003年减税计划为案例,试图解释仅靠民意分析不能解释之处。在类比于19世纪英国突出的意识形态历史的基础上,布洛克认为,美国政治精英在21世纪之初恶意地(cynically)采取了一种个人主义意识形态,以缔造宗教保守主义与自利商业精英之间新的联盟。这个指向选举的联盟是反税收的,因为它持有的个人主义意识形态否认所有延伸到家庭以外的社会责任。布洛克认为,作为针对全球化世界中存在的不确定性的安慰性反应,这样的意识形态被普通人接受,并使减税在最近三十年始终处于联邦议程的首要位置。我们或许可以这样拓展布洛克的论点:当经济周期如近些年那样步入下行时,减税作为调控国民经济的反周期措施,就会频繁地再现。因此,不管是把减税作为缩减政府规模的措施,还是作为刺激困难重重的经济的间接手段,它都似乎成为一种很受欢迎的政策工具。有关减税的争论,也因此变成美国政治场景中的周期性特征。

最后,克里斯托弗·霍华德(Christopher Howard)考察了其他一些长期顽强存在的美国现象,如税式支出——税收好处(tax benefits),也就是以放弃部分税收收入的形式而产生的间接支出。霍华德阐明,为社会福利目标而给予税收优惠(tax preferences)是美国福利国家一个巨大而被忽视的组成部分,这种优惠偏向中层、中上层收入群体。基于他早期的工作(1997),霍华德在本书的一章中探究,21世纪初美国党派政治的动力机制,如何让税式支出维持、(在某些情况下)甚至扩大社会供给。尽管民主党和共和党的立法者在税率方面意见不一致,但他们似乎在"把税收政策作为社会政策使用"的问题上达成了共识。此外,这些税收宽大(tax breaks)提供了凝聚新联盟所需的认知界限和共同利益,并进而构建了利益集团(Hacker,2002;Steensland,2008)。

本书的许多作者通过研究挑战了"美国例外主义"(American exceptionalism)的论点,因为他们怀疑将美国阐释为自由放任的弱国家这一传统观点。[①] 事实上,美国像欧洲民主国家一样,一直乐意通过国家干预使市场嵌入社会,但这种嵌入采取了其他形式,特别是以累进税的形式。此外,美国的确拥有一个庞大的福利国家系统。只不过它采取了不同于欧洲福利国家的运行方式:欧洲先用税收筹集收入,再以福利支出的形式实施资源分派;而美国是通过在特定目标领域放弃征税来运行福利国家制度。在挑战一系列关于美国独特性的刻板印象之后,这几章也采用了更精细的方式来论证美国与欧洲的区别,并且还提出了一组新问题:为什么美国采取了"对富人课重税"的办法,而不是用欧洲那种以全国消费税形式来筹集资金?为什么美国的政治精英在某些时刻对税收政策有异乎寻常的兴趣,而在另一些时刻则不那么有兴趣?是什么导致了美国对税式支出与众不同的依赖?2007年爆发的经济危机,减税在其中是否扮演了角色?美国政府能否继续说服债权人相信,它有能力提高税收收入以偿还债务?

---

① 最近挑战"美国是自由放任国家"这一传统观念的社会历史文献的总结,可参见 William J. Novak(2008)。

收录在第一部分的文献,一起描绘了一幅关于美国财政国家的多彩画卷。美国的社会契约坚持采取累进税,由此一方面激起了占据新闻头条的税收冲突,另一方面也使具有独特功能的税式支出得以存在:这样的税式支出,更平静但也许更本质地描绘了这个国家经济生活的特征。与一些持进步主义史观的历史学家想象的不同,我们的作者不会主张美国税收系统呈现了现代性的一般图景(generic picture)。但是,在本书这几章所描述的内容,的确是路径依赖一般过程的例证;而这样的路径依赖,让不同的国家处在特定的路径,并因此形成了现代世界多样性的税收国家。税收政策是特定政治冲突的结果,而冲突的起点则由先前的税收政策的选择所决定。正如我们之后将要看到的,这些关于税收政策的冲突,可能影响了诸多其他事实,包括政治生活、不平等和国家能力等,甚至影响了那些看似与税收关系不大的领域。

(二)第二部分 纳税人同意

本书的第二部分,从纳税人的视角审视了财政契约的起源。这一部分的各章探寻的问题是,为什么人们会同意特定的税收体制?这个问题是精英理论的中心关注点,而我们的作者都意识到政治精英和政治制度的重要性。不过,为解决此问题,他们还使用了综合方法并在其他方面示范(exemplify)了新财政社会学。在此部分中有几章明确地将战争、经济发展和政治制度结合在一起,以解释纳税人同意的变化;它们还注意到了制度化的社会分化与政治联盟。

新财政社会学与精英理论中的个人主义假设,最重要的不同也许在于,前者主张纳税人同意是社会契约的结果。新财政社会学学者主张,征税不能仅仅解释为错觉或强迫,反而应被视作一项集体的财政交易——在这一交易中,如果纳税人相信税款公平地反映了公共产品提供的成本,他们就会愿意上缴资金。说纳税人关心公平,意味着纳税人不仅仅关心他们自己的个人成本与收益——要赢得所有纳税人的同意,关键取决于他们认为其他纳税人是否被公平对待。

新财政社会学对纳税人同意的主张,建立在利瓦伊(Levi,1988)提供的奠基性文献基础上。她提出了准自愿服从(quasi-voluntary compliance)的概念,以补充自己的掠夺性统治的理论。利瓦伊提出了一个问题:为什么纳税人选择遵守他们的税收义务而不是选择逃税？税收遵从的标准模型,来源于犯罪经济学——将遵从的决定视作是被发现的风险与惩罚成本的一个简单函数。与此形成对比的是,利用精英理论传统,利瓦伊主张纳税人顺从有"自愿"的成分。当纳税人认为他们的纳税义务是对统治者提供的私人或集体物品的公平交换时,他们就会履行义务。诚然,税务机关的确使用了强制性权力——在这个意义上,顺从是准自愿的。但是利瓦伊认为,强制的主要目的是,通过展示其他纳税人也正被强迫缴税,以说服纳税人他们支付的是一个公平的价格(Levi,1988:54)。

利瓦伊的文献中有几个重要的问题未回答,由此为进一步的研究开辟了道路。其中一个未被回答的问题是:公平税收的规范从何而来？最近对抗税和逃税的比较历史研究强调,在不同时间不同地点的人们,对什么算作是公平的财政协议持有非常不同的看法。新财政社会学通常用下面这种方式来寻求解释这些规范,即致力于说明历史上政府的政策和做法是如何将民众对政府响应的期待(Lo,1990)以及政府行政的实践(Bergman,2003;Martin,2008)制度化的,或者政府政策和做法如何以可能引起逃税或抗税的方式引导信息流动的(Wilensky,1975,2002)。何种政策在哪些社会和历史背景下拥有影响习惯规范的重要性？回答这样的问题,仍然有许多工作要做。

另一个未被回答的问题是:纳税人如何界定他们希望福利最大化的集体？当纳税人认为税收对集体物品有贡献时,他们可能就会同意纳税——但是是哪个集体？利伯曼(Lieberman,2003)先驱性的贡献在于,将撰写宪法的时刻认定为集体理念被制度化的关键节点。他认为,20世纪巴西和南非存在的纳税人同意,依赖不同的种族和国家概念,而这种概念在国家建立时刻就被写入了他们各自的国家宪法中。[①] 最近还有一些研究,将税收政策本身认定为社会边界与政治认同的来源。因此,在严重依赖累进所得税的体制中,纳税人也许会开始将自己认同为某一所得税税级的成员。反之在依赖消费税的体制中,纳税人也许会形成一种宽泛共享的政治认同(Wilensky,2002;Kato,2003;Morgan and Campbell,2005;Prasad,2005,2006)。

[①] 与很多近期关于多种族国家税收的经济学研究(如 Alesina and Glaeser,2006)形成对照的是,利伯曼将族群界限视作需要解释的,而非当作历史给定的。

在第二部分,我们的作者持续推进对纳税人同意这一前沿领域的研究。埃文·S.利伯曼(Evan S. Lieberman)开启本书的这一部分,内容是大胆重申他的以下理论论点:身份认同与社会边界影响纳税人同意,并进而影响国家能力。对集体物品的看法和为集体做出牺牲的意愿需要先存在一个共享的集体观念——一种将世界区分为"我们"与"他们"、"群体内"与"群体外"的意识。利伯曼比较了两个对比鲜明的集体(作为民族国家的巴西和南非),它们的政府在应对艾滋病和艾滋病毒蔓延时采取了不同的税收政策,以此强调社会与种族的界限以及历史进程的重要性。如果纳税人缺乏一种牢固的集体团结,或者不确定谁会从他们缴纳的税款中受益,他们就可能更不愿意做出牺牲。相反,如果纳税人相信他们的税款会让"群体内"受益,那他们就可能更愿意承受重大牺牲的负担。利伯曼解释,在南非历史上种族冲突增强了白人的税收遵从:特别在南非税制发展的早期和关键阶段,白人纳税人相信他们的税款会使其他白人受益,于是相对较高的税率、有效率且起作用的税收管理,就有了发展的可能。相比之下,在巴西历史上由于缺乏比较严苛的种族界限,纳税人不太关心同种族人是否获益,于是就发展出较低产出的税收政策和弱化的税收管理。在此意义上,群体内的关心同样不存在,纳税人也不会根据他们在群体内的利益进行思考。在这两个国家的艾滋病政策领域,展现出一组相反的路径依赖过程。利伯曼的论点将一个社会学问题带进了成本—收益计算的关键位置:谁是相关的主体?为谁权衡成本与收益?利伯曼指出,社会界限自身就是历史的创造。他的论点也意味着,如果我们想要解释纳税人为何同意,那么对历史的考虑就是不可避免的。

在接下来的一章中(第七章),井手英策(Eisaku Ide)和斯文·施泰因莫(Sven Steinmo)论证,在形成纳税人同意的过程中有另一个重要的社会因素:信任政治精英的社会规范。他们精心地选择了案例,以便阐明若征税得不到纳税人同意,那潜在的可怕后果是什么。日本从一个遵守财政纪律的模范生变成一个拥有失控赤字的典型,这一巨大的转变是令当下政策制定者警醒的故事,也是当代税收研究者的重要难题。井手英策和施泰因莫认为,逐渐损害公民纳税意愿的一个因素是,公民不相信政府会负责任地管理财政收入;而这种不信任,他们认为来源于先前选择的税收政策。由于拥抱新自由主义财政政策,政府反复给最富有的纳税人优惠待遇,于是日本的政治精英挥霍了公民的信任,因此丧失了要求普通公民做出牺牲的能力。他俩的主张意味着,对纳税人同意的研究必须有一个历史的维度;这是因为,在任何给定时间上的同意,都是对先前政策的一种反应,而先前的政策本身,又是适应纳税人先前牺牲意愿的结果。此外,他们的案例研究指出,纳税人同意在现代社会中可能会被撤回。如果真的像精英理论家所主张的那样,纳税人同意主要是强制或操纵的函数,那么上述模式很难被解释。相反,两人所举的案例表明,那些反对社会契约条款的纳税人,或者对应该代表国家采取行动却无力履行公职义务(civic obligations)的人感到不满的纳税人,都有完全撤回他们的同意之意愿与能力。

新财政社会学暗示,社会认同和社会规范能够影响公民要不要默认一项税收政策。然而,接受不代表就是遵从。的确,即便在战时,纳税人同意也会受到质疑或显得模糊不清(Bank, Stark and Thorndike, 2008)。在第八章中,内奥米·费尔德曼(Naomi Feldman)和乔尔·斯莱姆罗德(Joel Slemrod)运用社会认同与社会规范的洞见,研究下述战时税收遵从问题:在被号召分担战时的牺牲时,人们是会遵从还是会逃避?费尔德曼和斯莱姆罗德运用1970年以来60多个国家战时税收遵从态度的数据,检验了以下传统的观点:纳税人对他们政体的认同感和他们牺牲的意愿,应该在战时达到最大。他们发现,在最近经历了战争的国家中,人们的确报告了更多一点对税收遵从的支持,但战争中的致死率会破坏这种税收遵从。结果显示,至少在1970年以后,战争确实影响了税收遵从态度,但这种影响很小且取决于战争的破坏性。而和许多以前的研究(Rasler and Thompson, 1985; Kiser and Linton, 2001)的假定形成对照的是,他们发现,战争越是有限度(通过死亡率来衡量),对纳税的支持度就越大。费尔德曼和斯莱姆罗德的工作,为税收学者们已认同的"棘轮效应"(ratchet effect)——税收收入在战争期间上升并再也不会完全回到战前水平——提供了新的见解。

最后,在第九章,罗宾·L. 艾因霍恩(Robin L. Einhorn)为"民主和自由培育纳税人同意"这一论点提供了强有力的论证。艾因霍恩问:在美国独立战争前,为什么北方殖民地相较于南方殖民地发展出了更发达的税收官僚机构?

这个貌似温和的问题，实际上颠覆了已被广泛接受的对美国历史的阐释。关注该时期修辞术（rhetoric）的历史学家认为，南方比北方更"民主"，由此得出了民主诞生于奴隶制的结论——而这呼应了早先利伯曼的论点，即群体间存在清晰的社会界限，会增强群体内的团结。艾因霍恩则认为，这种对美国历史的阐释，误把修辞当成了真实的事物。她指出，事实上，南方殖民地在它们的统治程序上更不民主——而民主与自由的缺位，对国家能力产生了深远影响。南方殖民地尽管融入了世界市场，但却没有什么估征税收的能力，因为奴隶主们抗拒任何针对他们事务的民主调查。相比之下，在奴隶制更不盛行而地方民主更加发达的北方殖民地，一种自治的政治传统孕育了更加复杂的税收结构和税收管理。艾因霍恩得出结论说，"税收的合法性不取决于数量上的精度，它取决于一种政治的弹性（political flexibility），让纳税人觉得自己正被公平地对待"。简而言之，纳税人同意取决于民主与自由。

所有这些章节都阐明，纳税人同意很难单独由强制来确保。精英理论将纳税遵从视作纳税人被欺骗或被胁迫的证据，可在这一领域内的所有作者，研究后都呼应利瓦伊的论点，即在税款的支付中有自愿的成分。例如，利伯曼的研究显示，南非的白人纳税人同意缴税，是因为他们相信这会使其他白人受益——而不仅是因为他们被欺骗去缴款，或者被胁迫去纳税；可是在纳税人同意缺位的情况下，强制和操纵并不足以让巴西产生纳税人遵从。井手英策和施泰因莫的研究说明，当纳税人对社会契约的状况不满时，他们拥有撤回税收同意的能力。费尔德曼和斯莱姆罗德研究的问题属于这样一个传统，即询问责任感是否为纳税人同意的一部分。通过仔细研究战争和纳税人遵从之间的联系，他俩说明，以死亡率来衡量的持续冲突会侵蚀公民对国家的信心，从而侵蚀他们对纳税的赞同。艾因霍恩的研究也表明，纳税人同意取决于他们对于税收征缴方法是否公正的感觉，而这一感觉是他们的自由和参与政府协商能力的一个函数。

本部分所有的章节也都强调了纳税人同意——包括在政治上的接受与对法律的遵守——取决于一种社会的而非个人的契约。纳税人确实考虑集体的善（collective good），而他们的计算受整个社会特征的影响。如果你想理解对税收的同意，那么去询问个人的成本和收益是不够的。因此，有必要提出这样的问题:作为整体的社会,在种族上是分离的还是联合的?它处在战争中还是和平中?是信任还是不信任?是民主的还是非民主的?是奴役还是自由?简而言之,我们的作者表示,民主国家的税收并非主要依靠掠夺,它还是社会契约的化身。

(三)第三部分 税收的社会后果

军事国家理论表明,税收塑造了国家发起战争的能力。本书的作者又通过探究税收对社会和文化其他后果的影响,让财政社会学朝多个新方向进行了拓展。当然,对税收本身造成的经济后果进行调查研究,这并不新鲜也不独特,因为财政经济学家长期以来专注于衡量税负的归宿,探讨税收如何"扭曲"经济决策。与之不同的是,新财政社会学关注的是社会、政治和制度方面更广泛的后果,诸如家庭结构、国家能力和公正理想等。甚至当本书作者将注意力转向不平等问题——税收经济学的经典议题——时,他们也倾向于采用一种社会学的研究路径,而这又让人回忆起托克维尔的假设:税收政策可能不仅影响到收入与财富的等级分配,而且可能创造并强化了多种明确的(categorical)社会区隔。①

对税收的社会与文化后果展开研究,前沿边界是完全开放的,也因此最近的研究成果具有多种多样的指向。税收政策可以形塑婚姻的多种可能性(麦卡费里,本书第十三章),可以规定退休后的养老金额(Scott,2007;Zelinsky,2007),并由此塑造了人的生命历程。税收政策也影响到卫生保健市场的组织过程(Hacker,2002),进而对公共卫生可能产生重要影响。研究社会运动的学者则提出了下述假设:免除非营利性团体的税额是把抗议导入特定组织形式的重要因素(McCarthy,Britt and Wolfson,1991)。美国历史学家注意到,在20世纪60年代末期,南方种族隔离主义者试图利用慈善捐赠的税收免除与税收优惠,来创建私人的"种族隔离学院"(segregation academies)(Crespino,2007:228)。而比较宗教研究的学者指出,无论是限制还是鼓励创设独立于国家的宗教制度,税收歧视都已经是一种至关重要的制度安排;他们还假

---

① 引自托克维尔(Alexis de Tocqueville)的话:"由于不平等的税收在受益者和受害人之间会制造出永久性的隔阂,所以在各种使得人们意识到他们之间的不同以及强调阶级区隔的方式中,不平等的税收是最具毁灭性的"([1856]1955:88)。

定,无论是对集体崇拜还是对个人信仰,税收政策对所有不同形式的宗教的活力都可能产生影响(Finke and Iannaccone,1993)。艺术史学家和艺术社会学家认为,税收政策也影响到艺术创作生涯的多种可能性。他们假设,税收政策的选择甚至可能影响艺术的内容。比如,一项影响国际艺术品交易的税收,可能在特定时期选择性地将资金赞助引向特定的艺术风格(Becker,1982:172)。关于美国郊区的历史研究也表明,联邦税收政策在事实上塑造了实体景观,比如促进了第二次世界大战后郊区购物中心的扩张(Hanchett,1996)。研究经济发展的学者,将一个国家不能执行税收社会契约视为该国经济不发达的关键原因之一。通过税收增加财政收入的能力,也巩固了一个国家从信贷市场低息借款的能力(Bräutigam,Fjeldstad and Moore,2008),而这也预示了美国政府近来承诺减税将产生的长期后果。

有那么多来自不同领域的学者关注税收的潜在关联性,这一点并不使人惊奇。正如我们之前主张的,税收对于现代性而言极为重要。税收所处的这一中心地位,意味着它在现代社会生活中的诸多元素身上刻上了自己的印迹:在税收政策中,国家把一个社会的核心文化范畴编入税法条文,并借助法律的权力与经济激励的力量进行灌输。

在第三部分,本书作者就税收的社会与文化后果探索了几个新的方向。查尔斯·蒂利的权威性文章建立在对案例进行总结的基础上,他将民主本身视为税收的产物之一。蒂利还回溯了托克维尔,并向我们展示了财政社会学的未来。托克维尔对法国大革命的论断,其意义不仅在于税收政策可能会带来令人不满的社会区隔,也在于该政策可能创造并再生产出政治公民权这一范畴(category),它是一种划分谁是完全的政治公民而谁又不是的社会界限。蒂利的文章追随了这一洞见,运用了一种影响甚广的历史观点,该观点认为国家从社会中汲取资源(其中税收只是一个特例)是走向民主的一个促成条件。国家获取财力,若通过国有企业生产或自然资源出售,那就不需要赢得国民的积极同意。相反,若国家直接从国民那里汲取资源以获得财力,那就需要国民的积极同意。这种直接汲取的形式,开启了一个从抵抗、到镇压、再到妥协的循环过程,此循环最终会形成一个制度化的平台,以供国家与公民之间展开协商,这是走向成熟民主之路的第一步。对蒂利而言,纳税人的同意是一个伟大的历史性妥协的当代体现,并且这种同意的达成必然伴随纳税人政治权力的扩张。

在第十一章,埃德加·凯瑟(Edgar Kiser)和奥黛丽·萨克斯(Audrey Sacks)研究了征税形式对国家能力的影响。这是新财政社会学最有前景的领域之一(见 Lieberman,2002a),当然也是最亟待研究的领域之一。那些无力筹得岁入的国家,不能提供用来保障和平与繁荣的最基本条件。凯瑟和萨克斯证明,在非洲撒哈拉以南的诸多国家中,税收管理的官僚制不能适应当地的经济,在那里资源短缺、交通落后和通信方式让国家难以监督和制裁收税人员。这种盲目采用税收管理官僚制形式的做法,被凯瑟和萨克斯归为必须采用最"现代化"税收管理的规范压力。① 他们进而认为,在特定条件下,21 世纪发展中国家其实可以从包税制安排中获益,这与早期现代欧洲那些能高度符合一些统治者利益的制度安排相似。

在第十二章,比佛利·莫兰(Beverly Moran)提出了一个问题:什么样的税收体系,能最大限度地实现亚当·斯密在几个世纪前认同的那些理念? 她认为,斯密精巧地创造出这些理想标准,目的是回应在他那个时代可能的税收政策;但将他最基本的原理应用于一个不同的社会情境时,斯密究竟推荐哪种政策,我们应该会得出截然不同的结论。在论证税收政策如何形塑税收理想时,她同样给出了一个规范性的对策:在美国,税收结构若依赖财富税(wealth taxes),会比当下依赖的所得税主导,更趋于公平。在过往历史上,继承法带来的是压迫;而在当代财富分配中,继承法造成的是持续不公。因此,对财富征税能将公平与正义的实质性观念付诸现实。

爱德华·麦卡弗里(Edward McCaffery)在他所写的一章里,呈现了新的比较性数据,以说明税收政策对家庭私密空间的影响。他的内容建立在众多法学家工作成果的基础上,这些学者已经展现了税法如何再生产出性别不平等,以及税法如何导致单收入夫妇和双收入夫妇之间的政治矛盾(Blumberg,

---

① 一些持有现代化理论的学者给出了一个明确的警告:这有可能会发生。他们同时告诫专家,在周遭经济(ambient economy)状况让税收政策不能得到公正实施的社会中,要防范推行"现代"税收政策的风险(Ardant 1965;Musgrave 1969)。然而,他们的理论通常表明,这种错配的税收政策会造成负反馈过程——主要表现为抗税与逃税——而这又会导致税收政策与周遭经济的能力逐渐趋于一致。

1971；Jones，1988；Staudt，1996；Brown and Fellows，1996；McCaffery，1997；Alstott，2001）。① 麦卡弗里认为，相对于已婚且有子女的双收入夫妇，美国税法的特征对未婚或"传统"的单收入夫妇更为有利。在第二次世界大战后的一个关键时点，这种偏见被有意地写入法律之中，麦卡弗里为此给出了详细的文件证明。他还认为，这种结构性偏见一旦被法律所采纳，就会自我再生产，而且法律规定处于有利地位的"传统"单收入家庭与处于不利地位的双收入家庭之间的矛盾，不断得到肯定。

　　最后一章由布朗利（W. Elliot Brownlee）撰写，它听起来像是警世之言。虽然税收政策在诸多方面可以影响社会，但并不意味着税收专家可以如其所愿地自主控制社会。正如布朗利在文中展示的，第二次世界大战后的日本，似乎提供了一个检验政策处方的完美实验室，这些政策处方被设计出来以实现公平和经济增长等目的。在战争结束后，美国政府邀请一群由经济学家卡尔·S. 舒普领导的美国税收专家，彻底从头设计日本的税收体系。如果社会科学能够参与重塑世界，那在这里应该可行：税收体系改革由一个胜利的强国强加于一个被明确击败的对手身上；它们紧随一场战争之后，而这场战争制造了空前的财政需求并在历史上或许导致了最具戏剧性的税收政策转变；对日本政府而言，战败已成为一场灾难级的危机；舒普与他的经济学家团队则做好了分析与对策的特殊准备。然而，布朗利表明，舒普的改革并不持久。虽然占领的确迫使日本政府发动改革，但商业以及其他利益集团则说服继任的政府中止了改革。舒普和他的经济学家们所做的苦工都白费了。因此，这一案例提供的清晰证据表明，军事战败的外生性冲击并不足以大规模地重置税收体系。税收政策的制定者有可能去塑造社会，但并不总如他们所愿，或者并不总处在他们所选定的条件下。

　　正如收录在第三部分的几章所阐明的，对税收的社会文化后果之研究，为社会理论与政策科学提出了新的规范性问题。传统"最优税收理论"对效率与纵向公平的关切，并未能穷尽税收政策所能带来的好处。对实现经济增长或保持累进有利的最优税收政策，未必对军事胜利、社会团结或民主最有利。如

---

① 关于关键税法（Critical Tax Law）的文献介绍，请见 Infanti 和 Crawford（2009）。

比佛利·莫兰(第十二章)所指出的,在诸多方面,新财政社会学的注意力又回到了财政学奠基者们广泛关注的规范领域上。

新财政社会学的这一研究脉络,集中关注税收的后果,由此展现了社会科学中日益呈现出的一种规范性冲动:为改善公共政策这一明确的目的,尝试着整合历史研究中产生的洞见。有许多学者一方面模仿经济学开出规范性药方(normative prescription),另一方面又不赞同经济学领域内某些特有的假设与方法,于是他们希望挖掘潜力发展一门以历史为导向的社会科学,并以此为公开讨论添砖加瓦。① 这种研究路径也招致了激烈的批评与反对。批评者担忧的是,若执着于现有的政治关联性,可能会遮蔽社会现象,需要从自身条件来理解这一意图,同时也会有损社会科学超越派系之争的能力(政治科学中的争论,请见 Monroe,2005;社会学中的争论,请见 Clawson et al. ,2007;历史学中存在已久的争论,尤其是关于大众史学,请见 Novick,1988)。本书第三部分的作者,展现了这场争论范围内的所有观点:凯瑟、萨克斯和莫兰明确引申出规范性的对策,而麦卡弗里却含蓄地主张性别中立的税收政策。此外,布朗利也暗示,意欲左右政策的专家们必须面对残酷的政治现实。

本书的所有章节也一同显现了新财政社会学的雄心。税收如何影响买卖双方的关系,并进而影响到经济增长与收入分配,对这一问题,主流经济学已教会我们很多。而新财政社会学则旨在清晰地阐明以下问题:税收如何影响非市场性关系(包括亲属关系、群体内和群体外之间的象征性关系;统治者与被统治者间的政治关系)? 新财政社会学还要求我们从事关涉当下重要讨论的那些历史研究,并告诫我们不要误以为学者能够独自地再造世界。

七、新财政社会学的未来

财政社会学正在迅速发展,其势头仍将持续。作为一个比较的例子,请细想一下关于福利性公共开支的政治社会学。在 1975 年,这一领域还无足轻

---

① 政治科学、历史学和社会学中渴望与真实世界相关联的意愿,已如此强烈,以至于促成了近年来新的重要期刊的创办,这些期刊致力于出版与传播那些论及紧迫公共议题的研究(例如《政治透视》(Perspectives on Politics)《政策历史期刊》(Journal of Policy History,and Contexts)《情境》(Contexts)。

重。时至今日,它支撑起了一个庞大的、不断发展的和充满活力的跨学科研究共同体,而社会支出无疑已成为其中一个重要的问题。从事社会政策研究的学者习惯性地指明,在社会供给上的支出是"西方国家的首要国内事务"(Orloff,2005:190),以此说明该研究领域的旨趣与重要性。相比其他政府行为,在富裕国家中,社会供给支出占到经济活动中的更大比重。然而,这种论断只有在忽略了收支预算表中财政收入端才称得上是正确的。如果我们顺着福利国家研究的常规思路,通过国家与社会之间转移的绝对资金流量来衡量活动规模的话,那么西方国家的首要国内事务就不是社会供给或其他任何支出,而是收税。① 除最发达的福利国家以外,这种收支不平衡尤为显著。征税是大多数国家开展的主要事务之一。令人不解的是,如此之多的社会学家、历史学家、法学家和政治科学家,居然忽视了它这么久。

学者们将继续把税收政策当作衡量社会、政治和经济变迁的指标来研究。但是,财政社会学的未来研究,将超越仅将税收作为一项指标或作为其他领域变迁的征兆,而指向把税收作为现代世界中社会、政治和经济发展的核心元素来理解:税收是实际存在的社会契约;围绕这一契约的反复商议,转变了国家与社会的关系。

熊彼特对财政社会学的高度期待,反映了他如下的信念:税收政策享有一个特殊的理论地位,因为该政策比其他任何政策都更有可能形塑社会变迁的方向。税收甚至可能是历史发展的巨大推动力之一。由此,税收研究不仅仅是政策史的一个专门领域,对整部政策史而言,它都是关键所在。在熊彼特论述税收国家的文章里,他毫不避讳地以振聋发聩的口吻道出了这一主张:

> 在某些历史时期,因财政需求与国家政策而直接形成的影

---

① 我们在此关注所有税收,而不仅仅是指定或意指为社会支出服务的那些税收,因为作为国家的社会活动,税收还是有很多共同之处的(不管它们本来有没有预期的或归因的目的),也因为税收本身在形式和社会学意义上与政府的社会支出有相似性。社会转移与纳税都是具有法律强制性的、无偿的经济转移,这种转移跨越了国家与社会的边界。的确,从某个角度来看,社会转移简单地说就是负税收。相比之下,正税收则显得高其一等。2001 年,在 15 个富裕的欧洲国家中,在社会提供上的直接公共支出平均占国内生产总值(或称 GDP)的 23%,而税收收入则平均占 GDP 的 40%。相比于社会支出,所得税与消费税的总和占 GDP 的比重更大。这些统计来自经合组织(2007),它们代表了经合组织所称的"欧盟 15 国"。

响,实际上解释了重大事件的所有主要特点,这些影响涉及经济发展、生活的全部形式和文化的方方面面。在多数历史时期,它有很强的解释力。只有在少数历史时期,它没有解释力。

([1918]1991:100)

熊彼特当然夸大其词了,但他到底夸大了多少呢?学者们只有探索完财政政策的解释力边界,我们才能知晓答案。税收政策不能对社会科学家与历史学家感兴趣的每件事物都做出解释。但是我们隐隐地感到,与学者迄今所能想到的相比,税收政策早已形塑了更多的重要事实,这些事实都是关于社会生活和社会变迁的,具有理论意义。

第一部分

税收的社会来源：
比较视野下的美国税收政策

第二章 "少数人的不公平好处"：
"榨取富人"税制的新政溯源

约瑟夫·J. 桑代克（Joseph J. Thorndike）

富兰克林·罗斯福1933年入主白宫时，他继承的是一个累退性的税制。在1933财政年度，超过一半的联邦财政收入由消费税（excise taxes）提供（主要对消费品在销售时征收）。一位给《星期六晚间邮报》写信的人抱怨说，"我觉得我们的国歌应该这样开头，'哦，你能缴得起税吗？'在我看来，美国佬（Yankee Doodle）是骑着真空吸尘器进城的"（Phillips，1935：27）。

罗斯福政府内的官员纷纷抱怨这种累退税制，但他们却没做多少事情去改变它。在总统任期的前两年内，罗斯福本人也未理会朝累进税制改革的呼声。事实上，新政的第一个重要税收改革，是作为《1933年农业调整法案》的部分内容出现的，那就是征收一种高度累退的食品税。然而，1935年夏季，罗斯福却改变了原有的路线，要求国会对富人和大公司征收一系列新税。他宣称，这些举措对于维护国家理想和保障国民经济都非常重要。财富和经济权力的日益集中，对美国的民主制度构成了严重的威胁，甚至阻碍了经济的复苏。

尽管顺从的立法者满足了罗斯福要求中的多数，但他们还是与商业集团之间展开了激烈的斗争。实际上，商界领袖精力充沛、能言善辩，几乎一致地反对罗斯福的税收计划。一部分人因为要维护某一行业或公司的利益而反对一些特定的条款，另一部分人则发起了广泛的攻击，直接挑战累进税概念本身。

这毫不奇怪,因为比起后来的历史学家,商界领袖也许更了解新政中税收改革的重要性和企图。新政的研究者倾向于将税制看作一项事后增加的工作,关注点在于那些更加引人注目(或者说不那么乏味)的经济改革手段。但是商界领袖者了解那些身处新政税收议程中的改革者,甚至了解议程暗含的那些激进意义。这些商界领袖敏感地意识到,有一些新政主张者(包括与总统非常亲密的几位)是社会性税收(social taxation)的拥护者;而所谓社会性税收,指的是创造性地运用税收政策来达到社会和经济改革的目的。

《1935年岁入法案》是社会性税收拥护者获得的一次有限的胜利(qualified victory),其中的税收很快就被起了个别名叫"财富税"(Wealth Tax)。这一法案提高了针对富人的所得税和遗产税(estate taxes),进而使得税收体系更趋累进并且(至少在理论上)遏制了家族财富的增长。该法案还引入了企业所得税的分级累进税率,这一项创新设计旨在通过让大型企业承担比小型竞争对手更高的税收负担,来减缓它们的增长。

尽管如此,许多批评者(包括总统最可靠的一些支持者)仍认为,财富税的成效是明显有限的。这一税收在小范围内增加了对富人的征税,开辟了新的财政收入渠道,却不能解决持续增长的联邦财政赤字。它增加了对富裕美国人的税负,却没能减轻中低阶层纳税人的压力。总体而言,它改善了联邦税收工具,但却未触动整体的财税结构。对于很多支持根本性变革的人来说,这项法案让他们大失所望。

不过,《1935年岁入法案》依然是新政的一项关键胜利,也是美国税制史上的一块里程碑。通过建立累进税改革的共识话语,该法案促进了后续更具实质性的税收争论。仅仅在几年之后,当第二次世界大战使得根本性变革成为经济上的必需时,这种话语确保了累进税种(如所得税)击败累退税种(如销售税),并成为接下来半个世纪联邦财政的基石。自第二次世界大战后,美国对累进税种的依赖远远大于其他发达国家,包括像瑞典这样的社会民主政治的典范(Steinmo,1989)。

然而与此同时,新政"榨取富人"(soak the rich)的说辞,也使战时的税收仍呈现出惩罚性的外貌。立法者们将所得税扩展至大部分中产阶级,但也保持了大幅度累进的税率特征。坎贝尔在第3章将叙述道,这些税率反过来激

第二章 "少数人的不公平好处":"榨取富人"税制的新政溯源

化了战后关于税收的争论。在战后美国的政治中,联邦税收之所以受到更多的关注,看起来可能是其大幅度累进税率结构所致(Wilensky,2002)。

更重要的是,急剧增加的税率(steep rates)带来了税收漏洞和税收优惠(tax preferences)的激增,还带来克里斯托弗·霍华德(Christopher Howard)将在第5章讨论的政府的某种秘密开支(backdoor spending)。1935年罗斯福在大选中的胜利,为累进税制改革铺平了道路,但同时也开辟了立法者们施加税收偏袒(tax favoritism)的危险之路。政策制定者选择一点一点地破坏法定税率、侵蚀税基、在纳税人中造成不平等。如果所得税最终屈服于这种侵蚀的话,那么有一部分责任应归咎到它的最伟大的拥护者之一。

一、财政部专家

在1934年末,富兰克林·罗斯福要求财政部长亨利·摩根索(Henry Morgenthau)提供一份关于税制改革的简报。罗斯福希望得到这样的意见,即税收制度怎样改变才能"既加强经济结构又尽量符合新政府的社会目标"(Jackson and Barrett,2003)。1934年12月11日,摩根索向罗斯福提交了一份由财政部总法律顾问赫尔曼·奥利芬特(Herman Oliphant)撰写的简报。奥利芬特是摩根索的首席税务顾问,在来华盛顿之前,他曾在芝加哥大学、哥伦比亚大学和约翰·霍普金斯大学教法律。在崇拜者的眼中,奥利芬特以其对事业的热忱著称,有位记者评价他为"一位老派的天才、具有信徒野营集会(camp-meeting type)时的道德义愤"(Lambert,1934:176)。而他的批评者,对他就没有这么友善。《财富》杂志形容他是一位"聪慧但经验有些不足,而且人比较教条的法律顾问"(Fortune,1934:141)。罗斯福智囊团的一位早期成员雷蒙德·莫利(Raymond Moley),认为他是学术骗子(Lambert,1970)。

奥利芬特是法学界(legal academy)的重要成员,专门研究商法,对法律现实主义(legal realism)有强烈的兴趣。总的来说,法律现实主义认为,社会科学所倡导的经验主义和功能主义的方法,是研究法律的最好方法。该派学者将法律论证建立在真实世界条件而非纯抽象的假设和法律条文上,以此为基础寻求将法律与其所处的社会和经济环境联系在一起。当论及财政收入改革之时,因法律现实主义的背景,奥利芬特支持对个人和公司财富大胆征税的新方向。他坚持认为,税收政策可以成为推动根本性社会变革的手段,尤其是在我们关注的那一小部分公司与经营者的经济权力(economic power)不断累积的地方。

在12月提交的税收简报中,奥利芬特提出了几项建议来减缓甚至逆转财富与经济权力不断集中的趋势(Oliphant,1934:275)。举例来说,他提议设立一项新的联邦遗产税(federal inheritance tax)。自1916年起,联邦政府就在已故公民的财产转移给继承者之前对其征收遗产税。虽然这一税收只向极少数非常富有的人士征税,但它却成为财政收入的重要来源——在1935财政年度中贡献了2.12亿美元,占总体税收的5.9%(Joulfaian,1998)。奥利芬特现在建议执行一项新的遗产税,该税从每一份转移给特定受益人的遗产中再征收额外数目的、具有分配性质的税收。奥利芬特相信,对遗产同时征收这两种死亡税(death taxation)能够减缓巨额财富的增长,而这是单独征收遗产税无法实现的。

奥利芬特同时还提出三种税收来规范美国商业结构及其所有权。特别地,他建议征收一种税以阻止控股公司(holding companies)———种商业组织,持有的主要资产是其他公司的股份——的蔓延。控股公司通常并不生产和出售任何物品,而是从自己所控公司的分红中获利,它的最大优势在于将权力授给一小部分投资者和经理们。在20世纪30年代,很多批评者指责,控股公司是股票市场的灾星(stock market woes);他们认为,一些内部人可以利用这种公司结构来操纵股票为自身谋利。

奥利芬特制订了一个针对公司之间分红的征税计划。根据当时的法律,获取分红的公司是不用缴税的;只有真正第一手(in the first place)获得利润的公司才须缴税。奥利芬特建议,当分红资金转移至控股公司时再次征税;通过征收这种公司间股息税(intercorporate dividend tax),就可以让控股公司运转的代价变得昂贵而难行。这样做,可以激励原来的控股公司,反过来向小型的商业组织回归。

另外,奥利芬特建议按公司的利润规模来征税。虽然公司间的股息税可能抑制控股公司的发展,但它也可能会促使公司通过简单合并的手段来避税。这样的话,公司的最终规模比之前更大,公司间股息税的整体目标就无法实现。为了防止这样的兼并,奥利芬特建议对公司收入分级累进征税,即根据公司的利润规模来分别设置税率。这样,规模越大的公司税率升级越陡峭,合并的代价会因此变得非常昂贵。

最后,奥利芬特还提议对公司未分配收益(undistributed corporate earnings)征税。在现行法律下,公司的留存收益(retained earnings)只在公司层面征税。由于公司未分配收益未曾作为股息分配,因而不适于征收个人所得税。对此,诸如奥利芬特这样的批评者指出,留存收益是富人避税的一种主要手段;通过让货币收入在公司层面加以累积,股东们就可以避免面对个人所得税中陡峭的新增税率(steep surtax rates)。显然,税法必须允许公司去积累合理范围内的盈余——这些积累可以使公司能度过困难时期或者将其用于投资和创新——但应当通过惩罚性的税收来抑制过多的盈余。

从整体来看,奥利芬特的税收计划是激烈的(provocative)。它针对个人设置了遗产税,针对公司设计了所得税、公司间股息税和未分配收益税。如果这些方案被完全采用,必然会对个人财富进行再分配,并重塑美国的商业结构。奥利芬特相信,通过保护民主、鼓励社会礼让和推动经济复苏,这些改变措施将会有利于整个国家——包括那些最富裕的公民。当然,他也明白他的计划将会引起争议。因此他提醒罗斯福说:"这里提出的措施并未真正地攻击资本主义体制的根本特征,但它们有可能一开始会在有影响力的圈子里引起误解。"

二、为规制而征税

利用税收推进改革并非全无先例。所得税和遗产税的征收,就是出于明确的社会目的。事实上,税收专家明白,无论是经过仔细斟酌还是无意为之,每一种税都有非财政收入的效果,而通过税法来改革经济这样的说法一般不会直接地使用。奥利芬特倒是对那些主张社会性税收(即创造性地利用税收政策来重塑社会)的自由派呼声,充满了同情。

举例来说,《新共和》杂志长期以来一直站在敦促大胆改革税制的前线。它的编辑写道:"如果有意识地将税收力量用作政策工具的话,那么它将对一般生活产生比以往任何时候更有益的影响。"(New Republic,1933)随后,《国家》杂志解释说道:"由于一项具体的社会性税收政策对于经济改革和复苏而言,都是最重要的因素,对经济系统的存续也必不可少,因此我们呼吁政府立即推动这项基础性的工作。"(Nation 1935b)总体而言,社会性税收的赞成者支持个人财富的再分配,也建议通过税收体系去规范商业活动。

最高法院大法官路易斯·布兰迪斯(Louis Brandies)是社会性税收最重要的支持者之一。数十年来,布兰迪斯一直认为大型公司、托拉斯和辛迪加对国家与经济有很大的威胁。他通过数位中间人——包括菲利克斯·法兰克福(Felix Frankfurter)、托米·科科伦(Tommy Corcoran)、本杰明·科恩(Benjamin Cohen)——建议罗斯福使用税收制度作为规制经济集团化(regulate economic consolidation)的手段。他尤其支持对个人征收急剧累进的个人所得税和遗产税,以防止潜在危险的巨额财富的积累。他也鼓励对商业利润和公司间股息征税,以遏制公司的合并行为(Dawson,1980;Strum,1984)。

1934年,政府中的布兰迪斯派草拟了一份针对"流民公司"(tramp corporation)(指那些在没有实际商业事务的州设立商铺的公司,往往出于避税的原因)的特殊税收法案。科科伦和科恩还为来自蒙塔纳州的民主党议员伯顿·K.惠勒(Burton K. Wheeler)拟订了一份草案,用累进税率取代现行的公司所得税的单一的比例税率。总体来说,布兰迪斯派企图通过税收来消灭那些不受欢迎的公司行径;而在税收运用方面,法兰克福是布兰迪斯派反垄断理念最有力的支持者。他利用自己同罗斯福的亲密关系,将"反对大公司"的文件直接递送到了白宫。他同奥利芬特也有很牢固的工作关系,而后者在起草众多(尤其是关于公司方面的)法案时都是从布兰迪斯那里获得思路的。财政部长亨利·摩根索尽最大的努力来阻止这种擅自侵入财政部势力范围的行为,他深深地怀疑法兰克福并且憎恶他同罗斯福的亲密关系。但是,奥利芬特的软耳根为法兰克福(乃至于布兰迪斯派)打开了通往政策议程的后门(Hawley,1995;Lambert,1970;Dawson,1980;Blum,1959;Murphy,1982)。

三、作为再分配手段的税收

在主持新政的经济学家(至少在财政部工作的那部分经济学家)中,社会性税收的想法并不受欢迎。1934年一位财政部专家在简报中写道:"将税收

第二章 "少数人的不公平好处"："榨取富人"税制的新政溯源

用于财政收入以外的目的未必是坏的。但在这种情况下，我们必须重视一切可能的后果，其中一些后果也许是我们并不想见到且偏离原初目标的。"[1]显然，奥利芬特的税收计划是为了管制美国的商业结构并减缓财富的聚集，因此无法获得财政部经济学家的支持。

事实上，财政部专家自己已有了改革累进税制的安排，而这个安排和奥利芬特及其他社会性税收支持者的想法大相径庭。粗略地说，经济学家想要减少穷人的税收而法学家们想要增加富人的税收。经济学家充满激情地争论"低收入者"遭受到的累进税制（low-end progressivity），要求削减累退性的消费税，并代之以征收更宽税基的所得税。这些经济学家反对大部分的消费税，并本能地反对全国销售税（national sales tax）。他们相信，对更大范围内的富人和中产阶级征收所得税，可以支持联邦政府大幅度削减对穷人的税收（Thorndike, 2005）。

然而，在20世纪30年代中期，研究税制改革的政府专家并非只有财政部的经济学家。国税局（BIR）的法学家同样致力于此，并提出了针对"高收入者"的累进税制（high-end progressivity）。他们的目标与那些经济学家对低收入者累进税制的想法相悖。这两组税收专家都想让收入越高的人承受越重的税负；不同的是，经济学家关注的是减轻穷人们的税收负担，而国税局的法学家则对"榨取富人"更感兴趣。

针对高收入者的累进税制，关键的支持人物是国税局总法律顾问罗伯特·杰克逊（Robert Jackson），他在财政部直接向奥利芬特汇报工作。1935年夏季，当国会开始对总统的税收计划展开讨论时，杰克逊主持了一系列关于逃税避税的研究，以期为累进税制改革增加筹码。这些研究显示，美国的富人使用了大量避税技术来逃避他们应当承担的税收责任，而且几乎所有的手段都是合法的。这些研究并不抽象，他们使用了只有国税局才可获知的个人缴税记录来跟踪美国超级富豪的财务状况。这样，他们就把累进税制从经济学

---

[1] Shoup, Carl S. 1934. "The federal revenue system: Foreword and summary of recommendations." In Box 62; Tax Reform Programs and Studies; Records of the Office of Tax Analysis/Division of Tax Research; General Records of the Department of the Treasury, Record Group 56; National Archives, College Park, MD, edited by U. S. Department of the Treasury.

家的抽象层面转向了现实的美国高收入阶层。

也许最引人瞩目的简报,是一篇简单题名为《所得和所得税》的文章,由杰克逊的副手塞缪尔·克劳斯(Samuel Klaus)撰写。这篇文章着力于评估累进税制的有效性,并重点关注避税的技术。克劳斯写道:"总的来说,问题在于要调查富人从社会产品中攫取的收益与贡献给政府的所得税之间的比例。"①至少对那些希望看到富人们承担相应税负的人来说,他得出的结论是不乐观的。

富有的纳税人(或者说是非纳税人,像我们常知道的那样),通常使用下面的避税方式:购买联邦和地方政府发售的免税证券。几十年来,财政部官员一直呼吁取消这一免税制度,但是立法者们并不愿意去攻击财政体系中这个"不可冒犯的条例"。很多议员甚至质疑美国宪法是否允许联邦政府向州的证券征税。更重要的是,免税债券是国内各州和地方政治家所珍视的一项特权,很少有国会成员愿意去深究这个问题。

然而,财政部依然在努力,而国税局的简报也接着一长系列官方研究来继续批评免税制度,而且比之前的努力更有针对性。杰克逊审查了那些年收入在 100 万美元以上的人的税收申报单,而这些人是一个很小的群体,在 1935 年仅有 58 人。克劳斯用几个案例指出,这一人群承担税负的收入非常少,至少同他们巨额的免税收入相比是如此。举例来说,华尔街巨头、公开批评新政的 E. F. 霍顿(E. F. Hutton),1932 年申报的净收入是 20 047 美元,而他的毛收入(来自免税证券的回报)超过 270 万美元。文森特·阿斯特(Vincent Astor)仅仅就 101 150 美元的收入交了税,远远低于他 310 万美元的总收入。前财政部长安德鲁·梅隆(Andrew Mellon)——他在 20 世纪 20 年代一直公开谴责州和地方债券的免税制度——在他任期的最后一年收入为 350 万美元,但仅就 120 万美元缴税。而最引人注目的案例是,小约翰·D. 洛克菲勒(John. D. Rockefeller, Jr.)报告了 520 万美元的应税收入,这看上去并不是一个小数目,但是如果同他超过 2 200 万美元的总收入相比就不值一提了。单单是洛克菲勒一人,就通过投资免税债券投资而少给财政部上缴超过 200 万

---

① Samuel Klaus,"Income and Income Taxes," 25 July 1935,Papers of Robert H. Jackson,Box 76,General Counsel,Bureau of Internal Revenue,Tax Studies — Income and Income Taxes,Library of Congress,Washington,DC.

第二章 "少数人的不公平好处"："榨取富人"税制的新政溯源

美元的财政收入。在杰克逊名单上的纳税人，1932年共缴纳联邦所得税2 440万美元，但是他们通过投资于州和地方债券少缴了1 180万美元。这部分流失的财政收入不是个小数目，几乎占1934财年个人所得税总额的3%。从另一方面来看，这部分损失超过针对娱乐场所门票征收的消费税的2/3——这种税是针对中低阶层国民征收的典型的累退税（U. S. Department of Commerce and Bureau of the Census，1975）。

国税局的研究结论认为，免税证券制度让政府损失过多。更重要的是，免税制度给富人提供了一个逃避个人所得税中更高附加税率的方便途径。克劳斯还提出了其他的想法，其中包括一些仅由免税问题引起的情况。他的研究数据，显示出财富高度的集中。名单中的58个人，仅来自30个家族。单以一个家族（杜邦家族）为例，就有5名成员在名单上。而且，这30个家族中的大部分是通过单个企业积累财富，包括几个新企业。报告称"其中至少有两家是全国性的商品零售企业"，而这是美国刚兴起的商业形式。"考虑到这些家族还没有相应的社会地位"，因此这些是"新钱"（new money）①。显然，这已不仅仅着眼于堵住免税证券漏洞而对国内富裕家庭的统计学抽样，国税局所做的，实际上超越了自己本分而关注了社会秩序的发展。可它这么做，并不是最后一次。

1935年7月简报的另一部分，特别详细地剖析了杜邦家族，以揭示富有家族如何使用信托和其他合法手段来最小化自己的税款。国税局职员不再费力地去收集大量纳税人的数据，而是集中调研这一个家族，不仅调查他们有血缘关系的亲属，还调查他们的朋友和同事。调查显示，杜邦家族将大量的收入分散给了为数众多的家庭成员；通过这样的分财方式，他们常常可以避免接近所得税顶端的高税率。

信托（Trusts）是一项尤其有效的安排，它能让授予人（grantors）保有他们的资金使用权，特别是为避税目的而在众多受益者之间划分资金使用权的时候。至少在表面上，这种安排没有什么违法的地方。然而杰克逊和他的职员明确地反对信托，拒绝承认杜邦家族数以百计的纳税申报单真实代表了所有

---

① 区别于old money，即那些长期有身份的家族拥有的财富——译者注。

分散的纳税实体。特别是，他们极不赞成地注意到，有大量的收入是由未成年人申报的。

由于国税局不再指望能追踪到整个杜邦家族的财富，于是它决定集中关注"那些据说掌控杜邦企业的人"：一张仅含7个人的名单，其中包含5位家族成员、1位该家族的女婿，还有约翰·拉斯科布（John Raskob）——他是与家族往来密切的朋友和生意伙伴（也是1位著名的批判罗斯福的人士）。报告称，这份名单来自《财富》杂志，在1934年年末和1935年年初，该杂志刊登了三部分关于杜邦家族的详细报告。作为一个群体，杜邦家族在缴税方面的名声并不好，"有时候还受到欺诈的指控"。在1928至1932年间，他们利用信托、免税债券和"业余爱好"（如耕种农场和饲养马匹）受到的损失等，规避了大约20%理应缴付的税款。皮埃尔·S.杜邦（Pierre S. Du Pont）是其中最厉害的避税者，在此四年间他利用5项信托少缴了130万美元的税款。伊雷内·杜邦（Irénée Du Pont）有9个孩子，他充分利用自己的子女，将收入分成小份，在1928到1932年间少缴了近100万美元税款。兰莫特·杜邦（Lammot Du Pont）也有9个孩子，除了最小的仅1岁的孩子，他给其他孩子都建立了信托。

约翰·J.拉斯科布不属于杜邦家族，不过他曾经一度担任过皮埃尔·S.杜邦的秘书，并在这个家族企业的运营中起到相当关键的作用。令人吃惊的是，拉斯科布没有创建任何信托。但报告中提出："他的缴税记录却依然很复杂"。尤其是拉斯科布曾因一系列虚假交易（wash sales）接受国税局的调查：他为了享受亏损的税前减免而出售贬值股票，但几乎立即又重新买入同一股票。在拉斯科布的案子中，他被控伙同皮埃尔·S.杜邦以及拉斯科布家族成员，进行税收部门很难识别的虚假交易。

总之，在1928至1932年间，杜邦家族的7位主事人共缴纳了1 350万美元的税款，通过信托他们避免了缴纳另外的340万美元的税款。实际上，这个数字还是保守估计的。如果国税局能够更好地掌握杜邦家族免税证券和虚假交易的信息，这个数字会大大地提高。报告总结说，信托工具让税制出现整体上的不公平。富有的纳税人可以把钱交给信托，并用收益来赡养一个个家庭成员，以此方式可以逃避高税率的附加的个人所得税。一旦财富被分为更小的份额，原本的大额收入就能够避开极高的税率。同时，富有的捐赠人一贯保

第二章 "少数人的不公平好处":"榨取富人"税制的新政溯源

持着对捐出去的钱款的控制,包括股票的投票权以及在受益者去世后收回财产的权力。报告总结说:"富人不仅可以免税,而且分割财产几乎未造成原以为会出现的任何损失。"与此同时,"那些普通人和不太富有的人,他们为照顾妻子和小孩的一般性支出不允许免税。"

塞缪尔·克劳斯(Samuel Klaus)的简报,以一个令人赞叹的名为"有声誉的富人"的篇章结束。1928至1934年,克劳斯调查了大约50位纳税人的财务情况,以追查富人们实际上究竟支付了多少税额。这份名单以相当随意的方式列举。首先,名单包含了一些官员和美国大型企业的主管,再增加一些家喻户晓的富裕家族的纳税人。之后,在杰克逊及其财政部同事的要求下,又加入了一些随机选取的人士。查理·卓别林(Charlie Chaplin)、道格拉斯·费尔班克斯(Douglas Fairbanks)和玛丽·皮克福德(Mary Pickford)等,代表了好莱坞人士。保罗·克拉瓦斯(Paul Cravath)、约翰·W. 戴维斯(John W. Davis)和弗兰克·霍根(Frank Hogan)等,代表了法律界人士。而在"由继承/投资而来的财富"的名录下,有超过二十个名字,包括阿斯特家族(the Astors)、沃纳梅克家族(the Wanamakers)、惠特尼家族(the Whitneys)、古尔德家族(the Goulds)、弗里克家族(the Fricks)和福特家族(the Fords)等。最后,名单中还列出了一些没有明显理由而只因为知名的人士,如汽车制造商霍勒斯·道奇(Horace Dodge),啤酒制造商阿道夫·布斯奇(Adolphus Busch)、马戏团大师约翰·林格林(John Ringling)等。

对"有声誉的富人"的研究显示,在大萧条发生后的前几年,巨富们的年收入急剧下降。这些超级富豪的收入,每年都会有较大的变化,这取决于他们获得的资本收益、股票分红以及类似的非常规收入。在大萧条期间,杰克逊名单上的富豪们都遭受了损失,至少同20世纪20年代晚期的黄金年代相比是这样。约翰·D. 洛克菲勒(John D. Rock efeller)的收入,从1928年的3 780万美元降到了1933年的250万美元。多丽丝·杜克(Doris Duke)的收入,从800万美元降到了21.5万美元。而沃尔特·克莱斯勒(Walter Chrysler)的收入,则从570万美元骤降到仅60万美元。当然,对于这些人而言,并不存在真正的艰难时代,但大萧条的确给名贵们的收入造成了损失。

当克劳斯在完成研究报告时,杰克逊正准备他自己的名为《个人所得税法在高税级收入和低税级收入中的效力》的简报。杰克逊总结道:"税法在向高收入阶层征税时并不那么有效,至少在跟向低税级收入阶层征税相比是这样。"在税务章程中规定的税率,一直遭到各种复杂的避税方式的破坏,而政府的执法不力加重了这一后果。可以预见的,杰克逊指出免税证券是不平等的主要来源;而这些证券主要为富有的纳税人持有,税收优惠带来的好处远超税前收益适用的相对较低的税率。对收入落在低税级的人来说,免税证券提供的税收优惠很少,不值得为购买此种证券而牺牲部分利息。杰克逊认为,免税证券威胁到了累进税制的生命力。"由于有免税证券的庇护,原本针对高税级收入来说非常严苛的税率,现在变得很温和而且很大程度上无效,可针对低税级收入的税收则是完全有效力的。"①

杰克逊还攻击了在富人中普遍存在的"业余爱好扣除"的做法(hobby deductions)。企业巨头们经常声称,他们的职业为"农场主",这样可以扣除他们大量地产的维护成本。另一些富人们则称其职业是"竞赛",以使他们的体育兴趣获得企业税收扣除。可小纳税人,通常并不能利用这样的途径,因为他们的爱好远不能上升到职业的水平。这类财政收入损失的案例很多,但数量上并不是很大。但重要的是,它体现了阶层的不公平。杰克逊写道:"这是纳税大户获得的一种不光彩的(unsportsmanlike)税收好处。"

众所周知,防止富人避税——或者仅仅是调查他们避税——是非常困难的。杰克逊在报告中提及:"小老百姓不太容易掌握避税的技巧,因为他们只能依靠比较外行、不熟练的建议,而且也仅能依靠家庭或直接雇员的帮助。"而富人避税行为一般都是一桩大"生意",往往由"很多公司、银行中能力出众的顾问以及所有合作伙伴"策划多年。财政局能够轻易地追踪大部分琐碎且微不足道的避税行为,但富有纳税人的惯用避税交易方式则难以被揭露。

国税局的众多简报构成了一组文献,描述了当时税制的"罪状"。表面上看,现有的税率结构非常累进,但却一直被富人们采取的复杂避税手段暗中破坏。财政部法学家和之后总统办公室人员,也义愤填膺地解释了罗斯福"榨取

---

① Jackson, Robert H. 1935. "Effectiveness of income tax law in higher and lower brackets." In Papers of Robert H. Jackson, Box 75, General Counsel, Bureau of Internal Revenue, Revenue Act of 1935; Washington, DC: Library of Congress.

第二章 "少数人的不公平好处":"榨取富人"税制的新政溯源

富人"的税收政策的渊源。虽然这些报告起草在罗斯福推出税收计划之后,但实际上两者均出自同一帮专家之手。

1935年,当罗斯福开始他著名的向左转时,他对政治对手的税收手段愈发感兴趣。事实上,这位总统是从道德层面出发来思考税收政策,他指责那些避税行为在道德上相当于偷税漏税。这与他的法律顾问的立场并不完全一致,甚至杰克逊对此也采取一贯的慎重方式。罗斯福日后回忆说,他一直都明白税收非常重要,而且无论是对富人还是对穷人都有很大的影响。然而杰克逊注意到,"他或许把税制问题太过于当作专门的社会问题了,而并未充分地从经济层面来考虑"(Jackson and Barrett,2003)。

四、政治上的必要

罗斯福在1935年的税收创议,经常被人解读为是对休伊·朗(Huey Long)及其著名的"左翼的惊雷"的回应。在1934年和1935年,朗围绕着自己激进的社会改革主张,组织了一个名为"分享我们的财富"的松散俱乐部,并掀起了人气高涨的运动。特别是朗提议征收一种资本税,并将个人财富规模大致限制在500万美元;之后他又将这个数字下调了好几次,最后到达150万美元。由此获得的倘来(windfall)税收收入,可用来保证美国每户家庭2 000到3 000美元的最低收入,并保障养老金、免费的高等教育等。朗可能是从"自由民局"(Freedman's Bureau)及其"40英亩地加一头骡子"[①]的宣言中获取了灵感,认为自己提出的激进税收计划关系到每一个普通美国人的财富(Lambert,1970;Williams,1989;Leff,1984;Amenta,Dunleavy and Bernstein,1994)。

朗拥有大量民众的支持。1935年,他的组织宣称自己拥有27 000家地方俱乐部和超过450万成员。这些数字显然被夸大了,而且这个组织十分松散,组织程度就好比一份邮寄名单。再者,他的税收计划就像一场闹剧。正如历史学家马克·莱夫(Mark Leff)指出的那样,即使没收所有价值超过4万美元的房产,朗承诺靠向百万富翁征税而获取1 650亿美元的税收量也无法实现。

---

① 美国南北战争期间,总统林肯曾做出赔偿黑奴"40英亩的土地和一头骡子"(40 acres and a mule)的承诺,但后来基本上没有落实。——译者注

但不可否认,朗的确很受欢迎,而且持续的大萧条提高了他的声望。包括罗斯福在内的民主党领袖渐渐开始担心,朗会在1936年大选中成为第三党派的候选人(Johnson,1935;Lambert,1970;Lef,1984;Amenta,Dunleavy and Bernstein,1994)。

与此同时,不满意的自由派在国会里不断地向罗斯福施压,尤其在税收政策方面。一群众议院里的进步主义分子(被称为"标新立异者"),强调了一大堆自由派的优先事项,包括严苛的(steeper)所得税和遗产税。在参议院,伯顿·惠勒(Burton Wheeler)提交了一份为贯彻布兰迪斯派精神而实施分级累进税率的公司所得税计划,而乔治·诺里斯(George Norris)则赞成大幅度地提高大地产的税率。罗伯特·拉·福莱特(Robert La Follette)指责白宫逃避问题,他可能是议会中最直言不讳地赞成用税制来促进收入再分配的人。他宣称:"罗斯福政府迄今为止一直未正面处理税收问题,国会里的进步主义者(progressives)正为通过大幅增加财富和所得税来应对紧急情况而进行有力的斗争。"(Norris,1935;Leff,1984)

在自由派的期刊上,社论也相当尖锐,它们的作者都责备罗斯福在税收改革方面的失职。《国家》杂志哀叹罗斯福在涉税问题上采取的低姿态,它的编辑抱怨道:"政府并不是出于明确的社会目标,去努力严肃地设计一个税收体系来资助政府——无论是联邦的、州的还是基层的。毫无疑问,一项具体的社会性税收政策对于改革和复苏,特别是对我们经济体系的存续非常必要,因此我们呼吁政府立即推动这项基础性事务的进行。"(Nation,1935a)《新共和》杂志也有相似的论调,认为税收改革具有重大的潜在意义。它的编辑写道:"根本上来说,在政府的经济政策中,没有一项单独的指令能够比税收项目更为重要。如果税收力量可以被有意识地用作政策工具,那么它也能给一般生活带来比以往更加有益的效果。"(Groves,1934)特别是,编辑们认为,利润税是将投资决定权"从个人手中转移到社会手中"的最好方式(New Public,1933)。

1935年上半年,来自失望的左派的压力,还有休伊·朗或其他公众领袖形成的潜在第三党的挑战,几乎可以确定激起了罗斯福对税收政策的兴趣(Amenta,Dunleavy and Bernstein,1994)。同样重要的是,他与商业团体的关系愈加疏远。税收政策一直都是很多商业领袖的痛点,他们对财富再分配

第二章 "少数人的不公平好处":"榨取富人"税制的新政溯源

这种"分享我们的财富"的主张已经很警觉,更不用说要求对公司利润课以重税了。实际上,自由派认为罗斯福在税收问题上太过保守,但保守派却认为他太过激进,即便不是在政策上而只是在心理上。尽管政府在前两年引进严厉的税收计划不成功,但1935年上半年保守派对罗斯福税收政策的批评仍有所上升。保守派似乎警惕白宫关于税改的每一个进步主义苗头,然后迅速地对其进行指责。

在一个众所周知的演讲中,哥伦比亚大学校长尼古拉斯·默里·巴特勒(Nicholas Murray Butler)坚持认为,收入和财富的不平等并不是严重的问题(New York Times 1934b)。他指出,事实上收入和财富在美国都得以广泛地分配。在1934年初,《华尔街杂志》的专栏作家约翰·C. 克雷斯维尔(John C. Cresswil)表示,在罗斯福的计划中财富的再分配是一个不言而喻的信条(Cresswill,1934)。自由联盟的一位组织者威廉·斯泰顿(William Stayton)警告说,罗斯福有极大的热情推动财富再分配。众议院共和党领袖伯特兰·斯内尔(Bertrand Snell)则认为,新政是将财富从节俭者手中重新分配给"那些曾经并且现在仍然无能"的人。美国氨基氰公司的副总裁沃尔特·S. 兰迪斯(Walter S. Landis)则抱怨说,联邦的所得税已经抛离了原有"量能课税"的根本原则,决定性地转向了"榨取富人"的地步。"对征税权的无知和滥用,正在慢慢破坏我们的经济结构,而受害的则是那些应该运用所得税和遗产税去帮助的人——那些为生计奔波的人们"(Lambert,1970)。

罗斯福被这些敌意所激怒。据休伊·约翰逊(Hugh Johnson)所述,总统决定要让那些商界领袖卑躬屈膝地回来找他(Johnson,1935)。后来,雷蒙德·莫利说,1935年税制计划的出台,来自左右夹击:商界的敌意和左翼的朗的威胁。莫利回忆说,"从这一点上讲,这两股冲动——一股是击退批评者的冲动,一股是抢走朗的风头的冲动——汇聚在一起并产生结果。"(Moley,1966,1972;Leff,1984)

五、总统咨文

1935年6月19日,罗斯福向国会提交总统咨文,为高累进税制制定了一个大胆的方案。他向国会表明:"我们的岁入法案在很多方面都让少数人拥有不公平的利益,在防止财富和经济力量不公平的集中方面做得很少。"总统提交了那些有争议的改革提议,包括对超级富豪征收更高的所得税、开征一项新的继承税,以及对公司收入征收累进税。他告诫说,美国人需要这些改变,"社会动荡和日益加深的社会不公,对我们的国民生计造成了威胁,我们必须用严厉的方法缩小这种危险"(引用自 Roosevelt,1938)。

总统并没有寻求削减消费税来为收入最低的人减负,财政收入的需要使这不可能实现。相反,他敦促国会议员增加收入最高的人的税负来达到公平的目的。他认为,对富人施以重税是完全正当的,因为拥有特权的少数人对没有特权的大众亏欠太多。他认为:"现代世界的财富不仅仅源于个人的努力,它是个人努力和社会多途径作用的综合结果。"个体对于他们的劳动成果并没有完全的权利,因为在一开始劳动成果就不仅仅是他们自己的劳动。

一开始,罗斯福敦促立法者们制定一个新的继承税法案。他说:"通过遗嘱、继承权或者馈赠的方式将巨额财富在代际间传递,是不符合美国人民的理想和情操的。"他同样要求出台更重的所得税。虽然没有提出特定的税率,但是他要求议员关注那些收入水平处于顶级的人群。总统指出,以前最高等级从 100 万美元起征,但超过这个数字后适用的税率是单一的。他解释道:"换言之,一个收入在 6 000 美元的人的缴税税率是收入为 4 000 美元的人的税率的两倍;而年收入在 500 万美元的人与年收入为 100 万美元的人以同等税率缴税。"在最高收入的层面上征收附加的分级累进税,似乎是唯一合理的方式。

最后,罗斯福提出了自己的分级累进税率的企业所得税方案,并注意不让自己的说法与攻击巨头的布兰迪斯派的模式相似。他指出:"大众会从那些大规模生产的实体经济和低廉的价格中获得益处。"但规模大应伴随相应的责任,包括承担更多的税负。为此,罗斯福诉诸两个不同的税收公正的标准:受益(benefits received)原则和量能(ability to pay)原则。他说,首先,大型公司从政府服务获得的好处,超过其规模较小的对手,因此他们应该支付更多的税额来获取那些政府服务。此外,大型公司也比那些规模小的竞争者有更强的能力承担大量税款。"那些较小的公司不应该承担超过自身能力的责任;而大量集聚的资本应该承担与其能力和优势相匹配的税负。"总统建议,将现有的单一的 13.75% 的税率改成从 10.73% 至 16.75% 不等的累进税率。不过,他

第二章 "少数人的不公平好处"："榨取富人"税制的新政溯源

没有详细说明如何划分不同的税级。

参议院领袖对于罗斯福的咨文并无多大的热情。雷蒙德·莫利后来回忆说："像帕特·哈里森(参议院财政委员会主席)这类人,对此很烦恼,虽然党派的忠诚迫使他们支持该咨文。"(Moley,1972;Patterson,1967)然而,众议院的民主党领袖却表现得更为支持,筹款委员会主席罗伯特·多顿(Robert Doughton)则对该计划略有疑虑。哈里森更倾向于将税收用于财政收入的手段而非改革。可多顿高度关注的是公平问题,他长期以来都反对联邦的销售税;而且他是一个真正的财政保守主义者,对预算平衡具有强烈的偏爱。正因为如此,他愿意接受总统的计划(Lambert,1970:210—11)。

除了领袖外,其他人的反应是可以预期的。自由派民主党和激进派共和党,对此都很热情。来自内布拉斯加的共和党参议员乔治·诺里斯(George Norris)说："在遗产税和公司税两方面,这项税制百分之百地跟我的想法契合。"而来自西弗吉尼亚州的民主党参议员马修·尼利(Matthew Neely)则欢呼,咨文强力推动了社会公平。他说："这是富豪统治终结的开始,同时也是民主的救命人。"(Washington Post,1935a:1)也许最重要的是,休伊·朗大方地走入会议室,笑着指向自己的胸口,然后以一声响亮的"阿门"来迎接这份咨文。《纽约时报》的一位记者观察到："这时候,朗突然停住脚步,抬起眼睛,扮了个鬼脸,几乎要跳起华尔兹来。"(New York Times,1935a;Leff,1984)

与此同时,共和党人对此非常生气。他们抱怨总统提交了一份没收性的税制计划,而这将会危及经济复苏,并且对平衡预算几乎没有好处。来自密歇根州的民主党参议员亚瑟·范登堡也提交了一份尖刻的控告,说罗斯福的理念甚至不如"好的肥皂盒配方",认为该咨文是一种误导,是对政治左派的迎合。范登堡说,事实上这并不能令那些激进派满意,反而会延长大萧条持续的时间。在众议院,那些极少数能盖过民主党喧闹声的共和党人的声音都是愤怒的（Washington Post,1935b)。来自纽约州的共和党议员、少数派领袖伯特兰·斯内尔,将咨文看作一种竞选手段而加以摒弃。他说："我认为这是一份好的竞选挑战演讲。这看起来像是总统要抢在休伊·朗和其他'分享财富'派的人之前行动。"(Washington Post,1935a)

媒体对于咨文的评价褒贬不一,但批评的声音更多一些。明显保守倾向的《纽约先驱论坛报》抱怨,咨文"充满了政治性和恶意"。《波士顿先驱报》则预测,咨文"在政府再就业方案需要支持的时刻,加剧了恐惧和不确定性",其言下之意指的是谨慎的商业团体。《费城调查报》评论道:"总统毫无预警地用税收计划冲击缓慢复苏的经济力量,以期望从休伊·朗、汤森'博士'(Doc Townsend)、厄普顿·辛克莱(Upton Sinclair)和那些假先知的所有追随者那里赢得赞美。"(引自 New York Times,1935b)持批评意见的记者们,没有耐心去攻击商业的联合团体,一如在新的企业累进所得税和公司间股息税中的表现那样。《华盛顿邮报》的雷蒙德·克拉珀(Raymond Clapper)写道:"这看起来像是通过惩罚大公司,把商业赶回两轮马车的时代。"(Clapper,1935)《纽约时报》指出,罗斯福对百万富翁征收的高税率税收,只能用来支付政府差不多六小时的账单(Paul,1954;Patterson,1967)。

六、商界的反应

众议院筹款委员会迅速组织了关于总统计划的听证会,来自商界的发言人们纷纷涌向听证席(Committee on Ways and Means,1935)。一个接一个的证人抱怨,这个不明智的计划会破坏刚刚开始复苏的经济。商会的联邦财政委员会(the federal finance committee for the Chamber of Commerce)主席弗雷德·克劳森(Fred Clausen)向议员们建议,应该减免而非提高税收。他说:"我们并不需要新的和更高的税,而是需要有更多的国民收入来征税。"如果国会需要更多的钱,它应该减少税收和开支来鼓励商业活动。伊利诺伊州制造商联盟的詹姆斯·唐纳利(James Donnelly)附和道:"目前对于商业增长的最大障碍之一是,所有的纳税人(包括个人和公司)都承担了前所未有的重税负。"

信心是商界领袖间的流行语,他们认为各产业都需要信心,而税收法案却在降低信心。美国采矿协会秘书长朱利安·D. 科诺弗(Julian D. Conover)预测:"恢复信心和增加商业活动能带来更多的财政收入,税制的不公平变化引起的只是商业混乱。"纽约商会的乔治·麦卡弗瑞(George McCaffrey)也认为,该税收立法被严重误导了,"总之当我们正试图重建信心时,这项计划却损害了它"。

第二章 "少数人的不公平好处":"榨取富人"税制的新政溯源

无数证人攻击企业累进所得税的前提在于,他们并不认为大公司在某种程度上是不可取的。全国制造商协会(NAM)董事局主席罗伯特·L. 隆德(Robert L. Lund),反对一切限制公司规模的行为,他认为,"这将驱使我们回到过去,跳过经济发展的马车时代而回到猿猴时代。这样一来商业的进步将会停止,发展也是不可能的"。

还有一些听证人大胆指责个人所得税的提高,这些人大部分来自控股伞形组织(umbrella organizations)。商会(the Chamber)的 E·C. 阿尔沃德(E. C. Alvord)警告说,高额的附加税只会逼迫富豪们投资各州和地方的公债,因为这种证券的利息可以免税。更何况,高税率将会遏制资金用于生产性投资。"如果通过重税使筹措企业资金的人不再有机会获得利润,那么投资的动机也会消失。"(委员会主席罗伯特·L. 多顿对此无动于衷。他反驳道:"如果你从宇宙中消除了万有引力,那么你将陷入巨大的混乱中。但是谁会那样做?")

还有一些商业方面的证人,对新的继承税有微词。《纽黑文纪事报》的出版人约翰·戴·杰克逊(John Day Jackson)预测,这一税收方案将迫使家族企业的继承者出售他们的公司。第一国民银行芝加哥分行的罗伊·奥斯古德(Roy Osgood)认为,巨额财富应该被鼓励而不是被没收。他说,个人财富是生产型企业的幸福结果,更高的税收会使富人在去世前放弃过多财富,而这将会削减健康的商业活动。他告诉委员会:"我冒昧直言,对资本主义体制最好的辩护就是这样的事实:总体而言,财富倾向于掌握在有能力守护它们的人手中。"

商业领袖们还谴责该税收方案的不公平性。分级累进的企业所得税区别对待了同一行业的不同公司以及不同公司的股东。同时,在收入和遗产方面采用高税率,还带有露骨的"根据阶级立法"的意味。

商会的克劳森对以量能原则来征收公司税,提出了颇有说服力的批评。在他看来,税收制度不考虑公司的投入资本,因此它无法服务于量能标准。他指出,一个投资8亿美元的公司可能得到1%的年收益即800万美元;而另一个公司投资了60万美元,可能得到20%的收益即12万美元。显然,后者有更大的纳税能力,因为它们的所有者赚钱更多。他说,"几乎任何形式的累进公司所得税都忽略了资本投资,因此也忽略了所有公认的所得税原则"。

美国奶油制造商协会的 A. M. 卢米思（A. M. Loomis）抱怨说，公司税改革将导致他所在行业出现不公平竞争。有一些企业以大公司形式组织，而另一些则是独资企业，对二者施以不一致的税负显然是不公平的。他说："这种税负施加在产业中三分之一的企业身上，但是这三分之一的企业与另外三分之二的企业处在密切的竞争中。"于是他认为，这样的税制是一种"等级歧视"（rank discrimination）。

其他证人坚称，分级累进税率会区别对待投资者，它将在"有相同的纳税能力但在不同公司持股"的投资者之间以及在"纳税能力不同但在同一家公司持股"的投资者之间创造差异。全国制造商协会的发言人罗伯特·隆德（Robert Lund），对累进税率的公司税也提出了略有差异但同样有影响力的批评。他指出，公司是不缴税的，缴税的是人；量能标准只在应用于个人时才有意义。如果将量能标准用来为具有累进税率结构的公司税辩护时，就会产生扭曲的结果。许多大公司都有一些收入不高的小股东，而一些小型企业却属于富有的企业家，分级累进的企业所得税对前者不利而有利于后者。

上述从公平的角度来表示异议，在商业领袖中也算常见，但他们倾注最多热情的还是就社会性税收这一更大的议题发表证词。一个接一个，他们排队在众议院和参议院委员会前坚持认为，税收不应该作为社会改革的工具。弗雷德·克劳森（Fred Clausen）称："如果通过税收或通过政府的其他行为，将节俭且有事业心的公民的经济回报几乎或完全没收掉，那就会产生不公正感。社会正义目的的实现，不能建立在加重或加倍个人不公正待遇的基础上。"

还有一个来自商界的听证人，费城商业委员会的乔治·马克兰（George Marklan），谴责任何税收的增加，尤其是针对富人的税收。"我们试图向工作的、创造财富的和分发财富的人征税——我们试图向他们征税，用来支持那些无能的人、做不好事情的人（the ne'er-do-wells）以及不愿做事的人（the will-nots），现在是该停止这么做的时候了。"俄亥俄州商会的一位发言人坚持认为，这项法案"不是一种财富的再分配，而是贫困的再分配"，实施该法案会危及国民经济以及尊重产权的传统。他夸张地形容说，没收式的税制更适用于苏联。他说："或许某些油嘴滑舌的宣传者们，在华盛顿附近宣扬俄国比美国更好。如果是这样的话，大海永远向他们敞开。"

七、国会的行动

针对罗斯福咨文的第一个立法草案,来自帕特·哈里森(Pat Harrison)。在总统放出爆炸性消息之后的几天里,他就匆匆撰写了一个粗略的版本。他的草案非常符合罗斯福的提议,包括一项继承税,该税收由 30 万美元的免税额度和从 4% 到 75% 的分级税率组成,最高等级的税率仅适用于超过 1 000 万美元的遗产。草案还加入了对总额超过 100 万美元的收入征收新的附加税,对这些为数极少的人实施的边际税率从 60% 到 80% 不等,最高等级设在年收入 1 000 万美元。最后,在哈里森的方案中还针对公司所得税实行一项新的分级累进税率结构:税率从 10.75%(收入在 2 000 美元以下)到 16.75%(收入超过 200 万美元)。这几项合在一起,预计每年能增加 3.4 亿美元的税收,之后的预测降低了这个数字。无论如何,这个增加的税收收入都比自由派想要看到的少得多。拿参议院的进步主义分子来说,他们一直想争取至少每年增加 10 亿美元的财政收入(Catledge, 1935; New York Times, 1935c; Waltman, 1935)。

然而,总统非常明确地表示,他要将这些税限定在巨富身上。《纽约时报》报道说,在 1934 年只有 46 人的收入超过 100 万美元,这就让新的附加税率的税基很窄。遗产税则由于 30 万美元的免税额度,并没有增加多少。虽然哈里森试图将免税额度降低到 10 万美元,但罗斯福无视来自财政部的专家的抱怨,而坚持一个较高的数额。摩根索告诉他的老板罗斯福:"我们的人说这么做将让财政收入完蛋。"可罗斯福对此满不在乎,他回答说:"那就对那些巨头们征收累进税率幅度更大的税。"(New York Times, 1935d; Blakey and Blakey, 1940:378—9; Morgenthau, 1933—1939:161)

在众议院里,许多民主党人希望新的所得税附加税率能在 100 万美元以下的收入就开始适用。据报道,财政部对此是赞成的。当众议院最终通过法案的时候,较高税率的适用起点设在 5 万美元。众议院的法案还包括新的企业所得税累进税率,但累进税率的范围很窄:对于起初的 15 000 美元的净收入征收 13.25%;而对其余的部分(超过 15 000 美元的收入部分)则收取 14.25% 的税。最后,议员们通过了一项新的税率达 75% 的遗产税,正如罗斯福曾要求的那样。

在参议院,哈里森极力尝试草拟一份能够取悦白宫的草案,其中包括了税率累进严苛的企业所得税。但是财政委员会否决了继承税草案,而选择提高现有的遗产税税率。最终,财政法案提出对超过 100 万美元的收入征收附加税,并在新的累进的企业所得税的最高税率上额外增加 1.25%,即增至 15.5%。此外,财政法案还提高了联邦遗产税税率,并新征罗斯福曾要求的公司间股息税。

最终的法案,是包含了总统意见在内的各派意见的妥协。法案对于超过 5 万美元的个人收入,提高了附加的累进税率,这一起征点远低于罗斯福曾经的提议但仍然很高,因为当时估计 1935 年的平均家庭收入为 1 631 美元(National Resources Committee,1941)。最高等级的税率,从收入超过 100 万美元适用 59% 的税率变为收入超过 50 万美元适用 75% 的税率。这与罗斯福的提议相去甚远:总统试图在收入分级的顶端引入累进税,而立法者将起征点定得很低。这个变化反映了国会担心的是财政收入的充足性而不是公平问题。通过降低税收的起征点——对富人而不仅是巨富设置急剧增长的累进税率——立法者能从在法案中获取充足的财政收入的增长。

立法者同意对企业所得税实行分级累进税率结构,从超过 2 000 美元的所得征收 12.5% 到超过 4 万美元的收入征收 15%,共分四个等级。遗产税的免税额度从 5 万美元削减至 4 万美元,而最高税率从 50% 增加到 70%。最后,这一法案包含了一个新的公司间股息税,虽然允许公司扣除 90% 的来自股息的所得。剩下的纯收入,将以累进税率征税,少于 2 000 美元的部分征收 20%,超过 100 万美元的部分征收 60%。

八、结论

罗斯福成就了什么? 按照他的批评者的说法,他的提议实现得不多。《1935 年岁入法案》计划每年增收 2.5 亿美元左右,即实现税收总体增长约 14%。后来的实际增长是可观的,但远低于达到预算平衡所要求的数额。该法案也没怎么实现财富或收入的再分配。由于法案的目标只限定在巨富身上,法案并没能真正地削弱财富的集聚。例如,该法案通过后的前三年,所得

第二章 "少数人的不公平好处":"榨取富人"税制的新政溯源

税最高税率只适用于一位纳税人——小约翰·戴维森·洛克菲勒。这种精确瞄准(rifleshot)的立法,作为政策来替代那些旨在改变不平等状况的努力,效果很差。经济学家亨利·西蒙斯注意到,"我们太过于专注向巨额收入和遗产积极地征税,却在根本上几乎忽略了那些人数更多的'大家伙'"(Leff,1984)。

对税收的争论,也使罗斯福和立法者之间的关系变得紧张。哈里森和多顿因罗斯福推行法案时很少关注他们的立法特权而被激怒;跟许多有同样想法的民主党人(包括一大群南方人)一样,他们对社会性税收制度更多着眼于改革而非财政收入感到不满。雷蒙德·莫利后来认为,1935年税收辩论是民主党的一个转折点,即在党内城市激进改革派与更加传统的南方派系之间,开始深度分裂(Moley,1927)。

不过,在政治方面罗斯福的税收法案似乎是个胜利。尽管总统有几个重要的目标未实现,如提议征收继承税,还有新公司所得税在分级方面比罗斯福起初设想的要窄很多。然而,罗斯福在税收创议中其实并不真正地关注提案细节,他关注的事实上是围绕税收的修辞术。事实上,罗斯福想要对公平和经济正义做一个宣告。

1935年的税收咨文无疑是政治上的权宜之计,它旨在击败罗斯福的民粹主义竞争对手,如休伊·朗等人。但这一咨文也真正地体现了罗斯福的税收哲学。总统坚信累进税制改革,尤其是针对收入等级中最顶层的那部分人。罗伯特·杰克逊证明了富人逃税的猖獗,而罗斯福也急于打击此类不负责任的行为。和杰克逊一样,他认为避税行为侵蚀了联邦所得税的税基,对累进税率的破坏则稀释了再分配效应。对财富和商业征收的新税收,是一种防御措施或者说一种象征措施,目的在于保护财税体制免受富有的避税者的破坏。

《1935年岁入法案》并没有从整体上对收入或财富进行再分配。在削减穷人税收或提高中产阶层中富裕者的税收方面,遭到了失败,现有的分配格局基本维持原样。但是,法案确实大幅度增加了国民中经济精英的负担,将收入前1%的家庭的所得税税率从11.3%提高到16.4%(Brownlee,2000)。一旦这些人的数据登记在册,对他们适用的高税率就会维持下去。当第二次世界大战促使立法者建立一个新的税制时,他们延续了罗斯福对富人征税的传统。

更加引人注目的是,税率在战争结束后依然很高。直到20世纪六七十年代,国会议员才开始认真考虑降低收入最顶层者的法定税率,但即使降低后,适用税率仍然相对较高。事实证明,立法者一旦走上"榨取富人"之路,便不愿改变。

第三章　美国人如何看待税收[1]

安德里亚·路易斯·坎贝尔（Andrea Louise Campbell）

虽然税收是联系公民和政府之间的主要纽带之一，但是对民意和税收关系的研究，通常让步于税收政策领域内的精英政治理论。鉴于普通公民很少关注公共事务，而且对像税收这样复杂的政治议题往往知之甚少，所以在此方面习惯性地强调精英作用是不难理解的。此外，认为"人就是单纯地厌恶税收"的这一惯性思维表明，研究对税收的公共舆论不是什么有启发性的工作。

然而，通过运用最新可获得的有关对税收的公共舆论数据，[2]我发现，在过去的六十年里，人们对待税收的态度有很大的变化；而且这一态度的变化，可以用客观原因（主要是税收成本）来解释。在对大众征税的最初阶段，普通的美国人对自己缴纳的税收水平非常敏感：当税收成本较高时，他们对税收持更为消极的态度；当税收成本较低时，他们就会表现得较为乐观。在跨人群

---

[1] 我在此感谢 Jennifer Cyr、Benjamin Page、James Sparrow 以及西北大学会议的参加者、本书的主编，还感谢置评本文早期文稿的匿名评审人。

[2] 我利用了两个新的可得数据源。一个是 20 世纪 30 年代到 40 年代的早期调查数据，也就是我们今天所熟知的税收制度建立的年代。令人高兴的是，我所研究的大规模征税的开始与现代调查研究的出现正相重合。略感遗憾的是，这些民意数据由于技术原因一直无法使用（盖洛普和其他调查组织在 1950 年之前采用配额抽样，而不是随机抽样），直到最近才使用上。政治学家 Adam Berinsky (2006) 和 Eric Schickler 已经通过设计下面的方式来修复这些早期的调查：重新编码配额抽样的数据，使之近似全国随机抽样。另一个数据源是一种清理过且加以连接的数据组，我收集了盖洛普（自 1947 年）和综合社会调查（1976 年以来）中关于询问受访者是否"认为联邦所得税对他们来说过高、正好或者过低"的所有可用数据。这使得随着时间的推移，人们对税收的态度变化成为可以考量的指标。我要感谢来自罗珀中心的玛丽莲·米利和肯洛伊丝·蒂姆斯·费拉拉在民意研究上的帮助和来自麻省理工学院杜威图书馆的凯特·麦克尼尔·哈曼在盖洛普数据采集上的帮助。

(正如研究不同收入人群对累进税和累退税的早期态度所显示的)和跨时间的研究中,这些都是成立的,而长期的数据资料也给予了证明。

此外,自20世纪70年代以后,随着税收态度与税收水平越来越紧密地联系在一起,民众对税收成本的反应也随时间的推移而不断增强。本章将论述由于精英在税收话语方面的加强,税收在公众生活中越来越突出,并成为美国人评价政党的主要影响因素,在投票选举中扮演着越来越重要的角色。在20世纪40年代早期,联邦政府采用高度可见和广泛渗透的累进所得税作为财政收入的主要来源,而不是不太显眼的全国消费税(见第二章),这一举措为高度对抗的税收政治打下了基础。然而,几十年来精英们很少谈论税收话题,这使得税收政治处于次要地位。不过到了20世纪70年代,民选官员开始高频率地公开讨论税收,这样在公众心目中税收问题也变得更加突出。当商业和宗教的保守联盟在20世纪80年代开始攻击税收(见第四章)时,公众也开始加入要求减税的行列中来。这样看来,研究有关公众对税收的态度和精英言论之间的相互作用,有助于解释为什么税收在美国政治中扮演这样一个中心的角色。

一、美国人怎样看待税收

我们先来思考"是什么力量塑造了个体对待税收的态度"。公共舆论(Public opinion)研究者探讨的政治偏好来源有很多,包括早期的社会化(early socialization)、集体影响(group dynamics)和更大范围的政治文化(the larger political culture)等(Glynn et al.,1999)。有一派观点认为,利己主义或者在政策中涉及的个人重大利害关系,可用来解释他们的税收态度;在一项特定的政策中,与那些利益牵连较少的人相比,那些有更大利益关系的人被认定为有着截然不同的政策偏好。

然而,研究人员在探索利己主义对态度的影响时,往往无法找到由此造成的偏好差别。在对待妇女问题的态度上,女性和男性没有什么不同(Shapiro and Mahajan,1986;Mansbridge,1985);老人并不比非老年人更支持社会保障支出(Day,1990);失业者并不比在职者更加支持就业政策(Lau and Sears,1981;Schlozman and Verba,1979);还有其他一些例子(见Citrin and Green,

1991；Green and Gerken，1989）。无知或认知的局限性，可以减少利己主义的影响（Simon，1983），同样也可以解释在某些情况下个人倾向选择关心他人、利他主义或者有伦理的立场（Sen，1977；Stoker，1992）。

但是，在对待税收的态度上似乎是不同的。学者们发现，有许多实例可支持态度与个人的物质利益有联系。吸烟者比不吸烟者（Green and Gerken，1989）更可能反对烟草税；老人和那些没有孩子的人，在公投中更可能反对学校债券（school bond referenda）（Tedin，1994；Tedin，Matland and Weiher，2001，还有很多其他研究）；富裕的房主更有可能支持限制财产税的加州13号提案（Sears and Citrin，1985）；中年工人处在他们一生中赚钱的高峰时期，会比退休老人或低工资的年轻人对累进的联邦所得税持更负面的态度（MacManus，1995；Mayer，1993）。此外，在一项有关各种税收政策的调查中，那些近期房价急剧上涨的房主，更支持住房抵押贷款利息在所得税前扣除；那些拥有股票的人更支持资本收益的税收优惠；而那些家里有孩子准备念大学的人，则对大学学费实行税收抵免更为支持（Hawthorne and Jackson，1987）。因此，税收态度似乎会随着税收政策中相关个人利益关系的变化而变化。此外，有人已经发现税收水平（利益的另一种衡量方式）影响了民众对州政府和基层政府税收的意见（Attiyeh and Engle，1979；Bowler and Donovan，1995；Lowery and Sigelman，1981）。因此，税收似乎成为这样一个平台，在其上个人的利益是切实的、突出的和明显的，以至于每个人都明白自己的利益是什么，并因此表现出跟客观利益相符合的态度（见 Citrin and Green，1991）。

很多人对税收有实际的经验和自己的真实想法（Hawthorne and Jackson，1987），由此构成一个议题领域，在其中利己主义的影响成为看似合理的预期解释。我们预期人们对税收成本特别敏感，因为许多税种以一次总付的方式征收，如财产税；或者征收后每年都要加以总计，如所得税（我们预期所得税如果像工资税和销售税一样从不总计，将相对更受欢迎，正如我们将在下文中看到的那样）。

与此同时，税收政策又是复杂的，而且许多税收拥有能降低可见度的机制，例如对所得税或工薪税实行代扣代缴制度（withholding for income and payroll taxes）。众所周知，很多人的信息不全面且认知有偏见，可以预期税收政策可能变成这样一个议题领域：个人极容易受到精英的言辞影响。尽管税收可感知，但精英可以设计税收的议程和优先项，并设置税收议题。个人可能受制于精英的想法，这种想法影响了他们认为税收怎么重要以及他们该如何思考。本章的大部分内容，将使用联邦税的数据来分析税收水平（成本）如何影响人们在税收上的态度变化，以及精英对税收的关注力度的加大是如何让税收在公共事务中的重要性随之增加的。

二、大众税收来临之际的公共舆论

在现行税制实行之初，公众对税收的态度受税收成本和利己主义的影响就很明显。在一个非常短的（不到 15 年）时间里，美国的税收制度发生了根本性的转变，转变成我们今天面对的现代税收制度。当时有关民意的一个很小的调查数据，揭示了普通的美国人是如何看待这一深刻转变的。

在 20 世纪 20 年代晚期，大多数联邦财政收入取自关税（tariffs）和消费税（excise taxes），而大多数州政府和基层政府的财政收入来自财产税。在接下来的 15 年间，这种税收制度迅速地转变成一套新的税收制度。在 20 世纪 30 年代，有许多州采用了州销售税和所得税，同时将财产税转给财政紧张的基层政府。为社会保障而缴纳的工薪税开始于 1937 年，在当时有超过一半的劳动力缴纳此税收（U. S. House Committee on Ways and Means, 1998：6—8）。在第二次世界大战期间，美国的税收制度发生了也许是有史以来最大的变化，联邦所得税从 1939 年只有 400 万个家庭缴纳的阶级税，变成 1945 年有 4 500 万个家庭支付的宽税基的大众税。联邦个人所得税占 GDP 的比重飙升，从 1939 年的 1% 升至 1945 年的 8% 以上。

在这一时期，立法者和其他行动者在税收政策制定时拥有的观点和策略，已有很多有价值的报告予以检验，并描述了为提高公众对这些新税收的接受度而在公共关系和其他方面的努力（特别参见 Leff, 1991; Jones, 1989; J. Sparrow, 2008; Blakey and Blakey, 1940; B. Sparrow, 1996）。然而，在第一次缴纳这些税收之时，公众究竟是如何看待它们的呢？[①]

[①] 席尔茨（1970）提供了一个有关社会保障税早期舆论的广泛回顾，但我不知道专注于其他税种的早期舆论的研究，除了提供全国性的增量（national marginals）外还有其他结果。

第三章　美国人如何看待税收

最早询问受访者对不同种类税收看法的,是1939年盖洛普展开的一项调查,当时询问的问题是:"您最讨厌哪种税?"这是一个开放式的问题,其中约一半的受访者没有回答。在做出回答的那一半人中,43%的人认为最近通过的州销售税最不受欢迎,其次不受欢迎的是消费税(17%),接着是房产税(11%,见表3-1),最后才是所得税(10%)。①

表3-1　　　　　　　　　　最讨厌的税收,1939年

	销售税	消费税	财产税	所得税（联邦和州）	社会保障税	其他
总数	43%	17%	11%	10%	4%	15%
富有的	21	8	13	34	8	16
平均数以上	25	20	11	22	6	16
平均数	40	17	12	10	5	16
穷苦水平以上	48	21	7	7	3	13
穷苦水平	50	19	10	3	3	15
受救济群体	62	11	9	3	1	13
专业人员	40	15	8	14	5	18
商人	33	15	9	18	9	16
白领阶层	37	23	7	12	7	13
技术工人	41	24	8	10	6	11
半技术工人,劳动者	46	18	5	8	2	20
农民	42	15	19	7	2	15
有销售税的州	62	9	8	8	3	11
没有销售税的州	16	29	15	14	6	21

资料来源：Gallup Poll USAIP01939-0157,May 1939.

在这一时期,盖洛普没有设置以家庭为单位的收入调查项目,而是按被调查对象的社会经济地位(SES)的估计水平进行编码。② 个人的社会经济地位

---

① 在汇集开放式问题的答案之时,盖洛普并没有区分联邦所得税和州所得税。不过,在特定的子群体模式下,被调查者认为无论是联邦所得税还是州所得税,都会因社会经济地位和职业而带来相似的期望模式。

② 在1939年5月盖洛普民意调查中所用的社会经济地位类别及占被调查者的比例如下:"富裕"(3%)、"平均水平以上"(11%)、"平均"(35%)、"贫困水平以上"(16%)、"贫困"(18%)、"救济(在家)"、"救济(由公共事业振兴署雇佣)"或"老年补助"(三项合计有17%)。

065

与对销售税的厌恶程度成反比,与对所得税的厌恶程度成正比,正好与我们预期的民众对于累退税和累进税的态度相对应。在富裕的被调查者中只有21%的人最厌恶销售税,与之相比,在贫困和极度贫困的被调查者中有一半的人表示厌恶它,在那些靠救济或者需要援助的老年人中有接近三分之二的人厌恶它。与此相反,最有可能厌恶所得税的群体是富裕人群,厌恶比例达到34%;随社会经济地位下降,厌恶程度也下降。事实上,富人是唯一厌恶所得税超过厌恶其他税种的群体,而这种态度反映了一个现实:他们面对的是强化版的所得税,它出现于 1935 年"榨取富人"税收运动之后。当然,那时候的所得税也仅限于由最富裕的人缴纳。对于消费税的厌恶程度,则表现出了一种曲线模式,在其中富人和那些依靠救济和需要援助的老年人对其厌恶程度最低,而那些社会经济地位处于中等水平的人——他们能够付得起像香烟、酒和汽油这些产品,但又没富裕到不受消费税影响的程度——对消费税的厌恶程度最高。最后,社会保障税是厌恶程度最轻的税,仅有 4% 的人对其有意见(占到被调查者整体的 2%)。这些结果与席尔茨的研究在相当程度上一致(Schiltz,1970)。后者发现,新的社会保障体系受到广泛的支持,仅较高收入人群对该项目有轻微的负面态度(在这里我们发现富人中有 8% 的人最厌恶社会保障税,而穷人中仅有 3% 的人最厌恶)。

对所有的职业来说,销售税都是最不受欢迎的税种。对于大多数职业者来说,消费税紧随其后,是第二令人厌恶的。不过,对那些更厌恶所得税的商人和那些理所当然更厌恶财产税的农民来说是例外。令人毫不惊讶的是,在调查开展之时,一半的被调查者所在的 23 个州已经开始征收销售税,而他们对销售税是愤怒的。在那些州,有近三分之二的被调查者最厌恶销售税,而消费税在其他州是最受厌恶的。①

就这样,从 1939 年开始,有关税收的公众舆论反映了大多数被调查者所面临的现实。大多数人没有缴纳所得税,所以不难理解他们的愤怒直指其所承担的税收——销售税和消费税。我们可以预期,《1935 年岁入法案》大幅度提高富人的所得税后,富人就对他们所面临的急剧累进的所得税表现出反感

---

① 遗憾的是,1939 年盖洛普民意调查没有包括其他的人口变量和政治变量,这两个变量可能跟教育或政党认同有关系。

态度。这样,从现代税收制度一开始,态度就反映了个人所面临的税收成本。

在第二次世界大战期间,美国建立了宽税基的联邦个人所得税制度,而不仅是向富人群体征所得税。虽然在1918年的时候所得税只对一小部分人(大约15%的家庭)征收,但在第一次世界大战期间有证据表明它是一种有效的财政收入来源(Brownlee,1985;Gilbert,1970)。随着第二次世界大战的到来,因早期的战争开销,财政支出占GDP的比重变成过去的两倍,于是政治家再次将目光转向所得税,并将其征收于大多数美国人的身上。在战争结束时,有90%的劳动力提交了纳税申报单,其中60%的人缴纳了联邦所得税(Brownlee,2004:115)。1940年和1941年的岁入法案,降低了免税额度,进而扩大了个人所得税的税基;在提高公司税率的同时,还建立了过分利得税(excess profits tax)。《1942年岁入法案》进一步扩大了税制范围,征来的大部分岁入被用来资助接下来几年的战争(Vatter,1985)。已婚夫妇的个人免税额度,在1940年之前是2 500美元,后来却只有1 200美元。此外,美国国会对所有总收入超过624美元的民众开征了一项所谓的"胜利税"(Victory Tax),并将最低边际所得税率从10%提升至24%(注意,在1986年税收改革法案中,最低边际税率只比最高边际税率低4个百分点)。这项法案比财政部长亨利·摩根索之前提出的计划显得累退很多,之前的计划是增加高收入群体中个人所得和企业所得的附加税、提高遗产税和赠与税以及对奢侈品征收较高的消费税,以达到增加财政收入的目的(Blum,1976)。国会起初对政府计划的回应是加征销售税,这将比先前的计划更加显得累退。即便如此,《1942年岁入法案》沉重打击了低收入家庭,尤其是那些产业工人,"现在大部分的人都将首次缴纳所得税"(Blum,1976:230)。

值得注意的是,在1943年2月的盖洛普民意调查中,当问及他们对本年要支付的联邦所得税是否感觉公平时,有78%的被调查者认为是公平的,15%的被调查者认为不公平,还有7%的被调查者说他们不清楚。[①] 鉴于税收的结构,我们可能预期以下这些群体不太会相信他们缴纳的税收是公平的:那些第一次纳税的人,低收入群体(相比摩根索更加累进的计划,他们在此计划

---

① Gallup Poll USAIPO1943—0290,February 25-March 1,1943.

下遭受的打击更严重),富人群体(针对高收入群体征税的范围被扩大了88%,因为最高等级征税起征点从500万美元降低到20万美元),专业人士和企业高管群体(根据布卢姆的研究(Blum,1976:222),他们"被增加的税收所激怒",也对战时生产委员会和价格管理办公室制定的政策造成物资短缺表示愤怒),共和党人和南方人(他们在国会中的党羽对罗斯福及其政府在战争中花费过多资金表示厌恶(Blum,1976)。

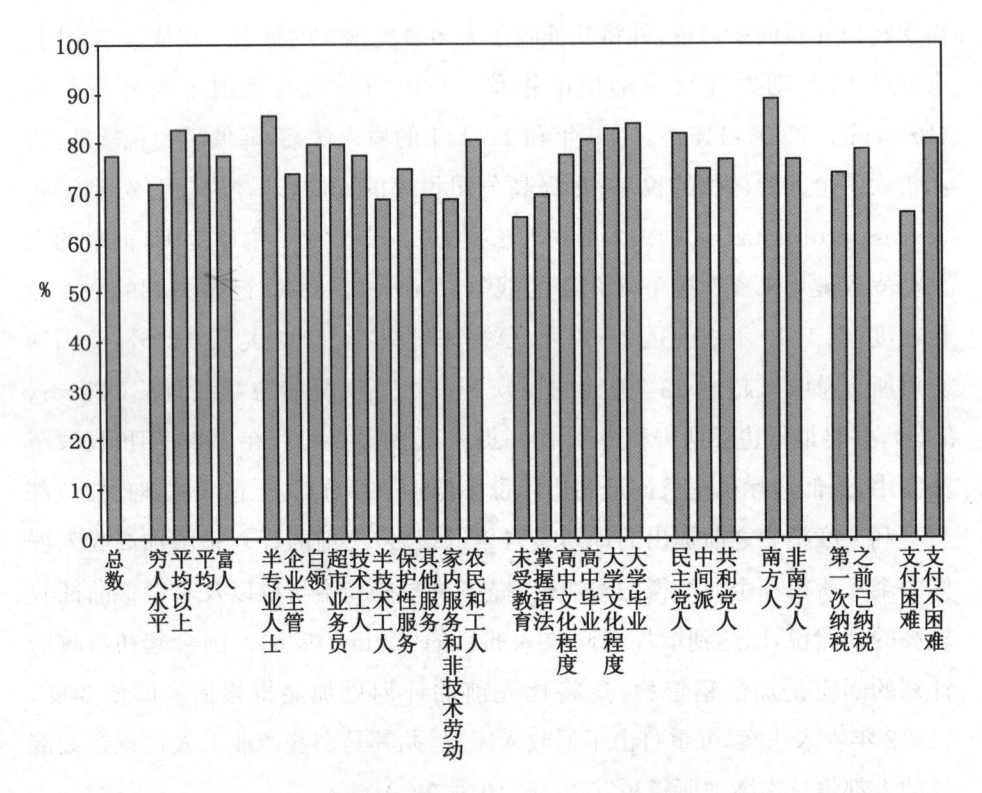

资料来源:Gallup Poll,February 25-March 1,1943.

注:图中显示的是被调查者相信自己将不得不支付的联邦所得税率是公平的比例,而这些被调查者是根据他们1942年的收入而在1943年肯定要纳税的人群。

图3—1 1943年要交的联邦税收

若对1943年2月的盖洛普民意调查进行分析,就可以发现:和我们预测的一样,穷人和那些低技能职业群体较少可能会说税收是公平的;同样地,富人也是这么认为的(见图 3—1)。① 然而,对照历史学家约翰·莫顿·布卢姆的研究,专业或半专业人士的职业群体最有可能认为税收是公平的,虽然企业高管不太可能赞同这样的说法。对公平的感知随着教育水平的提高而上涨,但与党派认同没有太大关系。那些说自己难以缴纳税收的人,他们必须靠借钱或出售战争债券或邮票来完成纳税义务,因此不太可能会认为税收是公平的。实际上南方人更可能会认为税收是公平的(这一结果用多元分析得出,保持包括收入和党派在内的其他因素不变)。

大多数美国人认为联邦所得税是公平的。即使在那些受打击最严重、缴税有困难的群体里,仍有三分之二的人认为税收是公平的。如此高水平的税收遵从性,表明了大众对所得税的接受程度,而战争情报办公室在对纳税人的采访中提到,很多人满怀爱国主义情怀,渴望尽自己的力量为战争做出贡献(J. Sparrow,2008)。然而,当有机会在 1943 年不缴税款时,美国人也欣然接受了。

直到此前,大部分纳税人都要提交一份纳税申报单,并一次性地缴纳自己的所得税。这种只向富人征税的所得税征缴系统,一直运行良好。但一旦将广大民众纳入征缴,期望人们能一次性缴纳一笔总额税就不太可能。于是,广泛地代扣代缴所得税这个想法就开始付诸实践。② 为社会保障而缴纳的工薪税,已经被代扣代缴,而这无疑显示了政府的行政能力。但所得税代扣制度在开始实施时遇到了一定的困难:在 1943 年初,个人将不得不一次性地缴纳基于 1942 年收入的所得税额,然后几乎同时开始实行 1943 年所得税的代扣。比尔兹利·鲁梅尔(Beardsley Ruml),纽约联邦储备委员会的成员兼 R. H. 梅西公司的财务官,想出了一个大胆的计划:免除 1942 年的税收,从 1943 年开始实行代扣。不同群体对鲁梅尔计划满意度调查如图 3—2 所示。

税基的增加如此大,即使在豁免了 1942 年税收的前提下,联邦的岁入也

---

① 针对公平的问题,只调查了那些依据 1942 年收入而在 1943 年 3 月要缴税的人。本次调查中使用的社会经济地位的类别是"富裕""平均以上""平均""贫困""救济"和"老年援助"。

② 1913 年的法律建立了联邦所得税从源征收的制度即代扣税。企业抱怨行政成本高昂,所以 1917 年美国国会在听取了财政部长威廉·麦卡度(William McAdoo)的意见后,废除了代扣制度。这一制度,直到第二次世界大战期间才重新建立。取而代之的,是一项要求公司上交薪酬报告但不代扣代缴税款的"信息源"政策,在《1916 年岁入法案》中得到采纳(Blakey 1917;Brownlee 1985)。

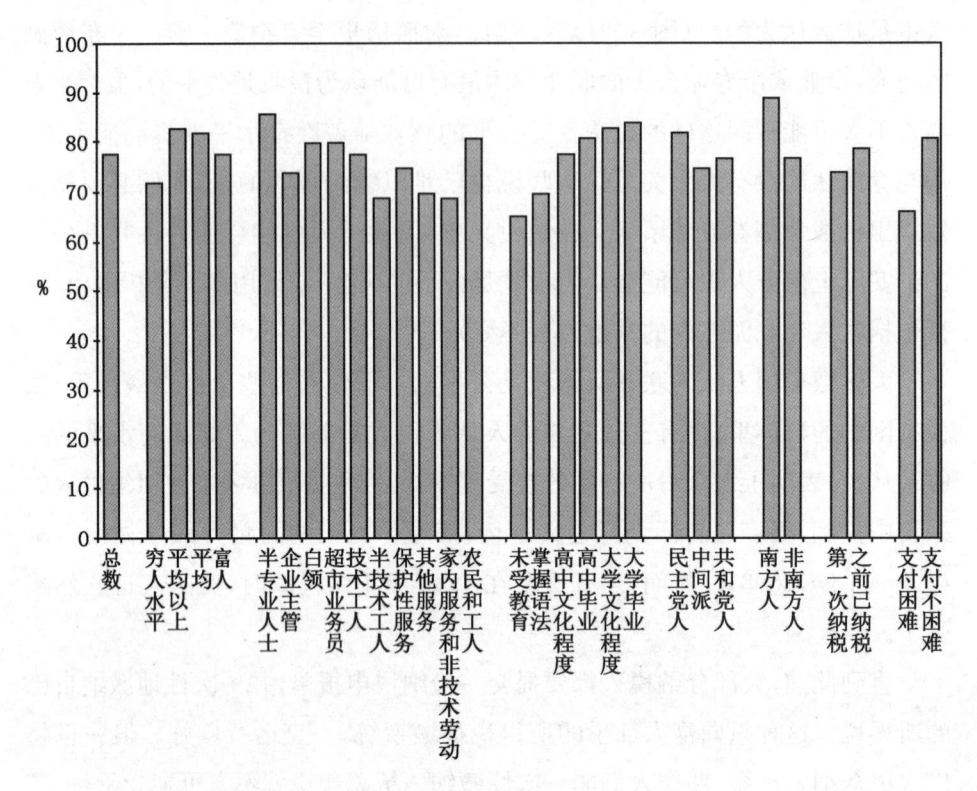

资料来源：Gallup Poll, February 25-March 1, 1943.

注：图中展示的是那些听说过鲁梅尔计划的被调查者对鲁梅尔计划表示满意的百分比。

图3—2　1943年不同群体对鲁梅尔计划的满意度调查

没有下降。此外，代扣代缴使急需的财政收入更快地进入国库。然而，公众是如何看待这件事情的呢？我们可能会假设，有一些群体会反对1942年税收豁免政策：穷人会怨恨免除了富人的税款；在1942年本来不用缴税的人会愤恨那些本应缴税的人突然不用缴税。罗斯福给筹款委员会的主席罗伯特·道顿（Robert Doughton）写信道："在战争期间，当我不得不号召增加税收……从人民大众中增加税收时，我不能默许免除高收入群体整整一年的税负。"（Blum，1976：242）相反地，我们可能预期比较富裕的人会对免除一年的税款很高兴。事实上，财政部反对鲁梅尔计划，就是因为对纳税人特别是那些"在1942年战争中赚取了暴利"的企业管理人员来说，它带来了一笔巨大的意外之财

(Blum,1976:242)。

数据显示,公众对鲁梅尔计划的接受度是非常高的。如图3－2所示,在盖洛普1943年2月的调查中,有84%的被调查者支持该计划(所有听说过鲁梅尔计划的被调查者都被问过该问题),而且各个子群体中的绝大部分人都表示支持。因地区、党派和首次报税身份的不同,引起的差异并不大。但是由社会经济地位、教育,尤其是职业上的不同,造成的差异还比较大——穷人和那些低技能要求的职业群体更支持该计划。不出所料,认为自己缴纳1942年税收有困难的人,比别人更有可能支持该计划(因为这会免除他们1942年的纳税义务)。若把分析限定于那些知道鲁梅尔计划免除1942年纳税义务的被调查者中,结果也是如此。[1] 此外,不管被调查者在1942年是否要纳税,他们都赞同该计划的,虽然我之前认为1942年不需要缴税的人会比那些本需要缴税(却奇迹般地不用缴税)的人有较低的赞同度,但结果却没有差别——在那些知道鲁梅尔计划内容的被调查者中,前者的赞同度是79%,后者的赞同度是80%。

因此,大众税收到来的前期,伴随着惊人的平静。虽然美国人十分乐意有机会通过鲁梅尔计划免除纳税义务,但是他们并没有因为自己是不是纳税人而在态度上表现出较大的差异;来自各行各业的纳税人,大多认为联邦所得税是公平的。这些民意数据显示,在战争需要做出牺牲时,人们并没有充耳不闻(见费尔德曼和斯莱姆罗德,第八章),在财政方面灌输公民意识取得了巨大的成功(J.Sparrow,2008)。虽然跟其他同盟国相比,美国通过原有税收来覆盖的战争费用比例更少,但在战时税收水平的增长远超过战前水平(B.Sparrow,1996:107)。[2] 新的税收制度标志着一个翻天覆地的变化,一方面体现为由于大萧条以及更多由于战争的影响使新制度的推行成为可能,另一方面体现在它被公众如此平静地接受了。

---

[1] 调查既包括开放式问题又包括封闭式问题,用来测试被调查者是否知道鲁梅尔计划下税收会发生什么变化;当分析仅限定于知识渊博的人的时候,回答的情况依然一样(不管是哪种方式)。

[2] 美国通过原有税收支付战争开销的比例是为46%,加拿大57%,英国52%。美国战时税收和战前税收相比,峰值比率差是8.8,加拿大是6.0,英国是3.4。(B.Sparrow,1996:107)

三、20世纪50—60年代低调的税收政治

从多方面来看,更为有趣的是战后公众如何看待税收问题。一方面,杜鲁门把处理巨额国家债务的需要放在了优先地位。另一方面,在内战和第一次世界大战结束后,税收就被大量削减。我们可能预期富人会强烈要求减免税收。在第一次世界大战后,共和党政府把最高边际税率从77%大幅下降到25%。在第二次世界大战期间,富人面临着累进程度更高的税率。到1944年,对收入20万美元及以上的人征税的最高边际税率已上升到史上曾有过的94%[1]。对富人征税的实际税率,是史上最高的(Brownlee,2000)。[2]

毫无疑问,在公众中会有一些减税情绪。在盖洛普调查的人群中,认为个人所得税公平的百分比,从1943年的78%减少至1946年的59%,下跌了近20个百分点。[3] 这一降幅在富人中略高,为24%;在那些社会经济地位一般的人中,这一降幅为19%。在1947年的民意调查中,当被问及战争带来的大麻烦是什么的时候,高物价是最常被提及的,约有74%的被调查者提到;而高税收则紧随其后,约有31%的人提及。然而,当问及是应该降低税收、平衡联邦预算还是给欧洲提供更多的援助时,意见并没有固定于或倾向于减税。在1947年,当被问到国会在任期最后应该做点什么的时候,60%的受访者表示"不用"或者没有回答,只有13%的被调查者表示,国会应该降低税收。

如此说来,公众对税收持有一种非常矛盾的态度。很多人显然有减税情绪,但是大多数人却没有明确的表态。在这一时期有一些税收降低了:1946年1月1日,国会废除了过分利得税,降低了企业所得税,并为一些已婚夫妇和有供养人口的家庭减免了税额(B. Sparrow,1996:125)。联邦个人所得税的税收收入占GDP的百分比迅速下降:从1945年的8.3%下降到1949年的5.8%;与此同时,认为个人所得税太高的美国人在比例上也下降了,从1947年的59%下降至1949年的43%,如图3—3所示。

---

[1] 网址:www.taxpolicycenter.org/TaxFacts/TFDB/TFTemplate.cfm? Docid=213。
[2] 由最富有的那1%家庭缴纳的有效所得税税率(effective income tax rate)在1944年接近60%,而1986年只有22%(Brownlee,2000:60—1)。
[3] Gallup Poll USAIPO1946—0366,February 28—March 5,1946。

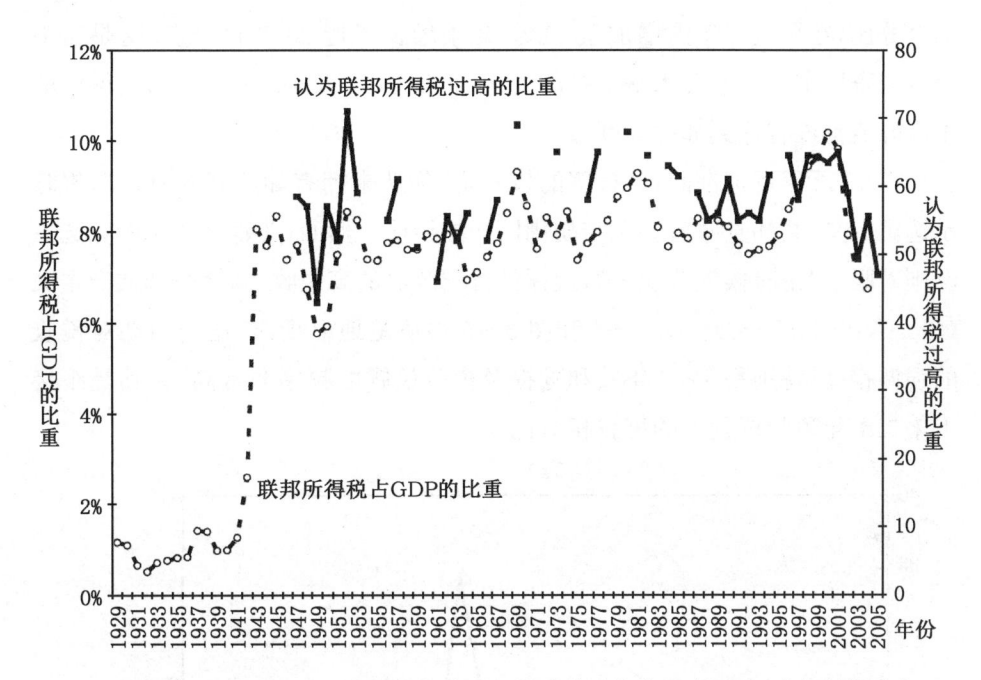

资料来源：联邦所得税太高的数据来源于盖洛普和综合社会调查，联邦所得税占国内生产总值的比例来源于税收政策中心网站的国民收入和产品账户（NIPA）表。

图3—3　认为联邦所得税"过高"和联邦所得税占国内生产总值的比例

随后朝鲜战争爆发，有趣的现象出现了：与第二项世界大战时期公众对缴纳联邦税收资助战争的普遍接受相比，公众此次对增加税收立即表现出负面的情绪。到1948年，已被下调至82.13%的最高边际税率（对收入超过40万美元的人征税）再次上涨，1950年达到84.36%，1951年达到91%，1952年和1953达到92%。① 不过，导致公众态度变化的更直接的原因，是每个阶层的税率都上涨了。例如，对收入在4 000元及以下的最低税级的边际税率，从1950年的17.4%增长至1951年20.4%，到1952年和1953年增长至22.2%；同时最高边际税率攀升的幅度更大。② 到1952年，联邦所得税收入占国内生产总值的比例攀升到8.4%。此时美国人说他们的个人所得税过高

---

① 网址：www.taxpolicycenter.org/TaxFacts/Tfdb/Content/PDF/individual rates.pdf。
② 网址：www.taxpolicycenter.org/TaxFacts/Tfdb/Content/PDF/individual rates.pdf 这一时期，对单身者的个人免税额是600美元，对已婚夫妇的个人免税额是1200美元，在该金额以下不需要缴税。

的百分比,在短短三年内增加至 71%,几乎增长了近 30 个百分点,这是盖洛普自调查以来不满意度水平最高的一次(事实上,在 2000 年对联邦所得税的不满峰值都没有达到如此高度)。

在 1952 年竞选期间,杜鲁门的口号是"你从未拥有如此好的时代",想暗示选民的是,共和党政府会犯与胡佛同样的错误。然而,艾森豪威尔的竞选主题则着眼于"是时候该改变了",批评杜鲁门政府的高税收、高通胀和共产主义(Sloan,1991:57—8)。图 3—4 和图 3—5 很清楚地显现出,竞选活动对税收的强调程度,特别是 1952 年共和党提及税收议题的频率非常高,尤其是跟接下来二十年税收议题上的沉寂相对比。

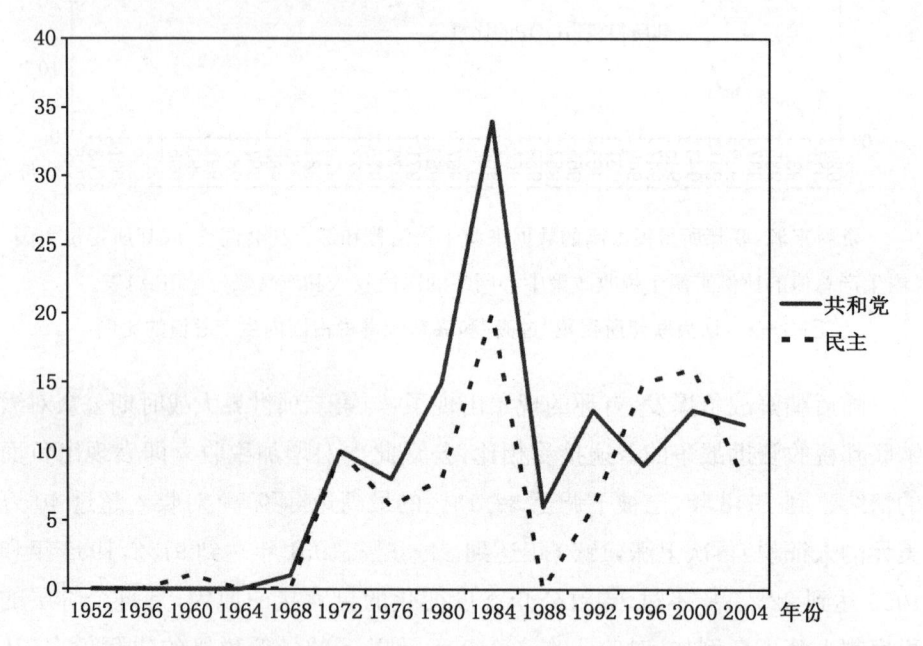

资料来源:作者关于美国总统候选人提名演讲的内容分析来自伍利和彼得斯的汇编。
注:图中显示的是在提名演讲中提及税收的句子的次数。

图 3—4 总统提名演讲中税收被提及的次数

然而,当艾森豪威尔赢得了总统职位以后,他并没有大幅度降低联邦所得税。他最关心的是实现预算平衡,因此尽可能地去减少国家债务,同时抑制通货膨胀(Stein,1996,第十一章)。这一方针使他拒绝了许多减税的机会,对此不用说国会的共和党人,甚至连他自己的财政部长也十分惊愕(Saulnier,

第三章 美国人如何看待税收

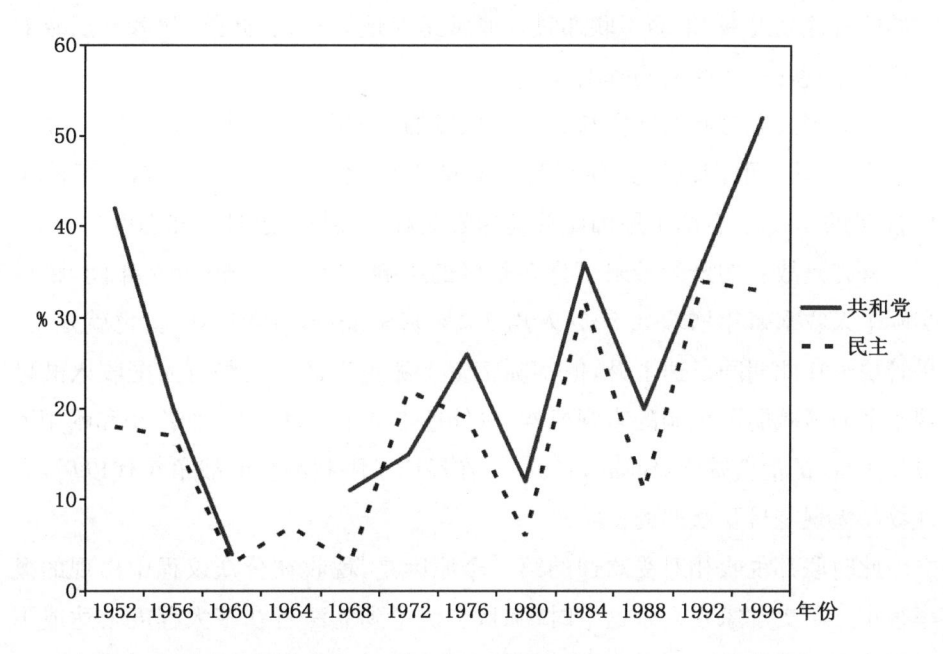

资料来源：作者从安嫩伯格/佩尤的总统竞选演讲项目中整理出的数据。

注：图中展示了从9月1日至选举之日所有的电视广告中提到税收的百分比。

图3—5 换届选举的电视广告中提及税收的百分比

1991；Sloan，1991）。在1953年年初上任后，艾森豪威尔鉴于始料未及的巨额财政赤字，要求国会推迟一些已经预先制定好的减税计划。在1956年他也做出同样的决定，推迟接下来几年的减税计划。同样地，他忽视了1957至1958年经济衰退期间削减税收的呼声。在上述每一个例子中，他都把财政责任放在优先地位，虽然他认为税收过高应尽可能降低，但还不是时候，因为减税会给子孙后代留下更大的赤字负担；他认为，靠赤字驱动的通货膨胀，会威胁经济，损害靠固定收入生活的退休人员，让国防开支的需要无法维持等（Saulnier，1991）。

　　最终，考虑到经济衰退，艾森豪威尔还是支持了他原先反对的1954年减税计划。在1957年，他为小企业提供了一些税收减免政策。他也确实签署了《1954年岁入法案》，这是一项急需的税法更新，反映了自1913年现代所得税开始后经济和社会累积的多种变化。然而，该法案并没有减免多少税收。在接下来的十年里，联邦岁入仍保持着占GDP略低于8%的水平，(这是由于当时的经济蓬勃发展,带动了联邦收入非常迅速地增长)。此外,州和基层政府的税收、工薪税,在此期间都增加了。

但美国公众对此的回应却是十分积极的。如图3—3所示,在整个10年中,美国人认为他们的联邦所得税过高的百分比,从1952年的71%下降至1961年的46%。有两个原因能够解释公众对待税收的这种平和态度。

首先是战后的繁荣带来了许多积极的影响。在1947至1957年间,税后实际个人收入每年增长3.8%(人均2.1%)(Saulnier,1991:76)。也就是说,尽管税收在此期间迅速上升,但实际工资上涨更迅速。这些可支配收入的可观水平明显减弱了税制的直观成本,另外还带动了大件物品(如汽车和耐用消费品为首)的消费热潮(Sloan,1991)。在经历了限制消费的战争年代以后,大件物品无疑是最受欢迎的。

此时联邦税收相对受欢迎的第二个原因是,税收在公众议程中出现的概率很小。历史学家在记录这一时期时,会注意到立法者在多大程度上达成了对税收态度的一致性(Brownlee,2004;Ventry,2002;Zelizer,1998)。在这一时期,以两党达成共识和较少讨论税收为标志,税收并不是一个突出的政治议题。促成这种温和政治的原因是多方面的。当经济如此发达和税款收入如此丰厚时,各方很容易在税收议题上达成一致。在应对社会保障条款这类受欢迎的新政计划时,共和党人也妥协了,没有公然挑战当时的计划或财政管理。税法起草委员会(tax-writing committees)被保守的南方民主党人(如众议院筹款委员会主席威尔伯·米尔斯)所主导,该委员会在税收问题的态度加强了对此议题的沉默。委员会中的委员以技术专家治国为傲,而不是凭党派立场投票,这有助于维持有关此议题的政治状况。

我对一系列政治精英文件进行了编码,用来量化历史学家所告诉我们的,20世纪50年代和60年代相对于后面的年代,在税收议题上的沉默程度。这些文件包括总统候选人提名演讲、换届选举演讲、电视广告(从9月1日至选举日的发言和广告)和党纲。[①] 这些文件都来自竞选活动——我们期望税收政治抬头的地方。所有这些文献来源显示,税收在20世纪50年代甚至60年

---

① 接受提名的演讲和党纲都来源于Woolley and Peters(n.d.),换届选举演讲和电视广告的汇编来源于the Annenberg School for Communication(2000)。

代的竞选中根本就不是一个重要议题。鉴于空间有限(in the interest of space),我只展示了提名演讲和换届选举电视广告的结果;其他的资料来源也显示了相同的趋势。图3—4展示了总统候选人在提名演讲中提及税收的次数。在1952年至1968年的整个20年间,税收这个词在大部分政党提名演讲中只被蜻蜓点水般地提及了。

类似的,图3—5显示了在换届选举的电视广告中,单数的"税"(tax)或者复数的"税"(taxes)被提及的百分比。如前所述,艾森豪威尔在1952年的竞选中提到税收的次数相对较多,在选举季节他的宣传广告中只有42%提及了税。然而,从那以后直到20世纪70年代,不论两党中哪一方都很少(少于10%)提及税收,提及次数到20世纪70年代以后才开始不断增长。[1]

一项对此时具体修辞手法的研究,也揭示出跟今天政治话语的差异。共和党在这个时代的党纲中,赞扬自己的保守主义原则——政府不取代个人的努力,推崇有限政府,肯定政府亲民——这些本身都不包含多少抗税情绪。

因此,这一时期普通美国人对税收还是持肯定态度的,部分是因为他们的可支配收入上升,所以高税收并未像后来那么痛苦。另外的原因是,与后来发生的事情相比,党派间有关税收的小规模争论比较温和。在精英未将该议题政治化的情况下,税收并没有成为一个热点问题。因此,即使税收水平上涨了,但对税收的不满情绪却下降了。

四、税收成为国家议程:20世纪70年代至今

在20世纪60年代后期特别是在70年代和80年代,所有这一切都开始瓦解。在20世纪70年代,全球经济增速放缓、石油危机和滞胀等,都对收入产生影响。这样的现实,又正好赶上20世纪50年代和60年代税收增加的情况——这一时期工资快速增长,税收在经济上和政治上都不构成问题。然而,随着实际工资停滞或下降,以及高通胀带来的税级攀升,人们的可支配收入迅速下降。这些对中产阶级的影响最大,因为税级太多,人们上升到更高税级的

---

[1] 请注意,安嫩伯格/佩尤项目(Annenberg/Pew project)关于总统演讲的汇编并不包括1964年戈德华特的竞选材料。但是,我已经研究过他竞选时的其他资料,发现虽然他的竞选标志着保守主义运动的开始,但他在谈及税收时却是相对温和的。

速度变快了(1971 至 1978 年间,夫妻共同报税的边际税率是 25%)。①

此外,各种税收的结合带来了负面的影响。1953 至 1974 年,平均每个家庭负担的联邦直接税收、州税收和基层政府税收合计数比重增加了 98%(从平均 13 000 美元收入征收 12%的税到平均 11 000 美元收入征收 23%的税,按 1974 年美元计价)。在这二十年间,税负的加重与其说是由只上涨了 34%的联邦个人所得税所致,不如说是由那些增长幅度更大的税带来的:基层财产税增长了 77%,州财产税增长了 150%,工薪税增长了 436%,州所得税增长了 533%(Advisory Commission on Intergovernmental Relations 1975:3—6)。这些税收的增长对高收入家庭(家庭收入是一般家庭的两倍)而言相对较小,他们总税负只增加了 52%或者一半,这就缩小了平均收入家庭的税负和高收入家庭的税负之间的鸿沟。此外,税负的增长也在加速:在 1965 年之后的十年,家庭总税负的增长速率是 1965 年之前那十年的两倍。②

伴随着税负的增长,美国人越来越不满政府的所作所为。类似越南战争和水门事件这样的丑闻,动摇了公民对政府的信任。③ 贫困呈现出的种族化,削弱了对受益群体狭隘的社会福利计划的支持程度(Cook and Barrett,1992;Edsall and Edsall,1992;Gilens,1999)。即使是像社会保障这类受欢迎的项目,在政治上也受到波及。1977 年和 1983 年通过的社会保障修正案更不利于富人,该项目提高了他们的工薪税,降低了他们的净收益,因而该群体对修正案的支持也随之下降(Campbell and Morgan,2005)。似乎很多美国人都认为,政府收了很多税,也花了很多钱,但钱都花到了别人身上。在全国选举研究中心的调查中,被调查者认为政府浪费了"很多我们上缴的税收"的比例,从 1958 年的 43%上升到 1980 年的 78%。在盖洛普所调查的人群中,认为联邦所得税过高的百分比在 20 世纪 60 年代大幅增加,从 46%上升至 60 年代末

---

① 网址:www.taxpolicycenter.org/TaxFacts/Tfdb/Content/PDF/individual_rates.pdf.

② 中位收入家庭总的税收负担百分比,从 1955 年到 1965 年增长了 4.4 个百分点(在只有一人挣工资的家庭,该比例从 17.3%上升到 1965 年的 21.7%),但随后增长了两倍,1965 年至 1975 年增长了 8.8 个百分点(至 30.5%)。这些数据来自保守的税务基金会(Claire M. Hintz,"The Tax Burden of the Median American Family," Special Report No. 96,March 2000)。像"预算和政策优先中心"这样的自由派团体,对税收基金会发布的部分数字有争议;但本文关心的是增速上升的趋势。

③ "论信任与税收",见本书第七章。

的69%,在1976年下降至58%,但在1980年再次上升到68%(见图3—3)。

在20世纪70年代后期的抗税运动中,你都可以听到这些失望的声音。在许多州,财产税增长迅速。在加利福尼亚州,投票表决程序让公民有能力通过限制财产税增加等行为来表达不满。类似的措施在其他一些州也在采用,各州和联邦民选官员都饱受谴责(Martin, 2008)。罗纳德·里根把反税情绪带进了白宫,并在1981年通过《经济复苏税收法案》,该法案实行全面减税,并根据通货膨胀指数来调整税级。在之后的三年,赤字膨胀、税收增长仍然延续,随之财政调整也在继续:1982年颁布《税收公平和财政责任法案》;1983年颁布《社会保障修订法案》;1984年颁布《赤字削减法案》。在1986年的《税收改革法案》下,税收制度发生了根本性的变革,这一法案创设了15%和28%两个税级代替了原来33%的税级(最高边际税率为50%),并用企业税收的增加来弥补个人所得税的削减(Steuerle, 2004)。

相比20世纪50年代和60年代,这一时期税收议题主导着竞选和政治活动。乔治·H. W. 布什在他1988年接受提名的演讲中承诺,"看我的嘴形:没有新的税收。"不过,他背弃了他的承诺,签订了《1990年综合预算和解法案》(OBRA),该法案将最高税率提升到了31%。由于该法案的原因以及1992年经济状况不佳,他在选举中落败。在20世纪90年代,税收话题一直在持续,不过克林顿并没有认真对待给中产阶级减税这件事,此时其他的议题加入进来。《1993年综合预算和解法案》再次将最高边际税率提高至39.6%,并扩大《勤劳所得税抵免》(EITC)的实施范围,从而增加了个人所得税的累进性。1997年《税收减免法案》推出了众多的税收抵免政策,有儿童税收抵免(child credits)、教育补贴(education subsidies)和罗斯个人退休账户(Roth IRAs)等。在布什总统2001至2003年实施减税政策时,税收政治被推至顶峰。这一减税政策通过全面削减税率,让联邦收入下降到第二次世界大战结束以来从未有过的低水平,其最低税率为10%,最高税率为35%,同时还通过了增加儿童、育儿和教育贷款方面的税收优惠,降低税收中不利于已婚者的措施(marriage penalty)、降低财产税率(2010年降为零)和减少股息和资本收益税至15%等减税政策。

因此,税收在这一时期的政治话语和竞选演说中占据重要地位。原来在税收问题上一致的协议土崩瓦解,税收成为政治上的公平游戏,政治家对它的关注不断攀升。图3—4和图3—5显示,从20世纪70年代开始,随着总统提名演讲和大选电视广告中提及税收次数的增加(在换届选举和政党纲领中也有大幅度增加,图中未显示),税收成为政治议程的频率也逐渐地提高。在1952至1968年间,在所有总统候选人提名演讲中几乎都没有提到税收,但随后就有所增长,1972年双方政党的候选人提到税收的语句占到了总话语的10%,到1980年和1984年,共和党总统候选人里根提及税收的次数达到了15%和34%(由民主党提名的候选人提及税收的次数也增加了,但涨幅较小,见图3—4)。同样地,共和党候选人在广告中提及税收的百分比,在1976年上升至26%,1984年上升至36%,1996年上升至52%,与此同时民主党在略低的幅度上也遵循着类似的模式(见图3—5)。

意料之中的是,由于客观条件的恶化和精英对税收的关注加大,税收在公众视野中愈加突出。图3—6显示的百分比,是"全国选举研究"就涉税问题邀请公众评价是否喜欢政党的比例。

可以看到,随着时间的推移,人们在评价政党时,不管是喜欢还是厌恶,都越来越多地与税收相联系。1952年,在税收急剧攀升的时候,也是艾森豪威尔带着这个问题努力参选之时,在评价政党的话语中提及税收的比例超过4%。但在接下来的十年中该比例迅速下跌,以至于到了1958年,在被调查者讨论他们对政党的喜恶时几乎没人提及税收。在20世纪50年代至70年代的其他选举中,提及税收的比例从未超出3%。然而到1984年,有近4%的比例提到税收,到1990年攀升至5.5%,超过前几十年水平的两倍。

还有另一个方法来衡量美国公众对税收的关注度,即考察总统选举时税收态度对投票的影响。图3—7显示的是来自盖洛普的多元分析和综合社会调查的数据,它是在总统投票选举中选择有效数据,建模为一个关于教育、收入、年龄、性别、种族、政党认同和税收态度(受访者是否认为他们的所得税太高而不是正好)的函数。[①] 图中显示出来的是,在保持其他变量不变的情况下,在是否给共和党候选人投票问题上,那些认为他们的税收太高了的人与那

[①] 认为自己的税收很低的人是如此之少,以至于我们可以把这个变量看作是一种二分法(a dichotomy),根据 Stimson (2004).

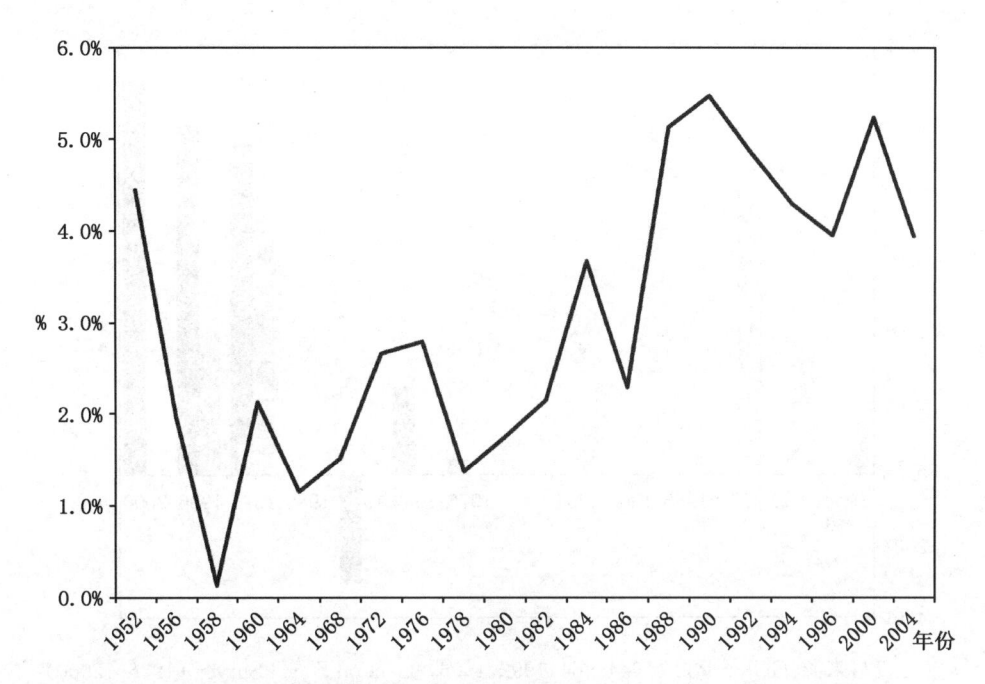

资料来源：National Election Studies Cumulative File.

注：这个数据展示了在所有表达对民主党和共和党的喜恶中提及税收的比例。

图3—6 表达对政党的喜恶中提及税收的百分比

些认为税收合适的人在投票的可能性上的差异。在1952年大选中，艾森豪威尔重点强调了税收议题，那些认为他们的税太高的人比起那些认为他们的税正好的人，把票投给艾森豪威尔的比例要高8%。在20世纪50年代和60年代的其他选举中，税收态度对投票选择的影响不大。到了20世纪90年代，税收态度在投票选择中占有突出地位，在保持其他因素不变的情况下，那些相信他们的联邦所得税过高的人把票投给共和党的比例，比那些认为联邦所得税合适的人高出9到11个百分点。①

此外，随着税收政治化越来越强，民众对税收的态度与税负水平（和其他

---

① 我很惊讶，在1980年、1984年和1988年的选举中，对待税收的态度并没有发挥更突出的作用，也许这个时期是在为1992至2000年的选举中税收的优先地位做铺垫。此外，里根总统在位时，政党的税收态度往往是与之相反的，我发现在其他的分析中，往往是民主党人比共和党人更倾向于说他们的税收过高，可能是因为反感里根，以及在他的征税和支出政策上存在分歧。这表现在1984年竞选中，那些认为他们的税收太高的人不太可能投给共和党。

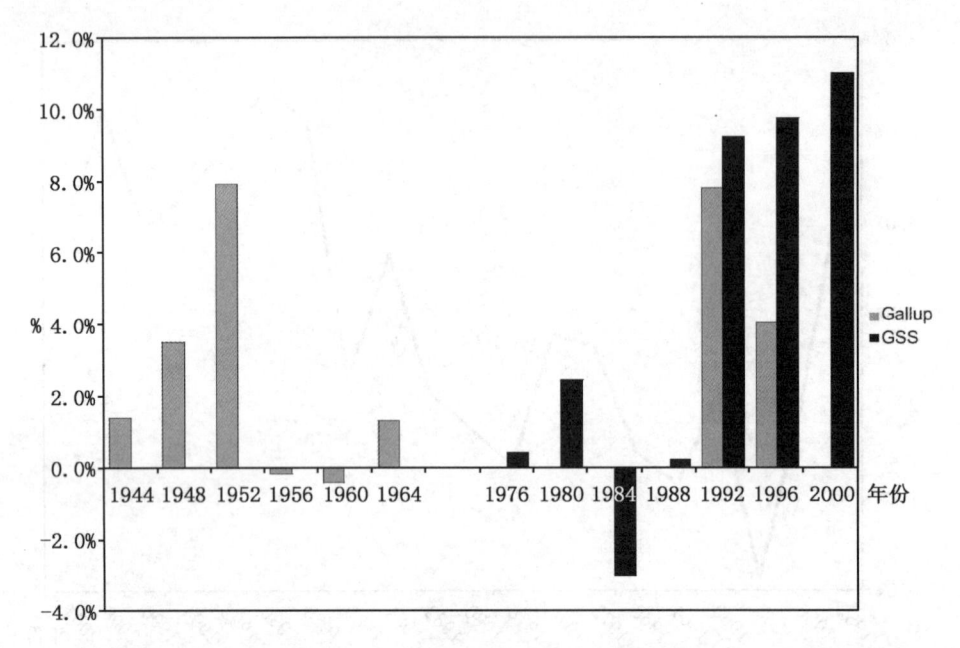

资料来源：Gallup Poll（1944—64，1992，1996）；General Social Survey（1976—2000）

注：图中显示的是在保持其他变量不变的情况下，在给共和党候选人投票问题上，那些认为他们的税太高了的人与那些认为刚刚好的人在投票可能性上的差异。

图 3—7　税收态度对总统选举中选择的影响

经济状况）的关系就越来越强。图 3—8 显示的是，基于税收水平和现实的经济状况，对人们认为税收"过高"的预测结果。① 可见，实际的税收态度与预测的税收态度契合紧密。然而，有趣的是，契合随着时间的推移变得更紧密，1972 年（2.4%）之后残差的绝对规模，比 1972 年之前的（4.1%，显著性差异 P<0.05）要低。也就是说，在 1972 年后，税收水平和其他客观条件之间的关系更紧密了，这时精英们比之前更多地谈论税收。② 此外，税收的政治化让人

---

① 该模型在税收水平（联邦所得税占国内生产总值的百分比）、通货膨胀、实际人均收入变化的情况下，预测人们对待税收的态度。

② 注意，图 3—3 和 3—8 显示出税负水平和税收的态度如此紧密地匹配在一起，这是从 2001—2003 年减税开始的。无论是税收收入还是对税收的不满都下跌到自第二次世界大战不久后以来从未见过的水平，仅有 43% 的被调查者认为他们 2005 年的联邦收入税太高。当然，由此带来的税收损失相当于 3% 的 GDP，由此造成的预算赤字创造了纪录（Steuerle 2004）。布什时代的减税政策，参见 Bartels(2005)Graetz and Shapiro(2005)。

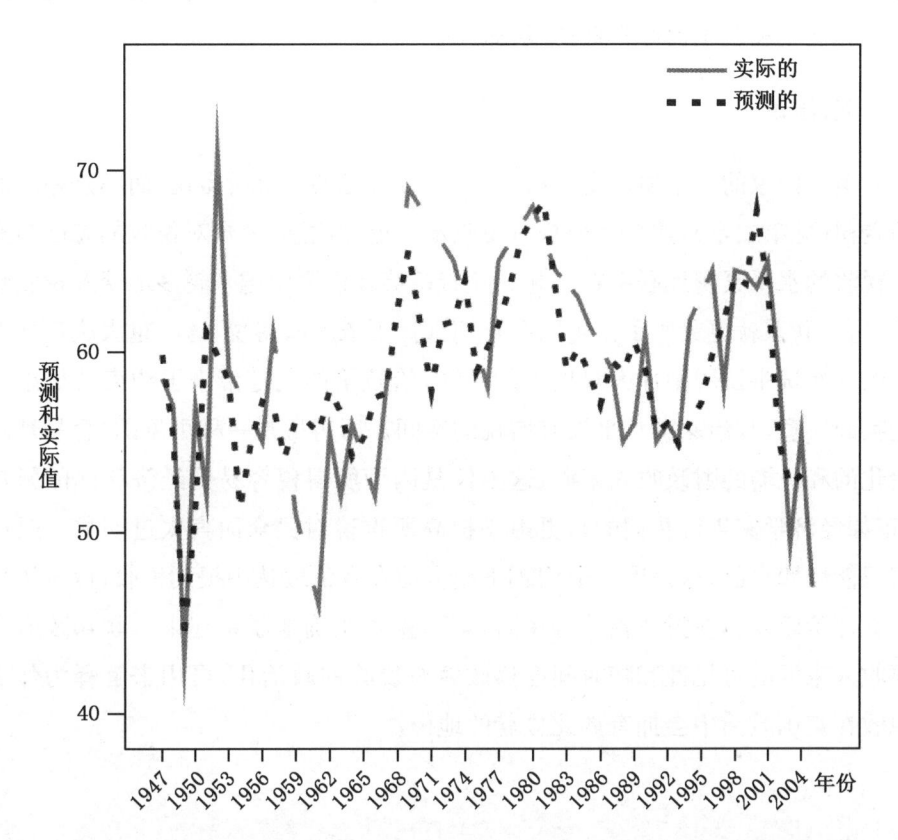

们对税收的态度比用客观条件预测的结果更消极。

注：预测"过高"的变量是联邦所得税占GDP的百分比、通货膨胀、实际人均收入变化。

图3-8 基于税收水平和经济状况而预测的认为联邦收入所得税过高的态度

在1972年之前，税收态度恶化的时间——越来越多的人认为税收过高——比根据税收水平预测的时间的一半还少。然而，1972年以后，税收态度恶化的时间比根据客观条件预测的时间，减少近三分之二。[1] 这样，精英在政治上对税收关注的提升，让美国人更加意识到自己所纳税收的成本。在当代，税收态度随税收水平的变化而起伏的范围很小。起伏范围的缩小，使得既能增加税收又不引起公众的不满变得困难。而这也意味着，民选政治家们必须

---

[1] 具体来说，相比1972年之后63%的数据点和1972年之前47%的数据点，模型中残差为正——"过高"的评估值比根据客观条件预测的值大。在图3-4和图3-5中，根据精英话语的变化选择1972年作为截止年份。

与创纪录的预算赤字(由前几年的收不抵支造成)及数万亿美元资金欠缺(由公共养老金和卫生保健责任造成)做斗争。

五、结论

美国国家的一个遗产是,选择采取高度可见的累进所得税,而不是隐蔽的消费税(见第二章),这使得公众对税收水平更加敏感,公众对税收的态度与实际税收的水平紧密地联系在一起。随着精英在话语中越来越多地谈及税收政策,这一联系就更紧密了。美国在早期选择了依赖所得税,这一重大决定加上政治家在选举议题中加大对税收的关注,给政策的制定带来了约束。如果不能唤起民意,政治家就几乎没有增税的空间。所得税是一种可见的、容易被政治化的和脆弱的财政收入来源,这不仅是因为所得税容易受经济状况的影响(正如经济学家告诉我们的),更由于提高所得税对民众而言太过明显。政治家只能怪罪自己,这是因为他们越来越多地在政治表达中提到税收,以至于公众在评价政党和在投票箱前选择时,都与税收明确地联系起来。联邦政府主要收入来源的可见性和随时间推移政客对税收的政治化,可用来解释为什么税收在美国政治中会拥有如此显赫的地位。

第四章　看他们的嘴形：税收和右翼议程[①]

弗雷德·布洛克(Fred Block)

用比较的视角看近30年来美国的政治与财政史，可以发现下面的奇怪现象：主导国家政治的是由宗教保守派和经济保守派组成的让人惊讶的联盟，连接双方的是市场原教旨主义——双方都对自我调节的市场能够解决一切社会与经济问题，呈现出一种近乎宗教的信仰(Block, 2007)。此种经济意识形态强烈地反对政府的扩张，认为税收必然会扭曲私人经济决策。这一联盟最终让削减联邦税收成为国内政治中的优先项。

这一优先项显著偏离了几百年来的政治史传统。在这样的传统中，世界各地能长期存在的统治体，都通过强化国家的财政基础来提升政府的能力(Tilly, 1992)。即使是在最近的美国政治史中，领导人也寻求保障国家的财政能力，正如约瑟夫·桑代克在第二章所述。问题是，为什么当今美国的保守派会追求实施大刀阔斧的减税策略，将联邦政府推向财政赤字的深渊？为什么这种不同寻常的治理手段能够获得足够的政治支持，以使保守派联盟在数十年间处于掌权地位？

本章提供的分析可作为安德里亚·坎贝尔在第三章论证的补充。坎贝尔提供的数据显示，针对税收的公众舆论情况和执政者的减税努力程度，并不存在简单的相关关系。由于税收可以反映选民是否愿意负担第二次世界大战期间更高的税负，因而选民对税收非常敏感(参见内奥米·费尔德曼和乔尔·斯莱姆罗德，本书第八章)。此外，针对税收的公众舆论，还显示出一种深层的矛

[①] 感谢 Athmeya Jayaram 和 John Kincaid 在研究中提供的帮助，感谢会议的参与者和本书主编的评论与建议。我还特别感谢 Margaret Somers，因为此处表达的很多想法来自我和她的合作研究。

盾,正如选民信奉的路易斯安那州的卢塞尔·朗(Russell Long)的名言:"不要征你的税,不要征我的税,要征就征树后那个人的税。"这一矛盾存在的根源是,选民既希望获得政府提供的公共服务,同时又希望保持个人税收负担更低。可以确定的是,当时大部分美国人都支持里根和乔治·布什的第一轮减税计划,但是在预算赤字突然激增后,有大量选民开始陷入买定后的懊悔中(buyer's remorse)。换言之,保守派联盟这 30 年来一直承诺减税,却不管减税对赤字的影响,而这样的减税承诺并没有在公众舆论上获得绝大多数人的支持。[1]

但是,在有些时候,公共政策反映的并非多数人的意见,而是一种相当不对称的动员情况——反映的是政治少数派施加高压的水平,这样的水平跟其他群体的抗衡压力是不对等的。在减税议题方面反映的就是这种情况,而且成为过去三十年来共和党联盟痴迷于该议题的关键要素。格罗夫·诺奎斯特(Grover Norquist)曾经用"枪炮、婴儿和税收"这一著名的术语,强调保守派根基的中心:支持持枪权、停止堕胎和减税。而且,诺奎斯特所在的组织"美国人支持税制改革",已经施加压力让民选官员签署一个反对税收的保证协议,这增加了官员使用加税手段来解决预算危机的困难(Medvetz,2006;Micklethwait and Wooldridge,2004)。

重要的是,虽然强有力的少数派优先考虑减税,但他们的行动并没有遭遇赞同征税的选民的反击,尽管后者同样也可以动员起来以形成政治影响力。调查一再显示,在美国社会存在着一部分重要的少数派,他们支持更高的税收和使用税制来实行更多的再分配,但是这些选民并未组织起来以成为有效的政治力量。与此同时,共和党的政治人物不断地论证减税的原因,而民主党人则很少从正面来论证强化政府财政基础的举措。沃尔特·蒙代尔(Walter Mondale)在 1984 年的总统大选中曾呼吁增加税收,但最终惨败于罗纳德·里根。之后民主党吸取了教训,永远不能建议加税(Steurle,1992)。甚至在 2008 年大选中当共和党支持基础受削弱之际,奥巴马也只能小心翼翼地承诺

---

[1] Bowman(2007)汇集的数据显示,对于削减赤字,自 20 世纪 80 年代以来公众有持续的偏好,甚至超过进一步减税。诚然,大多数人赞赏 George W. Bush 在总统任期前三年对于税收的处理方案,但应该参见 Hacker and Pierson(2005a)对此表达的温和支持。

对中产阶级实行减税。

随着时间的流逝,可以预期这种不对称性会对公众舆论产生影响。当没有公开地应答和反驳保守派关于减税的论证时,后者的观点就逐渐成为某种社会共识。用借债来为联邦政府筹资的观点,从明显认为是不负责任逐渐变为是正常认知。这与巴特尔斯(Bartels,2008)的论证一致,即不明真相的民主党选民对小布什减税政策的支持率远高于受过良好教育的民主党人。公众中的一部分,再也不会意识到持续减税代表的是与之前历史的重大决裂。简言之,尽管选民中的少数派的理想是致力于减税,但多数派对优选项的看法却处于内部分裂状态,并最终在政治上处于被动。

为什么强有力的少数派,能使联邦减税政策一直成为国家政治争论的中心议程?本章很快就要探究这一难解之谜。如果仅仅考虑经济利益,很难解释为什么减税对保守党派而言如此重要。这是因为,减税政策的主要受益者是高收入人群,而很多被宗教右翼鼓动起来的选民并不富裕,可他们为何如此关心减税?此外,就保守派联盟中的商人而言,他们无限制支持损害联邦政府财政能力的政策,反映出与标准的商业政治逻辑的巨大偏离。

因此,本章的目的在于,通过历史类比来解释美国税收政策的特殊性。在《大转型》一书中,卡尔·波兰尼([1944],2001)指出,英国工业革命产生了一种令人惊讶的意识形态,并对公众舆论和公共政策产生了深远影响;其结果是,经马尔萨斯、李嘉图和其他古典政治经济学家表达,产生了一种极端的自由放任主义思潮。波兰尼认为,这种学说是一种否认"社会现实"的尝试,因为它将所有的责任都置于行动者个体命运基础上。鉴于当代对税制的批评有自觉重复的、高度类似的个人主义自由放任的观点,我可以说,同样的文化逻辑在这两个历史时期都发挥了作用。

一、国家的财政危机

詹姆斯·奥康纳[①]在1973年出版了那本有远见的《国家的财政危机》著

[①] 奥康纳的大量观点,最初以一系列文章的形式刊登在1970年出版的新左派期刊《社会主义革命》上。奥康纳的《国家的财政危机》一书中文版也收录于本译丛,于2007年8月翻译出版,书号:978-7-5642-2752-4。

作，抓住了过去40年美国税收政治的中心，并成为后续研究的杰出起点。自20世纪头10年中欧的葛德雪和熊彼特率先发展出财政社会学之后，奥康纳被认为是第一批复兴财政社会学的学者之一，因主流经济学方式处理税收和国家预算议题时受挫，奥康纳开始转向基于财政社会学的渊源来研究（参见第一章）。

奥康纳的著作源于对"枪支或黄油"这一两难困境的理解，林登·约翰逊在越战升级时就曾面临这一困境，这一两难困境并非临时的或转瞬即逝的问题，反而反映出一种系统性的危机。问题的核心是，在所有的层面上，美国政府的支出需求都超过了现有税制筹集收入的能力，可获取额外税收的努力遭到公众越来越大的反对。从朝鲜战争起，军事—工业联合体主导了联邦预算，但政府对医疗、教育、福利和基础设施等预算开支的需求也在急剧上升，进而给州、基层政府的预算施加了巨大的压力。（坎贝尔在第三章中提供了这一时期不断增加的税收负担的数据；也可参见 Martin,2008）

奥康纳拒绝下面的观点，即认为美国税收体制过去建立在"榨干富人"的思想基础上；他认为由于税法中存在各种漏洞和激励政策，"最高收入阶层负担的平均有效税率不足25%"（O'Connor,1973:210）。[①] 而且，他强烈批评了"国家支出的增加对每个纳税人或多或少都有好处"（O'Connor,1973:205）的观点，并特别注意到，在用于军事目的和扩张美国海外影响力的巨大支出中，大型企业和富人收益最大。

基于这些前提，奥康纳正确地做出预判：美国政府会面临逐渐扩大的冲突，即如何在不同群体中分摊课税负担。作为左派的一员，奥康纳想象到，税收反抗可能会在美国政坛中引起强有力的社会主义浪潮。然而，他同时也预期到，出于底层的压力，精英群体可能会推行更为中间的改革道路，那就是减少在军事—工业联合体方面的开支，把资源转向他所谓的"社会—工业联合体"。在这一方案中，科研、教育和医疗等支出以及提高贫困人口技能和生活标准的费用将会增加，这将刺激生产力增长，缓解财政危机。简言之，奥康纳看到了美国有可能更多地转向西欧国家的方向，即承担更少的军事负担，将大

[①] 对奥康纳地位的认识，取决于以下论证：将美国税收和福利两套制度加总后，可以发现在减少收入差距方面，这两套制度发挥的作用比其他经合国家要少得多（OECD 2005）。

部分税收收入用于国民的社会福利。不过,对于支持改革的政治力量是否拥有相应的政治意志和技巧并最终获胜,他并不看好。

奥康纳的分析既预料到了20世纪70年代民意调查中显示出的反税情绪高峰(参见坎贝尔,本书第三章),又预料到了那个年代围绕财产税的高度政治动员。正如艾萨克·马丁(Martin,2008)指出的:无论是进步派还是保守派,都做了诸多努力以引导公众对财产税的不满情绪。然而出于马丁认为的运气或其他偶然原因,保守派因成功支持加州13号提案而获胜。正是这场胜利,让减税提上了国家的议程并至今仍在主导共和党以"永久抗税"作为政策的基础。(Martin,2008)

税收政治遵循一个我们很熟悉的模式。无论何时,当政治体制长期不能解决一个被广泛感知到的问题时,它就为其他政党打开了一个口子,那就是通过打破既有模式来解决问题(Berman 2006)。随着财政危机在20世纪60~70年代愈演愈烈,在当时存在着一系列提案用来服务于中间派或中左派推动税制改革的倡议。比如,尼克松曾短暂考虑用增值税来替代财产税(Martin, 2008),但在这个时期没有一个总统可以打破政治僵局并使国会通过主要的法案。这种处于慢性衰弱且没有缓解的财政危机,反而有损于中间派和左派政治领导者的合法性,并为右派政治家创造了一个可以利用公众不满情绪的机会。

二、永久抗税

在罗纳德·里根1980年当选总统时,他有效地抓住了这个机会,于1981年提出大规模减少联邦税收的计划。然而,即使在里根获得最初胜利后,共和党选择拥护永久抗税的策略也很难说是不可避免的。保守派决定将里根的减税政策作为解决繁重税负问题的方案,并转向了其他的政治议题。但是保守派联盟的核心群体仍然坚持将税收作为政治议程的中心并开战。从20世纪70年代后期到2008年大选,相关战斗持续不断,并始终是政治议程的中心。在2008年的选举中,约翰·麦凯恩答应保持乔治·布什的减税政策不变(Martin,2008;Micklethwait and Wooldridge,2004)。

毫无疑问,拥护永久抗税对保守派联盟来说有许多明显的优势。首先,把反对税收置于保守派议程的顶端后,即使民主党入住白宫后,政治生活也会遭遇重重困难。比尔·克林顿当选总统后,共和党联盟强烈反对他提议的增税方案。尽管在没有获得共和党人票数的情况下,克林顿的最初预算也通过了,但是共和党后续的反对使他无法实施新的昂贵的支出项目,而这些项目原本可以巩固对民主党的政治支持(Shoch,2008)。当克林顿宣布他的名言"大政府时代终结了"之时,他也在不经意间说明了保守派抗税动员的成功。

其次,在过去 30 年里,承诺减少大公司和高收入人群的税负,是充实共和党竞选金库的有效策略。事实上,在每个选举周期中(除了 2008 年的特例),共和党人的竞选筹款总额远超民主党(Bartels 2008)。在这个时期内,1% 最富有家庭的个人收入占全部个人收入的比重显著上升。有一项研究表明,这个比例从 1981 年的 10% 上升到 2005 年的 21.8%(Bartels,2008)。毫无疑问,很多高收入家庭意识到,共和党在他们的收入上升中扮演了重要的角色,也因此愿意为共和党提供大量的竞选捐款(Johnston 2003,2007)。

第三,共和党的持续减税策略为其提供了有利形势,使得保守派可以攻击那些有强烈公众支持的社会开支。民意调查数据显示,联邦医疗保险、社会保障,以及其他那些对低收入家庭有益的项目,在政治上都是受欢迎的。但是因为系统性减税造成了严苛的预算环境,这就让共和党人可以通过持续小额削减的渐进战术来更好地攻击这些项目(Krugman,2003)。诚然,2005 年乔治·布什以未来可能破产为理由,竭力想将部分社会保障系统私有化,但这一行动并未获得成功。不过,民主党并不能够阻止一连串的医疗支出减少,而这将削弱医疗保险和医疗补助系统。

这些渐进战术最成功的地方是逐步地从公立高等教育抽回资金,变成主要由州一级政府提供资金。直到 20 世纪 70 年代,许多州政府大量投资创办公立学院和大学,以提供进入高等教育的广泛通道,同时让学生的进入成本更低。然而,随着财政危机的加剧,尤其是在里根政府时期,州政府面对着更加艰难的预算环境。在接下来的 30 年里,州政府不得不持续地增加公立学院和大学收取的学杂费。结果就是,对于穷困学生和工人阶级的学生来说,接受高等教育的财务障碍更大了。尽管仍然有公众支持扩大高等教育的通道,但保守派用"永久抗税"实现了他们的一个重要政策目标(Newfield,2008)。

三、全球化背景的影响

除去上述抗税策略获得的优势外，由于在推进全面联邦减税的同时却没有实施相应的削减政府支出计划，保守派的抗税策略造成了相当多的不利影响。毫无疑问，里根和小布什政府转变了政府支出的优先顺序，以支持国防项目而远离社会项目。然而，政府支出的总额仍在上升，政府严重依赖借债来平衡支出。

对于执政党来说，永久抗税通常并非是可行的策略。虽然政府倾向于通过大幅度减税来讨好选民，但弥补财政赤字时的困难往往也束缚了它。国内外的投资者都倾向于把政府赤字增长视为政府管理不善的指标和未来通货膨胀的诱因，而这将侵蚀政府债券的价值。这样投资者就不愿再持有债券，政府需要支付的新债券利率就会上升，由此进一步地增加借债成本。当政府债券在市场上大大贬值时，很少有政府能够承担这种压力，他们很快就会宣布减少赤字的政策，以便恢复人们对自己管理财政能力的信心。

然而，里根政府在20世纪80年代早期却发现，外国人往往愿意为政府因减税和军事支出巨额增长造成的财政赤字提供资金（Krippner，2003）。同样的，小布什政府从2001年以来依赖国外购买美国债券来弥补财政赤字。可以肯定的是，两届政府最终都面临限制赤字的巨大压力。1986年，里根政府同意税收改革方案，以扩大税基。从2004年开始，小布什政府提出对国内支出方案进行更大的限制。然而，基于比较的视角，相对于往常的惯例，实际上他们这些限制赤字的措施往往压力更小，且付诸实践更慢。

其他国家之所以愿意资助美国政府的赤字政策，是因为这一时期国际金融系统的特殊性。鉴于美元仍然是全球金融系统的中心货币，美国在保持大规模国际收支赤字的同时还存在一个慢性的联邦预算赤字。如果其他国家施压让美国缩减这种双赤字，美国就会被迫收缩经济规模，减少进口，从而有可能危险地减慢全球经济发展的速度。相反，其他国家已经选择了忍受美国的赤字，通过给美国政府提供借款来弥补联邦收入的差额，从而为弥补赤字提供资金（Arrighi，2007）。

对中国和其他东亚出口大国而言，因为与美国保持着巨大的贸易顺差，上述计算就更加简单。这些国家大量地购买美国国债,是保障自己对美出口的制造业能够维持的代价;而这样的出口,能够扩大本国民众的就业,扩大本国工业基础,因此积累大量的美国国债似乎是一种合理的选择。

在过去的 25 年里,有很多分析师都在质疑这样的模式可以维持多久。就某方面来说,在外汇市场,美元很可能会面临抛售的问题。如果这种情况发生,随着美元贬值,那些持有大量美元储备的国家将面临重大损失。如果他们采取行动减少自己的风险,那美元压力将会加剧。然而,在一段时期内,世界经济已经接受了美元相对价值的不断降低,即使外国人仍不断参与其中,并帮助美国维持对赤字财政政策的上瘾(Arrighi,2007;Block,2003)。

四、右翼联盟及其策略

拥护永久抗税逻辑的共和党联盟,由两个主要团体构成:商业保守派和宗教保守派。对于商业保守派来说,长期支持用债务融资为联邦政府筹措资金的策略,违背了传统的商业政治。大多数国家的商界都反对长期赤字政策,因为这将侵蚀对政府扩张的限制。他们担心,当政治钟摆不可避免地摆动时,商业群体若允许保守的政府持有巨额赤字,那再反对进步派政府为不同目的而运用赤字财政就没有可信度。

商业保守派不支持减税,因为从长期商业利益看,这会削弱国家的财政能力。在过去两个世纪,市场社会中的企业依赖政府增加支出来提供重要的经济投入品,比如受教育的劳动力和持续领先的科技。此外,皮特·林德特(Peter Lindert,2004)的研究表明,只要税制是精心设计的,欧洲福利国家那种高水平的社会支出可以和强劲持续的经济增长相一致。与市场原教旨主义的主张相反,福利国家可以有利于商业的发展(Hall and Soskice,2001;Swenson,2002)。

最重要的是,通过减税来巩固政治权力的策略,似乎不能获得政治家推崇的中间选民的支持。高收入群体从减税中获取的收益,一定多到让选民大吃一惊;但从里根或布什的减税政策中,中间选民的获益相当少。比如,2003 年布什政府的减税政策让百万富翁们的平均税收节省了 10 万美元,但中等收入家庭仅仅节省了 217 美元(Hacker and Pierson,2005b:46)。

第四章 看他们的嘴形:税收和右翼议程

虽然商业群体通常比较谨慎,但令人惊讶的是,美国的商业保守派竟然拥护市场原教主义,并将其政治砝码置于激进减税的议程上。可以肯定的是,在这一时期,商界的利益并不完全热衷于减税法案的每一部分。有时,商界会对个人税率的大幅度削减犹豫不决,因为他们更偏好于商业税收更大幅度地削减。然而,在1980年大选和1996—2006年共和党人控制国会期间,多数大企业的竞选捐款流向共和党以及给减税最高优先权的共和党候选人(Clawson, Neustadtl and Weller,1998;参见 http://opensecrets.org)。

公司对减税政策的支持,要追溯到1970年发生的商业政治急转弯(Block,2007)。从1941年美国参加第二次世界大战起直到尼克松任职期间,美国商界的主要政治方向是支持政府能力和权威的扩张。确实有高度意识形态化的商人拒绝与罗斯福新政及其传统妥协,但这些人只是少数。在20世纪50年代和60年代,多数大企业和银行的管理者接受了大政府的现实,并承认政府在稳定经济、塑造企业运作的社会环境方面,扮演了必要的角色。尽管对政府支出水平及监管措施性质的争论不断,但并不存在指向政治光谱中心的斗争(Hodgson,1976)。

所有这些变化,源自1964年到1974年之间林登·约翰逊和理查德·尼克松执政时期的越战失败。在这10年间,作为老练的职业政治家,两位总统无力降低社会冲突的水平,这使商界感到非常恐慌。在当时,一系列不同的社会运动加上通货膨胀带来了接连不断的挑战,大企业因此在政治立场上发生了巨大的转变。它们与社会和宗教保守派组成了联盟,目的在于促使共和党转右。市场原教旨主义不仅是保守派的黏合剂,也为减税和回归联盟所支持的政府提供了理由。

罗斯福新政颠覆了市场原教旨主义,而美国商界在20世纪70年代回归市场原教主义,还包含了怀疑精神的健康元素。多数大企业意识到自己长期以来对联邦政府的依赖,他们持续花费数十亿美元的资金雇佣大批政治说客,以期获得各种有利的税收待遇、额外的补贴和有油水的政府合同,要政府支持他们在海外的生意,要监管机构提供保护。在他们看来,这些是必要的,也是基本的(Block,2007)。

在过去的25年间,这些虚伪的交易愈演愈烈。从20世纪80年代早期开始,通过支持大学、联邦实验室研究和直接资助私营部门研究,联邦政府开创项目的积极性急剧增加。尽管历史上联邦政府在此方面的作为,大部分限于国防和卫生领域,但如今的项目影响了整个国内经济。比如,布什政府增加了对国家纳米技术项目的资金投入,提供了数十亿美元的资金在研究和基础设施上,以支持企业开展分子水平的研究(Block,2008)。

尽管如此,企业发现,市场原教旨主义仍是抵制商界和政府想方设法建立互惠关系的有用政治武器。如果每个人都知道企业从政府获得了一整套重要且必要的服务,那么坚持这一交易就是符合逻辑的:作为良好公民的企业,应当高兴地履行纳税义务、尊重监管限制,并志愿帮助社会解决难题,比如过度依赖化石燃料。

如果转而拥护市场原教旨主义,企业就能够假装没有从政府得到任何有价值的东西;这样在逻辑上政府也不应该对他们有所要求。这么做,它们就为推动政府持续削减企业税收提供了必要的掩护;而且,它们也可以装作仿佛所有的管制都是不适当的负担,以此阻止政府突破它们的直接底线出台管制措施。

在20世纪70年代后期,拥护右转的商人(Ferguson and Rogers,1986)将右转作为短期的权宜之计;他们认为,经济需要一段时期的紧缩和高利率以减少通货膨胀、降低员工和那些依靠政府项目者的期望。他们预期,在这场降温后,一切将回到早期的现实,他们也能够再次退回到更中间派的政策和意识形态。

然而,政治联盟有自己的生命,一旦商界和共和党右翼结成了坚定的同盟,再回到中间立场的转变并不容易。部分事实是,在向右转的过程中包含了一个精心设置的完整体系,包括智库、联盟和政策组织;这些主体所雇佣的人,都忠于右翼议程。不仅如此,当共和党在1994年掌控国会后,新的共和党领导层有条不紊地对商业说客和贸易组织施压,让他们的利益服从保守派的规则。比如,汤姆·迪莱(Tom DeLay)曾经将一个商业法案的主要部分从国会议程中删除,目的只是为了惩罚贸易集团雇佣民主党人担任集团领导的行为(Block,2007)。

与此同时,始于20世纪80年代的商业变化,增大了企业创造良好季度业绩的压力,以使股票价格免于下滑。在这种短期利益导向的环境里,商业领导者很快就意识到,政治投资通常会带来最快的经济回报。一项新的税收减免,一个有利的监管裁决,一个大的政府合同,或者会计标准的放松,都将帮助企业在特定季度中达到预期业绩。简言之,在利润至上的时代,投资于保守联盟会给企业带来立竿见影的商业收益(Bogle,2005;Jacobs,1991)。

到2006年,小布什政府的政策让人们产生了广泛的幻灭感,尤其是政府错误处理了伊拉克战争,其影响已经波及商界。在国会中期选举以及2008年总统大选的预备阶段,一些商业竞选捐款开始转而支持民主党的在职者(参见 http://opensecrets.org/)。然而,对保守联盟来说,这是临时的抑或长期的背叛尚不可知。2008年在总统提名中,共和党竞选人对税收和管制问题的立场,暗示了在市场原教旨主义意识形态没有发生明显变化的情况下,党内领导层仍然相信旧联盟是可以恢复的。

五、宗教右派的影响

商界支持市场原教旨主义和减税,对政策有极其重要的影响,因为之后的社会运动支持这些想法,并影响到了数以百万计的选民。通过神职人员和教堂发挥作用,宗教右派有能力动员基层的积极分子。在很多州,这些积极分子控制了共和党的组织,在动员选民支持保守派候选人中扮演了至关重要的角色(Block,2007;Micklethwait and Wooldridge,2004)。

很容易理解的是,为什么这些被宗教虔诚动员起来的积极分子如此关心堕胎、同性恋和放荡文化(a culture of permissiveness),但是很难理解他们为什么会拥护市场原教旨主义和减税。从汤姆斯·弗朗克(Thomas Frank,2004)到拉里巴·特尔斯(Larry Bartels,2008),都受这一问题困扰。有一个解释立足于宗教原教旨主义和市场原教旨主义的相似处:两种教义都假设在善恶之间存在着两极冲突,信徒不能容忍其中的含糊或者复杂性。宗教右派在《十诫》中谴责道德相对主义和情境伦理学(situational ethics),支持绝对的道德标准。与之类似,市场原教旨主义断定政府和私人经济应该绝对分离(Goldberg,2006)。

另一个解释使用的要素是地理和种族。宗教右派影响的核心地区和老的南部邦联所包含的州基本一致,这些地区对美国联邦政府强权长期心怀敌视。作为民权运动的后果,为数众多的南方选民放弃支持民主党,转而拥护共和党,因为共和党使用了原来南方民主党政治家支持州权的说法。这一时期的联邦政府非常明显地支持非洲裔美国人和妇女对平等的渴望,因此对抵制种族和性别平等的保守派来说,敌视联邦税收就很有吸引力。事实上,这一议题直接跟国内收入署(the Internal Revenue Service)的一项政策相关,该政策不给实行种族隔离的私人学校免税地位,因为这样的学校创立目的就是阻止在学校内实行种族融合(Crespino,2007;Lassiter,2007)。

然而,这并不是故事的全部,因为宗教右派也极力反对州层面的税收。经典的案例是,2003年亚拉巴马州的共和党州长想要推出一项重要的针对富人的州税收,他借用新约的话来问"耶稣会向谁征税?"可他的倡议遭到了宗教右派的强烈反对,最后在投票中他全面落败,甚至很多低收入人群不惜违反自己的利益也要投票反对(Wilson,2003)。

最后一个解释是,从根本上讲,市场原教旨主义和保守基督教徒的世界观都是激进个人主义。经济保守派相信,市场会视个人努力程度来进行恰当奖励;由于这一原因,所谓的政府干预市场(比如最低工资立法或者福利条款)就扭曲了激励机制,打击了个人的积极性。同样的,保守的基督教徒认为个人应该对自己的最终救赎负责,正如歌里唱的,"寂寞的山谷,你必须走,独自走。"在推进政策时,市场原教旨主义把这两种观点合二为一:"你得靠自己"——每个人都要对自己的命运负责(Bernstein,2006)。

两个信仰体系的重叠,在福利政策中表现得尤为突出。宗教右派和商业右派都强烈批评美国历史上的福利计划——援助抚养子女的家庭,理由是慷慨的福利规定竟然反常地鼓励懒惰和滥交。国会在1996年的福利立法中颁布政策,要求穷人去工作、控制他们的性行为。这些政策可能看起来很残酷,但是支持者们认为实际上非常仁慈,因为它激励人们变得自律且有道德(进一步分析见Somers and Block,2005)。

然而,这种一致性也传递到了税收政策领域。如果市场能够公正地奖励个人,那么政府用税制来改变收入分配就是错误的。赞同这种观点的宗教保守派,未必忽略了《新约》里关于该给穷人优先权的话,但他们坚持认为,对穷人的责任应该通过个人的善举，由个人来进行。尽管世俗主义者倾向于把什一税和税收看成基本类似的东西，因为都包含留出一部分钱来照顾别人，但很多宗教人士认为这两者截然不同。什一税是个人的自由选择，是在肯定自己对主的应尽义务；而税收并不是自由选择的，资金最后流向政府，很多宗教保守派认为政府长期敌视他们的宗教信仰（Goldberg，2006）。[①]

换言之，许多宗教右派对任何提升或神圣化世俗政府需求的努力都表示怀疑，因为这些需求干扰了个人的支配权，而个人必须要保有自己做决定的自由。可以肯定的是，这些人也会毫不犹豫地支持严惩做出错误选择的人，比如堕胎。但在其他方面，宗教右派却又仅仅依靠一些声明，即他们支持的法律和惩罚是神的设计，与任何共同的人类努力无关。

很难明白，在最近的历史时期里，这种激进的个人主义为什么会和很多保守主义者产生共鸣。过去，福音派基督教与社会运动联系紧密，比如废奴主义、社会福音运动以及民权运动，强调的是相互依赖和共同责任。可为什么近年来这些宗教热情朝着相反的方向变化呢？[②]

六、历史的相似性

进一步检视保守联盟的关键力量，仍不能解答为何这些团体如此聚焦于减税这一政治议题。相反地，我们还会遭遇两个新谜题。第一个是，为什么美国商业团体对于20世纪60年代和70年代初期的政治变化产生如此巨大的恐慌？第二个是，为什么近三十年来激进的个人主义思潮一直是基督教保守派的复兴和政治运动的关键？通过研究，我们可以看到类似思想变革的更早历史，而这将有助于获得回答这些问题的关键。

市场原教旨主义在19世纪前几十年的英国第一次出现，并成为重要的政治力量。跟我们这个时代一样，由商业利益和宗教保守派组成的特殊政治联盟拥有这样的思想。这一联盟发起了广泛的运动，要求废除济贫制度，该制度

[①] 这也有助于解释，为什么乔治·布什坚决反对由大众做牺牲来进行反恐战争。他明白，他的保守的支持者相信，奉献应是由人自己自由选择的而不是受世俗当局强迫要求的。

[②] 韦恩·贝克（Wayne Baker，2005）利用世界价值调查数据来说明，美国公共舆论向更大的传统主义和更大的个人主义转变是独一无二的。

长期以来在地方层次上帮助因缺乏资源而不能自立的穷人。由于济贫制度的资金来源于强制当地业主缴纳的地方税,因而这个运动同时也致力于降低更富裕纳税人的税收负担(Block and Somers,2003;Somers and Block,2005)。

这一运动的灵感,来自马尔萨斯(T. R. Malthus)的作品,特别是首发于1798年的《人口论》系列版本。马尔萨斯坚持认为,英国特有的济贫制度解释了英国穷人多于别国的现象。地方教区过去一直对贫困家庭的子女提供救助,造成当地人口膨胀,使其超过了土地的承载量。此外,济贫制度提供的救助损害了劳动阶级的工作积极性,不可避免地降低了生产效率和产出,导致问题进一步加剧。马尔萨斯认为,废除济贫法可以有效地减缓贫困状况;因为穷人会被迫回到历史上自我约束的做法,从而使得人口和资源保持平衡(Malthus,[1798],1970;Somers and Block,2005)。

简言之,马尔萨斯和他的追随者拥护激进的个人主义,认为个人对经济前景和宗教命运负有全部的责任。济贫制度和许多野心勃勃的再分配方案存在的共同问题是,与自然法则不一致,而自然法则要求个人参与到达尔文主义的生存努力中。

对19世纪早期的上述讨论,波兰尼(Karl Polanyi,[1944]2001)的经典描述是,作为一个企业家和早期社会主义者,罗伯特·欧文(Robert Owen)是马尔萨斯的主要反对者。波兰尼盛赞欧文是"社会的发现者"——认识到工业革命加剧了人与人之间的相互依赖。作为这些更为紧密社会关系的后果,劳动人民发现他们会因为数百、数千英里外的变故而失去工作或承受收入减少性的灾难。欧文发现了新政治举措的必要,这样的举措要能控制和调节市场力量对人们生活的影响。欧文的"发现社会",是对马尔萨斯及其追随者主张的市场原教旨主义的直接攻击,因为后者坚信自我调节的市场可以整合数百万人分散的经济行为。

欧文曾对同时期福音派基督教之中占主导的个人主义观点提出激烈的批评:

> 但他的思想支点是对基督教的批判,他谴责基督教的"个人主义化"或者将个体人格所负的责任固化;就欧文的思想来说,他否定社会现实及其对个人人格施加的强有力的形塑影响(133)。

第四章 看他们的嘴形:税收和右翼议程

对于欧文而言,在这个相互依赖的新时代,最主要的任务不是去改变个人,而是去重塑社会机制,使得这样的相互依赖不会产生剥削和支配。波兰尼曾特别倾心于欧文的观点:

> 如果任何罪恶的原因都无法被人类即将获得的新力量除去的话,他们就会认为这些是必须的和不可避免的罪恶,就会认为应该停止幼稚的和徒劳的抱怨(268)。

关于新力量,欧文指的是新的工业技术和新的治理体系。

对于波兰尼来说,欧文在这样的遭遇战中毫无疑问是个英雄。欧文代表了所有这样的人的观点,即愿意面对社会依赖性增强的事实并设计新制度进行管理。但波兰尼认为,当时主导政治蓝图的是马尔萨斯的观点。进一步地说,马尔萨斯更容易抓住新兴中产阶级的心。市场原教旨主义者的思想,将侵略性的资本积累合法化了,并为它的成功披上宗教正义的外衣。但波兰尼未曾关注的是,为什么同样这些观点还吸引了工人阶级中的许多成员?

在《英国工人阶级的形成》一书的扩展章节中,爱德华·汤普森(E. P. Thompson,1963)针对历史上福音教派主导时期的卫理公会的研究,努力探讨了这个问题。他指出了韦伯和托尼分析的局限,写道:

> 恰好在这个时候,卫理公会同时服务于工业资产阶级……和广大无产阶级,取得了巨大的成功。毫无疑问,很多工人阶级团体对卫理公会有着很深的忠诚。卫理公会怎么能以巨大的热情,实现这种双重服务的(355—6)?

汤普森最有说服力的论点是,强调在传统联系形式被打断或被摧毁但新的组织(如工会)仍未兴起的背景下,对于流动性不断增强的工人阶级来说,类似卫理公会那样积极传播基督教义的教会,能够提供某种共同体的感觉,并成为互帮互助的重要来源。但他同时也指出,卫理公会崇拜中的极端感情主义,为那些面临强力社会变革而感觉到被替代或被威胁的人,提供了慰藉。他写道:

> 存在这样一种感觉,任何将重点放在来世的宗教,都会产生失败者和绝望者的千禧年(381—2).

换言之,当现实过于沉重和无力转好时,为什么不重视个人的救赎并否认社会现实呢?

七、回到 20 世纪 70 年代

历史类比的关联性如此清晰。19 世纪初英国工业社会诞生之际出现的动力,同样出现在 20 世纪 70～80 年代从工业社会向后工业社会转变的美国(Block,1990;Brick,2007)。这两个历史新时期的共同点是,社会相互依赖度大幅增强,个人的命运越来越受制于远处甚至是世界另一端的经济和社会发展。无论学者分析的原因是后工业化还是全球化,大部分评论者都认为,从 20 世纪 60 年代后期开始,与第二次世界大战后的平静十年相比,普通美国公民的日常生活变得更易受到干扰。

在 20 世纪 70 年代,发生了众所周知的各种冲击,包括以下几个方面:石油价格戏剧般上涨,食品价格急剧上升,进口带来的竞争导致大量工厂倒闭并持续数十年,计算机引导的技术变化加剧。所有这些冲击,使人们无法很好地规划自己的生活路线,因为个人无法确定某一工作、职业甚至整个行业是否可以继续存在(Block,1990)。

然而,这一转变比冲击和不确定性的存在更加深入。试想一下,近几十年来,日本开创的精益生产系统(systems of lean production)是如何改变工作场所的。有了标准化、大规模的工业生产,在生产线上制造出的成千上万辆汽车或其他产品几乎都是相同的。形成对照的是,精益生产用于改善产品、降低成本的创新贯穿生产的始终,工程师、技术人员、蓝领工人和分包商,进行持续的对话,以尽可能修正产品生产过程。这是即时库存控制系统的关键原理;它们帮助避免把钱浪费在积累和存储很快就可能废弃的部件上(Womack et al.,1990)。

这种转变强化了生产过程中所有参与者之间的相互依赖。没有人可以长期只做自己的事,每个人的劳动都会被他者影响,反之亦然。持续改进意味着职责和任务分工需要不断地重新谈判。而且,已加深的相互依赖已经超越了企业的界限,和供货方保持一定距离的缔约(arm's length contracting)被理性缔约所取代,后者包括对大多数商品化部件的精确规格和生产过程进行持续商议。

第四章 看他们的嘴形:税收和右翼议程

作为后工业时代变迁的先驱理论家,丹尼尔·贝尔(Daniel Bell,1973)预见到后工业社会秩序中包含着更高程度的社会相互依赖,并因此需要新形式的管理:

> 在某种意义上,转变的意义就是远离政治经济的治理(即自由市场交换的原则),转向政治哲学的治理——这是一种转向非资本主义模式的社会思想。(298)

贝尔回应了罗伯特·欧文的提议,那就是已释放的新技术力量需要创建新的治理制度来管理日益强化的社会依赖性。

正是在这种背景下,1970年开始右转的美国人对此做出了回应,并毫不奇怪地转向了罗伯特·欧文所挑战的思想,于是市场原教旨主义和高度个人主义版本的福音神学得以复活。他们的知识英雄是米尔顿·弗里德曼和弗里德里希·哈耶克,两者都将自己定义为马尔萨斯和李嘉图所开创的自由主义传统在20世纪的继承者。不仅如此,活跃于政坛的基督教保守派明确反对主流新教教派的社会福音运动,并大胆回归到那些被欧文斥责为毫无悔改的个人主义福音派思想家(对此二者联系的阐明,参见 Block and Somers,2003;Somers and Block,2005),试图回到19世纪早期的最有影响力的当代作家是奥拉斯基(Olasky,1992)。

保守联盟否定社会的最清晰表达,来自玛格丽特·撒切尔。她于1979年当选英国首相,被认为是向右转的前兆,也是美国当权者即将转右的征兆。在1987年的一个访谈中,她代表数百万他者(others)发言,表示拒绝"社会"这个无意义的抽象概念:

> 我想我们已经度过了那个时代,在那时太多的人被赋予这样一种想法,如果出现了问题就应该由政府来解决。"我有一个问题,我需要补助。""我无家可归,政府要安置我。"他们把自己的问题抛给"社会"。要知道,不存在像"社会"这样的东西。只有独立的男人、女人,还有家庭。除非通过人,否则政府不能做任何事,而人必须先照顾好自己。

撒切尔夫人的发言,完美地体现了基督教保守派和市场原教旨主义者的坚决主张,那就是,只有个人的责任和自律才是解决社会问题唯一真实有效的办法。

就像在19世纪早期一样,富人和企业领导人选择去否定社会现实、接受市场原教旨主义,一开始时还仅仅是一种策略,由此避免新形式的监管及新类型的税收,因为监管和税收会束缚他们的自由、限制财富的积累。这样的策略,能让他们采取更具侵略性、更自以为是的操作来实现财富最大化。然而,就像早期那样,当不太富裕的人被卷入宗教右派的复苏后,他们的动力机制必然更加复杂。

又一次像汤普森所说的,福音派教会为很多在经济潮流中被取代(displaced)或错位(dislocation)的人提供了一个共同体和某些形式的互助(Block,2007)。同时,"失败者和绝望者的千禧年"也吸引着一些人,对他们而言,现实社会已经变得黑暗和令人绝望。阿莉·霍克希尔德(Arlie Hochschild,2005)是这样描述当代关注末世的那些福音信徒们的:

> 我们可以理解"被提升(Rapture)"这种想法的吸引力,尽管不是或者说不仅仅是在信徒的范围内。一个世界即将崩塌——那就是高薪蓝领们的工业世界。在这个世界里,工作的男人和女人牺牲了很多时间,但是之前承诺的报酬却并未实现。我猜想,"被提升"这一信念提供了一个出口来逃离因为尘世中失落所产生的现实焦虑感。网络中关于"被提升"常常是这样一幅画面:瘦弱、穿着整洁的白人缓缓升入天堂,加入等待的人中。被驱逐的人是受欢迎的。被拒绝的人是可接受的。向下的移动变成了向上的移动。

然而,我还要强调第三种论调,它同时与"向后工业化过渡""为妇女和少数种族建立平权"这两种努力相关。这两场剧变自身都已经十分困难,并产生了巨大的社会紧张。然而,在它们相互交织时,如同发生在美国的那样,社会和心理感觉的错位就会尤为强烈。部分人觉得自己不仅输给了受过高等教育的工人,还输给了之前自己瞧不起的人,尤其是非洲裔美国人。于是,否认社会现实、支持保守基督教义的激进个人主义,成为保持特定价值观和表达对其他群体怨恨的一种方式(Frank,2004;Goldberg,2006)。永久抗税就传达了不愿跟自己所憎恨的团体合作的一种心理。

在得克萨斯基督教联盟(TCC)表达的政治重点中,这种相关体现得很明显,并对得克萨斯共和党产生了非常大的影响。TCC 声明,自己的目的是捍卫基督教和传统观念。然而,除了反对堕胎和同性恋、支持学校祷告之外,该组织还反对联邦所得税并想用销售税和单一比例所得税取而代之。这一团体同样相信,"教育政策应当由基层学校掌握,不受联邦官僚的影响"(Lamare, Polinard, and Wrinkle, 2003:65)。这样的声明,反映了一场漫长的战争,该战争的目标是反对学校内的种族融合政策以及联邦政府拒绝给非宗派(nonsectarian)的种族隔离院校免税待遇 (Crespino, 2007)。该团体内有一种分离主义的推力在起作用,团体的支持者想尽量少地跟那些不与他们共享特定价值观的人联系——无论是在财政上还是在相互影响上。

八、结论

本章讨论了在过去 30 年中减税成为美国共和党核心政治议程的部分原因,即强势选民表达了对美国经济和社会深度转型的抵触。但它不仅是一场象征性的政治运动,实际上它已经产生了真实且引人注目的影响。市场原教旨主义和减税背后的政治力量联盟,可以阻挡各种社会和经济改革,尽管改革可以使社会能更有效地面对新科技革命和更大范围的全球经济一体化。

就其本质而言,上述论证必然具有臆测性。不过,有一种可能的方法来测试其说服力,即用 19 世纪英国的历史作类比来预测美国政治的未来。在英国,否定社会现实占据主导地位的历史时期较短,主要是从法国革命到 19 世纪 30 年代。不过,受马尔萨斯启发的《新济贫法》(1834)通过后,一场大规模的反《济贫法》运动兴起,这标志着基督教卫理公会和其他保守教派的衰落以及大规模工人政治运动的出现(Block and Somers, 2003)。不仅如此,随着教会脱离自由放任主义并开始强调福音书的社会维度,基督徒和商界利益的联盟被证明只是暂时的。到了 19 世纪四五十年代,约翰·斯图亚特·密尔(John Stuart Mill)成为新一代政治经济学家的领袖,这些政治经济学家与马尔萨斯、李嘉图的市场原教旨主义划清了界限。

改变的动力看起来基本上是代际性的。对于向高度社会依赖性过渡产生的急剧压力,老一辈的体验最为强烈。然而,出生在 1795 年到 1834 年间的新一代却经历了新工业社会和更高层次的社会相互依赖,对他们来说这些都是理所当然的。随着新一代中有越来越多的人达到法定年龄,否认社会现实的政治权力就逐渐地衰落。更加现实的政治就变得可能,因为越来越多的选民开始怀疑市场原教旨主义者给政府行动的禁令。

  有迹象表明,类似的代际动力在美国正悄然发生。近年来,年轻选民中支持保守主义和市场原教旨主义的人急剧下降。在网络和社交媒体中成长起来的新一代,看起来并不担心高度依赖(heightened interdependence)的社会,反而事实上在接受(Winograd and Hais,2008)。民意调查表明,更年轻一代群体对税收的质疑更少。2003年凯瑟家庭基金会的一项调查发现,在18岁到29岁的受访者中仅有35.4%的人想要废除遗产税,而在30岁到49岁受访者中该比例为52.6%,在50岁到64岁的受访者中为69%。类似的,2008年洛克菲勒基金会委托的一项调查发现,在18岁到29岁的人群组中,86%的人同意需要更多的政府项目帮助那些挣扎在当前经济条件之下的人,这区别于65岁以上人群组中仅58%的人这么认为。

  然而,政治变革从来都不是必然的。代际变动创造了可能性而非必然性。要发动对保守派霸权的持久挑战,就需要接受更大程度的相互依赖,并推进直接否定市场原教旨主义的新治理哲学(Block,2006)。而要摆脱过去三十年毫无结果的政治辩论,唯一的方法就是直接承认"社会现实"。

第五章　让税收成为政党的生命[①]

克里斯多夫·霍华德（Christopher Howard）

本章的主旨是推进对税收的跨国比较研究。这一部分所包含的几章均集中于研究美国历史上不同时期的税制，我们可以由此追溯随时代的变化而产生的变迁。20世纪30年代，累进税制的主要倡导者多为罗斯福政府中的成员、国会中的自由派民主党人和自由派媒体出版者（如《国家》和《新共和》）。他们的主要对手是企业和富人，也因为在当时企业和富人被视为唯一需要缴纳所得税的主体。那时的税收政治，是政治精英和经济精英间的持续斗争（见第二章）。在20世纪40年代至60年代，民选官员试图扩大所得税的税基、提高所得税的税率。然而，由于公众对税收政策影响甚微，政治精英始终是税收政策的主导者。到20世纪70年代，当民选官员开始更多地谈论税收问题时，公众才得以参与进来。税收对投票行为产生了比以往更大的影响，公民变得更加关心税收的水平（见第三章）。这一背景使得保守派精英发动一场持久的减税战变得更容易，于是减税战就从里根总统时期一直持续到乔治·W.布什总统时期（见第四章）。

和弗雷德·布洛克一样，作者对20世纪末和21世纪早期的税收政治更感兴趣。然而，接下来本章要论述的内容却与布洛克的不同。本章将不分析共和党如何试图削减税收，而介绍民主党和共和党如何利用税收法案来制定

[①] 本章的早期版本提交给2007年5月4—5日在伊利诺州埃文斯顿西北大学召开的"历史的惊雷：税收的历史与比较视角"会议。约瑟夫·科德斯（Joseph Cordes）、理查德·海伊（Richard Hay），特别是阿贾·伊特拉（Ajay Mehrotra）为本章内容提供了有益的评论和建议。

社会政策。本章最关键的分析工具是税式支出(tax expenditure)概念,它指的是任何税收抵免(tax credit)、税收抵扣(tax deduction),或税法中规定的减免个人或公司缴纳所得税的其他特殊条款。① 不同于布洛克研究减税如何受到经济或宗教保守派的青睐,本章主要分析民选官员如何利用税式支出来帮助数百万中产及以上阶层的成员。在一个政治参与度(包括选民投票率)直接伴随收入水平和教育程度而变化的国家,这种做法是非常合理的(Jacobs and Skocpol 2005;Stanley and Niemi 2008;Verba,Schlozman and Brady 1995)。政府官员在制定税收政策时可能会考虑一般民众(见第三章),但更有可能的是集中关注那些在政治体中最活跃的成员。

政治学家们受到的训练是去发问:"谁从政府那里得到什么?"例如,这个问题经常出现在社会政策研究中,而税收政策专家也会提醒人们关注"谁来付钱?"本章即针对这两个问题展开讨论。本章的第一部分将指出,美国的税收政策和社会政策是如何紧密关联的。最明显的关联可见于社会项目的融资,尤其是对采用工薪税还是一般税收的选择(Campbell and Morgan 2005;Derthick 1979;Skocpol 2000)。尽管这个主题尚未获得应有的重视,但本章对此将不做过多讨论。另一个重要的关联是税式支出,可它常被人忽视。税式支出被广泛地认为相当于直接支出,比如,把允许购房者从应纳税所得中扣除按揭利息,等同于按其全部收入征税后再给予住房福利支票。美国福利政策的一大特点是,它严重依赖税式支出。我们将看到,在美国,税式支出对住房、健康医疗、退休金和收入支持政策等都极为重要。②

本章的第二部分将分析美国政党是如何利用税法来制定社会政策的。在过去几十年中,民主党与共和党二者都未能形成一种稳定的多数,由此往往带来一个分裂的政府。不得不共享权力意味着在某些政策领域两党常陷入僵局,或者在其他领域形成有意思的联盟。但就税式支出而言,两党成功地抛开了彼此间的分歧,允许已高位运行的税式支出继续保持增长,并创造出新的税式支出项目。尽管理由有所不同,但民主党和共和党却一致认为,利用税收政

---

① 税式支出一词常以税收减免(tax breaks)、税收漏洞(tax loopholes)或税收激励(tax incentives)等名称被人们所知。

② OECD组织将税式支出置于"为社会目的而实施的税收减免"这一子项目之下(TBSPs)。

第五章　让税收成为政党的生命

策来制定社会政策是一种理想的政治手段。

一、把税收政策与社会政策关联起来

税收的经典功能是产生足以维持政府的岁入。征税并不受人欢迎，这也是为什么我们有时在说岁入时用"提取"(extract)，就像拿走一颗坏牙，而不说"提举"(raise)，就像抚养(raise)一个孩子。税收不受人欢迎，部分原因是它将资源从一个群体转移到另一个群体。个人所得税是美国政府岁入的主要来源，也是美国最具累进性的税种之一。美国最富有的五分之一国民，缴纳了超过五分之四的所得税(DeNavas-Walt, Proctor and Smith, 2007; U. S. Congress, Joint Committee on Taxation, 2007)。这些税金被用于资助政府的医疗补助、社会福利[包括临时救助贫困家庭的项目(TANF)]、食品券、公共住房以及其他各种针对收入有限人群的社会项目。① 这些社会项目具有高度的再分配性质，毫不奇怪，它们也常常引起争议。

在第一章中曾提到有另外一个长期存在的问题，即纳税人并不确切地了解所缴纳税金会被如何使用，民众对税收的支持会因此变得脆弱，避税行为也可能因此蔓延开来。为了解决这个问题，政府官员往往将一部分税收指定用于某种用途(Patashnik, 2000)。美国的一些大型社会福利项目，包括有名的社会保障、老年医疗保险的 A 部分(Medicare Part A)②、伤残保险和失业保险等，它们的资金主要来源于工薪税，而这些资金被存放在特殊的信托基金中。因此，对这些项目纳税人应该怀有更大的信心，并感觉到自己有权获得津贴。因具体的社会项目不同，这些税可能是单一比例税，也可能是累退税。例如，社会保障(Social Security)项目是所有社会项目中占比最大的一种，为它供应资金的税收，按单一比例对工薪征税到一个很高的收入水平(2008 年为 10.2 万美元)。在此收入水平之上的个人收入，根本不用再缴税，由此带来税收的累退性。

---

① 政府岁入的来源，随时代变化及政府层级而有不同。1940 年，消费税比个人所得税重要得多。可现在，消费税只是总岁入的一小部分。在州一级，销售税现在是一般收入的重要来源，用于资助一些社会项目(例如医疗补助和 TANF)。

② Medicare 的 A 部分支付住院费。Medicare 的 B 部分更多地支付医生的费用，这部分的资金由一般税收收入和个人保险费来承担。Medicar 的 D 部分支付处方药费，支付方式和 B 部分一样。

对美国福利国家制度而言,虽然工薪税是主要的收入来源,但自20世纪60年代以来,并没有新的工薪税获得通过。坎贝尔和摩根士丹利(Campbell and Morgan,2005)的报告显示,保守派成功地将注意力逐步集中在新增税收必须用在新项目上,而不能用新税收给现有的项目支付更多的津贴额。在这种情况下,自由派发现,用一般税收收入来资助新项目更容易。相比于工薪税的累退性来说,一般税收收入是累进的。这是因为,税收成本由富人而不是工薪阶层和中产阶级承担。于1997年成立的州儿童健康保险项目(SCHIP),就是一个很好的例子。

税收的问题是成本已知但收益不确定,针对此问题税式支出提供了第二种解决方案。税式支出与工薪税的相似之处在于,两者都确定要对具体的商品或服务进行补贴。但二者之间又存在重要的区别,并因此让税式支出显得更具政治吸引力。在税式支出下,政府不再是先征税再分配利益,而可以选择性地减轻那些行为方式符合社会要求或者正经历特定社会问题之人的税负。实际上,税式支出允许政府官员通过削减而不是征收税收来解决具体问题。对于希望通过选举进入政府的人来说,这是一个非常有吸引力的方法,尤其对为税负所累的政府来说。

很少有人奇怪,美国福利国家制度竟以广泛的税式支出为特征。根据国会最近公布的税收联合委员会(2007)的分析报告,美国存在着数额巨大的住房补贴款项,仅在2007年就补贴了740亿美元给住房抵押贷款利息、290亿美元给房屋销售资本收益、170亿美元给房产税。雇主通过扣除医疗保险补贴就能每年节省超过1 000亿美元的所得税,他们支付给雇员的退休金也让政府少征一大笔税收。大多数抚养未成年子女的家庭,都能获得要么是勤劳所得税抵免(EITC,450亿美元),要么是儿童税收抵免(450亿美元),有时甚至两者兼得。2007年慈善捐赠的税收抵扣耗费了国库420亿美元。社会保障和老年医疗保险带来的收入,并没有完全地征税,政府为此分别少征税约220亿美元和400亿美元。总之,美国政府在社会福利项目上所花费的税式支出,与它为穷人和接近贫穷之人(near-poor)而花费在传统社会项目上的金额一样多(U. S. Congress,Joint Committee on Taxation,2007;U. S. Census Bureau,2007)。想象一下这样一幅图景,如果美国版图始于东海岸,却在向西延伸至落基山脉就停下来。如果没有税式支出,美国福利国家制度的命运就会是这样的。如果我们再加上为资本收益提供的税收优惠(补贴有价资产所有者)的话,那这样的数据总额还要再额外增长1 800亿美元。[①]

在过去的研究中(Howard,1997,2007),作者试图证明这个"隐性福利国家"的税式支出是如何挑战美国社会政策的传统智慧的。例如,美国试图建立一个相对于其他富裕民主国家而言更小的福利国家,这被认为是美国例外论的重要证据(Kingdon,1999;Lipset,1996)。这样的比较是根据传统社会项目(用工薪税或一般财政收入为资金来源)进行的,可如果将这数千亿美元的税式支出包括进去的话,那美国福利国家的相对地位就会提高。为了公平起见,我们需要使用具有可比性的数据来跟其他福利国家相比较,尽管这些数据并不容易获得,因为不同国家的税式支出的分类和成本估算体系存在着差异。经济合作与发展组织(OECD)的最新研究表明,美国确实比其他福利国家更依赖于税式支出。2001年的美国,与社会福利目标相关的税式支出占国内生产总值(GDP)的2.1%,[②]只有德国的数字(1.6%)与其相近,而比利时(0.5%),加拿大(0.8%),法国(1.1%),日本(1.1%)、英国(0.2%)都远远落后。斯堪的纳维亚地区的福利国家,几乎不使用税式支出来制定社会政策。作为国内生产总值的一部分,美国的社会支出仍低于欧洲水平,但当将税式支出算进来后,差距明显缩小(Adema and Ladaique,2005)。[③]

税式支出对社会支出的分配效果有更大的影响。在美国,老年人通常被认为是福利国家的主要受益者,事实也确实如此。社会保障(Social Security)

---

① 更可能的,文中数据低估了税式支出的成本。总统的管理和预算办公室使用了略有不同的假设和方法,已发布了更高的估计。另外,一些分析师计算的岁入损失不仅来自国民所得税,也来自工薪税和州所得税,这大大增加了税式支出的成本((Selden and Gray,2006;Sheils and Haught,2004)。一些州政府提供的税收好处,跟美国税法所提供的相类似,尽管在规模上小得多。

② 这些数字不包括养老金享受的税收优惠,对此经济发展与合作组织已经研究出一种跨国家比较的方式。在既定美国税式支出规模下,真正的数值可能是在国内生产总值的2.5%~3.0%的范围内。

③ 另一方面,一些福利国家对社会福利金征税额比别的国家多。北欧福利国家在这个名单中排名往往是高的,而美国是较低的。如果计算税后的社会福利金,那么美国福利国家制度的落后程度会变小(Adema and Ladaique,2005)。由于美国具有比大多数国家更高的国内生产总值,其经济的较小份额应等同于其他国家(比如德国或荷兰)的较多份额。如果我们计算人均社会支出而不是占国内生产总值的比重,那美国福利国家的规模与典型的欧洲福利国家将旗鼓相当(Howard,2007)。

和老年医疗保险(Medicare)是美国两个最大的社会福利项目,它们提供收入补助、医疗保险以及针对老年人的长期护理。[①] 大约有四分之一的老年医疗保险支出花在了贫困老人的长期护理上,大约一半的传统社会支出直接花费在老人身上。[②] 穷人和残疾人是美国福利国家制度的另一群主要受益人。那些不符合以上任何条件的人,就构成了美国福利国家制度中的"缺失的中间层"(Skocpol, 2000)。这些人既不富有也不贫穷,他们是工薪阶层,通常育有孩子。与欧洲不同的是,这些美国人没有国民医疗保险或家庭津贴。如果失去工作,他们将很难获得失业救济金的资格;就算能够获取失业救济金,其数额也相对较少。

事实上,美国政府给予了"缺失的中间层"大量帮助,只是方式不同于大多数欧洲福利国家。在帮助这些处于合适工作年龄的成人和家庭中,税式支出起到了关键性的政策工具作用。如前面提到的,雇员的医疗保险福利很大程度上源自税收的补贴。由于大多数美国人有私人医疗保险,这种税式支出比老年医疗保险(Medicare)和穷人残障者医疗补助(Medicaid)能惠及更多的人。在购房过程中的各项税收优惠,要远多于政府为穷人提供租房服务所花的金钱。儿童税收抵免(Child Tax Credit)和勤劳所得税抵免(EITC)项目,跟欧洲类型的家庭津贴执行相同的功能,且花费数额比福利及食物券加起来的钱还要多。

然而,税式支出提供给一些家庭的帮助比另一些家庭更多。表5—1显示出按不同收入群体划分的税式支出分布。这些人群分别是:穷人(少于20 000美元),中低收入阶层(20 000美元到40 000美元),中产阶级(40 000至75 000美元),上层中产阶级(75 000美元到200 000美元)和富人(超过20万美元)。[③] 在有些情况下,特别是在勤劳所得税抵免(EITC)项目中,几乎所有利益都只针对收入有限的人群。社会保障给予的福利分布广泛,对这些福利

[①] 这些项目也对老年人之外的人群提供帮助。然而,老年人领取80%左右的社会保障福利(其余的提供给幸存者)和85%的医疗保险福利(其余部分提供给残疾人和疾病晚期的病人)。

[②] 相比于其他富裕的民主国家,美国将更大份额的社会支出用在老人身上(Lynch, 2001)。

[③] 这些分类似乎是合理的考虑。2006年家庭收入中位数约为48 000美元,而平均收入为66 000美元多一点。我所定义的富人,在所有的家庭中是收入最高的那4%至5%(DeNavas-Walt, Proctor, and Smith 2007)。

不像常规收入那样全部征税,可以视为这些福利也广泛地为人所享有。然而,情况也有例外。

表 5—1 选定的税式支出分布

税式支出	估计花费(2006 年)	各收入阶层获得的份额				
		20 000	20—40 000	40—75 000	75—200 000	200 000+
住房按揭利息	65.5 B	0.1%	1.8%	12.7%	55.4%	30.0%
儿童税收抵免	45.4	4.6	24.7	34.4	36.3	0.0
勤劳所得税抵免	43.3	53.1	41.1	5.7	0.0	0.0
慈善捐款	39.0	0.1	1.3	9.3	39.7	49.6
房地产税	24.5	0.1	1.8	14.2	61.6	22.2
免税的社会保障福利	21.6	13.6	24.7	43.9	16.2	1.6
非经常性医疗开支	7.9	0.5	7.0	30.4	53.1	9.0

注:因为四舍五入合计,数字百分比总数未达到 100%。除了两项为税收抵免外,其余均为税前扣除。免税的社会保障福利的数字,还包括一小部分免税的铁路工人退休福利。

资料来源:U. S. Congress,Joint Committee on Taxation 2007.

如表 5—1 所示,主要的受益者是收入分配地位中的上半部分的人群。这一分布模式在住房项目上尤为清晰,几乎没有年收入少于 40 000 美元的人要求房屋抵押贷款利息的扣除。对他们来说,税表中要求的扣除标准几乎总是高于其单项扣除的总和(包括贷款利息在内)。中产阶层的成员,获得的按揭抵扣额占总额的八分之一;此项总额的大部分份额,给予了中上阶层(55%)和富人(30%)。典型的富裕家庭每年能够获得 5 200 美元的按揭贷款补贴;而典型的中产阶级家庭仅得到 900 美元。用一位学者生动的语言来说,"抵扣是给天堂中的新中产(bobos)以美好的机会(break)"(引用自 Lowenstein,2006)。房地产税的扣除具有许多相同的收入分配效应。基本上,美国的住房政策主要帮助已相对拥有特权的家庭在市郊供养四间卧室的房子。对大多数美国人来说,房子是最大的资产,这些税收补贴的重要性是难以被夸大的。所得税法影响今天的收入分配和明天的财富分配。

税法鼓励人们向慈善机构进行捐赠,这样一来,主要受益者依然是富人。在那些收入超过 20 万美元并进行慈善捐赠活动的纳税人身上,政府每年花费近 200 亿美元。儿童税收抵免作为政府家庭政策的基石,相比于那些家庭收入不超过40 000美元的人而言,它为家庭收入在75 000美元以上的人提供了更多的帮助。甚至对于特殊医疗开支的抵扣,也更偏向于中层和中上层阶级。如果可能,考虑到低收入群体有更多的健康问题和更少的医疗保险覆盖,我们可以期待这些政府福利实际上会逆转到高收入群体身上。

从表5-1能够看到,有些重要的税式支出缺失了。这是因为,这些支出并没有显示在个人报税单中,因此很难对其进行估计。其中最重要的缺失项目是因医疗和养老福利而享受的税收减免(从雇主应纳税所得额中扣除。有很多研究者分析过这些福利,认为它们确实有利于较富裕的工作人群,包括管理咨询师、医生、律师、软件工程师、熟练工人、政府雇员;是的,甚至还有大学教授)。那些在小公司工作的人,通常赚取低于平均水平的工资;在零售或服务部门工作的人、兼职工作者或受聘于私营部门而非公共部门的人,他们不太可能获得医疗保险。那些在鞋店工作的人,在自己家庭之外的日托中心工作的妇女,以及园林工人等,很多也没有医疗保险。美国国会研究服务中心的计算结果表明,2003年家庭年收入超过81 000美元的家庭中有86%获得了由雇主提供的医疗保险,相比之下家庭年收入低于16 200美元的家庭中只有16%获得了这一医疗保险(Hungerford,2006)。按税法的规定,家庭年收入为25 000美元的普通家庭,他们得到的医疗保险补贴基本上是400美元;这个数字包括那些在税法范围内和范围之外的人群。家庭平均收入超过10万美元的家庭,得到的税收补贴为1 500美元(Selden and Gray,2006;Sheils and Haught,2004)。[①]

最近一项研究显示,大约有一半的工人参加了有税收优惠的退休金计划。然而,参与该计划的工人,收入差异巨大。收入少于20 000美元的人,只有五分之一参与了该计划;相形之下,收入超过80 000美元的人,有几乎五分之四参与了该计划。在401(k)计划中,收入差距更是明显,这个计划逐渐取代了传统的福利计划。年收入超过80 000美元的工作者,一半以上拥有401(k)计划;相形之下,收入少于20 000美元的工人,只有6%参与了这项计划。平均而言,较富裕群体为自己的401(k)计划贡献了5 000美元,不太富裕群体约贡

[①] 作者的计算是基于由Sheils和Haught论文中的图表2(Sheils and Haught,2004),包括所得税和工薪税的花费。但我的数字只考虑了少征的所得税。

献了750美元(Congressional Budget Office,2006)。大部分老年人都依靠社会保障作为自己的收入来源,而最富有的老年人在社会保障之外还享有大额的公司养老金。因此,税收优惠造成了退休人员间一定程度的不平等。

这也就不难解释下面的问题:为什么大多数税式支出有利于那些富人或非常富的人?即使在布什总统的减税政策之后,个人所得税仍然是美国最大的累进性岁入来源之一。作为纳税人中只占一小部分的富人,他们缴纳了所得税收入中一半以上的税金。而个人收入少于30 000美元的人,基本上没有缴纳所得税。标准扣除、个人免税额和勤劳所得税抵免(EITC)结合起来,消除了他们的税收义务(U. S. Congress,Joint Committee on Taxation,2007)。同样道理,税式支出典型地更有利于富人,因为他们的税率较高。1 000美元的税前扣除对适用33%税率的人来说更重要,而不是对适用15%税率的人。最后,税法中规定的许多有优惠的商品或服务(如住房和医疗保险),对很多数人来说因购买费用太贵而买不起,或者就算购买了,数量常常也较少。

如何才能改变这种向上倾斜的税收优惠呢?勤劳所得税抵免(EITC)计划提供了一些经验。首先,给予一定收入水平的人群参加计划的资格。比如,2007年,如果一对育有两个孩子的夫妇家庭年收入在39 783美元之上(大约是联邦贫困线标准的两倍),那么该家庭就不具备享有EITC的资格。对单身且无子女的工人来说,只要收入低于14 590美元,或其收入在贫困线的133%之下,那么就是符合资格的。[①] 政府官员可以将类似的标准应用于其他税式支出项目。用国税局(Internal Revenue Service)前局长的话来说,"为什么你会希望一个有大额抵押贷款的人能享有大额补贴呢?"(引用自Lowenstein,2006)[②]。其次,EITC是为数不多的几个能够退还税款(refundable)的税式支出项目之一。如果EITC值超过税收总收入,对大部分受益者来说,政府将会退还税款。儿童税收抵免将部分地退还税款,这有助于解释为什么这些福利金额比大多数税式支出带来更公平的分配(见表5—1)。这是因为,扣除住

[①] 门槛或EITC的资格标准可以在国税局网站上找到(www.irs.gov/individuals/article/0,id=150513,00.html)。

[②] 诚然,住房抵押贷款利息扣除额针对100万美元的债务是有限制的,但对很多房主来说影响不到。

房抵押贷款利息、房产税和巨额医疗费用,是不会退还税款的,但实际上是可以做到的。

在更仔细地研究美国的税收政策后,我们对美国社会政策的理解会发生变化。有一组非常知名的社会福利项目,资金来自一般税收收入,而这种税收大部分由富人缴纳,而受益者是穷人和接近贫困的人。经济学家有时会使用修正后的休茨指数(Suits Index)来衡量支出项目的累进程度,其取值范围从+1(完全累进)到-1(完全累退)。以此指标来衡量,以下项目的值分别为:食品券(0.91),TANF(0.85),补充性保障收入(0.78)、老年医疗补助(0.59)——所有这些项目的经费均由一般税收收入来提供,这些项目也都是累进的(Hungerford,2006)。另一组项目,数量较少但规模较大,其资金由工薪税提供。虽然工薪税可以是累退税,但它带来的福利好处在分配上通常是累进的。相比高收入者,对低收入者而言,社会保障的福利所发挥的作用更能代替过去的工资。社会保障福利的支付方式,能更多地补偿工薪税的影响,降低收入的不平等(Smith,Toder and Iams 2003/2004)。与社会保障相比,为老年医疗保险提供资金的方式是相对累退的,用于老年医疗保险的工薪税向所有的工资和薪水所得征收;老年医疗保险中有一部分资金源于累进所得税。老年医疗保险的收益并不偏向于富人,将近四分之三未在制度内(noninstitutionalized)的老年医疗保险金获得者,收入低于 30 000 美元(Cubanski et al.,2005)。这样两种项目由一般税收收入或工薪税提供资金支持,它们有利于减少贫困、缩小贫富差距。

税式支出则不同。税式支出拥有基于收入调查(means-tested)而给福利的社会项目所具备的累进性融资的特点,因为二者在资金来源上都严重依赖于个人所得税。但是,二者在收益分配上完全不同。在显性的福利国家制度中,福利项目和社会保障项目对受益者的收入调查是公开的,项目设计就是要限制给那些较富裕公民这样的收益。但在隐性福利国家制度中,收入调查更为间接:较不富裕的人,在形式上并不会被排除在住房、医疗保险、退休养老金的税收优惠之外。但实际上,他们却受益很少。在隐性福利国家中,一个人需要丰厚的而非有限的收入,才能从中获益。税式支出的主体,确实重新分配了收入,但并不是将收入从富人转向穷人(勤劳所得税抵免是例外)。大多数的税式支出将收入从富人、中上层阶级分配到中等和中上层阶级(the upper-middle class),从而帮助缩小了有钱人和有很多钱的人之间的差距,而非穷人和富人间的差距。通常情况下,我们期望社会项目能够消除不平等和贫困。税式支出处理的是收入分配地位中的"上半部分"人的不平等,但总体来说对减少贫困,效果甚微。[①]

二、政党政治与税式支出政策

在过去几十年中,美国政党交替实现对政府的控制。某些年份,民主党控制国会参众两院和白宫,另一些年份,共和党全面执掌大权。更常见的执政模式则是分治的政府(divided government),有时是民主党人当总统,有时是共和党人当总统。双方势均力敌,以至于选举人中微小的变化都将对选举结果产生较大的影响。而且,在过去几十年里,两党的政治家变得更加青睐税式支出。鉴于征收新的工薪税受到越来越大的抵制,有关部门批准了一连串以社会福利为目的的新型税式支出。此外,他们还帮助扩大了现有的税式支出规模。笔者的看法是,政党竞争中的上述趋势跟政策制定息息相关。

从历史上看,美国福利国家发展一直与民主党和共和党之间的权力平衡关系密切(Howard, 2007)。新社会项目的出台大都出现在20世纪30年代中期和60年代中期,这两个时期创建的项目数量,比20世纪任何其他时期创建的项目数量总和还要多。罗斯福新政建立了社会保障、失业保险、国民最低工资和救助有抚养子女的家庭(TANF的前身)等社会福利项目;在"伟大社会"计划中,包括了老年医疗保险(Medicare)、穷人残障者医疗补助(Medicaid)、食品券和领先(Head Start)计划等。这些都是民主党在国会成为多数派和自由派民主党人占据白宫之时发生的。许多学者认为,欧洲福利国家的扩大归功于二战后社会主义和社会民主主义的兴起(Esping-Andersen, 1985; Huber and Stephens, 2001)。在美国,民主党被认为偏左翼。而共和党与此相反,当它掌权时,社会项目通常会面临被削减的境况。第一次主要社会项目的削减,针对的是基于收入调查的福利项目(1981年),它发生在里根上台后而且共和

[①] 这种模式也意味着税式支出对解决种族之间的不平等收入和财富并没有多大作用,而更可能只是使其复杂化(Moran and Whitford, 1996)。

党人当时已掌握了参议院的控制权。之后不久,共和党人在1994年国会选举中获得了历史性的胜利,于是立法者通过了《全面福利改革法》,目的是减少受益人群数量并削减开支。没有人比乔治·W.布什总统更能不遗余力地推动社会保障私有化了。

关注左右派之间的区别,对研究税式支出来说通常并没有多大的帮助。许多新的税式支出项目,如尼克松任职时期的个人退休账户项目、福特时期的勤劳所得税抵免(EITC)项目,里根时期的低收入住房税收抵免项目,大都创建在共和党人掌权白宫之时。儿童税收抵免项目,为公司雇佣福利受助人及其他弱势群体工人提供税收上的补偿。还有一项为中学后教育提供税收优惠的政策,出现在20世纪90年代,而当时的民主党总统克林顿与共和党人国会分享权力。此外,无论哪一个党掌权,税式支出都呈现出增长的趋势。扣除物价因素,为购房者提供的税收优惠价值,从1980年到2005年几乎翻了一番。为了鼓励雇主给雇员购买医疗保险和养老保险,针对性税收减免的规模也扩大了三倍(U. S. Congress, Joint Committee on Taxation,1981,2007)。规模扩大而非缩小,才一直是分治政府时代中隐形福利国家的故事。

这种模式可能会使一些了解美国税收政策的读者感到惊讶。毕竟,近些年来决定性的事件就是1986年的《税收改革法案》和2001~2003年的布什减税政策。两者都削减了边际税率,且都间接地减少了税式支出的价值。如果你的年按揭利息是5 000美元,那么个人所得税税率在35%时要比在25%时,你能获得更多的税收抵扣。虽然1986年的法案直接导致一些税式支出项目消失或减少,但大部分规定对社会政策影响甚微。这些规定还涉及商业,如废除投资税收抵免、停止各种对房地产税的减免措施等。值得注意的是,当政府官员限制消费者债务利息的税前抵扣时,却仍然保留了住房抵押贷款利息的税前扣除(Birnbaum and Murray,1988)。虽然1986年的法案的确引发了税式支出大幅度且明显地下降,但这种情况并没有长期持续。由于政府增加了新的税式支出,并扩大了现有的规定,还提高了富人的边际税率(在1990年和1993年),于是税式支出的总体金额重新开始增长。相比于20世纪70年代中期,到2000年时,税式支出占国内生产总值的份额更大了。之后,这一比例随着布什减税政策的出现而下降,但下降幅度并不大(Hungerford,2006

第五章 让税收成为政党的生命

年)。

在共和党人掌权的十几年中,税式支出的增长纪录是令人惊讶的,国会中的共和党人也转趋保守(Hacker and Pierson,2005b)。尽管他们以福利国家的敌人而著称,但共和党人一直在创造和扩大税式支出的范围。在签署以大规模"雇员退休收入保障法"(ERISA)为核心的养老金制度改革法案之前,尼克松总统坚持认为,为个人退休账户提供新的税收减免应被包括进去。在里根总统任期内,他大幅度削减福利开支、低收入者住房补贴和食品券数量,但他也公开明确地赞同勤劳所得税抵免(EITC)项目,并批准在1986年进行第一次扩张。老布什总统则明确表示反对国民医疗保险,相反,他提出了医疗保险的税收抵免政策。1994年的《共和党与美国的契约》文件,更是以个人责任为名,要求取消年轻母亲享有福利的权利的改革,迫使更多的福利妈妈去工作,并终身限制她们享受福利金的权利。但这个文件提出了一个新的500美元的儿童税收抵免计划。小布什总统紧随父亲的脚步,提出医疗保险的税收抵免计划。当税式支出的主要项目(医疗、养老金和住房)都受到攻击时——当然,这并不是一个普遍的现象——共和党人很快就为它们辩护(Howard,1997,2007)。

以上举措听上去并不像一个提倡"小政府"的政党所应有的行为。如果要了解共和党政府官员的这一怪异行为,应当将共和党选民因素考虑在内。1984年,在共和党控制白宫和参议院时,多数共和党平民百姓(rank-and-file)认为个人所得税过高,在自称是共和党人的中间,只有约三分之一的人认为,政府应尽力减少富人与穷人间的收入差距。到这里并没有啥奇怪的。但是,同样是这些共和党人,却对维持福利国家的关键部分持积极支持的态度,只有小部分人强调政府在社会保障上花了太多的钱。他们更可能会说,政府开支得太少。因为在医疗保健、教育和救助穷人方面,结果就是这样:大部分共和党人认为国家花钱太少而不是太多。[①]

是否1984年是某种程度地脱离了常轨(aberration)呢? 答案是否定的。如果将目光移到1994年,在当年共和党赢得了国会两院的控制权,其中70%

[①] 这些数字根据综合社会调查分析(General Social Survey)得出,具体可见 http://sda.berkeley.edu。

的共和党人认为所得税太高。此时对收入再分配的支持度仍然较低。但共和党在社会保障、医疗保健、教育和救助穷人等支出方面,仍然获得强有力的支持。到2004年,情况并没有太大的改变。如果一定要找出什么变化的话,那就是共和党人对社会保障和医疗保险的支持率上升了。

为了回应这种情况,共和党领导人不得不寻求一种方法,能够在减税的同时实现对社会福利项目的更大投入。税式支出看上去非常适合于实现这两个看似对立的目标。税式支出看上去能够缩减政府规模,同时又扩大政府控制的范围。此外,税式支出虽然总体上无助于减少穷人和富人之间的差距,但在多数共和党人眼中却是一件好事。因为共和党人比大多数的美国人要更为富裕(Stanley and Niemi,2008),对共和党领导人来说尤其有道理的是,用税式支出来帮助支付家庭按揭利息、与工作有关的医疗保险、退休金和慈善捐款等。这样的话,每年花费在这些项目上的数百亿美元,直接流到了共和党人自己的选民身上。

共和党人支持税式支出还有另外一个重要的原因。有很多研究都表明,共和党领导人往往比他们的支持者更偏向保守,也比中位选民更为保守。这些领导人大声抱怨目前的政府正在制造出一种"依赖文化",因而在他们中的很多人都希望福利国家往回走,以限制政府的范围(Edsall,2007;Hacker and Pierson,2005b;Skocpol,1996)。共和党领导人成功地缩减了基于收入调查而发放福利的计划,例如1996年那次就很有名。然而,共和党人同时也发现,不能直接攻击某些社会项目。如削减社会保障,将会引起美国退休人员协会(AARP)以及老年人的愤怒;削减老年医疗保险,将会加重老年人团体代表、医生和医院对政府的不满(Campbell,2003;Oberlander,2003)。有鉴于此,他们使用税法来维持现有的方案,这种做法有点像用塑料薄膜防止漏油在水面快速扩散,就是说,如果不能消除或缩减传统的社会福利开支,至少可以使其速度慢下来。

例如,在20世纪60年代末70年代初,国会批准了一系列重大的福利增加项目,社会保障项目也迅速地扩张。以参议员贾维茨(Jacob Javits)为代表的共和党人认为,为了抑制未来社会保障的需求,他们应该让私人养老金更加壮大和广泛可得。1974年,他们成功地修订了《雇员退休收入保障法案》

(ERISA),以便影响以公司为基础的养老金计划,并为个人退休账户引入新的税收减免政策。20年后,新一代共和党人批评政府在儿童保护方面花费过多,但他们并没能成功地取消这些项目。在他们看来,更好的解决方案是帮助家长留在家中抚养自己的孩子——于是,新的"儿童税收抵免"政策出台了。共和党人已经接受了勤劳所得税收抵免(EITC)计划,用来防止或至少是减缓最低工资的增长(Howard,2007)。[①] 税式支出有助于共和党领导人实现政策目标,并满足数以百万计共和党选民的要求。

一些民主党人也热情地接受了税式支出模式,但另一些人则没有那么乐意。有一些人被称为"新民主党人",他们是这个党更温和的一派,认为税式支出是一种更少官僚风气且能实现政策目标的手段。如果政府的主要工作是指导(steering)而非主导(rowing),那么使用税法去影响个人和企业的行为就是好方法。从政治上看,更大程度地依赖税式支出将有助于民主党人展现自己在税收—开支方面的良好形象,而不用放弃支持者所关心的核心问题。税式支出能够帮助民主党接触到更富裕的选民阶层,而传统的基于收入调查的社会福利项目则不能。克林顿总统是新民主党人中的最杰出代表,他试图通过建立并扩大税式支出来解决广泛的社会问题。克林顿政府和国会中的共和党人在儿童税收抵免问题上进行了合作,并使之通过。克林顿和里根都增加了勤劳所得税收抵免(EITC)的资金以及符合条件的家庭数量。民主党领导的委员会,即新民主党人的正式组织所在,在2006年发布了美国国内政策发展蓝图。在他们颁布的"美国梦倡议书"(American Dream Initiative)中,关键要点在于:对大学学费实行可退款的税收抵免(refundable tax credit);给退休养老金项目更大的税收激励;给不富裕的购房者提供途径来享受抵押贷款利息的税前扣除。[②] 作为一般通则,民主党人中的自由派更倾向于用更加直接的方式实行政府干预。不过,他们往往因为寡不敌众而有时只好将税式支出作为"唯一可接受的东西"(the only game in town)[语出来自加州的众议员皮

---

① 共和党也有动机使用税法来防止社会政策方面的重大创新。如果成千上万处于中产阶级的美国人从他们的工作场所获得医疗保险,那么就不会有太大的压力建立医疗保险制度。因此,政府必须保留雇主医疗保险方面的税收优惠。

② "美国梦倡议书"的内容见于 www.ndol.org/documents/ADI Book.pdf。

特·斯塔克(Pete Stark),引自 Howard,1997:166]。共和党人和新民主党人的结合,使得制定国民医疗保险、带薪产假和其他自由派议程变得非常困难,以至于不可能。

若用更现实主义的眼光来考察选举人的话,那会使税式支出更具吸引力。虽然长期以来民主党人跟贫困和接近贫困的人联系较多,但是这些人群在全国选举中没什么重大影响力。在 2000 年和 2004 年选举中,收入低于 30 000 美元的人占所有选民的人数不到四分之一。选民中收入超过 7.5 万美元的这部分人,属于上层中产阶级和富人,他们占了较大的比例。虽然民主党在低收入选民中做得更好,赢得了 60% 的支持率,但他们赢得的更大一部分选票实际上来自富裕人群(Stanley and Niemi,2008:表 3—5)。民主党需要白领专业人士的支持,他们也知道这一点(Judis and Teixeira,2002)。从历史上看,民主党候选人在有组织的劳工中也做得很好,并且有工会的企业通常也会提供慷慨的医疗和养老福利给工人。后来,有学者提出遏制医疗保险的税收优惠,但这一想法只得到少数民选官员的认可。克林顿医疗计划的发起者,出于尊重劳工,不得不放弃了这个想法(Hacker,1997)。于是,税式支出让民主党能够为劳动者和较富裕的专业人士——民主党的两个关键支持者——提供好处。

三、结论

有关税收议题的争论,总是具有高度党派性;尤其是对合适的税收水平而言,民主党和共和党对该问题总是争吵不休。在过去的几十年里,共和党一直不愿意支持任何形式的加税,而将减税作为自己的首要任务(布洛克,本书第四章)。乔治·布什总统在 1992 年之所以连任失败,即源于他打破了"不增新税"的承诺,这可以解释为共和党后来坚决反对增税的证据。克林顿总统的首份财政预算案,未能获得任何一个共和党众议员的赞成票,其主要原因就是提高了税收。民主党并未特别有效地论证反对减税或者增加税收的理由。他们试图通过诉诸讨论赤字,来重构有关税收的争论:更高的税收之所以是必要的,是因为这样才能够降低预算赤字(Graetz and Shapiro,2005;Pierson,1998)。但这样的说法,与"高税收为资助政府实施的重要项目所必需"这一理由是完全不同的。

两党在税收负担的分配问题上也存在冲突。2001年,布什总统提出了美国历史上最大的减税政策。虽然他声称此举有利于所有的美国人,但最大的赢家依然是富人。共和党人知道,这项议案难以获得民主党人的支持,因而决定将民主党人排除在外。"因为民主党人不提倡减税,所以共和党人利用自己在国会和白宫的领导权来控制辩论的术语和政策选择的方式,以避免破坏两党达成的协议"(Hacker and Pierson,2005:63—4)。从那以后,有很多民主党人一直在试图扭转布什总统的减税政策方向。但在最近的总统竞选活动中,候选人的争论往往持续围绕着税收政策:共和党候选人约翰·麦凯恩承诺保留布什的减税政策,而民主党候选人奥巴马则呼吁提高对富人的税收。研究者在讨论有关美国政治两极分化时(如 Hacker and Pierson,2005b),在税收政策方面的这些特点无疑提供了非常好的证据。

但是,当讨论转向税式支出时,两党就找到了共同的基础。民主党和共和党都关注既得利益群体的中等及中上等阶层的福祉。富人尽管人数少,但政治参与度高;穷人和接近贫困的人,数量虽然大,但整体政治参与程度却较低;中等和中上等阶层不仅人数多,政治参与度也高,[①]他们在大选中的支持率至关重要。民主党和共和党都试图使用税收政策帮助中间阶层负担医疗保险,支付抵押贷款以及为退休而储蓄,这些都是实实在在的利益。在某些方面,税式支出代表了两党的B计划。许多共和党人希望能够更深入而全面地减税,但不可能排除民主党人当选掌权,或者忽略共和党选民的意见。共和党人能做的,就是选择性地减少税收。对他们来说,也许有民主党领导人寻求欧洲式的福利国家,但这部分人毕竟只是少数。有时,这些民主党领导人能做到最好的,就是为部分美国人提供医疗照顾、儿童看护、住房以及诸如此类的税收补贴。

在本章一开始作者就已经指出,作者对近期税收政策的理解与弗雷德·布洛克的观点存在着一些差异,在这里,作者还想指出我们之间一个重要的相似点,以总结本章。在美国,党派政治并不是让税式支出变得如此重要的唯一

---

① 在一定条件下,双方可以使用税式支出以赢得来自不太富裕的美国人的支持。相关内容可参考1997年霍华德关于 EITC 的政治分析(Howard,1997)。

因素,利益集团(尤其是大企业利益集团)同样在其中发挥了重要的作用。通过税法,政府能够帮助补贴那些提供一部分物品和服务的私营部门。这些组织非常清楚,税收减免对于自己的商业利益具有何等重要性。因此,任何试图遏制住房领域的税式支出的人,都将很快发现自己要跟下述组织作战:全国家庭建筑商协会、房地产经纪人协会、抵押贷款银行家协会和主要的建筑行业工会。当雇主利用税收优惠为雇员购买医疗保险时,保险公司就在税式支出领域拥有了利害关系。雇主也能因此受益,因为医疗费和养老福利方面的税收减免,将帮助公司吸引和留住所需的技术工人,并能降低涨工资的需求。勤劳所得税抵免(EITC)获得了美国餐馆协会、美国酒店与汽车旅馆协会的支持,其成员雇用了大量低工资的雇员。对这些公司来说,勤劳所得税抵免(EITC)的行为就如由纳税人支付了工资补贴(Geewax,2005;Howard,1997;Pierce,2005)。

总的来看,本书第一部分中的四章说明了美国政治精英和经济精英至少从20世纪30年代开始,就集中关注美国的税收政策;在此过程中,变化较大的是普通民众的角色。相对于20世纪中叶,今天的美国民众更加关注税收,而民选官员更关心民众的想法变化(坎贝尔,本书第三章)。税收政治不再局限于富人和有权力的人,它涉及全体美国民众,特别是那些在政治上活跃的人。

第二部分
纳税人同意

第六章　要求牺牲的政治：把财政社会学的洞察力应用到艾滋病政策和国家能力研究上

埃文·S. 利伯曼（Evan S. Lieberman）

导论：来自税收国家的洞见力

熊彼特在1918年的一篇文章中有个激动人心的结论，"一个民族的精神、文化水平、社会结构以及由政策产生的行为等等，这一切都写在民族的财政史上"。这个结论，成为财政社会学庞大学术队伍的颂歌。[①] 然而，这个陈述显然是夸张的。就像翻开塔罗牌一样，即使最忠实的财政史研究者，也不能从财政制度中读懂一个国家或一个社会的全部行为或其文化内容。还有其他原因可以证明这一点是正确的，比如说，税收制度的发展在很大程度上是路径依赖的过程——即使导致这种结果的初始条件不再存在，但路径一旦形成，就会抗拒显著的变化。虽然公民对国家财政要求的支持或反对程度，很可能表明了一个国家的整体权威，但征税带来的挑战是独特的，并且独立于政府治理的其他方面。本章旨在了解财政社会学提供的洞察力在何种程度上可以提供理论和实证的指导，来解释其他国家能力的发展，而这样的国家能力要求公民相当程度地顺从和同意。

初步的证据表明，税收研究可能只为国家其他权力的崛起提供有限的解

[①] 参见 Campbell 对早期学术研究所做的卓越评述（Campbell，1993）。

释。具体地说,许多国家税收发达却做不好其他事情,反之亦然。事实上,本章比较国家税收能力和国家其他能力的发展动机,源于我自己的学术项目中似乎存在着矛盾。[①] 其中一个项目研究税收国家的兴起,主要是巴西和南非的情况(Lieberman,2001,2003);另一个项目关注政府对人类免疫缺陷病毒/获得性免疫缺陷综合症(艾滋病)的应对措施(Gauri and Lieberman,2006;Lieberman,2009)。回顾一下,我们可以在这两项研究的结果中发现一个悖论:虽然南非的税收国家远比巴西的更先进和高效,但巴西发展出在全世界都算是令人印象深刻的应对艾滋病的积极措施,而南非则因在应对艾滋病时滞缓和落后而闻名。如果一个国家的税收制度是对其国家能力和权威的良好体现,那为什么这些能力在这两个国家以如此不同的方式发展?综合这些谜题,两项研究把社会边界定为核心解释变量,强调这两个国家独特的种族异质性路径的效果。

这两个差异很大的研究带来的谜团,我用来作为探索纳税同意起源的一般基础,以解答财政社会学中更深层的大问题。我的探索分为三个部分:第一,我界定国家理论的基本类型:税收和艾滋病政策都需要公民的牺牲,这不同于许多其他类型的政策。国家动员民众做出牺牲的能力,区别于那些纯粹提供服务或给付(disbursement)的能力。第二,基于对税收国家的现有研究,我鉴别出决定民众牺牲可能性的一组因素。特别的,我关注政治团体的影响和社会认同的边界。第三,我提供一个简单的再分析(meta-analysis)[②],这个分析跟巴西和南非的征税及预防艾滋病能力的社会边界研究相关,并让我更认同那些跟决定国家发展的社会和政治因素相关的更微妙的结论。

我并不试图为现代国家的相对成功之处及其结构提供一个单一的或完整的解释。然而,正如熊彼特的设想和本书各章所表达的,财政社会学确实提供了一些基础性的洞察。例如,有一些关于国家行为性质的主要假设,显然是不

[①] 感谢 Deborah Yashar 和 Nancy Bermeo 让我有机会明确地解释这些表面上的矛盾。然而,这项研究的动机也迫使我在文本中无耻地参考自己的研究,在这里我事先表示歉意。

[②] meta-analysis 的意思是,用统计的概念与方法,去收集、整理、分析之前学者针对某个主题所做的众多实证研究,以便找出该问题或所关切的变量之间的明确关系模式。中译文有人译为"元分析",也有译为"综合分析""再分析"。本章在此处勉强选用"再分析"这一译名,以表明这一分析是在已有分析基础上的再加工。——译者注

第六章 要求牺牲的政治:把财政社会学的洞察力应用到艾滋病政策和国家能力研究上

完整的;单用强制或掠夺,不能解释在获得同意时克服搭便车和集体行动的问题;成功的国家要求公民达到较高程度的准自愿遵从(Levi 1988)。此外,不应该把公民设想为纯粹的效用最大化的自利个人,而应该把他们看作是社会群体的一员,受到基于团体竞争的社会心理动机的影响。财政社会学启示我们应该研究国家在社会关系方面的崛起,而不是构想一套类似于市场交易过程的财政关系。信息、偏好和策略等,受制于社会关系和社会分化的性质;反过来说,这些因素会影响政治哲学家们所称的"社会契约"的内容,而该契约是由国家和社会经协商而成的。

一、解开国家权威:给付和牺牲

比较政治学的学者长期追踪韦伯的议程,即尝试去理解现代国家的兴起,其中包括国家的有效性(state efficacy)问题,以及在大规模人群中散布并维持权威的成败根源问题。虽然学者们已验证过各种官僚机构功能(bureaucratic functions)和国家能力指标,但还是可以说,最有启发性的方法来自研究税收或"税收国家"的崛起。基于财政社会学家约瑟夫·熊彼特和鲁道夫·葛德雪奠定的基础,更多近期的学术研究已接受挑战来探讨以下命题:解释税收水平和结构的差异(Chaudhry,1997;Cheibub,1998;Herbst,2000;Ross,2004;Kato,2003;Brownlee,1996a;Campbell and Allen,1994;Levi,1988;Steinmo,1993;Lieberman,2003;Kasara,2007);说明逃税和避税的模式(Slemrod,1992;Lieberman,2002b;Fjeldstad,2006);探讨在联邦或实行部分分权的政体分配税收的能力(Treisman,1999;Choi,2006)。

财政社会学家强调,当一个政府能将私人资源转为公共资源,它就在自己的领土内展示出重要的权力,由此为进一步开发提供了基础。例如,在本书中,凯瑟和萨克斯(第十一章)将提出一个大问题,即非洲国家在扩大权威(以税收能力来衡量)方面相对较弱,他们为此就代理角色和控制成本建立起可检验的假说。艾因霍恩(第九章)把美国州政府征税的相对能力解释为两种制度范围的函数:民主政府和奴隶制。这些研究提出了有关政府发展的深层问题,而且由于税收政策和征税可以加以精密地测量,因此这些研究经得起社会科学的分析检验,并反映出财政社会学发展更为宽广的前景。

这些研究的见解可以扩展到什么程度？要回答这个问题，我们必须确定一个相关的理论描述，它可以包括一个更广的活动范围而不仅仅是税收。像世界银行这样的管理机构（government bureaucrats）和全球治理当局，越来越多地用服务交付（service delivery）来描述和测量国家行动的所有方面，用关键任务的完成程度来评估绩效。这种做法可能表明，征税无异于清除垃圾或交付社会保障福利。具有讽刺意味的是，一些现代税收征管机构已经开始把纳税人称作"客户"，以表明该机构是在提供"服务"。但这样的言辞，无法掩饰隐含在征税中的基本紧张状态：征税者想要汲取个体和私企的钱财，同时并不提供任何有价值的东西来交换。征税人员从事的令人不愉快的任务，就是要求人们做一些天生不想做的事情。税务机关会宣传政府能提供的好处，但在大多数情况下，这样的产品和服务完全超出了征税机构的控制范围。这是分解（disaggregating）国家权力的关键，可以具体地去想，政府政策中有很多只属于以下两种类型中的一个：给付（disbursement）和牺牲。[①]

给付是把公共资源转换为公民普遍需要的物品和服务。[②] 在大多数情况下，给付可以理解为可使用或可消费的物品，如道路、学校、水和卫生系统，或失业保险等，但它们也可以是象征性的物品或信息物品，像民族自豪感或有关教育价值的信息。它们可能是公共物品，也可能是选择性物品（selective goods）。大多数人在大部分时间都想消费这样的物品，至少他们几乎不反对它们的供应（撇开由谁掏钱的问题）。不过，这并不意味着每个人都支持提供这些物品的政策——事实上，提议中的给付方案被人抵制通常有多种原因，包括对可用资源的顾虑和优先权问题。在其他情况相同下，公民和组织的利益很可能会促使政府提供自己评价最高的给付。给付政策主要涉及政府给予、支出或给公民某种能力（enabling citizens），还涉及我们希望政府在无预算约束的情况下提供越来越多这样的给付。当国家机构按计划执行这些任务时，它们的工作受到普遍地赞赏。虽然对于给付的竞争可能会成为政治生活的中

[①] 这远不是一个穷尽一切的分类。例如，政府的很多政策涉及政策制定和冲突解决的程序问题。这里的目标只是简单地把牺牲政策和其他明显不同的政策区分开来。

[②] 当然，有一些公民在特定情况下会反对提供这些商品，如在住所旁边修一条干道，或是道路穿过自己的住所等，但即使是这样，公民通常也不会反对修路。

第六章　要求牺牲的政治:把财政社会学的洞察力应用到艾滋病政策和国家能力研究上

心,但国家提供这些物品的能力——基于可用财力不变的前提——并不说明国家对公民行使的权威或权力的性质。

相比之下,牺牲(sacrifices)是力图把私人资源转换成公共资源的政策和做法。最值得注意的是,这是通过纳税来完成的。学者们对国家征税能力的兴趣,被一个关于人类行为的先验假设或隐或显地激起——在通常情况下,若没有直接收益回报的保证,个人不可能放弃收入和财富的重要部分。然而,税收具有法律的强制性,要求无偿给国家纳税(World Bank,1988:79)。此外,从新资源的收集到用这些资源来回报公众,经常存在很长的时间滞后,这就需要相关的公民基本信任国家会明智地且按承诺使用资源(井手英策、施泰因莫,本书第七章)。为什么所有的公民或公民组织都会同意纳税呢?事实上,对税收的态度在时间和空间上有很大差异:在一些政体中,获取收入者将他们年收入的整整一半缴给国家却极少抗议;而在其他地方,人们却为此发动反抗;其他还有一些人直接忽视了国家的需求,或者他们压根儿完全不知道纳税义务。

尽管税收是最为持久的要求牺牲的形式,但它不是唯一的形式。其他的例子有征兵(conscription)和募兵(recruitment)(Levi,1997),以及为了公共慈善而实施约束私人或改变私人行为的政策,如减少吸烟、限速驾驶、抑制与竞争者合谋(反垄断法)。这些可能具有直接的经济性质/财政性质,或者具有行为性质/管制性质。要求牺牲的政策可能会涉及文化的改变,如学习一门新的语言,或揭示令人尴尬的事实(因为在某种意义上这些行为被认定为会造成公共危害)。为了获得私人信息,国家就可能要牺牲个人隐私、自由或自主权。在其他因素不变的前提下,几乎没有人一开始在本质上就期望牺牲,并且国家领导人也在努力避免去强制实行(imposition)。尽管如此,个人仍可能被要求去牺牲;或者他们由信念支持去牺牲,而这种信念源自他们对财政平衡的必要性的理解。父母也许愿意送他们的孩子去参加战争——可能是做出所谓的终极牺牲——但想必是因为他们相信战争是正义的。公民也许会自愿学习占主导地位的语言,因为他们相信这将提供长期的机会,但短期的遵从负担(burdens of conformity)显然是牺牲的一种形式。

牺牲可能让人联想到成本和收益分派,但我避免用这些术语,因为它们意

129

味着短期的和个人的、以消费为基础的市场逻辑,而在公共政策层面上这样的逻辑一般并不成立。牺牲的痛苦之处是显而易见的,远在任何好处(benefits)被察觉之前;因为许多好处都是公共物品,甚至是那些没有做出牺牲的人也可以消费政府提供的公共物品。结果,不同于市场交换的逻辑是,在开始要求牺牲时就已存在着合作与集体行动的问题。在一个新的重要需求确实存在的社会,当开始要制定需公民牺牲的政策时,政治上就要得到社会中的很多人或政治精英的信任;并且,在这个社会还有一个道德的或规范的义务,即作为一个共同体的成员要做出贡献或要根据自身地位做事。这就是为什么最具启迪作用的分析时期,是在政策的制定和初步实施阶段,在这个阶段,政策对个体和社会的长期影响的信息仍然是不确定的。我并不是说交付(delivery)阶段是无关紧要的;在国家建设的后期阶段,提供物品和服务的程度和质量,可能会影响政策的制定和得到遵从的轨迹。此外,国家的监管和强制权力可能对遵从水平有很大的影响。然而,在关键的早期阶段,国家领导人试图建立新的官僚机构(functions)时,就需要相当程度的社会同意,因为这样他们才可以合法地提出这样的要求。[①]

二、作为不同牺牲类型的艾滋病政策和税收

通常,艾滋病政策和税收不会被人们直接认为是相似类型的政策。前者一般是公认的适合在卫生政策领域内的政策,后者则是财政领域内的经济性政策。税收早已经成为现代国家的核心,而艾滋病政策只是20世纪80年代初才开始显现的一个应对疫情的新发明。税收产生的收入可以很容易地用于各种目的,而与艾滋病相关的可替代政策(fungibility)仅存在于这个特定疾病之外非常狭窄的公共卫生领域。[②] 然而,作为国家和社会关系的基础,艾滋病政策和税收政策的重要的相似之处在于,它们的核心都涉及对牺牲的重要需

[①] 利瓦伊(Levi,1988)引入了"'准自愿'遵从"("quasi-voluntary"compliance)这个关键的概念,确定国家对公民遵从的要求不仅仅出于强制的威胁。我把这个概念更一般化地扩展为"同意(consent)",来描述公民对要求牺牲的政策的接受。

[②] 我很感谢本书编辑和匿名审稿者提醒的这一点。然而,在一般的国家-社会关系模式下,艾滋病政策的最终效果仍有待观察。在公民积极遵守政策程序的地方,国家可能会获取新的信息和资源以影响计划生育和性行为,以及新的渠道了解公民的健康和患病率的个人信息。

第六章　要求牺牲的政治：把财政社会学的洞察力应用到艾滋病政策和国家能力研究上

求。至少在部分程度上，两个政策都力图提供某些类型的公共物品（在这个意义上，公共卫生政策旨在抑制传染病的传播，完全不同于那些需要付钱来治疗特定疾病的政策，例如心脏病）。识别艾滋病政策与税收政策两者在政治挑战上的相似之处，可以阐明这些重要的能力在不同国家之间怎么不同以及为什么如此不同。关于政策的重大决策，很少会是一些"纯"[①]科学或纯技术判断的结果，而是一个政治问题并需要政治的解释。正如本书第一章所陈述的以及本书整体重申的，制定和实施这些政策的程度，在很大程度上取决于更深层的社会结构条件。

虽然下面的假设很吸引人，即每个人都想要积极的艾滋病政策来保护自己以免受致命传染病的侵害，但有广泛的例子表明国家和社会对此类政策存在着抵制，这样的现象需要进一步的解释。事实上，大多数的艾滋病政策可以被轻易地理解为要求重大的牺牲（见表 6-1）。由于 HIV 病毒传播的主要方式是性接触，政府艾滋病政策要求的主要牺牲就是，接受在该领域内改变行为的新信息和众多告诫，包括公共的性教育活动、使用避孕套、讨论禁欲和减少伴侣等。在社会空间中，这样的要求是令人心烦的，因为他们影响社会成员在性行为方面的做法，而这些成员对此宁愿保持完全的私密。而且，坦白地说，安全的性活动通常意味着数量更少或乐趣更少的性活动。

艾滋病政策也涉及要求公民进行血液测试，并监测他们的流行病知识和性行为，而这往往被看作是一个滋扰或潜在的尴尬行为，并且相当可怕。艾滋病政策已经包括对分娩过程的直接干预，包括强制要求额外的血液化验，对 HIV 阳性的孕妇进行药物治疗，并要求对他们的婴儿实行剖宫产以防止病毒传播，或要求他们限制母乳喂养。[②] 除非这些预防措施对所有人一致且集体实行，不然执行这些措施的人就很容易被人认为是 HIV 阳性的。这样的话，执行预防措施的人，就可能被邻居和家人嫌弃。如此一来，让人同意这样的政策，障碍就很大。在社会上要有普遍的共识，那就是这些政策的执行全部得到保证；社会上也有强烈的共识，那就是这些政策一旦实施，大多数人都会遵守。

[①] 参见 Epstein 于 1996 年在美国把艾滋病政策描述为"不纯的科学"(Epstein,1996)。
[②] 然而，最近新的科学证据表明，单独的母乳喂养可以减少 HIV 传播的机会，效果比配方喂养与母乳喂养组合的方式要好。

许多跟艾滋病相关的政策在启动时,核心都在暗示人们,私人行为在自己以及其他人的健康和幸福方面会有显著的后果。在公共卫生理念尚未制度化的地方,这一认识若能实现就具有转型的性质。即使是艾滋病的治疗政策,也要求文化的转型,即社会成员必须愿意接受测试,并接受与传统其他治疗形式形成鲜明对比的认识:病毒感染的现代科学理念,抗逆转病毒药物的潜在疗效。具体如表6—1所示。

表6—1　　　理解作为牺牲形式的税收和艾滋病政策的初创

	建立税收能力	建立治理艾滋病的能力
牺牲 (物质的,精神的)	放弃个人收入、财富	改变、克制愉快的性活动,改变分娩、喂养的方式,接受关于性、药物使用、疾病的细菌理论等令人不舒服的公开讨论
额外的牺牲 (自由、隐私)	把经济活动中的私人信息传递给国家	传递个人行为的私密信息给国家
强制可能性及其限度	因拒绝纳税而被罚款或监禁(但难以执行)	限制活动、强制化验 (但可能被抵制也可能无效)
潜在的搭便车/集体行动问题	若其他人都缴税,那有人就可以受益于国家的支出而不用做出牺牲	如果其他人都改变行为,有人就可以受益于被降低的感染风险和对经济的冲击而不用作出牺牲
因牺牲而获得的个人补偿	没有(除了遵守法律的好处)	个人防护、个人治疗(但必须接受问题的性质,并且可能被所采取的行动污名化)

作为自身能力发展过程的一部分,国家需要公民大量的信息。在征税的情况下,国家需要的信息涉及财产量、财富值和资金流(financial flows);在艾滋病的情况下,他们需要的信息涉及社会的感染发病率,以及行为的流行情况、什么样社会结构影响进一步传播的可能性等。这两组信息都需要国家密切监控社会中的人,而社会成员可能不相信国家会为公民的利益而使用这些信息。

在很大程度上,无论是征税还是防治艾滋病,国家能力的最初发展依赖于有意愿或自愿接受并遵从国家所要求的牺牲。再者,我认为,探讨公民对此类政府政策的遵从倾向,不可以依赖于消费者的供求逻辑。我们可以在服务得

第六章　要求牺牲的政治:把财政社会学的洞察力应用到艾滋病政策和国家能力研究上

好的或被认为好的政府那里,找到大量顺从的纳税人①;或者在艾滋病防治服务成功的地方,我们可以发现那里的人积极、公开地强调艾滋病的威胁。这样的事实只不过是对深度社会过程所致结果的一个"在此之后"(post hoc)的观察;可在国家行动之前或者遵从的好处能看到之前,这样的社会过程就已对牺牲有需要。

遵从的相反一面是反抗。国家在主张自己的权威时,若没有遭到大规模的反抗,就更有可能发展出强大的能力。通常,这种反抗甚至不用通过选民来表达,因为领导者可以根据自己对社会和政治动态的了解来计算可能的反抗。只有在相信所要求的牺牲具有潜在的好处或者有道德的理由时,公民才会接受这一要求。如果他们相信自己以及所关心的人不可能遭遇这样的灾难,他们就会怨恨和抵制这种牺牲要求。如果人们认为危险是他人故意的和可避免的行为引发的,并非随机产生的,那他们会特别地愤恨。如果他们不相信资源会按预期去使用,那他们也会反抗牺牲的要求(Levi,1988,1997;Braithwaite and Levi,1998)。

当然,公民对国家要求的遵从意愿不是国家效能的唯一决定因素,因为根据定义,国家持有强制的工具(coercive apparatus)。暴力或暴力威胁、监禁,虽然经常是获得遵从的有效工具,是权力的中心支柱(Weber,1968),但强制的代价毕竟是高昂的;在征税的情况下,国家可能会被自我击败(self-defeating)(Levi,1988:50;Sheffrin and Triest,1992;Kinsey,1992)。在艾滋病防治领域,随着大多数国际机构推荐非强制性措施,强制就作为防治艾滋病的工具被渐渐抛弃。隔离(quarantine)作为一种强制形式,仍继续用于解决某些现代公共卫生问题(如严重急性呼吸综合征 SARS),但对于艾滋病,它已被认为是不实用的,特别是因为大多数人直到他们感染七年到十年后才表现出症状。国际共识越来越认为,隔离会侵犯人权,而且是无效地防治艾滋病的政策策

---

① 参见利伯曼(Lieberman,2002b)在南非的研究。该研究显示,在南非,当一个人对其他种族群体的态度被纳入统计模型时,个体层面对服务的满意度与对税收遵从倾向之间的正相关关系就会消失。

略。① 尽管如此,一些强制性措施仍普遍存在,包括进出国境的强制性检测,以及惩罚那些故意通过性接触让他人处于高感染风险的行为。

因此,税收和艾滋病政策承诺的都是不确定的未来利益,即如果人们普遍地合作和遵从的话,集体福利将会改善。然而,两者有重要的差异:例如,个人进行安全的性行为可能避免感染、HIV阳性的人开始药物治疗,可能是用自己的行动来享受生活质量的明显改善;这跟个体纳税人情况不同,个体纳税人即使合作和遵从政策,自己也没有立刻获得对应的回报。逃税公民也许可以通过其他纳税者的纳税行为而得到搭便车的好处,但HIV阳性个体并不能因其他人检测和吃药来获得搭便车的利益。然而,HIV阴性者可以通过其他人的防护性策略而享有一个潜在的搭便车机会,那就是不用改变自己的行为就能享有免于感染的大环境。更一般地说,让公民遵循这种逻辑并支持(而不是抵抗)政府侵入他们的私生活之前,需要他们愿意接受目前对艾滋病威胁的基本描述(narrative)。在这个意义上,它类似于过去让民众相信的,战争或重大安全的威胁迫在眉睫。事实上,如费尔德曼和斯莱姆罗德在第八章证明的,战争确实有助于增加部分公民的牺牲意愿,也有助于克服税收带来的搭便车问题。② 更普遍地说,国家需要一个合理的说辞来要求牺牲,无论是要求接受大规模的艾滋病防治运动还是纳税。

三、牺牲决定因素的理论化:边界的角色

如何解释牺牲的模式?正如我所说的,如果政府实施强有力的艾滋病防治项目,其政治挑战类似于征税——尽管差别较大——那么有很好的理由可以相信,类似的因素会跨时空地影响国家能力的发展。有几个因素可能起作用,包括国际的趋势和影响,③ 以及一个国家在某时刻可用资源的特别组合。有一个居于中心的设想是,当公民感知到强烈的责任感和爱国主义情感时,他

---

① 在古巴的隔离项目就是一个明显的有关人权/艾滋病范式的例外。那个项目启动于早期的流行病,古巴现在是西半球中HIV感染率最低的国家。为了回应国际社会的谴责,古巴政府停止了这一项目,但古巴仍然拥有非常活跃的和有效的艾滋病防治能力。

② 参见 Kiser and Linton 2001。

③ 至于艾滋病,这一点是明显的,但在税收方面也一直有全球的趋势,包括20世纪一二十年代所得税的广泛引进和20世纪八九十年代增值税在多国的扩散。

第六章 要求牺牲的政治:把财政社会学的洞察力应用到艾滋病政策和国家能力研究上

们更有可能支持牺牲的要求(Scholz and Pinney,1995;Levi,1997)。国家能力的主要扩张往往在突发危机之后,它激发了对牺牲的需求。当然,这一论点的经典陈述,是蒂利(Tilly,1975,1992)的"战争造就国家"概念,费尔德曼和斯莱姆罗德在第八章跨国分析税收时,对这个概念进行了实证的研究。

然而,对威胁程度的阐释几乎从来都不清晰,包括相关的战争和牺牲的适当水平,这表明我们应该探讨集体恐惧和集体关心的基础。甚至战争——当代的"反恐战争"就是明显的例子——也是对风险进行政治操作而创造出来的社会构造物(social construction)(Lustick,2006)。

虽然在很大程度上被政治学家所忽视,但来自其他领域的学者(包括社会学家、人类学家和心理学家)已经走了很长一段路,证明对风险的感知以及随之国家强制牺牲的谈判权力,是被社会建构出来的——是客观因素及其被政治舞台转化后的产物。在数十年里写就的一系列文章中,玛丽·道格拉斯(Mary Douglas)发现,公众对风险的理解不同于专家。她认为,有一个谬论说,公众对风险的感知是那个社会中个体面对危险时实际感受的纯粹聚合物(Douglas,1992:11,40)。心理学家采用了一系列实验和调查的方法,已经得到了类似的结论——尽管危险可能是真实的,但风险是一个更为复杂的社会政治构造物(Slovic,1999;Slovic et al.,2004)。除了理性地计算风险之外,人类很可能使用情感直觉(heuristics of affect)来对各种可能的风险做出快速的决定。情绪和情感对风险感知发展的关键影响,是让它易受政治的操纵(Slovic et al.,2004)。在社会和政治体中具有影响力的成员,可能会进行下面的讨论:同样客观的危险是小还是大,是集中还是分散,是由自然的随机行为引起还是由特定的行动者故意的或不道德的行为引起。面对同样的事实,两个不同的行动者可能以完全不同的方式描述他们对问题的理解,并采取不同的行动。

那么是什么塑造了他们对危险或风险的感知并因此被诱导接受牺牲的观念呢?在研究税收政治之前(Lieberman,2001,2003),我发展了一套理论命题,我称它为"认同和牺牲模型"(model of identity and sacrifice)。该模型的主要目的,是为解释国家征税能力的差异。最近,当我试图理解政府针对艾滋病而采取的进攻性(aggressiveness)模式之间的差异时,我把这种模型拓展到研究政府要求的其他牺牲形式。在两组研究中我都发现,公民接受牺牲的意愿(它反过来允许中央政府施加其权威),在很大程度上取决于社会边界的建构(Lamont and Molnar,2002;Tilly,2005:7—9)。米格代尔(Migdal,2004:5)强调,边界的存在"意味着在某一点有一种东西变成了另外一种东西……在那一点上'我们'结束和'他们'开始"。在这个意义上,群体性(groupness)取决于正式和非正式规则的存在,有助于辨别是否成员,提供了关于谁在内谁出局的准则。可以肯定,这种集体认同的感情是可塑的,可能是被突发危机塑造的(它激起对牺牲的初始呼唤),但先前存在的边界体系仍可能造成把客观的危险解释成是重大风险或者不是。

在对税收的早期研究中,我强调在以高度沙文主义为特征的种族多元化社会里"排斥"所发挥的作用(effects of exclusion)。一个最接近的外团体(out-group)的排斥,帮助促进了内团体(in-group)的凝聚力,并且有助于内团体的成员把他们的命运看作是集体结合(collectively pooled),反过来,国家发现向内团体的公民征税更容易。特别是在发展一项新的国家能力的早期阶段,与掠夺理论相反,国家领导人不可能强求他们的政治对手做出不成比例的牺牲,因为他们最有可能发动抵抗。相反,在危机时期,特别是在国家形成的早期阶段,他们最有可能对自己的支持者提出要求;这是因为,他们向自己的支持者也许能传达有关共享的道德义务和集体命运的可信信息。

基于这种比较有限的应用,以及来自其他强调公民边界和国家权力之间关系的学术研究(Bendix,1964;Herbst,2000;Tilly,2005),我们有理由做以下的假设:在一个政体内,社会身份结构对于公民如何评估所要求的牺牲,一般来说是很重要的。[1] 人们往往缺乏自己个人风险档案(profiles)中的有效信息,并且很可能会寻求有关新威胁和新政策的信息,也会寻求跟组织成员有关的恰当信念与公民行为。[2] 在这个意义上,内部社会关系(intra-societal rela-

---

[1] 一些重要的文献确定了种族异质性与公共产品供给之间的负相关关系,包括 Easterly 和 Levine(Easterly and Levine 1997)、Alesina 等人(Alesina et al. 1999)、Posner(Posner 2004)。然而,在这些作品中设定的机制一般应用于花费上,它假定不同的族群对特定商品有不同的偏好。至于牺牲,所有的群体都可能对政策有内在的厌恶,因此需要有一个更好的相关理论来进行解释。

[2] Scholz 和 Pinney(Scholz and Pinney 1995:291)提到了"责任直觉(duty heuristic)",它在少量信息环境中尤为重要。

第六章 要求牺牲的政治:把财政社会学的洞察力应用到艾滋病政策和国家能力研究上

tions)的性质,对要求牺牲的国家能力来说是关键。简言之,集体认同越强,内部界限越弱,公民就越可能牺牲,只要牺牲的收益能够可靠地限制在群体内部。如果很容易就能察觉到"我们的"利益时,公民就更愿意做出牺牲。这与消费行为模式截然不同,因为所有人的成本和收益是合在一起的,并且集体行动问题是通过一种群体成员的道德义务感来解决的。社会心理学家们一直发现,在内群体/外群体明显区分时,群体成员将寻找方法来提高他们群体相对于其他群体的位置和地位(Tajfel and Turner,1986;Brown,2000)。

在艾滋病政策的案例中,社会身份的边界影响国家能力发展的方式有相似之处,也有一些重要的区别。在即将到来的疫情面前,若社会不以群体的风险差异性来明确划分,那么公民应该会更愿意接受牺牲的要求。就是说,在同质的社会中,或者在一个虽然是异质社会但界限非常薄弱或者有可渗透性,我们期待公民应该更愿意接受国家提出来的政策。在这种情况下,一个社会内所报告的传染病,有可能会被理解为对我们所有人都有潜在威胁,这时官方要求新的牺牲(包括确认私人行为的公共卫生后果),就有可能被认为是可信任的。在另一种情况下,如果一个社会被分成内部具有很强的边界,那么每一个公民群体就可能不再强调自己群体中的问题:在传染病低流行的群体内,他们可能更倾向于通过群体内通婚来使自己免于感染;在传染病高流行的群体内,他们也不太可能动员起来应对风险,因为若强调问题存在,就可能被当作给自己的团体带来了耻辱。[1] 强烈的民族界限(特别是这些界限把社会分成多个群体时)为精英和公民反抗艾滋病政策提供了动力,即便跟艾滋病相关的发病率和死亡率水平上升且来自国际社会的外部的压力不断加大,为接受牺牲带来激励也是如此。

中央政府试图在种族界限强大且多样的背景下对艾滋病采取行动,这可能会激发种族政治冲突。如果政府选择调整自己的信息和政策,以应对高风险族群——相当于有针对性的税收(targeted tax)——他们可能会被视为在污蔑那些族群,使之前所描述的抵制类型产生。如果他们选择普遍的而非有针对性的要求,那他们可能会因为粗心大意、对群体间差异不敏感和在低风险

---

[1] 有一篇(Cohen,1999)研究有关非洲裔美国人对艾滋病的反应的文章,与此相似。

群体不必要地浪费资源等等而面临指责。在任一情况下,行动的成本都可能会高于那些社会界限不是特别重要的国家。

可以肯定的是,有很多其他因素也会影响征税和防治艾滋病能力的发展。例如,学者们已经证明,发达民主国家中的政治机构(Steinmo,1993;Steinmo and Tolbert,1998)、资产流动性(Bates and Lien,1985)和政治地理学(Herbst,2000),以不同的方式影响了财政史。虽然对艾滋病防治能力发展的研究不太发达,但我们有理由相信,公共卫生机构的质量、周边国家的流行病规模以及其他社会和政治因素,影响了国家及社会的反应。对征税和防治艾滋病这两组能力来说,国内资源和国际压力都是决定能力的重要因素。

四、决定巴西和南非税收政策与艾滋病政策的因素

基于前面章节中阐明的两个中心要点——税收政策和艾滋病政策都属于基本的牺牲问题,以及二者都受到了社会边界和政治共同体相关概念组合的很大影响——按理说,我们会观察到,征税能力和政府应对艾滋病这二者表现出性质上的相似。可事实上并非总是如此,解释这样的能力偏离为什么发生,将有助于进一步完善我们对下述问题的理解:究竟哪些因素决定了国家号召牺牲的能力,特别是社会界限对该结果到底有什么影响?群体边界政治的一般逻辑(在其中群体试图促进自己跟其他相关群体之间的团结和尊重),应该是跨政策领域成立的。然而,在所谓弱的或强的能力发展过程中,这种逻辑的效果是经由理解特定的历史和政策环境中的突发危机而产生的。

在这最后一部分,我将提供一个简短的再分析,以研究在巴西和南非决定这些能力的因素。虽然每个研究的结果都表明,边界的力量决定了基本的社会过程和政策结果,合在一起挑战了以下一般理论结论的稳定性:民族或社会多样性对国家的发展或公共物品的整体提供具有消极的影响。[①] 宏大规模的理论必须用中等范围的命题进行校准,以便发展出有关政治和社会的精确模型。

首先要说的是,指明以下这点是有用的:对这两个国家的比较分析是特别

---

① 如 Easterly and Levine(1997)所声明的那样。

第六章 要求牺牲的政治:把财政社会学的洞察力应用到艾滋病政策和国家能力研究上

有启发的,因为他们具有分析上的相似性,包括经济发展的时机和模式,民族和种族的高度多样性(大量的非洲裔人口与几个不同的欧洲移民群体结合),在各自区域里类似的地缘战略位置等。基于人均收入和各种人类发展指标(包括衡量不平等程度的标准),这两个国家非常相似(World Bank,2006b)。巴西在20世纪80年代中期,南非在20世纪90年代早期,都完成了从专制向民主的转型,并成为第三波民主浪潮的一部分。所有这些相似性都有助于形成之前的预期,即两国国家权威的范围和质量将或多或少地相似。

然而,如果有人接受财政社会学的结论,即一个国家的财政史是其更为基本的历史中极为重要的组成,那么这样的对比就会产生一个特定的悖论:在20世纪,南非发展成一个极为累进和高效的税收国家,而巴西发展出来的是一个非常累退和低效率的税收国家;可另一方面,在20世纪后期,巴西发展成为世界上应对艾滋病最显著和积极的国家之一,而在艾滋病流行的大部分历史时期,南非在政策应对方面都处于最落后之列。

在这两项研究中,作者发现决定这一结果的关键因素是,种族问题在这两个国家以非常不同的方式分别加以处理(见图6—1),而不同的方式导致了社会边界的不同类型。

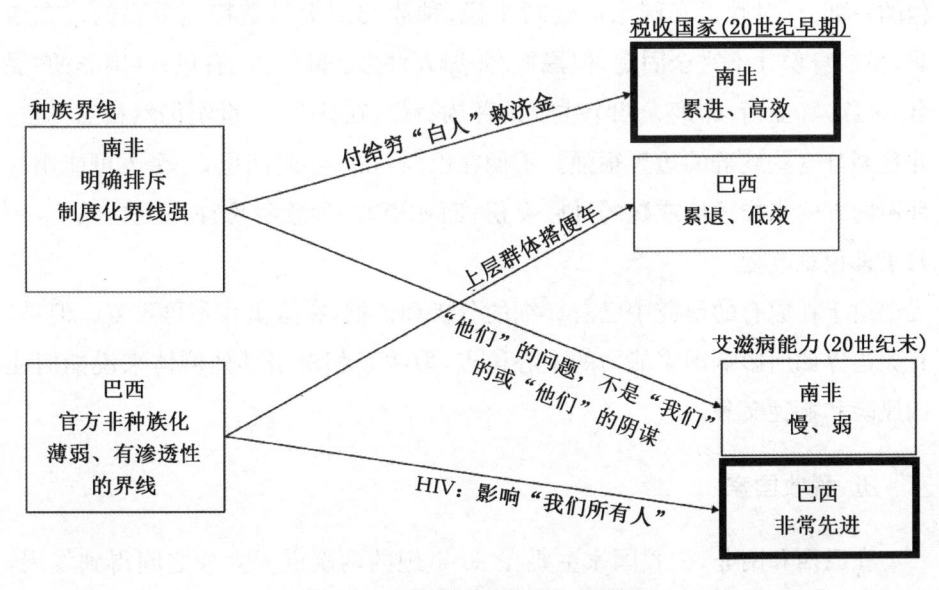

图6—1 界线对国家能力的影响

在巴西的例子中，自19世纪末基于种族的奴隶制结束后，政府选择在新共和国的发展中抵制任何种族歧视的公民身份法，并特别体现在1891年的宪法中。在接下来的数代，政府努力减少甚至立法禁止种族歧视或类似法律。事实上，政府和社会政治领袖不停地通过一种"白人化"(whitening)的策略，促进跨种族界线的婚姻和性接触(Skidmore 1995)。尽管肤色仍然与收入和社会地位密切相关，而且在20世纪的巴西仍一直存在着可见的种族主义形式，但是种族确实已经不是该国明显的社会或政治组织的重要基础——跟在南非(或美国)发现的肯定不在一个数量级。在巴西，种族界限已经非常虚弱且具有可渗透性，为此已有几十种不同的标签用来形容巴西人(Turra and Venturi, 1995; Telles, 2004)，而且根据不同的环境，巴西人分别用非常不同的方式来描述自己的种族身份。

相比之下，在布尔战争后形成的南非新共和国中，种族成为公民身份的基础，并成为该国1909年宪法法律的基础。于是，根据种族线，有一系列严厉的行为和做法来限制选举权、任免权、财产所有权、运动权和性接触。当然，国内和国际对种族隔离的挑战，使该制度被废除，并于1994年第一次实行了多种族的选举，进而出现新政策和新做法来整合国家。然而，作为纠正过去一般进程的一部分，对政治和国家的运行来说，种族类别仍然是特别重要的。在南非，虽然身份并不完全固定，但黑人/非洲人、白人/欧洲人、有色人(南非的"混合"种族)和亚裔/印度人四个主要的种族身份，在整个20世纪仍然相当一致，并且划分这些族群的边界很强。不像在巴西，在一年时间里，一个人可能用几种不同方式来描述他或她的种族身份；而在南非，种族身份往往更具黏性，一辈子都很难改变。

由于在原有的研究中已有详细的分析和证据，在这里我不再重复。但是，有关边界如何影响国家能力的中心论点，取决于相对于其他群体来说如何建构风险和牺牲义务。

五、税收国家

在巴西和南非，税收国家主要在20世纪的两次世界大战之间得到发展，在这两个国家发展出来的税收结构是制定和实施累进所得税相对能力的

第六章　要求牺牲的政治:把财政社会学的洞察力应用到艾滋病政策和国家能力研究上

函数。

在南非,虽然以前的种族排斥是以语言和阶级界线划分的,但它通过精心设计让不同的白人认为彼此拥有共享的命运,特别是让富有的白人认识到改善贫穷白人的状况具有道德的和战略的义务,因为这么做可以让自己集体性地区别于本土人或黑人群体。因此,在新的所得税的外部压力下(特别是在两次世界大战期间),上层阶级接受了高税率,他们缴税时心甘情愿,于是国家通过直接税形式获得了很大份额的税收收入。这样的能力一旦发展起来,国家甚至可以用它把越来越多的资源再分配给黑人。尤其在1994年多民族选举以后,白人纳税人已经陷入"税收之网",他们极少有能力逃避税而不被轻易地侦测到。可见,准自愿牺牲的早期模式,对未来具有深远的影响。①

巴西在相似的国家建设阶段时,并不存在一个能把社会最富有的阶层粘在一起形成强大集体的凝聚力(例如,一个群体可能是基于集体种族沙文主义,而另一个基于其他原因),也没有力量能将富人跟那些获益于富人税收牺牲的人团结在一起。在20世纪初,他们特别地以州(estado)和区域划线,这样做不容易识别出任何让人信服的理由去从事集体行动或向下再分配。虽然国家也试图筹集大笔所得税,但严重的搭便车问题出现,而且富裕的巴西人通过挑战新政策思路、预防和规避实施税法等手段来抵制国家征税。为了提高税收收入,国家被迫求助于较为隐蔽的和更为累退的税收工具。

六、防治艾滋病的能力

早期国家构建时期形成结构的种族政治差异,也可从防治艾滋病政策的案例看出其重要性。到了20世纪80年代,当艾滋病的流行得到确认时,这些国家所建立起来的社会边界机制也经历了半个世纪的演变。白人主导的种族隔离模式在南非开始衰弱(crumbling),南非也成为一个种族分裂的社会和政治体。若单一领土范围内存在着多种族群体,却纯粹以种族为基础来建立公

---

① 需要交代,作者主张的是,被纳入制度的白人至上主义对白人公民纳税遵从有积极的影响,因为国家的建立是把公民身份仅限于白人。在本书中,Einhorn发现美国南部的税收能力很弱,那里白人至上也被制度化了,但在这种情况下,她发现南部精英担心民主国家的发展将导致奴隶制的消亡。这就强化了较为普遍的观点,即同意和准自愿遵从要求把国家看作为了某个社会群体利益而斗争。

141

民权,那国际社会对此也不再容忍。在巴西,虽然种族基础上的不平等和歧视持续到20世纪的最后几十年,但国家的语言统一实际上是完整的,并且种族有长期的混合记录。这些发展对艾滋病政治具有重要性,因为艾滋病是一种主要通过性接触传播的传染病。

在南非,艾滋病的第一个病例发现于相对富裕的白人男同性恋者。由于种族边界的力量在南非已经有所发展,因此此时许多南非黑人把这种流行病看作是一个"白人"的问题。另一方面,20世纪90年代疫情在黑人之间爆发时,白人把它看作是一个"黑人"的问题,并以艾滋病作为进一步保护自己免受密切接触的理由,从而为维护分离的公共设施和献血措施做辩护。在整个流行病的历史中,公共卫生统计总是分种族团体报告,这就削弱了把艾滋病作为一个真正的全国性现象(而不是不同种族群体有不同经历)来思考的可能性。

即使感染率达到了两位数,黑人政治领袖——包括国家总统纳尔逊·曼德和塔博·姆贝基——在其选区内也避免积极地要求做出行为的改变,他们担心这将让自己群体的集体声誉受损,例如不道德、不纯洁等。早期的阴谋论包括口号"艾滋病是白人的发明,目的是剥夺我们的性",在后来的否认主义立场又找到了一个生存之处,即宣扬HIV病毒没有真正引起艾滋病,或者那种非洲治疗措施可能和西医一样有效等。尽管在很长一段时间内,艾滋病的危险在南非已经非常明显,但在部分政治精英中对风险进行的动员一直非常低,因为他们用种族边界政治的视角来理解科学的和医学的报告。有实质性的调查证据表明,公民也没有察觉或表达出对巨大风险存在的认识。与风险有一定的隔离又不愿被视为受感染群体,这样的原因可用来解释为什么有人抵制在艾滋病领域的牺牲要求,而这将使此种重要的国家能力发展极为缓慢。

在巴西,种族划分并未达到南非这样与社会或政治相关的程度,国家也一直不愿收集和传播有关种族的信息,因此疾病暴发后的第一份报告就让它成为一个真正全国性的问题。特别是在前二十年,没有人认为这个问题是一个"白人的"或"黑人"的流行病,因为种族身份往往是流动的,巴西人也连续出现

第六章 要求牺牲的政治:把财政社会学的洞察力应用到艾滋病政策和国家能力研究上

高比例的联姻。一个白人可能被感染的事实,巴西[①]的"黑人"同样感到可怕,反之亦然。这是因为,在巴西,亲密接触的模式是多种族的,病毒由此传播。因此,当政治活动家和积极的公共卫生专家动员起来并迫使中央政府来应对流行病——就像类似的行动者们在南非做的——的时候,风险是真实的且共有的,而且这样的想法未受到种族边界的阻隔。若有人声称病毒是由一个或多个群体不道德的行为引起的,或者说某些地区是安全的,那这样的政治观点并不会让他得分,所以公民相对更愿意接受由检验带来的牺牲,也愿意改变行为。因为影响的是"我们所有人",所以得艾滋病的耻辱感可以减轻,防治艾滋病的能力就可以得到提高。

七、讨论

至此,以上两组比较分析可以显示,基于可预期的公民牺牲水平,种族边界政治有助于解释国家能力发展的差异。当问题影响到"我们",或者相关的牺牲对"我们"有利时,这样的感觉可以带来更大的牺牲并使国家发展出更强的能力。但在另一方面,国家有可能不能做到或者在政治上不愿要求做出牺牲。然而,再分析(meta-analysis)显示,现代国家发展有一些重要的、细微差别。

首先,时机很要紧。巴西和南非的现代税收国家结构,主要形成于两次世界大战之间,然而对艾滋病的应对措施却出现于20世纪的最后25年。如果南非或者巴西的税收国家在20世纪90年代重新发展,我们很可能会看到这两个国家有截然不同的结果。尤其是在南非,很难想象,一旦白人不再团结,他们仍然会有相同的意愿做出巨大的金钱牺牲;而且,白人也无法组织起来为自己的集体利益而去使用国家的资源。

其次,特定的国家能力发展的强弱,依赖于为此能力而遭受牺牲的相关人口的意愿。比如,南非国家的征收能力在只关系到一部分人口(即白人)的基础上,得到了很好的发展。在历史上对黑人的征税一直很少,原因有很多,包括黑人因不公平对待而群起抵制税收。然而,用财政学的术语来说,由于收入

[①] 这些都不在巴西种族话语的具体条款中,只是为了分析的目的而在这里使用。

和财富都大量集中在白人手中,这就意味着成功征税的税基已大部分被税收涵盖。具有讽刺意味的是,由于前几代建立起来的税收管理体制,黑人政府就任后发现,对白人征税比对黑人征税更容易(最近,南非黑人依法纳税的情况已经得到了很大的提升)。在巴西,对富人——往往是浅肤色的阶层——征税的努力大都已经失败,现在去改革一个已历经几代人的复杂税制十分困难。

最后,突发性威胁的性质深深影响了社会边界的含义与解释以及跟牺牲意愿的关系。例如,对艾滋病的政治反应必须要了解下面的事实:由于流行病的历史,艾滋病问题及疾病传播方式(滥交、吸毒等)已经被污名化。结果,因为害怕那些有污名的群体,政治领导者迟迟不愿采取行动;而在社会之中群体竞争的环境下,这些忧虑混合在一起。如果艾滋病毒和艾滋病的性质是因完全不同的因素(比如采矿作业的空气排放)引起的,那政治反应就会完全不同了。

八、结论

本章的主要贡献在于,确认有关财政分析对国家—社会关系的影响,我们能了解些什么、不能了解什么。毫无疑问,对税收制度进行比较的和历史的分析,可以得到非常多的洞见来认识国家向社会行使权威的能力。税收不仅是一个技术问题,而且是一个高度政治的问题,不能仅限于用市场交换的逻辑来理解。因此,税收政治必须从群体动力学(group dynamics)和道德义务的术语来理解,社会身份的棱镜对了解如何以及为什么一些国家比其他国家能更好地征税特别重要。

关于税收国家发展的洞见,可以而且应该扩展到其他相关领域的分析中去。在当今时代,国家对抗艾滋病流行的能力显然是极端重要的。对政策进行交叉比较,可以突显出国家在试图用各种方法侵入社会生活的私密领域。社会边界,对这一领域的政策和能力发展很重要。被感染的风险和因艾滋病带来的潜在声誉损害等,都是基于对群体的直觉反应而加以计算的。因此,倾向于责备其他群体或把羞耻归给其他群体,可以导致消极的政策反应。

虽然对税收国家的研究可以带来有关政治、社会和文化的深刻见解,但正如财政社会学家一直声称的,我们不应该去相信,财政史为了解国家发展的所

第六章　要求牺牲的政治：把财政社会学的洞察力应用到艾滋病政策和国家能力研究上

有方面都提供了一个水晶球(crystal ball)。我们若分别探讨政治权威发展的功能和时间，就会不可避免地看到有各种推动合作和遵从的独特动力。这有助于解释为什么强大的税收国家并不是万能的，较弱的税收国家在其他方面也并不是完全无效。未来的研究应该考虑在政策领域的额外细微差别，并且通过大量的跨时空案例来检验这些命题。

第七章 强国家的终结?
——日本税收政策的演变

井手英策(Eisaku Ide)
斯文·施泰因莫(Sven Steinmo)

在很长一段时间内,日本都被认为是财政纪律和预算约束方面的典范。确实,在几乎整个战后时期,在富裕国家的经济合作与发展组织(OECD)中,日本引人注目地保持着最低预算赤字和最低政府开支的成就。比如,即使在20世纪60—70年代,当大多数其他发达资本主义民主国家建立起扩张型福利国家时,日本也继续实行限制开支的政策,然而它的经济增长率却是经济合作与发展组织中平均水平的两倍。很多人认为,国家机构(或者机构中的官僚们)的力量,是日本经济快速增长和预算约束显著的原因(Borrus et al.,1982;Pempel,1979;Savage,2000;Thurow,1992)。确实,日本有时被认为是最为典型的成功的民主"强国家"(Johnson,1982;Samuels,1994;Thurow,1992)。

但是,在21世纪的早期,看起来日本的地位就完全不同了。这个国家不仅仅十几年来经济表现十分糟糕,而且它的预算明显失去了控制。比如在2006年,它的预算赤字将近30万亿日元,占GDP的6%。更令人惊讶的是,它的国家债务总额已经累积到GDP的160%。

下面的数据生动地表明,日本的财政状况在过去30年里已经发生了改变(见图7—1),并且与其他发达资本主义国家相比,日本的情况究竟糟糕到何种程度。

在这一章,我们将解释日本财政命运的这一显著改变。日本是如何从一个拥有卓越的财政纪律和预算均衡的国家,变成了一个赤字螺旋式上升的国

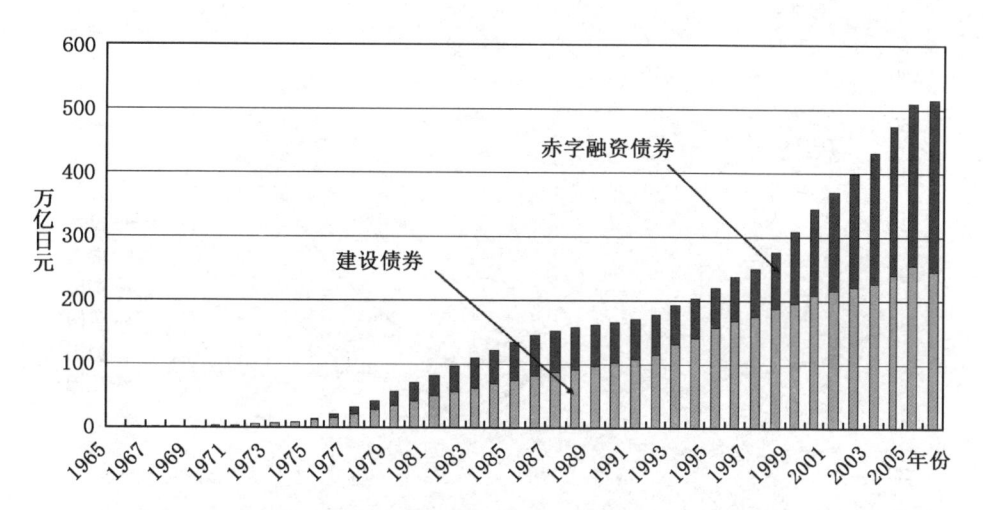

资料来源："Current Japanese Fiscal Conditions and Issues to be Considered," Ministry of Finance.

图7—1 日本的债务大山

家的呢？为什么让日本纳税人同意缴纳更多的税收这么困难？我们认为，这个问题的答案在于：20世纪90年代开始历届日本政府特定的政策选择。在这个所谓"失去的十年"，日本面临着政治的和经济的危机；可这些年日本政府因为追求新自由主义财政政策而过分偏袒纳税人中的富人，于是预算情况更加糟糕。日本的这些政策，跟里根和小布什政府推行的税收政策（见第四章）很相似，都严重地削弱了民众对政府的信任。结果，公众深深地怀疑政府随后发表的言论，即增加税收对于均衡预算或者资助日本为应对不断增长的需求而扩大福利国家很有必要。

我们相信这个故事本身是很有趣的并且是重要的。我们也相信，日本的例子（就像美国一样）证明了社会福利政策和税收政策之间有联系。除了战时税收作为仅有的例外（见 Feldman and Slemrod，第八章）之外，要获得民众对增税的支持是很困难的，除非民众对公共机构已有很高的信任度。正如我们将看到的，这并没有在日本发生。美国为什么会有如此低的税收水平？一个很好的解释是，民众不相信他们的政府会理智地花那些征上来的税款；或者他们相信，税负的分配并不公平。我们认为，这个论据同样适用于日本。尽管日本民众在早期对税收的态度是矛盾的，但在过去的15年内，在累退的减税分

新财政社会学

政府债务总额

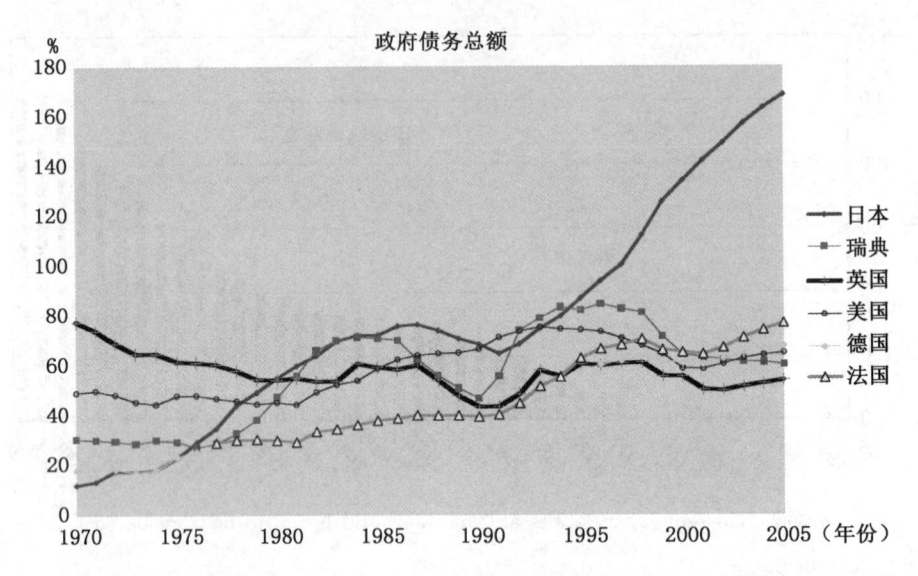

资料来源：OECD. National Account of OECD Countries, Online Database, OECD, Paris, 2006.

图 7—2　数个国家的政府债务总额(1970～2005 年)

配效应下，再加上缺少一个像现在欧洲那样的资金充足且慷慨的社会福利制度，日本选民有很强的动机投票给那些承诺减税或者至少保持现在税收政策的政治家。图 7—2 是数个国家的政府债务总额(1970—2005 年)。

不过，和一些欧洲国家不同，到 20 世纪 70 年代和 80 年代，日本经济已经成熟，但它却没有建立起一个现代的社会保险制度(也没有建立起供应这一制度经费的税收结构)。相反，日本的企业和家庭承担了社会福利责任。其结果是，现在的日本精英发现自己处于一个讽刺性的位置上，日本的经济团体联合会(Keidanren，日本主要的雇主联合会)十分需要增加税收②，同时公众需要增加核心的福利国家功能(比如医疗保险和养老金)，然而政府似乎不能满足任何一方的需求。

当今在日本，经常听说日本高额的公债是失控支出的产物。当然，很清

---

① 地方财政指的是从中央政府转给地方政权机构的转移支付资金。

第七章 强国家的终结？

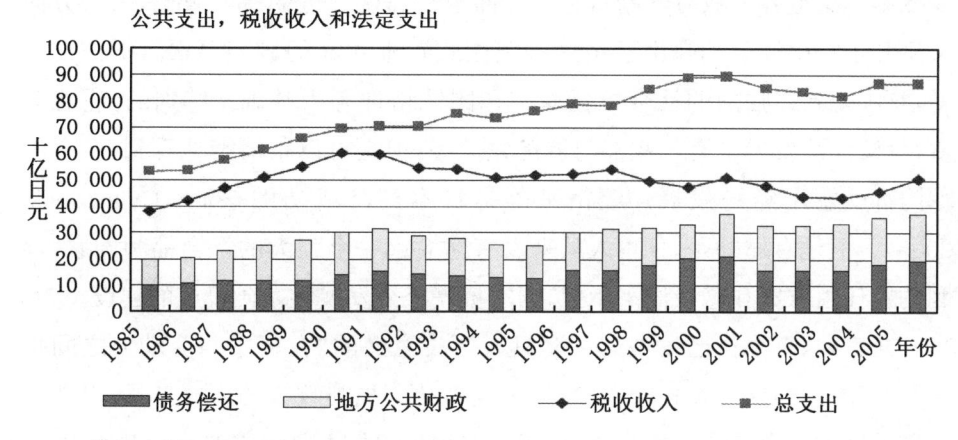

公共支出，税收收入和法定支出

图7—3　1985～2006年日本的税收和支出①

数据来源：Ministry of Finance statistics monthly.

楚，日本的公共支出在过去的20年里确实是增长的。但如图7—3表明的，日本现在巨大的预算缺口，也是收入下降的产物。但是这一明显的事实凸显出这么一个问题：为什么日本当局会允许支出超过收入达到如此的程度？

我们主要的观点是，公民既不相信政客或者官僚会公平征税，也不相信政府会很有效率地花他们的钱。没有一个国家的民众喜欢加税，但是当今日本政府面临的特别问题是，如果政府加税的话，他们可能并且已经受到选民的谴责。这是因为，政府的加税政策是加重下层民众的税收负担，而这一做法让日本选民十分厌恶。在20世纪90年代经济危机和房地产泡沫破碎的情况下，日本政府制定了几项减税政策，但在很大程度上，这一减税政策并没有让普通的选民受益。相反，减税使高收入者和企业受益。因此，毫不奇怪，纳税人确实不会再相信他们的政府。

一、日本独特的(税收)政治经济

日本采用的模式，既与欧洲社会民主模式完全不同，又与英美自由主义模式不同，以下内容对认识日本来说非常重要：日本是一个高度平等的社会(至

---

① 日本经济团体联合会(Keidanren)认为，国家必须承担比传统公司更多的社会福利功能。他们特别地提倡，将缴纳增值税数额翻倍，从而为社会福利项目供给经费(Kyodo News,2004)。

149

少从第二次世界大战时开始),它一方面推行高度累进的税收政策,另一方面又避开了自由社会和自由经济这些美国式资本主义的核心要素。不一样的是,日本模式以强烈的社会责任原则和团队精神等为基础。特别的,它意味着,尽管经济发展中有一些部门被优先发展,但是可以很清楚地看到,所有的部门都受益于经济发展。经济平等是日本经济成功的核心(Tachibanaki 2005)。但是有趣的是,日本人从来没有建立起一个强大的社会福利国家,福利的责任由家庭和老板们来承担,国家负责经济发展和基础设施的建设。

简言之,日本自己发展起一套具有历史意义的"在资本与劳动力之间折中"的版本。在这一日式版本中,公司成为社会福利政策的主要工具,以换取经济升级和社会和谐。税收政策,就是这种折中的主要组成部分。例如,对工人和消费从低征税,对资本、利润和高收入者从高征税。

二、税收和日本模式

日本税收制度的基础,是 1940 年在战时危机中奠定的。正如其他几个国家(见费尔德曼,斯莱姆罗德,本书第八章),为了弥补国防开支,日本政府领导人把大多数财政收入都集中在中央政府,并制定了与现代世界中其他国家相似的税收收入结构:从源课征的累进所得税和公司利得税为基础的税收制度。与此同时,日本还实现了从以消费为税基的税收制度,转向以量能为原则、以累进所得为税基的税收制度(Steinmo,1993)。

在战后,平等原则对日本税收制度来说变得更加重要。在战后一度掌管日本的美国改革家明确地表示,社会和经济平等是一个成功的民主社会的必要组成部分(Milly 1999:95—130)。在他们看来,战前日本经济的不平等要为法西斯意识形态和力量的形成(或至少要为民主发展的失败)负责。[1] 占领军相信,一个基础广泛的所得税制度,将有利于更平等社会的建立,并能让工作者与政府建立起利害相关的关系,让他们对政治事务产生直接的兴趣。然而,在西方这一致力于收入再分配的政策,是回应代表工人或穷人利益的工会和左翼政党力量增长的结果,但这样的政策在日本却缺少本土的压力。

---

[1] 唐泽秀明和其他学者的研究表明,日本在那段时间确实是现代化国家中最不平等的社会之一(Tachibanaki,2005:70—85)。

第七章 强国家的终结？

不幸的是，盟军改革家并未认识清楚，在战后那几年美国和日本在经济上并不相同（见布朗利，本书第十四章；Estevez-Abe，2002：164—5）。首先，不同之处在于日本那时很穷。其次，那时日本的经济仍然是农业经济，小农（甚至那些不太穷的人）能够避免缴纳所得税。面对这些经济和政治的现实，税收当局决定事实上让农村穷人免于缴税。于是，政府不得不依赖于不断发展的公司部门（特别是以出口为导向的制造企业）和它们的员工来上缴税收。其中的简单逻辑是，这些公司必须缴纳高额税收，以换取政府出面保护并推动他们获取经济全球化的利益。①

有很多学者探索过日本战后经济卓越表现的细节（参见 Curtis，1999；Hiwatari，1989；Pempel，1982；Yamamura and Streeck，2003）。几乎所有人（也许更重要的是几乎所有的日本民众）都相信，日本成功有以下两个重要的条件。第一，历届日本政府（或者更准确的是与自民党合作的精英官僚）让日本的经济在一条成熟有效的道路上发展。他们推行了卓有成效的预算约束机制来抑制税收和支出，以便把经济资源集中于日本经济最有生产力的出口导向行业，税收政策因此成为日本政府积极掌控并推进目标的有力工具。② 第二，日本建立了世界上最平等的政治经济之一，日本政府也强力推行了这样一种理念，即战后的日本必须团结在一起，同时明白自己像一个齐心协力的企业（Garon，1997）。在此处的重要逻辑是，政府制定的政策有意识地给特定的群体（产业甚至具体的公司）以好处，而最终每一个人都会从整个系统中受益，在这个系统中，经济增长被推进，收益被广泛地分配。③

在 20 世纪六七十年代，日本和其他发达的工业民主国家在税收结构上有很多基本的相似之处：税制的支柱是累进所得税、利得税、社会保险费、财产税和关税和消费税。另外，这个税收制度是广泛累进的（高收入者和公司比起工

---

① 这样的理解，被很多针对公私行业精英的访谈所证实。但是值得注意的是，这种替代关系的说法并没有被官方的政策所证实（参见 Johnson，1982）。

② 我们在这里并不详细描述具体的工具。个人和企业的税收都是由大藏省和通产省操纵的。另外，征收消费税是为了鼓励特定的消费模式（甚至在不同的时期推进国内特定的产品生产）（需要了解更多信息，参见 Akaishi and Steinmo，2003；Jinno，1999；Murakami，1987；Pechman，1986）。

③ 这种意识形态在税收政策方面最直接的含义是，富人的税率应当很高，而且应当从富有的公司、工人、地区收取税收，特别地通过从他们所谓的"地方税收指派"将收入转移到贫困地区，以进行特别地收入重新分配。（见 Akaishi and Steinmo，2003；DeWit and Steinmo，2002）。

人、农民和小商人面临着更高的税率)。

但是日本和其他发达工业民主国家仍然有重要的区别。首先,低收入的工人、农民和自我雇佣者交税非常低,而按照国际标准来衡量,富裕个人和企业交税很高。其次,日本没有宽税基的消费税制度——即使在地方层面也是如此。最后,因为上面两个原因,日本的总体税收收入十分低。比如在1965年,日本税收收入只占GDP的17%,而经合组织国家的平均税收收入超过GDP的26%。

三、日本的(小)福利国家

正如在美国那样,日本的低税收让它难以增加社会福利政策方面的支出。虽然20世纪70年代,在官僚体系中以及在几个政党(包括自民党)中确有支持增加社会福利支出的人,但是社会保险政策只能满足人们的最低要求。相反,人们指望家庭或雇主承担这些成本(见图7-4;Miura,2002;Osawa,2001)[①]因为雇主已经为工人(尤其在大型企业中的工人)缴纳了社会保险费用,所以社会支出和税收政策的目标应针对小生产者、农民和自我雇佣者,而不是失业的个人和贫困的家庭,或那些在资本主义经济中落后的人。总之,日本公司已成为员工的福利国家。至少对这些工人来说,没有必要也不想扩大公共福利支出。图7-4显示了日本企业承担了非常高水平的福利成本。

这些数据同样可以与经合组织其他国家的情况进行对比,可以看到,日本的社会福利支出的水平十分低。

在大型的、成功的企业工作的日本工人,不仅比外面的人获得了较高的工资,他们也缴纳了更高的税收。到最后,他们对此开始抱怨。回想一下,日本政府最重要的再分配政策是直接资助小企业主、农民和农村工人(这些人不缴税或很少缴税)。其结果是,日本的工会看到,他们的利益与欧洲甚至美国的工会几乎完全相反。在其他国家,工会把公共支出用作一种机制来增加部分工人和穷人的消费水平,而日本工会则把公共支出看作是为农村和小企业提供补贴,它们是非生产性的,但政治上势力很强大。日本的企业福利支出如图7-4所示。

---

① 唯一的例外是医疗保险,这被视为是一个不同的情况。这是因为,在国家现代化过程中,医疗不能以传统的方式提供。

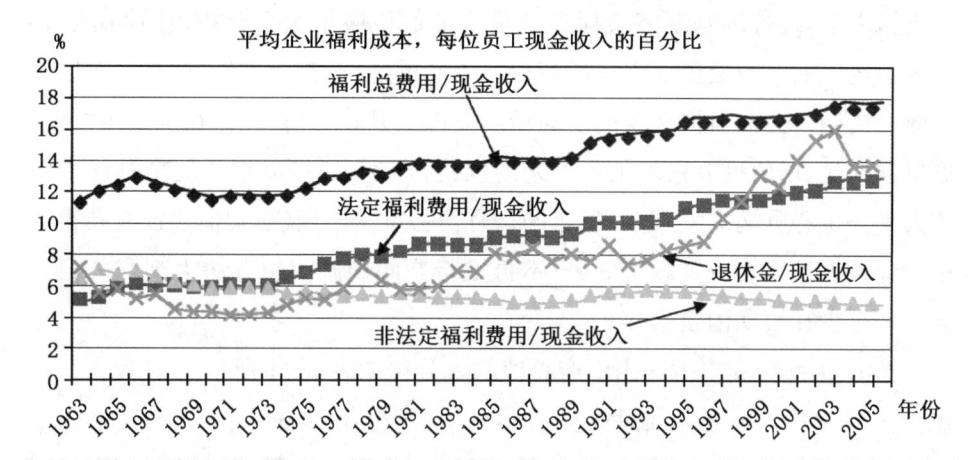

平均企业福利成本，每位员工现金收入的百分比

资料来源："Survey on Corporate Welfare Expenditures for FY 2001," Nippon-Keidanren 2002.

图7—4 日本的企业福利支出

四、消费税

20世纪70年代后期，大藏省（the Ministry of Finance）作为公共预算的监管人发现，自己被预算的以下三个现实冲突来回挤压。首先，日本是一个成熟的（和老龄化的）社会，它已经公开承诺要给个人提供养老金和医疗保健。虽然相当大份额的退休金和社会保障金由大型企业为员工支付，政府仍需有效地为农民和小公司的员工在此方面的成本提供财政支持。其次，他们相信，过去二十年巨大的经济增长不大可能再持续（即使油价稳定之后）。这就意味着，日本过去这些年曾受益的收入自动增长，在未来不可能跟得上支出需求的增加。最后，如前面提到的，日本基本上没有政治上的或公众方面的支持来扩大所得税税基。恰恰相反，对工人、农民的小商人的减税却有强大的支持。总之，政府需要更多的收入，但棘手的问题是从哪里获得收入？这个问题在欧洲最简单的答案就是，引进并扩大一般消费税。然而，正如我们将要看到的，在日本却不存在如此简单的选择。

看到欧洲的模式后，日本大藏省官员也产生了推广消费税的想法。他们多次试图劝说自民党中几个核心的高级官员，想让他们知道，在日本老龄化社会重担之下,现行的制度将会崩溃。最终他们说服了大平首相,让他在1979年的大选之前向国会提议引入增值税。不幸的是,对首相来说,这是一个巨大的政治错误。公众对消费税的反对情绪立即上升,于是自民党在选举中惨败。更糟糕的是,增值税和由增值税带来的反抗,产生了"难以想象的精神压力",使大平先生心脏病突发,并在那年的六月份去世。不用说,增值税没有获得立法。大藏省被迫转变其政策立场,不再推行新的税制而想办法去削减公共开支——至少在短期内是这样。

2001年社会支出占国内生产总值的百分比如表7—1所示。

表7—1　　　　　2001年社会支出占国内生产总值的百分比　　　　单位:%

	老年	遗属	失能（残疾）	健康	家庭	劳动力市场项目	失业	住房	其他	
法国	10.6	1.5	2.1	7.2	2.8	1.3	1.6	0.9	0.4	28.5
德国	11.7	0.4	2.3	8.0	1.9	1.1	1.2	0.2	0.5	27.4
意大利	11.3	2.6	2.1	6.3	1.0	0.5	0.6	0.0	0.0	24.4
瑞典	9.2	0.6	5.2	7.4	3.8	1.4	1.0	0.6	0.6	29.8
英国	8.1	0.6	2.5	6.1	2.2	0.3	0.3	1.5	0.3	21.8
美国	5.3	0.8	1.1	6.2	0.4	0.2	0.3	a	0.5	14.8
OECD-21	7.9	1.0	2.5	6.1	1.9	0.7	1.1	0.4	0.5	22.0
日本	7.3	1.2	0.7	6.3	0.6	0.3	0.5	a	0.2	16.9

最终,经济增长被证明是提升财政收入和减少赤字的一剂良药,并在20世纪80年代早期赢得了选民的满意。尽管财政收入不断增长,官员们仍然敏锐地意识到长期的财政危机在地平线上若隐若现。因此,他们开启了一个贯穿了80年代的有关老龄化社会的公共运动。这个运动显然奏效了,到20世纪80年代末期,多数日本选民看起来同意推行一个新的有利于确保社会保障制度的税种。在此情形下,1988年竹下首相同意推行温和(3%)的一般消费税,这在1989年4月生效。① 然而,令他吃惊的是,这一税收提案引起了"主

---

① 然而重要的是,这并不像大藏省官员预期的那样是一个宽税基的税收。事实上,这项经国会通过的消费税是漏洞百出且低效率的。最重要的是,如果小商人的收入低于一个特定的水平,他们就可以免交消费税。到最后,这个税种成为对这些商人的直接补贴,因为他们经常从消费者身上收税,但并不交给税务当局。毋庸置疑的是,家庭主妇会直接反对这种补贴,并成为最有力的政治反对派。

妇们"发动了积极的政治抗议,她们显然不同意多数人的意见,因为她们担心的是食物预算。最终,首相成为冲突的另一个牺牲品,于1989年4月被迫辞职。① 在那一年,自民党于全国选举中自打有民主史以来第一次失败,他们不再控制国会。②

虽然导致自民党选举失败的问题有很多,但核心问题还是税制改革。其中的问题是,选民认为消费税是不公平的,并特别谴责自民党的提议。有趣的是,动员起来反对这项税制改革的重要人群之一是日本的"主妇们",她们认为自己已经支付了过高的价格购买食品和其他消耗品。在她们看来,消费税将有利于生产者但代价是牺牲一般的家庭。③ 与此同时,小店主和农民也反对此项消费税,因为他们(正确地)认为,这种税将不可避免地让他们的实际收入见光,并使税务机关容易向他们征税。总之,虽然许多日本人支持社会福利项目增加,但他们不希望用这种看似累退的税收来供应资金。有76%的选民反对这个税,有91%的选民认为,政府没有充分解释为什么这个税是必要的。

五、从繁荣到萧条:反思日本模式

20世纪80年代,对日本经济来说是非常好的几年。经济继续保持增长的态势,收入全线上涨,当时的日本确实是世界上人均国民生产总值最高的国家。日本模式受到越来越多的政治经济学家和政治家们的羡慕甚至嫉妒。我们现在当然知道,那时繁荣已经达到了顶端。越来越多的日本投资者和政客开始相信,投资日本经济或日本房地产根本不可能赔本。④ 其结果就是,价值就像进入了大气的最上层平流层。例如,众所周知,以每平方米计价,东京市中心皇宫及其广场的价值比加州整个州的地价还要高。⑤ 这显然是荒谬的,

---

① 1989年竹下首相还卷入了一个涉及整个自民党的重大受贿丑闻。
② 这场失利是在参议院的选举中发生的。1993年7月的选举,让自民党从建党以来第一次放弃了对政府的控制。
③ 在日本这是众所周知的,日本消费品的价格要比其他地区高很多,这是因为对日本生产者的保护。
④ 例如,日经225股票指数,从1984年12月的11 542上涨至1989年12月的38 915,然后在1992年6月骤降至15 951。商业用地价格指数,大城市的土地从1986年的38.4上升到1989年的103.0,然后在1993年3月下降到7.4。
⑤ 也有人经常说,在东京的土地价值是如此之高(每平方米30万美元),以至于东京的土地比美国所有的土地的价值更高。

毫不奇怪,这个泡沫最终会破裂。当然,在1990年它就破裂了。

对于泡沫破裂,政府的第一反应是,尽可能地降低利率、补贴银行和开展大规模公共工程,以维护现有的系统。从西方的意义来看,日本是一个社会福利非常有限的国家,经济依赖于复杂的公司网络和关系。虽然有许多人认为,日本应该以危机作为契机,来改革一些政策和机构(例如邮政储蓄系统、过度投资的公共工程项目、低效的零售和农业等行业),但几乎没有人赞同从根本上把日本建成自由的政治经济体。恰恰相反,日本人对他们的制度很自豪,因为他们据此已经取得了惊人的经济增长和高水平的社会稳定与平等。当然,大多数人(精英和公民一样)了解,在制度中确实存在着一些问题:公共工程中大量浪费;很多经济部门缺乏竞争;(最终)太多银行破产,因为很多公司不能偿还他们在经济高速发展时期欠下的债款。然而,现在几乎没有时间从根本上改变制度。恰恰相反,现在正是齐心协力、互相依靠和集体牺牲的时候。

不幸的是,只有在事后才能很清楚地看到,这次经济危机没那么容易结束。正因为缺乏这种远见,并在很大程度上相信他们的制度基本上是健康的,日本政府才试图通过发行越来越多的政府债券来挽救经济危机。当务之急看起来就是维持就业,而这实际上意味着在全部经济活动中实行浮动贷款(floating loans)并广开公共工程。但是随着经济危机持续了十年,人们对于日本模式的信心开始减弱。当然,持续的经济衰退本身就破坏了很多人对于日本模式的信仰。但在我们看来,如果没有意识到新自由主义在日益不稳定的日本政府中所发挥的重要作用,那就不可能理解后来的日本财政政策。在危机的早期阶段,日本政府的第一反应是转而依靠第二财政预算(即建设预算),扩大公共工程建设并补贴倒闭的银行。但是,这个计划并没有看起来那么简单。就是在这种背景下,国际经济学界开始达成一种共识,那就是政府对经济的干预是破坏经济。具体地说,对经济的供给方征税特别糟糕。

一直以来,日本都是与新自由主义相反的例子。有许多专家急着争辩说,日本出现的经济问题证明自己基于新自由主义的批评总是正确的。[①]

因此,由于日本政府变得越来越绝望,在他们的顾问(这些顾问一般在美

---

① 参见 *Economist*, "A Magician in Japan," April 28, 2001 (Katz 2003).

国研究生项目中至少接受了一些经济学培训)的不断敦促下,在财政管理方面开始更多地接受新自由主义思想。①

然而日本的新自由主义出现了两个关键问题。首先,如我们之前提出的,日本在发达国家中税收负担已经是最低而且社会福利项目的资金明显不足。在日本,社会服务远比欧洲或美国更受限制,并且社会支出在过去(和现在)都处于经合组织国家中的末位。换言之,削减浪费性福利开支(浪费性福利开支在政治上很容易成为受攻击的目标)就很困难,因为这些领域并没有很多开支。其次,虽然可以让日本自民党的政治家相信减税是一件好事,但要说服他们真的去削减那些有利于自己的选民(大部分是农村居民和穷人)的补贴,那就是另一回事了。减税(尤其是如果它有助于日本摆脱长期的经济衰退)是日本政客的政治糖果,就像世界各地的政治家一样(参见 Steinmo,1993)。削减针对农民、边缘地区公共工程项目的工人和其他有权力的选民的补贴,是另一回事。日本减税的结果和美国1981年的减税的结果并没有什么不同,那就是造成国家历史上最大的预算赤字。② 据石弘光(Hiromitsu Ishi)教授说,20世纪90年代的各种减税,让财政失去了超过17万亿日元的收入(128亿美元,Ishi 2002:2)。

直到此时,日本的税制仍然是高度累进的。鉴于新自由主义意识形态具有的偏见和他们对市场原教旨主义的信奉,最佳减税措施将有利于高收入阶层和资本所有者,对此人们或许不会感到惊讶(参见布洛克,第四章)。图7—5显示了税率在这段时间的演变。

削减税率带来的最明显的后果是,个人所得税被急剧掏空。这里的问题显然在于,无论供给学派在观念上多么有吸引力,日本即将到来的人口危机仍在持续。尽管很多日本精英认为,巨大的减税可以让个人为自己的社会保障供应资金,但此时大多数日本公民却处在很不稳定的状况中。针对这些政治和财政的事实,合乎逻辑的结论是扩大消费税,而这项举措大藏省已推动近二十年。

---

① 1986年著名的咨询机构"国际经济结构调整合作的研究小组",向首相提出了一份著名的报告,导致日本政府政策朝新自由主义模式方向发展。

② 每年为财政平衡而发行债券,从1986年至1995年逐渐增长到近65万亿日元,到1997年又逐渐增加,在1998年,金额突破百万亿日元,并在2006年达到296万亿日元。

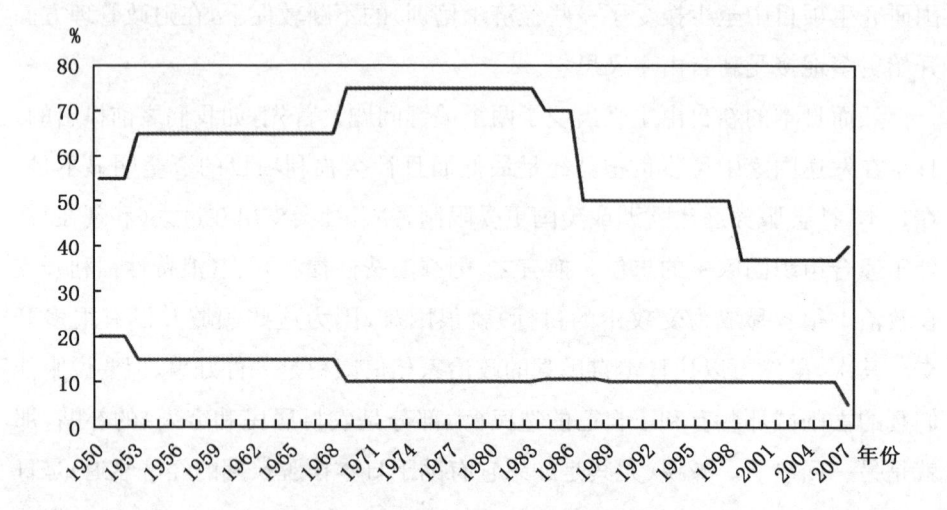

资料来源："Survey on Corporate Welfare Expenditures for FY 2001," Nippon-Keidanren 2002.

图 7—5　最高和最低边际所得税率

因此，在经历了太多的惊慌失措之后，大藏省终于说服新首相村山富市，把消费税的税率从 3% 增加到 5% 并且拓宽税基。① 甚至在这个税制推行之前，仍有一个政治风暴在反对它。虽然这项税改在拓宽税基方面有所缩减，但它在 1994 年仍被国会通过。1997 年日本实施了增加消费税②的法案，可对于政府来说这是不幸的，因为对这项措施的最直接影响不是增加了税收，而是减少了消费者的支出。人们普遍认为，这将进一步推动经济陷入衰退。在 20 世纪最后十年中，日本的国民生产总值进入负增长，并且很快通货紧缩成为最让人担心的经济问题。

六、20 世纪 90 年代末社会政治结构的变化与收入不平等的上升

然而，在我们看来，这些短期效应还不是消费税上调最严重的后果。相

---

① 在过去，小企业基本上可以免除缴纳消费税。这一制度给小企业提供了竞争优势，因为允许它们收取税款，但并不上报给税务当局。在本次改革中，同时推行了地方消费税和全国消费税，全国消费税税率 5% 中的 1% 是跟地方政府共享的。也就是说，有 25% 的消费税的收入被转移到地方政府。
② 根据 OECD 的分类，日本的消费税是增值税的一种。然而在日本并没有采用发票制度，征税依据的是认定的增值额（deemed value added），因此被称为"消费税"。

反,在20世纪90年代末,日本社会政治的基础已经开始摇摇欲坠,而这才是日本公民最担心的事情。

第一,政府在1997年选择的政策与民意相当地不同步。根据2001年年初大藏省所做的调查,日本公民清楚地表示,同意为福利支出的增加而加税,但拒绝为财政重建而加税。然而,政府在1997年增加了消费税、提高医疗保险缴费,却没有扩大福利支出。同时,政府还实行了财政重建,而这是公众强烈反对的。在一开始,人民便抱怨实施消费税的过程(见表7-2),而政府采用的是逆公共舆论的方式来增加税收。最终这些政治选择造成的结果是,人民不再信任政治家。一份由"NHK广播文化研究所"在2003年发起的调查("日本人民的意识研究")表明,人民对政治家的无力感在1998年后迅速增加。当然,我们在调查中并没有渠道明确地问被调查者个人,究竟为什么他们对政府态度会有这样一个戏剧性的下滑,但对决策者和学者的采访则一致表明,对政府怀疑的增加,是因为一系列的公共丑闻,以及他们认为政府日益代表公司和高管的利益而不是普通工人和他们的家庭。[①]

表7-2　　　　　　对政治的信任和对消费税增加的看法

政治						
你信任当今的政治吗?	是	20%	否	68%	其他	12%
你认为人民的意见反映到国会了吗?	是	8%	否	86%	其他	6%
你有多信任政治家?	信任*	30%	不信任**	67%	其他	3%
消费税增加						
你支持吗?	是	18%	否	76%	其他	6%
政府对人民解释得足够吗?	是	5%	否	91%	其他	4%

* 强烈信任(1%),在某种程度上信任(29%)

** 不怎么信任(55%),不信任(12%)

资料来源:"Asahi-Soken Report", Asahi Shimbun Company, August 1996.

[①] 石弘光教授(2002年至2006年政府税务部门负责人)的评论概述了这些观点:"当然我无法提供证明,但是众所周知,20世纪90年代的税收政策加剧了人们对政府的不满。"来自作者的采访,2008年9月26日。

第二,重复减税和增加消费税,无疑造成了20世纪90年代日本收入方面日益的不平等。在1999年改革之后,日本的所得税制度只有四个所得税级(10%,20%,30%和37%)。由于减税,日本税制的累进性质已被大大削弱。如表7—3所示,通过税收进行再分配的效果被大大削弱。社会保障支出的接受者大多局限于老年人,就是说,代际的收入差距和由此产生的社会不稳定因素在今天正迅速增加。

表7—3　　　　　　　　　　日本的收入再分配

年份	初始收入 基尼系数 A	再分配收入 基尼系数 B	改进 A−B/A	通过税收重新分配* 基尼系数 C	改进 A−C/A	由社会保障重新分配** 基尼系数 D	改进 A−D/A
1981	0.349 1	0.314 3	10.0%	0.330 1	5.4%	0.331 7	5.0%
1984	0.397 5	0.342 6	13.8%	0.382 4	3.8%	0.358 4	9.8%
1987	0.404 9	0.338 2	16.5%	0.387 9	4.2%	0.356 4	12.0%
1990	0.433 4	0.364 3	15.9%	0.420 7	2.9%	0.379 1	12.5%
1993	0.439 4	0.364 5	17.0%	0.425 5	3.2%	0.381 2	13.2%
1996	0.441 2	0.360 6	18.3%	0.433 8	1.7%	0.372 1	15.7%
1999	0.472	0.381 4	19.2%	0.466	1.3%	0.391 2	17.1%
2002	0.498 3	0.381 2	23.5%	0.494 1	0.8%	0.391 7	21.4%

＊ 初始所得税
＊＊ 初始收入＋医疗支出＋社会保障福利(包括养老金)−社会保障缴费
资料来源:"Research on Redistribution," History of Health, Labour, and Welfare.

第三,贿赂丑闻损害了人们对官僚的信任(Amyx,Takenaka and Toyoda,2005)。1996年,涉及医疗和福利部门的一场贿赂丑闻曝光,第二年交通部常任副部长也被逮捕。此外,1998年大藏省有100多位官员(大藏省从战前到最近一直占据着强势的地位),被逮捕或被惩戒。看到日本一度备受推崇的精英官僚和政治家们在20世纪末陷入不名誉的境地,还是有点意思的。如表7—4所示,民众对"大企业"和"新闻业"的信任度甚至达到对政治家和官僚信任度的两倍。从时间序列看,我们也可以发现这个趋势。根据私人机构在2000年的研究,这十年中对所有职业的信任都已经恶化("Research on Trust in Politicians, Bureaucrats, Big Business, and Police etc.", Central Research

Services[$n=1474$])。表 7—5 显示,这种信任度的恶化尤其对政府雇员特别明显,如警察、官僚和政治家;相对于以下群体,下降尤为迅速:自卫部队、医疗机构、大企业、银行、报刊和法官。在 2008 年,有 74% 的受访者指出,政治家和官僚应该做出努力以恢复人民的信任。在 2000 年,这一比例只有 53%。

表 7—4[①]　　　　　2004 年对不同职业的社会信任度(n=1438)

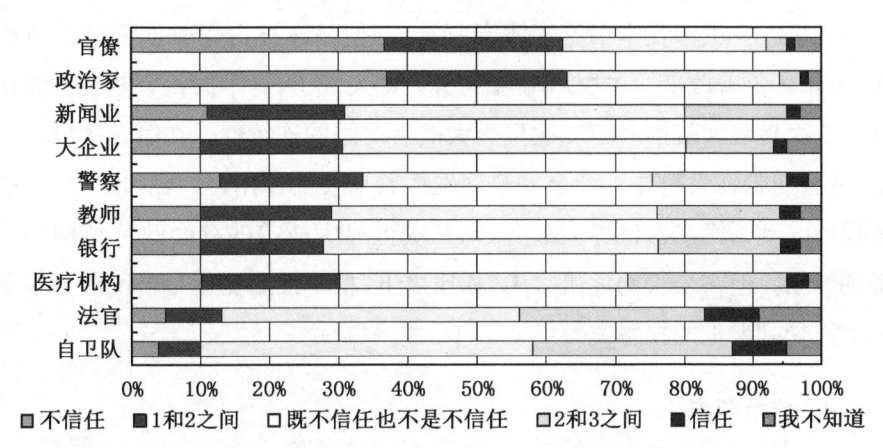

资料来源:"Research on the Trust in Politicians, Bureaucrats, Big Business and Police, etc."Central Research Services, Inc., 2004.

表 7—5　　　　　1990～2000 年社会对各种职业的信任的变化

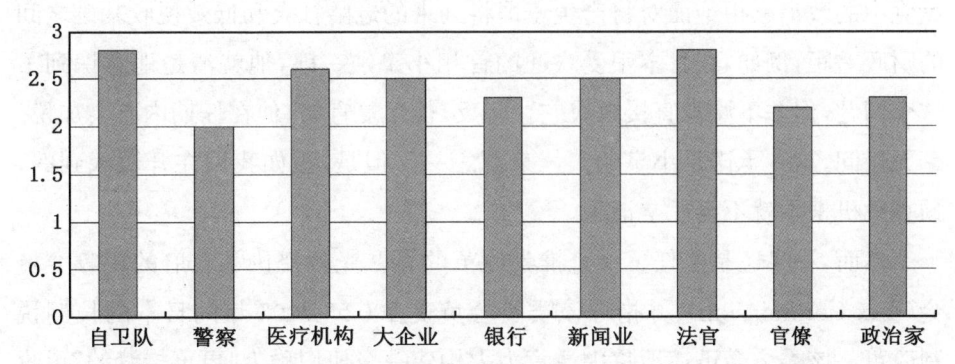

资料来源:"Research on the Trust in Politicians, Bureaucrats, Big Business and Police, etc."Central Research Services, Inc., 2004.

第四,在经济全球化背景下,日本的就业制度也需要改变。日本企业减少聘用新员工,导致非正式工人取代了正式工人,尤其是取代了年轻工人。事实

---

① 本页表 7—4 和表 7—5 其实应为图 7—4 和图 7—5,原文这样表述为"表",译者注。

上,现在离职率迅速增加,并且中年员工裁员问题对日本社会造成了严重的影响。正如沃格尔所指出的那样,日本的就业制度框架仍被保持是事实(Vogel 2006),但公司大胆裁员也是事实。这在1997年到1998年间显得尤为突出,因为那时由亚洲货币危机所引发了严峻的金融危机。

就这样,政策失误及其社会政治变化都发生在20世纪90年代末。正如布朗利(Brownlee)在本书第十四章所示,即使是在被占领时期和经济危机时代,卡尔·舒普改变日本财政制度的努力也失败了,日本的税收制度依然保持着第二次世界大战前和第二次世界大战后之间的连续性。在第二次世界大战前,社会纽带在农村作为社会安全网发挥着重要的作用,公众对政府的信任是很强的。到了第二次世界大战后,第二次世界大战前的社会政治结构的特点得到继承。但在今天的危机之中,相比之下,根本性的变化是公民对日本制度的信心受到严重的损害。

七、改革和岁入

在21世纪的最初几年,日本的公共债务被大藏省认为是重大的危机。但对他们来说,问题在于没有一个人愿意做出必要的牺牲来应对这场危机。自民党中的政治家拒绝面对将产生于即将到来的老龄社会和低效税收基础之间的财政差距,例如,在日本很受欢迎的首相小泉纯一郎,他就清楚地意识到了这个问题,但并不愿意直接解决它。相反,他反复宣布,他在任期内不会加税。毫无疑问,这一承诺是小泉的人气来源之一。但是,正如我们在开篇谈到的,预算危机根本就不会凭空消失。

然而,小泉还是委任了一直推崇改革的石弘光教授执掌政府的税收委员会(Tax Commission),并指导该委员会负责2002~2005年间日本的长期税制改革。该委员会迅速地集中注意力去构建一个他们称为"更可持续的"税收制度。该委员会包括大藏省官员、学者以及利益组织的代表,他们很快就同意大藏省的基本观点,即增加消费税是必要的,而且他们应当配合去扩大所得税和公司税的税基。最终,甚至日本的"雇主联合会(经团联)"也支持这个具体的建议,甚至宣称他们支持发展欧洲式的增值税,其税率高达15%。

然而,对日本税收的消极反馈意见阻止了税收的增加。对政府能否为了正确的目的花钱,人们并没有信心,所以他们希望政府不是通过增加税收而是通过削减开支来巩固财政。不用说,削减开支又会减少低收入阶层的收入,加剧不平等的状况。在今天,有许多国家(但肯定不是所有的国家),因削减税收和社会支出而恶化了经济局势,使实际收入的分配比之前更加不平等(Atkinson,1999;Steinmo,2003b)。日本也似乎落入这一窠臼中。此外,新自由主义的理念和不断增长的预算赤字,使政府害怕花费更多的资金来改善社会福利服务,而这又扩大了收入的不平等。最终,收入不平等的增加,推升了人们的恐惧和社会的不稳定,限制或减少了精英塑造舆论的能力(见坎贝尔,本书第三章)。之前,大藏省强烈希望在1994年增加消费税,并最终实现了这一增加,但在今天增税已经成为日本政治的禁忌之一。

当然,小泉的任期是有限的,于是人们普遍期待下届自民党政府采取必要的步骤来增加税收。在2006年9月26日的一次特别会议上,安倍晋三当选首相。大多数自民党人支持安倍晋三当选,他被认为是一个安全的选择,因为没有人真正期待他采取激进的议程。但在同时,大多数政策分析家相信,他将几乎别无选择,只能加税,以建立一个更可持续的税收制度。但是相反,他却解雇了石弘光,并承诺遵循小泉的税收政策议程。[①]

安倍晋三为什么会按照这样的议程行事?最明显的答案是,他知道日本的历史。那就是,增加消费税的首相将会下台,他们的政党会受到选民的惩罚。自民党经历了两次完全的失败:1979年选举时,大平首相宣布推行一般消费税;1998年,当时的首相桥本增加消费税。另外在1980年、1987年和1989年,出台或采用消费税的3个内阁都被迫辞职。安倍这么做会更加安全(至少从有利于官员连任的角度看),可以避免政治风波,并让后代去担忧要付的账单。换言之,日本可能已经真正地"美国化"了。

八、结论

对于政治经济学家而言,长期以来日本的经济发展情况都是一个经济学之谜。一个小小的、资源匮乏的同时地理位置又孤立的国家,在第二次世界大

[①] 2007年9月,安倍首相辞职,福田康夫上台。福田首相推迟增加消费税,因为他认为日本经济会在2008年进一步恶化。当然更重要的是,众议院的选举将在2009年举行。

战期间遭到了完全的破坏,却能以显著的速度和效率重建。在今天,它是地球上最有生产力的和技术先进的国家之一。日本在完成这个非凡壮举的同时,也从世界发达国家中社会最不平等的国家之一,成为最平等的国家之一。通常认为,日本的累进税结构和相当平均主义的社会,是成功得令人惊讶的日本模式的关键组成部分。当然,到现在还有人怀疑用这个逻辑来解释日本成功是否靠谱。不过,毫无疑问,经济平等仍然是日本自我形象的重要组成部分,它被大多数人(包括那些愿意生活在那里的人)认为是日本社会的重要特点。① 不过现在可以说,在很多方面日本都追随着美国和英国的脚步,成为一个越来越不平等的社会。

日本经济体制的运行,依赖尊重等级制权威、团队合作精神和反对推卸责任这样的强规范。其中的每一个因素,都在战后的"经济奇迹"期间被下述事实所加强:无论在公司内部还是在整个社会,工资、收入和财富都呈现出广泛的和高度的平等(例如,在1982年日本首富年收入是普通白领的330倍,与此同时在美国这个比例是7000多倍。)。雇员对雇主承担责任,反过来也获得雇主为他们提供的回报:终身雇佣、高水平的工资和良好的社会福利。

从20世纪80年代臭名昭著的泡沫经济开始,日本的平等现实已经开始改变。房地产和股市的巨大增长使很多人受益,那些在恰当的时间做着恰当事情的幸运儿获得了巨大的财富。当然,最终泡沫还是破灭,其中一些人的财富崩溃了。政府对经济的应对措施,使得情况变得更糟。由于对解决经济危机的措施感到绝望,中曾根政府转而效仿里根和撒切尔,开始削减税率——尤其是对高收入者。这些减税措施不仅直接导致了预算赤字的增加,也加剧了日本社会日益的不平等。到最后,它破坏了公民对政府的信任。现在,当政府要求公民做出牺牲时,他们表示拒绝。日本公民(很像美国)根本不相信委任的和选举的官员会用自己缴纳的税款做正确的事情。此外,正如弗雷德·布洛克在第四章说明的,当政策使最富裕的人受益时,那么基于现代税收制度的社会契约就会被损害。当量能原则被削弱,那么纳税的意愿似乎也被削弱了。

以上内容提供了进一步的证据,可验证下述有关税收的政治经济学论点:

---

① 要对日本经济平等的演变更详细的理解,可参见唐泽寿明(2005年)的有趣分析"日本面临收入不平等"(Tachibanaki,2005)的研究。

公民会同意在危机时刻和战争期间增加缴税（见费尔德曼，施莱姆罗德，本书第八章），或者当他们觉得自己会受益于公共支出时，也会同意增加税收（Steinmo，1993）。换句话说，税收和支出是同一枚硬币的两面。

日本目前正处在一个十字路口。在写这篇文章的时候，又一个政府已经下台，因为它不能成功地领导和治理这个小国。我们觉得更具讽刺意味的是，这个国家长期以来一直以团结和对等级制度的尊敬为名，现在却显得这么难以统治。虽然目前还没有办法证明这一说法，但我们认为有一条改革的道路就是，扭转在过去十五年的累退性政策，至少尝试着恢复日本曾经著名的社会和经济平等。

诚然，在过去十五年里的经济变化，也破坏了雇员和企业之间的传统关系。同时，传统的家庭结构（妻子需要照顾丈夫的年迈父母）也被侵蚀。有很多人认为，日本需要发展公共社会福利政策，以帮助那些之前从家庭和企业得到援助的人。麻烦在于经济的变化和近年来政府奉行的政策都恶化了这些问题，正如我们所显示的那样，这些政策增加了不平等程度并削弱了人们对政府的信任。总之，平等是把日本的体制连接在一起的黏合剂；没有这种黏合剂，日本就会很容易土崩瓦解。

第八章 战争与税收:爱国主义何时克服搭便车冲动?[①]

内奥米·费尔德曼(Naomi Feldman)
乔尔·斯莱姆罗德(Joel Slemrod)

国家的历史总是与战争紧密地纠缠在一起。例如,曼(Mann,1980:197)估计,1130年到1815年间,英国将大约75%到90%的财政资源用于军事力量的获取与使用。如今,尽管政府的非军事职责已经极大地扩张,但是制造战争和从事国防仍然是大多数政府的一项核心职责。军事活动耗费资源,这一事实已经广为人知,但少有人研究的是,受人欢迎的战争究竟在多大程度上能建构社会认同,并因此降低政府动员资源的成本,以便把不受欢迎的战争进行下去。

本章探索的是,公民自愿履行纳税义务的意愿与其感知到的国家(country)面临军事威胁之间的关系,还有公民自愿履行纳税义务的意愿与他们对进行中的军事行动所持态度之间的关系。军事威胁达到一定程度后,个体会因此认同于政府、社会和国家;此时由于公民自愿遵守税法的意愿替代了由税收执法查处与税收逃逸行为处罚带来的威胁,税务当局能够减少征税的努力。因此,在特定时期纳税人同意缴税,部分原因可能是一段时间的冲突积累以及冲突的性质。正如井手英策(Eisaku Ide)和斯文·施泰因莫(Sven Steinmo)在第七章提出的,"纳税人同意"可能部分地与国家历史上那些能决定集体牺牲的意愿关联在一起。随着战时牺牲在时间上不断地扩大,个体承受全部负

[①] 我们大大受益于能干的研究助理Joanne Hsu和Tomislav Ladika两人,也受益于学者对我们提交给国民经济研究局举办的"国民保障会议"的早期论文的评论。国民经济研究局也为本研究提供了资金支持。

担的痛苦亦会增加。一个重要的问题是,个体面对增加的负担将如何反应?是随着社会团结感的增强而同意纳税,还是为了表达不满而拒绝纳税?这样的问题与财政政策相关,因为纳税人同意纳税会影响政府征收资源的边际社会成本,并因此影响特别战争开支的最优融资方案。

基于"与战争相关的国家间军事争端(The Correlates of War Militarized Interstate Disputes)"数据库中所载的自1970年至今的各国冲突数据,以及"世界价值观调查"(the World Values Survey)项目中关于税收逃逸态度的数据,我们研究了军事冲突威胁与纳税遵从态度之间的关系。其结果表明,人们对于纳税遵从的积极态度会随着一个国家所面临的冲突数量和冲突时间的增加而增长,并随着冲突造成的伤亡数量而降低。这些发现明显与下面的观点一致:军事冲突会提升纳税遵从的积极态度,但这一反应会被冲突中的伤亡率侵蚀。

一、税收经济学和纳税遵从

(一)税收经济学

税收经济学有实证研究和规范研究两个分支。① 实证取向的研究,强调的是税收体系的影响——各种税制是如何影响以下变量的:劳动力供给、公司投资、证券组合选择、经济增长、最终是居民的福利。理解税收政策的影响,可以用来论证经济学家的最优比较优势,对所有其他相关问题也有重要的启示。② 实证研究的首要方法是对历史数据进行统计检验,而对方法论的挑战主要在于:在缺乏受控实验的前提下,识别各经济变量之间的因果关系;反事实——如果研究中的税收政策不存在,那会发生什么——的影响,将永远无从得知。实证研究的概念框架如下:就像研究者规定的,个体进行选择都是基于自己的福利(well-being)最大化,由于税制影响了获取福利的相对价格和手段运用的报酬,并因此影响了选择。商人基于技术的约束来做出选择以使自己的利润最大化,由于税收影响了他们行为的相对成本和报酬,也因此同样影响

---

① 在政治经济学和公共选择理论中,与实证与规范相关的两个领域分别是:探讨政府怎样做出政策选择;研究政府制度应该如何建构以便增加政府做出好决策的可能性。

② 参见Slemrod(2006)对以下主题的讨论:税收的后果与不同政策评价之间的关系。

了商业行为。最终,因为价格和薪酬水平由市场供求的相互影响来决定,而税制影响了供求关系,所以税制影响了(纳税前后的)价格。经由价格变动的渠道,税收负担有可能会从税法规定的负担者身上转移走。税负归宿理论会明确告诉我们,谁将承担税制中的税收负担以及税负的转移是如何实现的。

虽然以上基础的概念框架可用来识别其他相关(other-regarding)的行为,如利他主义行为,但其标准模型却假定,个体在自己的行为方面是搭便车者。在做出决策时,个体会忽略自己对别人的影响,这样的影响可能是通过政府预算发挥的,或者由他们缴给政府的税收数量带来的。

税收经济学研究的规范取向,关注的是多种提高税收收入的方式如何才能符合明确的准则。正如每个人所理解的那样,标准的准则是个体的福利(效用)的函数(社会福利函数),该函数可能会反映总效用与福利分配之间存在的各种替代组合(比如,不同的平等主义程度)。社会怎样才能实现平等主义,通常被置于模型之外,而只将平等因素投入到规范性研究之中:对于任何给定的平等主义目标,什么才是最优的税收制度?最优的再分配程度与政府开支的最佳程度,应该依赖于筹措资金的边际社会成本,而这反过来又促使人们对税收制度的扭曲行为做出反应,如减少劳动力供给或者增加避税与逃税行为。在其他条件都相同的情况下,较高的边际社会成本——可能会受到纳税人放弃搭便车行为意愿的影响——会减少政府再分配政策和支出政策的吸引力。

(二)纳税遵从经济学:威慑模型[①]

没有一个政府可以在宣告一项税收制度后,就单纯依赖纳税人的责任意识去缴纳应缴的税收。首先,有些守法的公民无疑会自觉地缴纳他们应缴的税收,但是其余的多数人则不会。长此以往,守法纳税的群体就会变小,因为他们发现自己正被那些不尽责的人利用。正因如此,纳税一定要成为公民的一项法定义务,不服从者要施加相当的惩罚。然而,即使面对这些处罚,依然存在大量的税收逃逸行为——而且始终如此。在税收历史上,充满着税收逃逸的插曲,并因别出心裁而著称。在3世纪的时候,就有许多富裕的罗马人为了逃避奢侈品税而把他们的珠宝和金币埋藏起来。还有,在18世纪的英格

---

① 本部分有些材料改写自 Slemrod(2007)。

第八章 战争与税收:爱国主义何时克服搭便车冲动?

兰,房主会用砖堵塞他们的壁炉,以免引起壁炉税征收员的注意。①

考察个体决定是否逃税以及逃多少税的标准经济学框架,是阿林厄姆和斯坦德默(Allingham and Standmo,1972)提出的威慑模型,这一模型改编自贝克尔(Becker,1968)的犯罪经济学模型。在这一模型中,纳税人是完全非道德的(completely amoral),他们基于同样的方式来决定是否逃税以及逃多少税,用一种接近于风险决策或赌博的方法——使预期效用最大化——并且在考虑法定惩罚时认为与其他相关成本没有区别。就是说,成功的逃税因少缴了税收而使纳税人获益,但一旦被发现,其结果是要缴纳所欠的税款以及附加的(利息与)罚金。从个人的立场来看,最优的逃税,与被抓到、被惩罚的(假定为不变的)机会和逃税罚金的多少以及个人的风险规避程度呈负相关的关系。②

对威慑模型最强有力的经验支持,在于各种收入层次都存在着"逃税率与执行机制有效性"之间的负相关关系,这种执行机制(如信息报告和雇主代扣等)决定了税务机关发现纳税不遵从的可能性。③ 克莱普和纳金(Klepper and Nagin,1989)首先指出,在美国所得税的各个项目中,纳税不遵从率与能显示项目可追踪性、可否决性和含糊性的标志有关,而这反过来又与逃税被抓到和被惩罚的可能性相关。根据国税局(the Internal Revenue Service,IRS)于2001纳税年度对税收缺口的最新估计,以各种类型实际收入的百分比来衡量,误报率的差异非常大。工资和薪水的误报率只有1%,应纳税利息和股息的误报率仅为4%。当然,雇主们需要向国税局全盘报告自己所支付的工资和薪水、利息和股息。此外,工资和酬劳的税收是由雇主代扣代缴的。与此相反,在自我雇佣的企业,收入既没有信息报告也不用代扣代缴,估计不遵从率非常高——大概为57%。总而言之,国税局(2006)报告称,信息报告中收入类型科目为"很少或没有""一些"和"很多"的净误报率,分别为53.9%、8.5%和4.5%,

---

① Webber and Wildavsky(1986:141)。

② 很有意思的是,在研究"态度是否影响纳税遵从"的文献中,几乎所有的文献研究的都是个人纳税人。不过,在绝大多数国家大额税收都由企业缴纳(在终极归宿意义上税负由个人承担),这样的税收要么对企业主体征收,要么由雇主代扣代缴。一个公司的纳税遵从行为是否跟个人的相似,这个有意思的问题尚未得到解决。

③ 对于纳税不遵从中已查明的税收逃逸行为施加惩罚,其效应(不同于惩罚纳税不遵从行为的概率)如何,至今仍没有令人信服的经验研究。

而既有代扣代缴又要严格信息报告的收入类型科目,误报率只有1.2%。

现场实验提供了另一项证据来源。斯莱姆罗德、布鲁曼托和克里斯蒂安(Slemrod、Blumenthal and Christian,2001)分析了一项由明尼苏达州税务局实施的随机控制实验的结果。他们发现,那些收到通知要接受某种审计的低收入者和中等收入的纳税者,申报的收入虽然只比那些没有收到通知的人略高,但在统计上却非常显著;在那些有更多机会逃税的人那里,这种差异就更大。出人意料的是,收到审计警告的高收入纳税者平均来说,会申报较低的收入。这三位作者推测,久经世故的高收入纳税者将审计视为谈判,他们把申报应纳税收入的多少视为谈判中的公开竞(低)标,而这样的谈判并不必然导致纳税不遵从行为的判定与惩罚。

(三)影响纳税遵从的其他因素

尽管从威慑来分析的思路主导了这一领域的经济学文献,但有学者认为,这样的分析方法并没有注意到人们在决定是否要逃税时的一些重要因素,模型所预测的纳税遵从率比我们实际观察到的要低。例如,菲尔德和弗雷(Feld and Frey,2002:5)断言,"从惩罚预期的角度来解释纳税遵从是不可能的"。这一对威慑分析方法表示轻视的观点是这样论述的:在既定的审计平均概率(现在美国对个人收入的审计比例为1%),对不遵从者主要处以一定的罚金(通常为未缴税额的10%),再利用我们从其他情境中得知的风险规避程度,这样得到纳税不遵从的比率要比现在表现出来的高许多。

然而,这种轻蔑性观点并不具有说服力,因为低审计覆盖率大大低估了平均未申报净收入被发现的可能性。雇主将雇员应纳税收入额与社会保险号码通过电子渠道上报给国税局,但雇员本人并不申报自己的个人收益,他们被标记以便于进一步审查的可能性将接近100%而不是1%。因此,劳动收入方面的纳税不遵从的低比率,并不明显地与威慑理论相矛盾。①

尽管如此,还是有确切的证据表明,税收逃逸的案件多于非道德的成本—收益计算得到的结果,而且有大量文献试图来解释这一行为。例如,弗雷(Frey,1997)认为,区分内在动机和外在激励非常重要,在内部动机驱动下纳

---

① 在非农独立业主中57%的纳税不遵从比率,是否比威慑理论预测的要低,这一结论并不清楚。Andreoni、Erard和Feinstein(1998:821—2)认为结论是肯定的。

第八章 战争与税收：爱国主义何时克服搭便车冲动？

税人履行纳税义务是因为"公民道德"，而在外在激励作用下的纳税遵从是因为有惩罚作为威胁。他表示，增加外在激励——就是说执行更多惩罚性政策——可能会"挤出"内在动机，它让人们感到自己之所以纳税是因为不得不如此，而不是想要纳税。在一项实验中，乌贝尔和舒尔茨（Lubell and Scholz, 2001）发现，当惩罚被引进之后，在特定背景下的协作水平下降了，这说明增强威慑方面的动机并不能补偿由更高处罚所带来的人们在决策上的转变。

正如在斯派瑟和贝克尔（Spicer and Becker, 1980）以及阿尔姆、杰克逊和麦基（Alm、Jackson and Mckee, 1992）在一些实验中所发现的，实验对象产生的反应，不仅会因为逃税游戏的概率和利益而起，也会因为给他设定的背景而起。尤其是，税收逃逸的决策依赖于主体对税收制度公平性的感觉。如果这一观点成立，那么对纳税公平的感觉可以强化反逃税的社会规范，这样在问心有愧（如果没被抓住）或者坏名声（如果被抓住）的作用下，逃税的成本将更高。法尔金格（Falkinger, 1995）进一步论述了该观点，但科威尔（Cowell, 1990）的实验报告说，未能发现税收制度不公平感知与纳税不遵从度之间有关联。

博尔迪翁（Bordigeon, 1993）指出，个体与政府之间的关系涉及交换而不是单纯地强制。纳税人会去计算自己的私人消费与政府公共物品供给之间的交换条件，如果发现这些条件不公平就会逃税（取决于他或她的风险规避程度或者他或她感觉到的重建公平要达到的标准）。考虑到必须缴纳的税款、不公平的税收结构或者其他纳税人的逃税行为，在这一模型中不公平感反映出公共物品供给不足的水平。正如安德内等人（Andreoni et. al, 1998）指出的，个人也能发现主要由公共物品的错误供给而引起的不公平感——换言之，某人可能像梭罗一样逃税，如果他认为政府的政策是错误的。然而，正如唐顿（Daunton, 1998）主张的，这并不是简单的事情，战争开支在爱国主义时期可以被容忍而在其他反黩武主义时期则可能被拒绝。

以上模式表明，互惠利他主义的某种形式也可能会发挥作用，此时纳税人行为依赖于政府自身的行为、动机和意向，而不是特定个体人群中小团体的行为、动机和意向。列维（Levi, 1998:91）认为，如果民众相信政府会为他们的利益行事，如果政府的程序是公平的，如果他们相信政府和他们之间是互惠的，那么他们就更有可能成为"有条件的拥护者"（contingent consenters），并在纳税方面合作,即便是他们的短期物质利益让搭便车行为显得更像是个人的最优选择。

有些调查证据,也为这一观点提供了支持。托格勒(Torgler,2003)和斯莱姆罗德指出,在跨国间经调查得到的逃税态度与公开表达的对政府的信任之间,存在着正向关系。斯莱姆罗德(Slemrod,2003)发现,在美国和德国的个体之间也存在类似的关系。捷克共和国在2002年的民意测验显示,如果一个人相信政府的服务是低于标准的,那么他将更倾向于逃税(Hanousek and Palda,2004)。①

如果感知(perceptions)对纳税遵从很重要,那么一个很自然的问题就是,纳税遵从行为在多大程度上可以被政府操纵,以便降低筹措资金的成本?诉诸于个人良知这一手段,至少可以追溯到古巴比伦的汉谟拉比统治时期。在那时,每当纳税人缴税晚了,税吏就会把下面的通知寄给他:"为什么你没给巴比伦上交30头羊作为你的税金?难道你不对这样的行为感到羞愧吗?"(Webber and Wildavsky,1986:58)。正如接下来要讨论的,诉诸爱国主义以诱导公民缴税(而且经常的,购买战争债券)在当代已经是非常普遍。

然而,并没有令人信服的证据证明,在非战争时期,政府类似的行动能成功地支配纳税人让他们采用纳税遵从战略。在一项以和平时期明尼苏达州纳税人为对象的随机现场实验中,布鲁曼托、克里斯蒂安和斯莱姆罗德(Blumenthal、Christian and Slemrod,2001)发现,没有证据表明,两封诉诸纳税人良知的书面信中有哪一封对纳税遵从度有显著影响。其中一封信强调税收所资助的项目会产生有益的结果,而另一封信则传递了大多数纳税人会遵从的信息。基于在瑞士所做的一项控制性现场实验,托格勒(Torgler,2004)也发现,道义上的劝告对纳税人的遵从行为几乎没有任何影响。

一项由"国税局监督委员会"资助的最新调查(Internal Revenue Service Oversight Board,2006),提供了一些论据可以很好地说明下面的难题:要区分出人们纳税是因为他们觉得应该这样做,还是由于他们害怕受到惩罚而不那样做,是极为困难的。然而,在2005年的调查中,96%的被调查者大致同意

---

① 这样的联系也可能是纳税人在事后对自己纳税不遵从行为的一种辩解。

或完全同意下面的观点,即"缴纳公平分摊的税额是美国公民的义务",而62%的被调查者也谈到"担心被审计"对于他们是否"诚实地"申报和缴税有很大或有一定程度的影响。

在本章中,我们着重分析下面的观点,即纳税义务的遵从可能是公民对政府态度的结果,而在纳税遵从分析模型中可能缺失了动机来源。阿克洛夫和克兰顿(Akerlof and Kranton,2005)将缺失的特质概括为认同(identity)——一种个人的自我形象,认同于他或她的社会与政府权威。这一假设如下:当公民认同于国家和他们在社会中的角色时,他们发现若不遵循社会规则也不为国家利益而行动,那自己的效用会受到损害。此外,个体越认同于他或她的国家,他或她参与和贡献于社会时所需要的金钱奖励就越少(换言之,感觉到的税收负担就越轻)。阿克洛夫和克兰顿(Akerlof and Kranton,2005)在雇员——公司关系的背景下将其称之为"动机资本(motivational capital)",即公司有责任去激发雇员运用他们的技能为公司的利益而努力。在一定程度上,我们将该术语应用来分析公民—政府关系,并且聚焦于这种关系如何被战争所影响。

二、战争与税收

(一)相关的实证研究文献

学者们已经检验了战争如何影响财政的诸多方面。在一本很有影响的著作中,皮考克和怀斯曼(Peacock and Wiseman,1961)认为,战争造成的税收增加会产生一种棘轮效应(ratchet effect),战后的税收水平无法回到战前水平。对此现象,一种解释是额外战争开支的需要导致了税收管理领域的制度变迁,从而带来了资金筹集成本永久性降低,而这种降低对政府最优财政水平的影响是滞后的。对此机制有一个很好的例证是,美国在1942~1943年开始征收的所得税在战争结束后并没有被废止。

基于需求侧而对棘轮效应所做的另一种解释认为,战争所需要的牺牲是累退性的,而在战争结束后,政府在政策上出于政治需求会转向奖赏那些在战时做出牺牲的人。卢卡森和泽克(Lucassen and Zurcher,1998:415)注意到,"作为人们愿意战斗和持续战斗的交换,受到压力的政府不得不做出社会公正的承诺('适合英雄生活的国土')。在两次世界大战结束后的善后工作中,这些承诺至少部分地实现了,并因此最终带来1945年以后的福利国家。"即使社会只想奖励那些做出特别巨大牺牲的家庭,也很难达到精准奖励的目标。①

对于在战争时期征税和征兵,政府常常需要投入大量的资源进行宣传,强调一种"我们在一起"的信念,提出这样的信念就是用来部分地克服搭便车冲动的。班克、斯塔克和桑代克(Bank,Stark and Thorndike,2008)最近出版了一本关于美国战时牺牲的历史巨著。在第一次世界大战时期,美国财政部长威廉·吉布斯·麦卡杜(William Gibbs McAdoo)称战时牺牲为"爱国主义资本化"(capitalizing patriotism)。康和罗科夫(Kang and Rockoff,2006)研究了美国第一次世界大战时期的经历,同时琼斯(Jones,1989)讨论了美国在第二次世界大战时期的财政宣传情况。波伦伯格(Polenberg,1972)注意到,美国在第二次世界大战时期战争债券的销售表明,在自愿和强迫之间有明确的界限。在1942年,罗斯福总统的智囊们都主张实行强制储蓄计划,但是总统反而决定制定自愿的计划来替代。那些支持强制计划的人认为,一个正式和公正的强制计划,会在实际上比一个通过随意和不公平的共同体压力来达到的自愿计划,强迫性更少。

在和平时期抽税(extraction)也会采用宣传公共服务的方式,虽然该方式对于纳税的促进作用还没有得到有效的证明。普特南(Putnam,2000)指出,像美国历史上早期的主要战争一样,第二次世界大战使得美国进入一个全国性的强烈爱国主义和地方性的公民行动主义(civic activism)时期:在这两场主要战争结束后,公民协会的成员数量增加。他继续推测,第二次世界大战后公民参与下降的巨大代际差异,可能是由于人员的代际更替导致的,上一代人的价值观和公民习惯是在高度强调公民责任的时代形成的,而其他代际的性格成长环境完全不同。② 高度强调公民责任,如果被用来解释人们对税收的态度的话,那就为"皮考克-怀斯曼棘轮现象"(Peacock-Wiseman ratchet phenomenon)提供了另一种解释。

---

① 尽管如此,还是要注意,美国《1944年GI法案》和慷慨的军队养老金仍是对那些服务于军队者进行精准补偿的例子。

② 普特南(Putnam,2000:275—6)强调,他并不相信战争时达成公民参与(civic reengagement)的必要或值得赞扬的方式。他主张寻找一种"战争的道德替代物",这种替代物能在不宣扬武德或生命牺牲的前提下也有积极的影响。

第八章 战争与税收：爱国主义何时克服搭便车冲动？

许多国家在战争与和平年代都有征兵，这是一种（指定的）"税"，带有特有的公平和效率，在行政管理和政策推进等方面也比较特别。与纳税一样，服兵役也会受制于搭便车问题；如果搭便车行为受到限制，那么通过征召（conscription）来筹集资源的成本就降低了。列维（Levi,1997）强调说，服兵役是证明民主政府有强大征税能力的一种方式。他还考察了为什么在特定时间和地点会存在广泛的逃避兵役的行为，而在其他时间和地点却存在相当多的爱国精神和自愿行为。在此背景下，有趣的是，我们要指出，美国在第一次世界大战时期设计了一套制度，使得征兵过程尽可能像是自愿的——甚至像投票。当地的平民志愿者首先注册为符合要求的年轻人，这与他们登记选举的方式一样。事实上，参军注册的地点，甚至就是每一选区的投票站（Ellis and Noyes,1990:190）。

（二）相关的规范研究文献

正如托马斯·潘恩（Thomas Paine）所观察到的，战争（最终）[①]需要更高的税收。税款和借款的最佳组合问题，已经吸引了众多杰出的财政经济学家的注意（如 Hicks, Hicks and Rostas,1941;Edgeworth,1915）。巴罗（Barro,1979）提出的"税收平滑"（tax smoothing）假设，主导了这一领域的当代文献，即认为有效的融资应该是让不同时期的税收带来的社会边际成本相等。巴罗指出，如果税的边际成本是税率的一个不变函数，那么有效融资应该使得不同时期的税率相等，因此可以在政府需要临时开支时——大多是战争时期——大量使用债务融资。不过，这一结论依赖于下面的假设：税收的社会边际成本，是税率的一个不变函数。然而，有必要指出，当纳税人自愿遵从时，税收的社会成本将会更低，因为此时政府能用更少的资源来执行和监控税款解缴行为是否恰当。因此，如果像许多传闻证据所说的那样，在一场（受欢迎的）战争中，民众对于任一特定税率上的纳税义务都会有更高的"自愿遵从意愿"，那么在战时最理想的情况应该是征收更多税收而不是依据税收平滑理论行事。[②]

[①] "战争……带来唯一确定的后果，那就是会增加税收"（Paine[1787]1908）。

[②] 这一附加说明由巴罗（Barro,1979）在一个脚注（fn.6:943）中说明的："这样的效应（征税成本与同时期政府开支之间的特别联系）可能来自，比方说，战争对'爱国主义'的影响以至于降低了战时征税的管理成本"。

换句话说，当民众认同他在社会和国家中的位置时，民众认同感的存在就替代了逃税被发现及受惩的作用，于是政府可以减少强制执行方面的投入。所以我们认为，政府若能通过像认同感这样的因素来鼓动公民，那这样的能力既是政府的有价值资产，也是一个可能的投资对象。

三、战争如何影响人们对税收逃逸的态度？

对纳税遵从决定因素进行经验分析，面临着一个难题。用一位同事的话说，毋庸讳言是"我们既无法有效测量左侧变量（left－hand side variables），也无法测量右侧变量（right－hand side variables）"。[①] 这一情况并没有完全阻碍分析，但是需要特定类型的经验分析和创造力。本章的剩余部分将展示一些新的经验分析，用来阐明在多大程度上战争和军事行动会影响纳税遵从态度和行为。由于缺少量化措施来对纳税遵从度进行可靠的跨国比较或者在一国内进行历时比较，因此这些经验分析不可避免地是间接的。在这部分，我们基于访谈来衡量人们对于逃税的态度而不是逃税本身，以便在跨国间研究纳税遵从度的决定因素；其结果是，有证据表明衡量态度的措施之间即使没有因果关系，但也都具有相关关系。

（一）数据

在这部分，我们使用了跨国的和历时性数据来检验战争影响纳税遵从态度这一命题。我们的经验性分析，需要关于公民对纳税遵从和国家间冲突态度的量化数据，还需要财政和人口统计信息。接下来，我们描述了这三种数据的具体来源以及每种数据所涉及的问题领域。

纳税遵从（TC）态度数据主要来自世界价值观调查项目（WVS）分别在1981年、1990年、1995～1997年以及1999～2000年进行的四次调查。世界价值观调查组织促成了对价值、规范和态度之间的跨国比较。这四次调查的国家数量分别为23个、44个、49个、超过60个，调查的国家只有个别的变动。在调查中，主要询问的内容涉及调查对象对工作、家庭、宗教、政治和当前社会问题的态度，还收集了人口数据。尽管受限于态度调查，特别是跨国态度调

[①] 参见 Slemrod and Yitzhaki（2002）选录的针对纳税遵从经验研究的评论意见。

查,这样的数据通常会产生保留意见,但它们还是被政治学家、社会学家和经济学家广泛而充分地使用[1]。

我们聚焦于世界价值观调查涉及的有关人们对纳税义务遵从态度的问题。该问题的具体表述是:

请告诉我,如果你有机会在纳税时作弊,你认为这种行为:

总是正当的;绝不正当的;处于正当与不正当之间(取值从1=

绝不正当,到10=总是正当的)。

我们把这一问题的赋值重新调整为从0到1,1表示认为"纳税作弊绝不正当",这样调整后的变量数值反映的是回答者对纳税遵从而不是对不遵从的态度支持情况。为了能在国家层面进行回归分析,我们使用每一次调查中各个国家被调查者回答的加权平均值。在其他研究中,这一变量被用来显示与非正规经济、与政府部门的规模存在关联。[2]

我们主要的自变量是一些表明一个特定国家所面临的军事冲突程度和水平的指标,这些变量来自"战争相关研究计划"(COW)中的跨国军事争端数据库(Ghosm、Palmer和Bremer 2004)。我们已经收集了1970年以来关于两国或多国间军事冲突的资料。[3] 这些数据库包括了冲突从开始到结束的日期、冲突双方总体死亡人数的估计和冲突的发起者。其他变量则包括各国所参与的最高敌对水平和最大规模的军事行动。敌对水平测量的取值范围为1到5,具体如下:1=没有军事行动;2=威胁使用武力;3=展示武力;4=使用武力;5=战争。在下文中,我们认为只有敌对水平取值达到3或3以上时才能被界定为冲突。死亡水平衡量的取值范围为1到6,具体如下:0=无人死亡;1=1—25人死亡;2=26—100人死亡;3=101—250人死亡;4=251—500人死亡;5=501—999人死亡;6=999人以上死亡。我们选取类别(1—5)五个等级数字的中间值,并将死亡1 500人作为某场特定战争的死亡数字作为类别6的估

---

[1] 该数据在研究中的使用情况,可参见一个更广泛的(虽然并不完全)目录(Inglehart, Basanez, and Moreno, 1998)。

[2] 参见 Torgler (2003) and Slemrod (2003)。

[3] 国家内的冲突,尽管可能对本章讨论的议题也很重要,但未进行分析。"战争相关研究计划"中"国内军事争端"数据库对于1970年以来的内战也有信息,包括战争的起讫年份、异议群体的名称、战争获胜者、内战类型、冲突中总体伤亡情况、支持政府一方的死亡情况,以及是否有别的国家介入战争等。

计值。如果冲突是由这个国家发起的,那么其赋值为1;如果不是,则其值为0。由于许多冲突往往是由双方共同挑起的,所以这一测量方法不是很准确。

我们基于四次世界价值观调查数据,通过加总前十年的数据,构建了几个替代性指标来测量各个国家外部冲突的程度,具体如下:①

1. 不同冲突的数量(总冲突数);
2. 冲突年限的长短(冲突年限);
3. 按人口平均的死亡率(死亡比率);
4. 冲突是否由自己发动的指标;
5. 冲突是否以胜利告终的指标。

此外,考虑到有许多冲突的持续时间(冲突年限)不足一年,因而冲突年限常常少于总冲突数,所以我们设计了一个测量国家是否面临任何冲突的二元指标(binary indicator)。如果军事冲突增加了民众对政府的认同感,那么我们预期一个国家面临的冲突越多,其纳税遵从度也就更高。然而并不明确的是,军人死亡率对纳税遵从度产生了哪些影响。死亡率越高,特定冲突就可能越不受欢迎,并因此可能导致了更低的纳税遵从度。

我们把一些与战争无关的变量作为控制变量,这些无关变量可能在主要关注变量之外对纳税遵从度产生影响。作为对经济发展的衡量,我们选择了人均GDP的对数和人均GDP的平方作为指标。为了看看从人群中汲取资源水平的高低对民众的态度是否有影响,我们考查了政府开支占GDP的比重,以及这一变量的平方。先前的一些纳税遵从态度研究已经考查了其中的一些变量,如国家识字率和回答者的平均年龄以及男性回答者的比例。最后,我们也纳入一些国家层面的变量,这些变量反映了人口的种族和宗教的异质程度,同时也将一国的自由度作为指标变量。这些异质变量被定义为赫芬达尔指数,其表达式为 $1-\Sigma S_{ij}^2$,这里的 S_{ij} 意思是指在 j 国家的 $i(i=1...N)$ 团体的种族与宗教情况。这些测量反映了两个随机选择的个体来自一个属于不同

---

① 尽管选择10年作为时间段有点武断,但我们汇报的结果相对于其他更短时间段还是坚实的。也许在更长时间段,态度会受到影响,特别是受像第二次世界大战这样的严重冲突的影响。这些未估量的长期影响跟我们已估量的短期效应之间的相关程度,可能会对后者估计值的准确度造成不利影响。

第八章 战争与税收:爱国主义何时克服搭便车冲动?

种族和宗教团体的人口的可能性(Alesina et al.,2003)。可以说,拥有越多同质性人口的国家,就越有可能获得更多公民的认同,因而会有更高的纳税遵从度。最后,还有一个变量被引进用来反映那些有潜在影响而又非常不同的过程,这些过程决定了在社会自由度不同的国家之中政府开支和社会认同的水平。这一变量被编码为:如果国家不自由则取值为1;如果部分自由则为2;如果自由则是3。

在我们的基准分析中,我们估计这一模型忽略了这些数据的面板效应(比如,在混合横截面数据上使用常用的最小二乘法回归)。在所有的技术指标中,历次世界价值观的调查都纳入了二元指标,其标准差集中在国家层面。表8-1包含了我们对使用变量的描述,表8-2是一些概要统计数据。

表8-1　　　　　　　纳税遵从态度跨国分析的数据来源

变　量	描　述	来　源
纳税遵从与否(TC)	1=完全不正当,0=完全正当(以0.1为增加值)	世界价值观调查(1981、1990、1995以及2000)
男性比例(Average male)	男性回答者比例	世界价值观调查(1981、1990、1995以及2000)
年龄均值(Average age)	回答者的平均年龄	世界价值观调查(1981、1990、1995以及2000)
GDP的对数(Log of GDP)	GDP的对数	世界发展指标(世界银行)*
政府非军事开支占比(G/GDP)	政府非军事开支占GDP的比重	政府财政统计年鉴(1982、1992、2000、2002)
自由状态(Status)	1=国家不自由,2=部分自由,3=自由	自由之家
识字率(Literacy)	识字率(男性与女性)	世界发展指标(世界银行)
冲突与否(Any conflict)	1=如果国家经历了任何军事冲突,0=没有	战争相关——国际军事争端数据库(COW)
冲突总数(Total conflicts)	冲突总数	战争相关——国际军事争端数据库(COW)
冲突时长(Conflict-years)	所有冲突持续事件长度总和(年)	战争相关——国际军事争端数据库(COW)
人口死亡率(Fatality-fraction)	人口死亡率百分比	战争相关——国际军事争端数据库(COW)

续表

变量	描述	来源
自生冲突（Self-originated conflicts）	表示总体冲突是否由自己造成的二元变量	战争相关——国际军事争端数据库（COW）
自生冲突时长（Self-originated conflict-years）	由冲突年限与表示是否由自己造成的二元变量交互	战争相关——国际军事争端数据库（COW）
冲突获胜总数（Total conflicts won）	由整体冲突与表示冲突是否以胜利结束的二元变量交互	战争相关——国际军事争端数据库（COW）
种族异质性（Ethnic heterogeneity）	种族异质性；等于1减去在特定国家随机选择两个人具有相同种族背景的概率	阿莱西那等（Alesina et al., 2003）
宗教异质性（Religious heterogeneity）	宗教异质性；等于1减去在特定国家随机选择两个人具有相同宗教背景的概率	阿莱西那等（Alesina et al., 2003）

注释：N=125

＊一些西欧国家的数据缺失，美国和澳大利亚的数据用0.99替代。

世界发展指标和战争相关研究变量按照十年平均计算，与世界价值观调查保持一致。

表8－2　　　　　　　　纳税遵从态跨国分析的概要统计

变量	均值	标准差	最小值	最大值
纳税遵从（TC）	0.84	0.07	0.64	0.98
GDP对数（Log of GDP）	8.34	1.34	5.17	10.50
政府非军事开支占比（G/GDP）	0.41	0.16	0.08	0.74
种族分化（Ethnic fractionalization）	0.32	0.23	0.04	0.93
宗教分化（Religious fractionalization）	0.42	0.24	0.004	0.86
自由状态（Freedom status）	2.50	0.63	1.0	3.0
识字率（Literacy）	90.8	14.2	39.3	99.8
年龄均值（Average age）	41.4	4.6	28.9	47.6
男性占比（% Male）	0.49	0.05	0.25	0.85
冲突总数（Total conflicts）	4.54	7.36	0.0	47.0

第八章 战争与税收:爱国主义何时克服搭便车冲动?

续表

变量	均值	标准差	最小值	最大值
分化率(Fatality-fraction, in %)	0.0005	0.004	0.0	0.04
冲突与否(Any conflict)	0.72	0.45	0.0	1.0
自生冲突(Self-originated conflicts)	3.9	6.51	0.0	37.0
冲突时长(Conflict-years)	2.27	4.29	0.0	2.23
自生冲突时长(Self-originated conflict-years)	1.74	3.32	0.0	16.20
冲突获胜总数(Total conflicts won)	0.62	1.25	0.0	5.0

(二)国家层面的结果

表8—3所显示的结果表明,在之前的十年中,军事冲突的发生及数量通常被认为与人们对待纳税遵从的态度是正向相关的。在之前十年中,任一冲突都能使纳税遵从度上升0.012个百分点,虽然我们不能拒绝其真系数为0并具有较高的显著性假设。这些样本国家纳税遵从度的平均指数为0.84,这表明增长了大约1.4%。正如表8—3中第(2)和(3)栏所显示的,冲突或冲突年限每增加一个单位,都能造成整个国家平均纳税遵从度上升0.003个百分点。此外,考虑到样本国家的纳税遵从度的平均指数为0.84,那么这些被估测的系数相当于每增加一个单位的冲突或是冲突年限,将带来纳税遵从指数由0.32%到0.35%的提升。或者说,我们也可以将这一结果描述为:总冲突(7.4个单位冲突)标准差每增加一个单位,那么纳税遵从态度将会增加超过四分之一标准差(更精确地说,即0.02/0.74=0.27标准差)。回归系数的估计值分别在0.01和0.1置信水平上都是显著的。冲突是否由自己发起的(第7和第8栏)似乎对纳税遵从度没有影响。此外,对国家来说冲突是否以"胜利"结束,对纳税遵从度也没有影响。

表 8—3　纳税遵从态度的跨国分析：混合交叉模型

	(1)	(2)	(3)	(4)	(5)	(6)	(7)	(8)
				TC				
人均国内生产总值对数(Log of GDP per capita)	0.062 (0.081)	0.102 (0.078)	0.092 (0.081)	−0.006 (0.066)	0.030 (0.056)	0.106 (0.078)	0.114 (0.079)	0.099 (0.081)
人均国内生产总值对数(Log of GDP per capita)^2	−0.004 (0.005)	−0.007 (0.005)	−0.006 (0.005)	−0.000 (0.004)	−0.002 (0.003)	−0.007 (0.005)	−0.007 (0.005)	−0.006 (0.005)
政府非军事支出占 GDP 比例(G/GDP)	−0.606 (0.238)**	−0.618 (0.211)***	−0.682 (0.228)***	−0.576 (0.247)**	−0.626 (0.226)***	−0.617 (0.209)***	−0.575 (0.212)***	−0.669 (0.228)***
政府非军事支出占 GDP 比例(G/GDP)^2	0.488 (0.279)*	0.557 (0.244)**	0.593 (0.264)**	0.472 (0.281)*	0.577 (0.257)**	0.563 (0.240)**	0.517 (0.243)**	0.578 (0.264)**
种族分化(Ethnic fractionalization)	−0.034 (0.051)	−0.025 (0.050)	−0.032 (0.052)	−0.011 (0.056)	−0.016 (0.055)	−0.026 (0.050)	−0.023 (0.050)	−0.033 (0.052)
宗教分化(Religious fractionalization)	0.001 (0.036)	−0.013 (0.033)	−0.003 (0.033)	−0.003 (0.037)	−0.012 (0.033)	−0.010 (0.033)	−0.006 (0.033)	0.003 (0.032)
自由状态(Freedom status)	0.016 (0.018)	0.022 (0.018)	0.016 (0.018)	0.018 (0.018)	0.020 (0.017)	0.025 (0.018)	0.027 (0.018)	0.017 (0.018)

第八章 战争与税收:爱国主义何时克服搭便车冲动?

续表

	(1)	(2)	(3)	(4)	(5)	(6)	(7)	(8)
				TC				
识字率(Literacy)	−0.001 (0.001)*	−0.002 (0.001)**	−0.002 (0.001)**	−0.002 (0.001)**	−0.002 (0.001)**	−0.002 (0.001)**	−0.002 (0.001)**	−0.002 (0.001)**
年龄均值(Average age)	0.003 (0.002)*	0.004 (0.002)**	0.004 (0.002)**	0.003 (0.002)	0.004 (0.002)*	0.004 (0.002)**	0.004 (0.002)**	0.004 (0.002)**
男性占比(% Male)	0.154 (0.106)	0.166 (0.102)	0.159 (0.107)	0.054 (0.094)	0.095 (0.091)	0.170 (0.101)*	0.174 (0.102)*	0.161 (0.108)
冲突与否(Any conflict)	0.012 (0.014)							
冲突总数(Total conflicts)		0.027 (0.007)***			0.037 (0.011)***	0.033 (0.008)***		
冲突时长(Conflict-years)			0.030 (0.017)*				−0.042 (0.041)	
分化率(Fatality-fraction, in %)				−2.546 (0.896)***	−2.323 (0.771)***			
冲突获胜总数(Total conflicts won)						−0.066 (0.053)		−0.020 (0.067)

183

续表

		(1)	(2)	(3)	(4)	(5)	(6)	(7)	(8)
						TC			
自生冲突(Self-originated conflicts)		0.614	0.425	0.490	0.969	0.784			
		(0.366)*	(0.353)	(0.364)	(0.296)***	(0.263)***			
自生冲突时长(Self-originated conflict-years)							(0.053)	0.082	
								(0.048)*	
常数(Constant)		125	125	125	120	120	0.390	0.339	0.448
							(0.352)	(0.363)	(0.370)
拟合度(R-squared)		0.32	0.38	0.34	0.35	0.41	125	125	125
							0.38	0.39	0.35

注释:列(4)和(5):样本限制在缺失了最多一个死亡率观测量的那些国家。稳健结论决定这一观测量是否被0或死亡率的一个正值所替代。括号中稳健标准差集聚于国家。

* 显著性为10%。
** 显著性为5%。
*** 显著性为1%。

与此相反,第(4)栏的数据显示,人口的死亡率与纳税遵从度呈负相关关系。人口死亡率每增加0.001个百分点,全国性纳税遵从指数下降0.003个百分点;或者当估计前文所述的纳税遵从度平均水平时,全国性纳税遵从指数下降为0.35%。相应的,人口死亡率的标准差每增加一个百分点,纳税遵从指数将下降八分之一个标准差。回归系数的估计值在1%的置信水平是显著的。第5栏表明,当我们控制冲突数量和人口死亡率时,所估测的结果是相当稳定的——也就是说,冲突数量与纳税遵从态度呈显著的正相关,而死亡率则与之呈显著的负相关。

一些其他的解释变量也显示出与纳税遵从度在统计上呈显著的相关。人均GDP(的对数)预计与纳税遵从态度之间是一种倒U形的关系,但在统计上并不显著。更高的识字率,会导致纳税遵从指数的下降。平均年龄和男性比例均值,均与纳税遵从度存在着很微弱但统计上显著的正相关关系。令财政经济学家特别感兴趣的是,政府开支所占GDP的比重与纳税遵从度是一种U形关系,也就是说,开始时政府开支所占比例与纳税遵从态度之间是负相关关系,然后到一定水平后转呈正相关关系;其拐点大约是0.55,这正好接近开支最高的西欧国家的平均政府开支比例。最后,异质性变量和政治自由度均对纳税遵从态度没有统计上显著的影响。

六、国家的固定效应(Country Fixed-Effects)

如果控制时间不变,对个别国家的效应做回归分析,那么仅仅在每一国家内跨时间变化上识别纳税遵从态度的话,那些自变量普遍地不再呈现统计上的显著性。因为我们的因变量和自变量大多数来源于跨国比较,所以用我们的可用变量来确定参数时变化极小。结果是,尽管一般固定效应模型预估系数在广度上是可比较的,指向混合跨国模型且标准差更大,使得拒绝虚无假设(null hypothesis)即各项系数等于0变得不可能。

七、讨论

数据分析表明,在其他条件都相同的情况下,冲突数量和冲突年限与纳税遵从度呈正相关的关系,而死亡率则与之呈负相关的关系。这些初步结果支持了下面的假设：国家安全问题会外溢到人们的纳税遵从态度中。因此，一定程度的军事冲突会提高认同，这可能作为一种替代性资源而被用于征税过程。然而，死亡率与纳税遵从度的负相关的关系表明，军事冲突的特殊后果可能因减少了纳税人口的支持而破坏了这一正效应。

有些出人意料的是，总体上我们没有发现，冲突是否由自己造成或冲突是否以胜利结束会对纳税遵从态度有影响。尽管我们知道有许多军事冲突是由双方共同造成的，这表明常常难以区分谁是攻击者，谁是被攻击者。此外，因为样本国家中很少有所谓的输赢（大部分冲突以双方进入僵局告终或不了了之），所以在经验上很难估计输或赢对纳税遵从态度的影响。

四、结论

关于纳税遵从度的标准经济学模型——纳税遵从度是搭便车的公民对预期效益与成本进行权衡的结果——因战时的巨大风险和潜在牺牲需要等问题而被质疑。正如许多证据表明的，如果纳税人在一场受欢迎的战争中愿意暂时放弃成本收益计算，那么征税的社会成本会减少；在其他条件不变的情况下，战争开支采用税收融资形式比其他形式更合适。尽管国家间军事冲突和公民对待冲突的态度对纳税遵从度是否有实质性的影响，并不能在经验研究上确定，但本章做出了一种尝试以处理这一问题。结果表明，跨国性和国家间的军事冲突会强化纳税遵从的积极态度，而军事死亡率则会损害它。

第九章 自由、民主和能力：
来自早期美国税制的经验

罗宾·L. 艾因霍恩（Robin L. Einhorn）

一直不断有人在想，对于当代国内外政策制定者而言，研究美国早期历史可以获得许多有价值的经验。在今天，要重写罗斯托（W. W. Rostow）的《经济增长阶段》一书中有关美国的部分，就要考虑推荐用什么东西来代替杀害印第安人和奴役非洲人，以作为推动因素让美国"进入起飞阶段以便可以达到自我持续的经济增长"（Rostow，1960）。然而，与此同时，美国政体中的联邦架构为比较历史研究提供了机会，并对其中内置的可用来控制一些变量的机制展开研究。我利用研究18世纪美国税收政策的机会，比较了殖民地以下的共同经验，压倒性的新教移民人口，与同一个帝国官僚体系的相似关系，融入大西洋商业体系的程度。然而，这些殖民地（以及1776年之后承继它们的州）却形成了截然不同的税制结构。正如美国财政部长小奥利弗·沃尔科特（Oliver Wolcott，Jr.）在1796年注意到的，北方的税制比南方的更加精细，并以一种更精细的方式对更大范围的财产征税。特别是，北方殖民地（及以后的州）更有可能拥有足够的行政能力去估征（assessing）财产的价值（Einhorn，2006a）。

对这些区别进行解释，需要我们着眼于北方和南方殖民地（州）的其他差异。最明显的区分众所周知：南方更加依赖于奴隶制。在美国独立战争爆发之时，奴隶占北方人口的4%（从新罕布什尔到宾夕法尼亚），占南方人口的37%（从特拉华到佐治亚）。历史学家现在经常强调奴隶制存在于整个新生美国的事实，但是在马萨诸塞和宾夕法尼亚只有2%的奴隶人口，相比于弗吉尼亚的 40% 和南卡罗来纳 60% 的奴隶人口,具有完全不同的内涵(Berlin, 1998)。简言之,北方殖民地(及随后的州)是更加自由的社会(freer societies),而更高程度的民主仅次于它的更大程度的自由(liberty)。北方政府比南方政府更加民主,在地方层面尤为突出。从 17 世纪到 19 世纪,北方的地方官员由选举产生(通常是每年一次),而在南方则是任命(通常是终身)。[①] 第三个传统的对比,我们更为熟悉却不太准确。当历史学家们认识到南方的大宗农作物经济具有更彻底的商业本质时,他们就抛弃了说北方更有资本主义特性的旧观念。与南方表现出来的准贵族的自负相反,那些烟草种植者和他们的奴工参与了 18 世纪最先进的商业体系(McCusker and Menard, 1985; Greene, 1988)。因此,与北方更加精细的税制结构相联系的,是更大自由和更多的民主,而不是更加的商业化。[②]

换言之,在早期美国历史上,自由和民主催生了更强和更好的政府。无论这个发现对于国家构建的历史社会学意义有多大,它都已经对美国早期历史产生了深远的影响。首先,甚至在转向行政能力问题之前,自由和民主二者的联系就已挑战了下述陈旧的解释路径:在传统故事中,早期美国历史上领导民主斗争的人是南方的奴隶主。如此直接的说法,听起来就牵强附会,可直到最近为止,历史学家们居然一直相信这一说法(由此有了一个短语:杰斐逊式民主)。埃蒙德.S.摩根(Edmund S. Morgan, 1972, 1975)出色的研究工作,为这一观点提供了最精细的版本,其核心观点就是,奴隶制通过消解美国白人间的阶级冲突而促进了美国民主的发展。这是因为,奴隶主们"没有受到危险的自由劳动阶级的威胁",所以革命时期拥有奴隶的精英——特别是著名的弗吉尼亚人——相对应于北方人(与英国人)更有能力充分地支持民主。[③] 然而,这种摩根称为"美国悖论"的东西,只有当我们接受其杰弗逊预设,即事实上南方比北方更加民主的情况下,它才成为悖论(参见 Einhorn, 2006b)。

---

① 北方选举和南方任命这样的模式在 18 世纪是普遍的,但要注意到,弗吉尼亚直到 1851 年,南卡罗来纳州在南北战争之前整个时期,地方官员仍旧是任命而非选举产生的。

② 格林尼(Greene, 1988)甚至认为,南方比北方更加商业化。若强调北方有更好的道路以及运河和铁路系统具有吸引力,但要记住的是,南方有更好的运输大宗作物的河流系统才是关键。

③ 杰斐逊自己为坚持这个观点而背负了太多的赞扬(或责任),历史学家一再重复他对北方政敌的攻击,把他们称为"君主主义者""贵族"和他个人造的混合词"独裁者(monocrats)"。皮特森(Peterson, 1960)就沉迷于杰斐逊的说法在美国的长期感染力。

第九章 自由、民主和能力：来自早期美国税制的经验

这就是本章要揭示的，美国早期税收史中所包含的熊彼特所说的"历史的惊雷"。正如许多历史学家已经表明的，若从字面来看决策机制（为保护不同选民利益而由选举出来的代表进行决策），那么在北方存在着更多反民主的修辞（rhetoric），但在那里也存在着更多的民主。① 要关注税收的历史，就要注意到各个层次政府拥有的结构和能力。一旦我们对早期美国的各级政府有了更加清晰的认识，我们就可以抛弃修辞上的悖论而着眼于现实政治的历史。这样的结果，正如我自己的研究所展示的，就是在更自由的社会中，存在着更民主且更有能力的政府。无论南方政治家多少次攻击强政府具有天生的傲慢（aristocratic）与腐败，并赞扬弱政府在本性上就是民主的和纯洁的（"杰斐逊式"理念的核心），事实上，在美国更自由和更民主的地方，政府更强大、更清廉和更有能力。这样的联系，其实更有道理。毕竟，民主是一种政治制度；在这一制度当中，普通民众积极地支持属于自己的政府。早期美国政治遵循如此直接的逻辑，这一事实之所以引人注目，仅仅是因为杰斐逊式修辞（Jeffersonian rhetoric）在美国具有持续的影响。②

这些一般性断言的证据，来自历史的细节：在税收制度中，在政府结构中，在特定的殖民地政府的行政能力中。本章的剩余部分，将会论述其中四个殖民地的税收历史——马萨诸塞、弗吉尼亚、宾夕法尼亚和南卡罗来纳——以及他们如何应对美国革命期间的空前开支。社会科学家或许想知道，随后的描述会怎样新奇。其实，美国政治很难成为一个新研究领域。不过，美国历史学家已经意识到，政治制度的研究远远落后于对政治修辞的研究。数十年来，学术界在意识形态争论（主要是共和主义和自由主义的相对重要性）的主导下，要么忽视了制度，要么注重研究过时的时代（尤其参见 John, 1997）。在此历史研究中"找回国家"，具有重大意义，其中最重要的是重新理解奴隶制的意义（Richards, 2000; Fehrenbacher, 2001; Einhorn, 2006a; Graber, 2006）。这里的

---

① 存在反民主的修辞，几乎就可以肯定反映了民主本身。北方精英抱怨在政治中受到了挑战，而南方精英根本就不用经历挑战。参见 Einhorn, 2006b。

② 并且，我们或许可以补充说，始终伴随民主政治的精英（"mugwump"，大人物）与腐败的关系，早就在对城市机构政治（urban machine politics）的古老研究中揭示出来。布里奇斯（Bridges, 1997）有力地证明，此观点并不成立。尽管如此，我要说的是，民主政府比非民主政府并不一定更少腐败，但在殖民地美国，民主政府确实更少腐败。这个结论的证据细节，可参见 Einhorn, 2006a: Chaps. 1—3。至于杰斐逊对历史解释的影响，可以参见 Lynd, 1967: Chaps. 6, 10。

问题并不是种族团结、种族排斥、压迫和非裔美国人的反抗,而是奴隶制对美国政府结构、运行和发展的影响。

一、马萨诸塞

在殖民地时期,马萨诸塞自始至终拥有精细的税收制度。尽管这一制度是累退性的,但没有激起什么广泛的批评。它常会引发一些争吵,但几乎没有什么腐败问题。纳税人在缴税时会遇到问题,收税也会延期,但很少有——即使有也极少——税收官员公开窃取税款的实例。

在1646年,马萨诸塞议会(assembly,也称 General Court)引进一种以镇为基础的"乡村评估"(country rate)的税收制度,一直将其使用到17世纪90年代。这个税率包括2.5先令的人头税,然后再按"所有的动产和不动产"(all personall & real estates)价值征收每英镑1便士的财产税。在每一年,由每个城镇选举一名税务专员,他与每年选出的行政委员一起,列出一张包括16岁及以上男性的清单,以及对于所有动产和不动产、生物、归到同一个镇中每一个人属于财产的东西的真实估价——按照公正的评估——是他们能够使用的各种合法的收入手段,就像:房屋,各种土地包括未开垦的土地(除了城镇公用土地),磨坊,船舶和各种小船,可买卖的商品,起重设备(cranes),码头,各种牲畜(家畜)以及其他任何已知的财产;海上或岸上各种可见的财产也一样。

用来向殖民地和自己城镇提供资金的最终税款,是人头税和财产税的组合:对所有成年男性(除"地方长官和教堂长老""病残的无劳动能力或其他体弱者"外)征收2.5先令的人头税,再加上每英镑1便士的财产税。这一制度通过对牲畜实行固定估价而让事情更加简单化了,但通过向工匠征收估计收入基础上的"才能税"(faculty tax)又把问题变复杂了,原因在于工匠"通过技艺与贸易的优势,相比于一般的劳动力和工人,更有能力分担公共费用"。这一税法还包括了一个县级层面的均等化(equalization)过程,即每个县的镇专员"小心适当地检查"镇的税收估征情况,"按照法律的真实意图"通过多数票决策来修正征税情况(Shurtleff, 1853 – 4, Vol. 2:173 – 4; Farrand, [1648]

第九章　自由、民主和能力:来自早期美国税制的经验

1929:9—10)。①

17世纪50年代的渐进式改革,将更多的税收负担转移到更富有的纳税人身上。1651年,马萨诸塞议会针对财产税做出规定,而这一规定中存在的严重问题一直持续存在到20世纪——这个问题就是,商业财产相比农业财产来说更难以税及,该规定是,"商人、店主和代理商的财产,要根据通用估值规则进行估征,按照评税员的意志和决定,要考虑到纳税人的库存和不动产,无论当时能否观察到,无论在谁手中。"为了保护商人免受随意的"意志和决定"的侵害,又反过来添加了上诉程序:"如果任何商人发现自己被估征过高,他们就可以请求评税员复议,评税员可以减少估征,如果不减少,商人可以向上一级县法院上诉。"议会同时也更直接地转移税收负担。1653年,它将人头税从2.5先令削减到1.67先令,并在1657年削减了家畜的固定估价以有利于大多数务农者(Shurtleff,1853—4,Vol.3:221,320,426;Massachusetts,[1660]1949—51:14)。

菲利普王战争(1675—1676)和威廉王战争早期(1689—1690),马萨诸塞推动了"乡村评估制度"超越了自己的上限。在当时,议会在前一个战争时期征收了26种税率(twenty-six rates),而在后一个战争时期征收37种税率。每次附加税率都使得人头税加倍,并放大了对于穷人来说的累退影响(Breen,1980:88,103)。此外,因为没有分摊机制,高额的殖民地税收引发了均等化问题。镇的官员可以低估财产价值,通过慷慨的"病残或其他体弱"豁免来减轻人头税压力,并在他们的县均等化会议中批准这些决议。当每个县提供的税收下降时,马萨诸塞议会只能通过叠加额外的费率来增加财政收入,这样税收负担的地理分配就变得越来越不合理。

马萨诸塞于1691年成为英国皇家殖民地之后,在议会层次引入了定期的政治博弈并依此来重塑税制。新的对"人头和财产"征税的制度,始终是马萨诸塞税制的支柱,直到进入20世纪。尽管花了一段时间来确定细节,但到

---

① 似乎很明显,针对工匠的才能税很少征收(Burbank H. H.,n.d.,"The Taxation of Polls and Property in Massachusetts. I," 14,New England Tax Materials 1658—1850 Collection,v.1,Baker Library,Harvard Business School,14)。从1634到1646年,马萨诸塞征收了一项纯粹的财产税,议会委员把总体负担分派给城镇,再由每年选出的城镇官员通过估计个人的"商品、存货和土地",把负担分派到个人(Shurtleff,1853—4,Vol.1:120、166、168)。

1700年,这一新税制就已经建立起来了。它包括在殖民地范围内的税额分摊,每次征收固定的人头税,并基于"所有房子、土地、存货、商品、货物与任何其他财产(包括奴隶)"的价值来估征财产税(Massachusetts,1869－1922,1：30)。对于不动产,新制度从按价值估征转变为按年度收入估征。在英国,这是一种常见的做法(对不动产占有者按当地费率征税),但在英国的经济中,大部分不动产占有者是出租人,可以用租金来测量收入(Cannan,1912)。可是马萨诸塞的大多数不动产占有者是地主,推行这样的征税方法会低估农业用地的价值。马萨诸塞议会在试用了几个系数后,于1700年确定不动产价值为年租金的6倍。如果没有租金的话,评税员将根据"不动产所在地点,适度地设定或假设(sett or lett)"来对不动产进行"估价"(Massachusetts,1869－1922,1：413)。这样的程序产生了三个后果:(1)六年的年租金之和,大概不到不动产的市场价值的一半。(2)每年选举产生的地方官员在评估业主自用土地的租金时,我们可以认定他们犯了估值偏低的错误。(3)由于城市房地产出租频率更高,对不动产估值可能会稍高于实际价值(Burbank n.d.,21a－b、23a－25a)。

与此同时,对于动产,农民获得了比"乡村评估"(country rates)更低的牲畜估值,大概比牲畜价值的一半还低。但是商业资产的估价,受制于"由评估员最优自由裁量权确定通用估值"规则,而这意味着"船舶、物品货物、商品、交易用的存货和财产"以及工匠的收入和奴隶,都应该按市场价值进行估征(Massachusetts,1869－1922,1：92、167;Burbank n.d.,24－5)。我们可以假设,他们没有按市场价值被估征(这是一个财产税公理,那就是没有财产是以其完全的市场价值来进行估征的);在1700年之前,城市利益集团没有享受到像农业财产法定低估一样的税收减免。城市利益集团发动反击,并赢得了对金融资产、船舶、营业存货的更低估值。然后城市利益集团在1730年从农民和工匠那里赢得了一场胜利,马萨诸塞议会扩大了工匠所得税的范围,它包含所有"基于贸易或特权的收入"(Massachusetts,1869－1922,Vol.2:572;Burbank n.d.,24、26－29)。这里的重点不在于每个税收决定中谁赢谁输,而在于议会政治决定这一重要事实:在议会中,城镇代表维护了自己选民的利益。

当马萨诸塞议会转向分摊税负时,这一政治进程显得更为清楚。在马萨

第九章 自由、民主和能力：来自早期美国税制的经验

诸塞法令全书上充满着冗长的城镇及其税收配额的年度清单，这反映了基于殖民地范围内政治协商带来的均等化解决方案。大的下议院委员会引导第一回合的商议，而当税收分摊额报告到达基层之后，城镇会发起一连串请愿，要求根据当地情况（通常是差的情况）允许减少配额，此时其他城镇的代表加入辩论（Massachusetts, 1869—1922, Vol. 4: 336、544=5、631、783）。商议时，要依赖于在殖民地范围内收集的估值数据。城镇代表为是否决定新评估标准、是否利用数据（一旦他们看到的话）而激烈斗争，城镇官员可能会为了保护地方利益而报告这些数据。

"乡村评估"和"向人头与财产征税"不完全一样，但它们有很多共同点。到1775年，马萨诸塞的本地评估员评估各种形式的财产已有130年，议会向城镇分摊税款已有75年。在这一过程中，曾有过渐进式的改变，不同的群体利用政治进程以赢得对自己更有利的税收方式。此处同样存在着大量的政治现象。为了想象在17世纪运行的乡村评估活动，我们需要想象官员和纳税人同意（和讨价还价）对大片土地、船舶、贸易商品和"其他已知的任何财产"的价值进行个别的评估。对于18世纪的"人头和财产"征税，我们必须想到，它增加了议会在分摊及估值规则上的政治角力。事实上，不难想象马萨诸塞的镇民如何做这些事情。然而，正如我们目前所看到的，完成这种行政和政治壮举的能力并非殖民地美洲所普遍共享的。

二、弗吉尼亚

弗吉尼亚既没有像乡村评估那样的制度，也没有对人头和财产征税，它主要的征税手段是用什一税（tithables）的形式来征缴人头税，这一税种涉及人群为自由民再加上受奴役人口。这一税种确立于1624年，紧接着英国皇家接管破产的弗吉尼亚公司之后。为了送一个代理人到英国并"偿付因我们的麻烦带来的公共债务"（针对1622的严重大屠杀而报复印第安人），第一议会（first assembly）向"定居者中所有16岁以上的男性"征收14磅烟草。在17世纪40年代，为了提高精确性，议会将纳税人定义为家庭的"主人"，让他们"为家庭中所有人的一切公共义务、什一税和收费（charges）负责"，并确定这些家庭"应缴什一税"的成员为："所有的黑人男女，所有介于16到60岁的其

193

他男性"。尽管后来制度有细微变化,但基于什一税征缴人头税一经确立后便被保留,直到美国革命爆发(Hening,[1819—23]1969—71,Vol. 1:124,159,281,284,286—8,292)。

在马萨诸塞建立乡村评估的同时,弗吉尼亚也在尝试引进财产税,即在人头税基础上增加对土地和牲畜的征税(以资助针对1644年印第安人攻击的报复战争),但这一尝试以失败告终。1645年的税收很简单:每名应缴什一税的人缴纳20磅烟草,外加每100英亩土地缴纳4磅烟草,接下来应缴烟草是每头牛4磅、每只绵羊4磅、每只山羊2磅和每匹马32磅。然而,对如此基本的财产征税,弗吉尼亚却无法实现有效地管理。在1646年,议会宣布该财产清单有缺陷,它制定了新的清单并对第一轮隐匿财产的纳税人以双倍税率征税。议会敦促纳税人(强调对印第安人战争的成本)并实行行政改革(任命新的收税员),但在1648年放弃了财产税,恢复"传统地和可见地"征收什一税的做法,"根据人头,平等地"征税(Hening,[1819—23]1969—71,Vol. 1:329—30,337,342—3,356)。

尽管按什一税征缴人头税非常简单(每人固定磅数的烟草),但这一税收也没能有效地运行。特别是在17世纪,殖民地税法记录了一系列问题,并集中在腐败上。1644年,地方执行官(sheriffs)拒绝制作账目。1645年,地方执行官犯有"敲诈勒索"罪行,并将"一大部分税收""变成他们的私人收益"。1661年,"地方执行官在他们自己提出的清单中进行欺诈",并且他们有一个可预见的避税方法:"不同的个人购买(白人)女仆去下地干活,这样他们可以避免缴纳税款"(后来很快就针对此避税方式采取了办法,即确定白人女性农业劳动者仍为应缴什一税的人)。1663年税收欺诈的办法有,用质量不好的烟草缴税,"这样的可鄙垃圾商品无法销售出去,除非价格很低。"1672年,纳税人谎报青少年的年龄。1691年,地方执行官挑选"对自己有利的时间"去征收税款以剥削纳税人(Hening,[1819—23]1969—71,Vol. 1:284,295;Vol. 2:19,170,186,296;Vol. 3:47)。在这个时期的普遍问题是,县政府贪污成风,那里的官员由任命而非选举产生。

上述抱怨伴随着17世纪的终结而渐渐平息,主要是因为弗吉尼亚调整了税收制度,大幅度降低了人头税税率(当该税率在18世纪60年代再次上升

第九章　自由、民主和能力：来自早期美国税制的经验

时，抱怨又回来了）。这次改革的创新之处在于，绕过县地方执行官而对出口烟草征税，虽然议会还希望可以解决两个经济问题。该改革要求，前来弗吉尼亚购买烟草的英国商人用货币缴纳税款——进而为经济注入稀缺的货币，并鼓励弗吉尼亚人生产其他比已税烟草更"有用和有利的商品"。可是当英国运货商拒绝用货币（bonds）缴纳他们的税款时，议会只好废除了这项税收。然而，1660年斯图亚特王室复辟（弗吉尼亚领导人在英国内战期间支持保皇党）后，弗吉尼亚与烟草运货商的权力关系发生了逆转。查理二世"慷慨地"核准了烟草出口税，由皇家海关官员征收并交给殖民地。弗吉尼亚还邀请国王接管一部分税务管理事务，国王也接受了这一邀请（Hening，[1819－23]1969－71，Vol.1：491，523；Vol.2：176；Morgan，1975：345－6；Bruce[1910]，1964：592－5）。

尽管如此，弗吉尼亚并没有放弃人头税，哪怕各类官员都用公平为由抨击这一税种。1663年，殖民地总督和政务委员会（council）建议市民（Burgesses）用缴纳土地税来取代人头税，因为"最平等征税的方式是根据土地而非人头"，但市民拒绝考虑这项建议。市民们发现，在当时缴纳人头税是可接受的，因为它由皇家官员征收的贸易税进行了补充（Hening，[1819－23]1969－71，Vol.2：178，204）。几乎在17世纪60年代之后的一个世纪，弗吉尼亚通过扩大征收贸易税来扩充自己的岁入基数。烟草出口税是弗吉尼亚借助英国皇室所征税收中的第一种。1679年弗吉尼亚增加了进口仆役税，并对"基督徒仆役"和非洲奴隶分别使用不同的税则，并在1684年增收了对进口酒的税收。到1701年，弗吉尼亚定期重征这些关税。在向皇家官员解释这些法律的更新时，弗吉尼亚都用贸易税的生产力为理由，并一直延续到1769年。比起"痛苦和繁重的"人头税，纳税人更偏向于贸易税；而人头税之所以是"痛苦和繁重的"，主要是因为弗吉尼亚缺乏地方行政能力来征收（Hening，[1819－23]1969－71，Vol.2：468；Vol.3：23－4，212－13）。[①]

[①] 不出所料，绅士们从来不承认问题出在他们自己的行政无能上。他们只是重复说，贸易税比起以什一税形式征缴的人头税来说，"痛苦和繁重程度"更轻（Hening，1819－23，Supp.：47，237；Vol.4：394；Vol.6：251；Vol.8：343）。尽管如此，对这种痛苦负担（它的累退性）的一种经济学解释要求我们，忽略掉人头税和占据主导地位的贸易税（针对出口的烟草）之间的相似归宿：前者对生产烟草的劳动力征税，后者针对烟草本身收税。

弗吉尼亚的税收仍然是原始的,后来它有过两次改革。一次是内部的改革(1645年财产税),它以彻底失败告终;一次是外部的改革(把收税外包给英国皇室),它发挥了作用,但也显露了弗吉尼亚政治体的局限性。在150年的殖民史中,弗吉尼亚从来没有要求自己的税务官员去估算过任何东西的价值。议会无法依赖县地方执行官的能力或诚信,即使要他们只征收以"什一税"形式缴纳的单一人头税也是如此,最后只好邀请英国皇家来帮助征税。弗吉尼亚人后来讲述了他们和帝国之间关系的另一个故事,在故事中他们一直在捍卫自己的政治自治,但是由于缺乏行政能力,政治自治永远只不过是虚构。马萨诸塞在1691年皇家宪章中失去了几乎全部的自主权,但与弗吉尼亚相比,仍保持相对于英国皇室更多的自主性。马萨诸塞的税收政治,也是弗吉尼亚所缺乏的。在马萨诸塞,地方官员和纳税人习惯于在税收估征时讨价还价;农民、工匠和商人习惯于操作(manipulating)估征规则;城镇代表习惯于设计税收分摊份额。在革命战争爆发之前,弗吉尼亚从来没有做过任何一件这样的事情。

三、宾夕法尼亚

贵格会(Quaker)殖民地的税收历史,乍一看似乎是自相矛盾的:税收很低,但有一个综合而精密的税制结构。在名为"土地税"(land tax)的税种中,殖民地和地方政府向单身男子征收有限的人头税,并由每年选举产生的地方评估员对"不动产和动产"估值后征税。这一税制结构的要素从17世纪的最初就存在,并且大多数要素都持续到19世纪。相较于其他殖民地,宾夕法尼亚州税制的累退性(regressive)程度较小,这是因为宾夕法尼亚没有全面征收人头税;但在地方官员评估财产税的能力和最低限度的政治腐败上,宾夕法尼亚与马萨诸塞相似(Einhorn,2006a:286n.15)。由于直到18世纪50年代后期,宾夕法尼亚几乎没有战争花费(反映了贵格会的和平主义),又由于地方政府不用为宗教筹集资金(反映贵格会对"为金钱工作的神职人员"的不信任),再加上它从一个成功的公众银行获得了大量的非税收入,所以宾夕法尼亚精细的税制结构不能被解释为它对沉重财政需求的回应。

宾夕法尼亚的"土地税"有两个独到之处:处理可税财产的方式;对"单身

自由民"的征税。二者都为债务、婚姻和子女养育,补充了针对性的税收减免措施。评估员会去确定一个纳税人财产的"净价值"(clear value),它是在减去债务、家庭物品和工具(在贸易中使用以及谋生的工具)豁免额后的财产值;在早期,净财产价值低于某一数值(比如30英镑或50英镑)的人的税收也被豁免(Beckman,1976:203—4、216、219、235;Mitchell and Flanders,1896—1915:35、114—15、280、374、389—90;Vol.3:83、128)。对穷人的豁免并非基于一个固定值(a flat floor),而是对父母实行减免税。在1693年最早的土地税中,议会首次阐述了这一政策,豁免的范围包括"在世上因孩子费用巨大而变得贫困的人,还有那些深陷债务的人以及动产和不动产的净值没有到达30英镑的人"。后来的法律实际上将决定权留给本地评估员和纳税人之间的谈判,指示评估员"在适当考虑诸如贫困和孩子费用"等情况下进行财产评估,允许税收的全部豁免或部分减税(Beckman,1976:204、219;Mitchell and Flanders,1896—1915,Vol.4:14)。不过,贫穷的父母虽受到优待,可贫困的单身男子却受到处罚。"单身自由民税"就是针对那些财产总额低于免税值的未婚男人,它是一种急剧累退的税收。在1725年的版本中,若超过21岁的单身男子"净"财产少于50英镑,不管他们拥有的财产多么少,都需要缴纳相当于36英镑财产应缴的税收(Mitchell and Flanders,1896—1915,Vol.4:14)。

还有一种更重要的减税方式。直到1755年,宾夕法尼亚也没有对未开发的土地征税。这种豁免似乎反映了巴利·列维(Barry Levy,1988)所说的"贵格会家庭策略":推动男孩们带着土地财产进入成年,以便让孩子们始终留在教会中。1693年版本把未开发的土地视为一种负担,指示评估员需要"适当考虑""许多大片未开垦的与无利可图的土地,因为对于土地所有者来说,费用比利润还要大"。1725年的法律更加明确,对"所有未处理的大块地面或小块土地"免税,包括那些"以前习惯于被估价"的部分。然而在1755年,议会改变了政策,开始对具备新的社会意义的未开发土地征税。在当时,投机者在积累了"大片土地……仅仅是因为预期以后会获得更高的价格以实现个人利益。"占有这些财产并没有帮助父母在本地养大男孩,反而把孩子们赶了出去,迫使"大量的人离开这个地区,定居在土地更容易购买的其他殖民地,这对本地民众是显然的伤害和代价"(Beckman,1976:204;Mitchell and Flanders,1896—

1915,Vol. 4:14;Vol. 5:205)。

对未开发的土地征税,是在法国与印第安人战争(French and Indian War)期间税收的几个主要变化之一,同时它又卷入了议会与托马斯·佩恩(Thomas Penn,William 的儿子)之间复杂的政治斗争当中。作为殖民地最重要的土地投机商与所有者,佩恩要求他的土地必须享受议会开征的战争税免税待遇(他失败了)。同时,在 1758 年,宾夕法尼亚转变了估征基础,从财产价值转向了年度收入("这个地区内土地财产的年度净值"),"年度价值"以纯租金收入(来自该前提下的纯租金价值)为基础,或者在所有者占有财产的情况下,"评估员根据他们的自由裁量权和辨别力进行评估"。议会还增加了一个更详细的应税财产清单,除了包括纳税人原先已经报告了的土地(包括"已播种玉米"的土地数量)、不享有自由的人数("受约束的仆人和黑人,以及他们的年龄")、家畜情况("牛、马、母马、绵羊"),现在还要报告其他不动产("谷物磨粉厂、木厂和其他所有的工厂、锻造、熔炉、矿山和房租、地租"),并且开征针对所有"贸易或职业,盈利的办事机构和岗位"的才能税。(Mitchell and Flanders,1896—1915,Vol. 4:14;Vol. 5:340、342)。

法国与印第安人战争时的重税,测试了宾夕法尼亚地方征税责任所可能有的极限。1764 年,议会发布了更多详尽的征税指导意见,从而缩减了评估员的自由裁量权。这一指导意见为不动产确立了估值的范围(如巴克斯郡和切斯特郡每百英亩的草场为 30—60 英镑),并对家畜和不享有自由的人设立了固定的估值(白人奴仆为 2.5 英镑,"黑人或黑白混血奴隶"为 4 英镑)。这些规则采用印刷品的形式加以推广,但两年后议会放弃了这种方式,因为印刷和分发这些东西的开销太大。事实上,宾夕法尼亚的当地社区并不需要印刷品。纳税人和每年选出的评估员能算出可接受的负担分派,因为自 17 世纪 90 年代以来仅仅依靠模糊的正式指示,他们就一直在征收地方税收。他们要求议会的,是在殖民地范围内处理由战争税引发的新问题:建立一个均衡机制,以保证在估征地方税时各地具有可比性。最后,在美国革命时期,立法机关采用了马萨诸塞已经使用了一个世纪的方法来解决这个问题:立法机关给各县分派一笔固定的税额,然后县官员再将其分配给地方的纳税人(Mitchell and Flanders,1896—1915,Vol. 6:345—58;Vol. 7:55—6;Vol. 8:378;Vol. 9:

230—2,360—1;Vol. 10:210,326—7)。宾夕法尼亚在殖民地时期并没有过多征税,但是当地社区仍能有效地征收复杂的税收。

四、南卡罗来纳

如果说宾夕法尼亚展现出的是低税收政治体建立起精细征税结构的悖论,那么南卡罗来纳展现的则是一种不同的悖论:由奴隶主政治体做相同的事情。纵观整个历史,南卡罗来纳估征的都是商业财产,包括城市的不动产(城镇地块、建筑、码头)、存货和金融资产。但是,南卡罗来纳没有对它绝大部份的财富进行估值——种植园经济中的农业财富。它对每个奴隶和每百英亩土地征收单一税,而忽视了对农村土地的改良(improvements)征税。不过,南卡罗来纳并没有像弗吉尼亚一样遭受行政能力低下的影响,因此它的单一税只能归因于奴隶主的偏好。

南卡罗来纳税收制度的核心,是称为税法(the Tax-Act)的年度法律,包括财产税和拨款进度。设定的财产税,被用来避免定期的政治谈判,就像马萨诸塞的"人头和财产"税的核心。首先,从1719年到1758年,虽然税法在查尔斯顿和农村教区(一起收集)之间分摊全部税收,但在这四十年中这一分摊比率只改变过一次(查尔斯顿缴纳税收总额的六分之一直到1740年,在那之后为五分之一)。税率也是固定的。对土地和奴隶征税的乡村税率,随着税收情况起起伏伏,但彼此总是相等,为每百英亩土地和"全体黑人和其他奴隶"10先令。在1758年以后,殖民地范围内的税率,对商业财产的从价征税税率总是固定为农业财产单一税率的一半,即如果土地和奴隶征收10先令的话,那每百英镑的城市不动产、库存品、有息存款(money-at-interest)和职业收入征收5先令。如果平均每百英亩土地和平均的奴隶两者都价值50英镑,那就根据各种形式应税财产的平均价值来统一征税。然而,这种税制的奇怪刻板,暗示着南卡罗来纳人虽然擅长行政管理,但是他们努力避免搞政治(doing politics)。

财产税是南卡罗来纳税收制度的核心,并随着财富结构的大规模改变而发生变化。因此在17世纪,当殖民地只不过是一个商业前哨时,财产税是对所有的财产和收入从价征收,并特别强调商业财富和业主官员(proprietary officials)的薪酬。在18世纪10年代,随着水稻种植园经济的来临,一项重大的改革造成了在农村和城市征收财产税的分离,那就是对农村的土地和奴隶征收单一税,而在查尔斯顿从价征收财产税。当商人和种植园精英融合成为殖民晚期超级富有的商人—种植园主时,殖民地就将从价征收的财产税扩展到农村地区的金融资产;在1759年征收的财产税,几乎消除了农村和城市的区分。在18世纪50年代和60年代,小农场主涌向南卡罗来纳偏远地区,此次浪潮是唯一没有激发税收改革的重要经济变化,其原因大概是它属于唯一没有重塑低地乡村(low country)精英财富结构的变化。

17世纪的税收对财富形式非常敏感。尚存最古老的税法是为防卫而征500英镑,以抵抗1686年西班牙人的攻击,"对若干居民、商人、其他人公平地评估、强加与征收……按照他们各自的财产、商店和能力,并且根据每个公共官员公平的计算得出的收益……通过各自的政府机关或任何其他的机构(imployment)"。殖民地还对进口(酒和奴隶)、出口(皮毛)和酒馆等征税;直至雅玛西战争(the Yamasee War,1715—16)时期,随着农业的经营发展,还在不断地调整税收。于是,1703年的议会逐项记录了可征税的农业财富:"整洁的牛、马、羊和猪的数量;白人仆役的交易以及他们服务的时间;奴隶,他们的性别、年龄、交易和能力;土地的数量,所处的同一地区;建筑以及对土地的改良"①然而,在1704年再次尝试后,直到雅玛西战争前,南卡罗来纳都避免征收财产税,而依靠纸币发行、关税和掠夺(真正地指示士兵出售任何他们可以捉到的被奴役的印第安人)而得以延续。然而在1716年,议会意识到在旧制度基础上临时扩大征税并不起作用,于是制定了新的法律以避免对农业财富的评估(Cooper and McCord,1836—73,Vol.2:257—9,324—7,341,352—4,618,627—9,663)。

1716年的税法,对农村土地和奴隶征收单一税,对查尔斯顿范围内的财产征收从价税。农村评估员接受纳税人在宣誓声明基础上申报的自己拥有的土地数量和"黑人或印第安人奴隶、男人、女人或小孩"。在此之后,农村评估

---

① Cooper and McCord,1836—73,Vol.2:16,207—8;也参见,Vol.2:24,64,86,96,110,162,177—8,182—3,229—31。对税法(年)的引用,可参考库珀和考德未注意到但出现在詹金斯作品集中的法律(可以参见他的参考文献中对马萨诸塞1660完整的引用)。

员对每百英亩的土地征收5先令,计算出一个应由农村承担的税收数额;然后再将扣除该数额后的剩余额,按照单一税形式,"对黑人和印第安人奴隶、混血儿和白黑混血儿征税……除去考虑年龄和性别的差异外,印第安人奴隶被认为价值比黑人低",并因此获得50%的税收减免。同时在查尔斯顿,税收根据所有"动产和不动产、黑人、存货和能力"的估值进行征税。[①] 从1716年到1758年,议会差不多每年都这样征税。在1723年议会摈弃了农村的评估员,通过对农村商业财产(店主的库存品、金融资产)的估值并停止对镇上奴隶的估征,从而统一了城镇和乡村的财产税。但是,1731年对农村土地的估值尝试完全失败,尽管议会把截止日期延迟了三次并批评了当地官员,说他们"以同一价格估值了他们各自教区的所有土地"(Cooper and McCord,1836—73,Vol. 3;73,207—10,308—9,319—22,320—2;439;Tax-Act,[1747]:4—5,8—11;Tax—Act[1752]:10—11)。南卡罗来纳能对所有形式的城市和商业财富进行估值,但它不能简单地对种植园经济核心的财富进行估值。

雅玛西战争已经促使殖民地建立上面的税制结构,法国与印第安人战争又引发了接下来的重大变化,变化的实质是在查尔斯顿征收更高水平的税收。议会取消了镇承担的税收份额上限,征收了一系列表面看可适用于所有地方的税收:对土地、奴隶和"自由黑人"征收单一税,所有的镇都一样;对于城市不动产、商业库存品、金融资产和职业,从价征税——所有这些都定为单一税税率的一半(除了年金收入外,税征得都稍微重一些)。通过命名"手工工艺贸易",议会得以将城镇的工匠与代理商、教员和专业人士并列,然后明确地把职业税扩大到城镇的工匠身上(Tax-Act,[1755]:3—4;Tax-Act,[1756]:4;Tax-Act,[1758]:4—5;Tax-Act,[1759]:4—5)。这一税收充满争议。查尔斯顿的纳税人抱怨,他们缴纳了从价税的绝大部分;可偏远地区的居民也表示抗议,不满意对新开拓的农场与低地乡村的水稻种植园按面积征收单一固定的税。双方都想要全面开征从价税。低地乡村的种植园主支配着议会,拒绝

---

① 议会处理了在农村税收中存在的种族分类漏洞:"为了预防可能出现的怀疑和顾虑,被认为是混血或是白黑混血以及诸如此类并非完全印第安人奴隶的,应当被认为是一个黑人。"Cooper and McCord。1836—73。Vol. 2;666—71;Vol. 3;71—7。对于城市税收来说,城镇官员负责评估那些通常居住在乡村的纳税人所拥有的地块和房屋;而农村官员负责查尔斯顿居民拥有的农村土地和奴隶(同上,Vol. 2;667;Vol. 3;92。)。

给予帮助,尽管随着帝国危机的升级,他们也安抚了那些批评者。从1770年到1777年,殖民地仅仅依赖关税和纸币发行获取收入(Becker,1980:99—104;Brown,1963:139—40;Nadelhaft,1981:13;Weir,1983:305—12;Greene,1963:403—16)。甚至在没有民主的地方政府的情况下(由议会任命大多数地方官员),南卡罗来纳仍拥有估征商业财富的行政能力,但是它不能派遣评估员到种植园去估征农业财富。从"稻米革命"(rice revolution)到美国革命期间,它向种植园经济就土地和奴隶按照单一税率征税。

五、革命

在美国革命战争(即独立战争)期间,这四个殖民地中只有弗吉尼亚试图实施重大的税制改革。1777年,弗吉尼亚尝试了一项极为激进的改革,并且正如它在17世纪40年代财产税改革一样,几乎完全失败。弗吉尼亚的地方官员突然得到指示去估价多种形式的财产,然后利用这些估价来征收高额的税收。他们之所以不得不这么做,是因为英国的战舰封锁了海岸线,并在农村大肆掠夺,而非洲裔美国人抛弃了种植园,纸币贬值破坏了金融系统。

最初的问题是,贸易停止了,烟草出口税变得无用,首先是因为为了表示抗议而"禁止进口",然后是英国海军的封锁。弗吉尼亚不得不直接征税,尽管它不必去做它尝试做的:针对土地,建筑,"奴隶、31岁以上的白黑混血仆人、马、骡子和器皿",工资和金融资产等从价征税;同时,还对牛征收单一税,提高酒馆许可费和结婚证书费,征收马车税和出口烟草税。尽管需要进行新税制的变革,但人头税也没有被遗忘。在当时,对21岁以上(除了士兵和海员)的人,按照"应缴什一税"的形式来征税——还"不包括奴隶和31岁以上的白黑混血仆人(他们被作为财产,按前述的从价税征收)"。任何不宣誓支持革命的纳税人,都要缴纳双倍税金,所有在1784年之前应缴的税金都宣布无效,同时殖民地还继续征收传统的人头税。(Hening,[1819—23],1969—71,Vol.9:349—50,365,369)。

弗吉尼亚最大的问题是如何管理对财产的估值。这可能是该计划中最激进的部分,负责进程的委员(是"有能力并谨慎的人",拥有"可见的800英镑财产",并且不是从事那些利益冲突职业的人),由地方的"不动产拥有者和管理

第九章　自由、民主和能力:来自早期美国税制的经验

者(freeholders and housekeepers)"选举产生。委员们将县划分为数个区域,每个区域任命两个评估员,这些"谨慎的人"访问区域内每个人以获取宣誓过的财产清单,并以他们认可的可变现的金额估计财产价值(Hening,[1819—23],1969—71,Vol.9:351—4,547,549)。这在理论上看起来不错,但是实际中无效,部分是因为战时的混乱,更主要的是因为弗吉尼亚之前从来没有做过类似的事情。因此在1779年,弗吉尼亚放弃了其中两项主要财富的估值。一项针对的是奴隶,弗吉尼亚简单地废除了对其估值,而对"所有黑人和白黑混血的仆人和奴隶"征收5英镑的单一税收(但是对那些"丧失劳动能力,成为主人负担"的人打折扣)。另一项针对的是土地,弗吉尼亚采用了托马斯·杰斐逊的轻率计划,放弃了估值但假装继续征税。当时,县委员要举行会议,在会议上他们把土地划分成不同的类型,并让每个地方评估员对"他认为上述每种土地每英亩可卖价格"发誓,根据各自的意见,加上他们自己(委员们)的意见,对于每种土地估价要在纸上分别写下来,然后得到各自的总和,总和是不同的委员和评估员对相同的土地估价的合计,然后再把合计数除以发表意见的人数,得到系数或结果,或近似的结果,以避免纷争意见带来的困难。这一可能被上述委员和评估员的绝大多数所认可的结果,是这些种类土地的平均价格(此处有强调)。

1780年,用上述意见作为评估方式,可以显示出它的多项灵活性——为应对货币贬值问题,1774年立法机关指示地方官员要根据不同类别土地的"应售价格"的评估值来计算平均数。① 令人吃惊的地方是,弗吉尼亚的领导人认为,他们可以突然地实施这项激进的税收改革计划。这跟北方的州在战时评估财产价值是一回事。北方州同样面临着货币问题,但是他们的评估员不必给予指示——正如弗吉尼亚在1779年所做的那样——要他们按照产出价格来评估土地价值,土地若出售的话,就"按物品在正常贸易中的适度数量"而非一个县所有土地立刻抛售的价格来评估土地价值。不过很快,弗吉尼亚就退让了。1781年和1782年,它废弃了民意调查和选出的委员,放弃征收金

---

① Hening,[1819—23],1969—71,Vol.10:10—12、243、285;Boyd,1950—2000,Vol.2:223—4,对于法案的脚注(包括引证的语言),都把民意测验(opinion poll)作为杰斐逊式的"创新"。对于杰斐逊式民主中成问题的算术关系,参见Smith,1999。

203

融财产税,也放弃了对一切东西进行估值(除了土地)。从那时起直到1840年,它对土地征收粗略的从价税,对自由人和奴隶征收人头税,对牛、马、马车、小酒馆和台球桌征收单一税(Hening,[1819—23],1969—71,Vol.10:501—2,504—5;Vol.11:140—2;Vol.12:431;Einhorn,2006a:48—51,227—8)。

马萨诸塞应对美国革命的税收措施就更不具有戏剧性了,该州的税收政治继续按一个多世纪以来的状况进行。在1777年,当弗吉尼亚州首次努力引入估价时,马萨诸塞整顿了自己的评估规则。在当时,每种形式的财产(土地、建筑、家畜、商品、金融资产、船和器皿)都以11月1日的价格进行估值。同样的规则应用于扩大了的收入与利润税,这些税针对"从任何职业、技能、手工艺、贸易或雇佣中获得的收入,以及从所有收入、贸易、战时出现的利益和社会必需品(necessities of the community)中获得的利润"。在最后一段提到的内容里,还涉及用价格欺骗获得的收益,尽管因为这些收益包含了农民向城市消费者收取更高的食品费,我们还是可以设想农村的评估员温和地征收这一税收(Massachusetts,1869—1922,Vol.5:756,1163)。① 1780年州宪法确认了殖民地时期留下的这一遗产仍有效,只需进行较小的改革——只要马萨诸塞继续征收人口和财产税,那就需要进行十年一次的重新评估。

到最后,当然没有什么税收是够用的。州议会为革命战争提供经费的努力结束于1786年著名的谢斯叛乱(Shays' Rebellion)。然而,在探讨谢斯叛乱对全国的意义时,常常被人忽略的是,州议会的厚颜无耻:它尝试征收重税并以此按票面价值偿付持有独立战争期间债券的债权人。马萨诸塞的征税可能会带来痛苦。一个不让步的立法机构在战后萧条(货币短缺和私人债务积压)的背景下,给税收制度施加了太多的压力,但它有一个可行的税制去运用,并激起了有经验地方官员的行动。此外,每年的选举都可以用来迅速了解选民的偏好。1787年的春天,州议会的出席者为前一年的3倍,选民们罢免了

---

① 1781年,战争获利者和价格欺诈者从税法中消失,他们在新的政治交易中被取消,并持续到19世纪20年代;除了未开发土地按2%征税外,其他动产和不动产都按照其价值的6%进行估税,收入和盈利(由自己声报)按照全值征收(Massachusetts,1869—1922:86,519—20;Einhorn,2006a:226)。因为州参议院要求承担一个空前的任务,于是税收分摊政治也得到了强化。城镇的请愿继续列举理由以减少地方配额,有些反映了战时的艰难,其他则是预演了日常的政治(Massachusetts,1869—1922,Vol.5:828—37;Hall,1972)。

激起叛乱的政治家。在那时,州已经赦免了叛乱、削减了税收和暂停了私人债务的诉讼——这是叛乱自始至终的主要要求。形势明显失去了控制,但是马萨诸塞政府能够调停其中主要的利益冲突(在要求清偿债务的商业团体和不能忍受偿付债务的税收负担的农业团体之间)。实际上,在美国宪法建立联邦来承担州的债务以解决潜在问题之前,马萨诸塞政府也确实成功地进行了调停(Hall,1972:227—55,295;Richards,2002)。

在美国革命战争中,宾夕法尼亚的税制基本没有发生改变。当1796年奥利弗·沃尔科特(Oliver Wolcott)检查土地税时,他发现尽管两部全新的宪法(1776年、1790年)在宾夕法尼亚得到采用,并且存在着巨大的财政需求和痛苦的政治斗争,但是税制结构30年来几乎没有变化。税收仍按月征收而非按年,这反映了战时的紧急状况,影响至深,对服军役者豁免单身自由人税的军事豁免,也体现了这一点。贵格会把婚姻视为贫穷男人对社会的一种责任,但是作为丈夫和士兵,他们现在被豁免征税。州恢复到根据价值(而非年度价值)进行评估,并对富人的个人财产(金银器皿、舒适的马车和可交易的"商品货物")给予新的关注。然而,随着州税分摊给县,均等化问题得到了解决,宾夕法尼亚就不再需要采用"法国与印第安人战争"期间使用的详细规则。现在,评估员直接简单地评估财产价值为"出售现值"或"它们能够真实地被卖出或应该值的价格"(Mitchell and Flanders,1896—1915,Vol.9:23,101—2,362;Vol.10:330,389)。

在独立战争期间南卡罗来纳也没有改变税制。1777年,立法机关通过了一项税法,该税法完全像殖民地晚期的税法。原有的反对意见(The old opposition)重新兴起,但只有查尔斯顿立刻获得了减税待遇。1778年,立法机关将农村单一税提高为原来的10倍,而城市从价征税的税率只涨了4倍,还通过对马车征收新的单一税和对亲英分子的财产(Tory property)双倍征税收回了一些损失。在战争结束后,偏远地区得到了承认(came into its own),并在1784年获得了某种类似于从价土地税的待遇:一项有22个固定的估价类别的每英亩税率表,从最好的低地乡村土地每英亩估价6英镑(26美元)到最坏偏远地区土地每英亩估价1先令(20美分)。这项改革作为重大政治交易的一部分,重新分配了税收负担。低地乡村的种植园主(他们仍然掌握着立法机构),之所以愿意接受税收的增加,是因为新的州宪法把未来议席的重新分配与白人人口和应税财产相挂钩(Cooper and McCord,1836－73,Vol.4:365－6,413－14,487－8,529,627－8;Nadelhaft,1981:126－7,135－8)。

南卡罗来纳没有派遣评估员到种植园去评估奴隶主的财富。州目前对农业土地征收分类税,对奴隶和马车征收单一税,对城市财产征收从价税,对自由的黑人征收人头税。与此同时,对金融财产、建筑或不动产增值不征税。南卡罗来纳这种税制结构,仍然要比弗吉尼亚更加精细,因为它对一些商业财产征税。但是它不能与马萨诸塞或宾夕法尼亚的税制相比,因为它对两种主要的财富形式(土地和奴隶)征税但不估值。民主的地方政府再加上每年选举产生的评估员,可以用来清晰地解释南北方存在的一部分差异。他们通过确保"人民"控制实地财产评估,来使评估财产合法化。然而,南卡罗来纳的经验表明,地方政府并非故事的全部。南卡罗来纳或许已经拥有估值有形资产的行政能力,但是它选择不对土地、建筑、灌溉工程、牲畜、马车和奴隶进行估值。查尔斯顿和偏远地区要求征收从价税,这样可以把负担转移给低地乡村的种植园主;而种植园主同意纳税,但却不能忍受有官员侵入他们的种植园。

六、结论

30年前,在"新社会史"鼎盛时期,使用税收清单来重建殖民地时期美国财富分配的历史学家,因税收清单存在的缺陷而受到震动。南方的"应缴什一税"的清单,似乎是可信的并且被用来进行人口估计,但是北方的财产估值貌似包含着系统性偏差:少算了穷人的数量,低估了精英的财富(Lemon and Nash,1968;Warden,1976)。我们已经看到,北方的资料来源标准其实比较高——不知20世纪国税局的"收入统计"是否会展示更精确的内容——但重点在于,北方税收清单的偏差,其实暗示的是北方税制的优势而非劣势。税收的合法性不依赖于数量的精确,而依赖于政治的灵活性,即准许纳税人去思考自己是否被公平对待。因此,就像加里·B.纳什(Gary B. Nash,1979:117－18)所发现的,殖民地时期波士顿的纳税清册漏掉了许多穷人,是因为城镇每年选举出来的评估员慷慨地给予他们人头税豁免。回过头看,这一结果今天会觉得低估了不平等的程度,但是它减少了当时的税收累退程度(由于财产的

第九章　自由、民主和能力:来自早期美国税制的经验

低估,增强了这一结果)。我们可以把这种行为称之为腐败,但是它完全不同于弗吉尼亚——或北卡罗来纳直接的盗窃——那里的官员偷取税收收入,并引发了18世纪60年代的一场武装暴动(Kars,2002;Kay,1965,1969)。然而事实上,我们应该把北方的行为界定为政治。而在波士顿的人头税案例中,我们甚至可以称其为民主。

一般来说,北方的税制比南方更少累退性。北方的支出体制(spending regimes)可能更具有累进性,部分原因是官员的工资更低。但是,本章讨论的民主并不位于议会层次,也不直接体现在富人和穷人的税收账单上。① 这一民主位于地方层次,在那里它体现为官员能力,这种能力体现为跟选民就复杂政策体制的细节进行谈判。这里讨论的行政能力也不是一个财政生产力的问题。罗格·布朗(Roger Brown's,1993:14)用1781年到1788年各州完成国会下达的税收配额的情况说明,各州之间并没有明显的区域模式区分(sectional pattern)。各州平均上缴比例为37%,领先的是纽约(67%),宾夕法尼亚(57%),南卡罗来纳(55%),接下来是弗吉尼亚(44%),马萨诸塞和特拉华(39%),马里兰(29%),罗德岛(24%),新罕布什尔和康涅狄格(20%),新泽西(19%),以及北卡罗来纳(3%)和垫底的佐治亚(0%)。②

采用比较方法研究殖民地和州税制的主要意义在于,它证明在那些由选举产生地方官员且多数人处于自由状态的殖民地和州,发展出了更加精细的公共政策体制;或者,用更抽象的术语来说,在早期美国历史上,民主和自由产生了更加强大和更有能力的政府。尽管在这个时期,杰斐逊宣扬的故事似乎显示南方奴隶制度提升了白人非精英的地位("统治民族的民主",herrenvolk democracy),而北方的非精英则在压迫中呻吟,但我们集中考察政治体制的结构之后,可以发现一幅更加清晰的有关事实民主在此时此地的画面。

对于社会科学家来说,这个故事的寓意是,更多的民主和自由产生了更强

---

① 摩根(Morgan,1975:204—9)强调了工资。大陆军士兵和军官的薪水差距,也在国会上引发了热烈的讨论。南方人要求薪水方面更大的差距,这触犯了新英格兰人对公平的敏感性。之后对官员养老金的斗争,也是类似的。

② 一个州在进口税基础上增加财产税的能力,对于它的税收生产力来说是至关重要的。这就是为什么罗德岛和纽约终止了"进口税",而这一税收本来可能挽救《邦联条例》。然而一般来说,各州达不到配额标准,是因为其纳税人不能承受这一成本。一个州的财产税的形式,并不能决定该州立法机关决定送交国会的金钱数量。

大和更好的政府。对于历史学家来说,其主要含义在于,我们思考美国政治史的太多方式,都受到了奴隶主所讲述故事的影响,而这些奴隶主在用这样的故事来支持自己的政治斗争(Lynd,1967:Chaps. 6—10;Finkelman,2001;Einhorn,2006a)。把我们从他们的故事中解放出来,或许可以帮助我们从他们对我们的持续政治影响中解放出来。奴隶主不信任政府,除非他们需要政府来保护自己所谓财产的时候。他们也不信任民主,因为无论何时奴隶主看见民主——在北方他们正通过革命建立全国政府,而在南方他们面对的是针对选举和税收配额改革的要求(在南北战争前一直是)——他们都担心少数服从多数的原则会威胁到奴隶制(Einhorn,2002;Einhorn,2006a:Chap. 6)。他们足够聪明,以至于能让白人"平民"高兴,并愿意让白人平民投票,但是他们不同意让白人平民从事管理。占据多数的人,不能决定如何收税,官方也不能闯入种植园(在那里奴隶主是最高的统治者)。事实是,奴隶制不能与民主兼容,即使是在一个弱化版的"统治民族"(attenuated "herrenvolk")形式中也不能。在民主选举中,毕竟是由多数人做出决定,于是最后导致了南北分裂的危机。

第三部分
纳税的社会后果

第三部分

物种内社会行为

第十章 汲取与民主

查尔斯·蒂利（Charles Tilly）

你或许没有注意到，独裁者路易十四（Louis XIV）间接地开辟了一条通往民主化的道路。本章将做一些拆包（unpacking）的工作，来揭示铁腕人物可能带给民主的长期贡献。至少，在拆包的过程中，我还可以揭示一些好的思考方式，以便学者能从更普遍的意义来思考税收、财政社会学和国家汲取。

在法国从1648~1653年投石党叛乱（Fronde）带来的崩溃边缘慢慢恢复的基础上，1661年路易十四又在让·巴普蒂斯特·柯尔贝尔（Jean Baptiste Colbert）不可或缺的支持下攫取了个人的权力，并用了半个世纪来建设法国国家的核心能力。建立在早期首相黎塞留（Richelieu）和马萨林（Mazarin）发动的行政改革基础上，路易十四撤换了大量自治地区的主管官员（governor），代之以替国王服务的地方行政长官。他摧毁、收缩和压制了一些地区，这些地区是在16世纪宗教战争中幸存下来的并由新教力量控制的飞地。他用奢华宫廷的仪式将那些曾经傲慢的法国贵族融为一体。他依靠国家干预镇压反叛——包括财政干预，其手段如此残忍，以至于让1653年之前多次分裂国家的叛乱力量近乎消失。在财政上，路易十四和柯尔贝尔广泛采用了一些权宜之计（比如强制贷款与出售官职），而非简单地提高征税水平，并由此建立起一个能够输送税收的财政制度，该制度可以支撑空前的花费与高强度的国内战争。

政治体制的差异体现在以下多个维度：规模、财富、地缘政治位置和正式结构以及其他更多的方面。由路易十四和普京发起的此类政治转型，让我们对政治转型的以下两个基本维度产生理解：国家能力，民主。国家能力意味着国家机构（state agents）在干预现存非政府资源和活动时，能够改变那些资源的现行分配状态和活动的程度，以及能够改变人际联系和分配中关系的程度。（例如，国家指导的财富再分配，几乎必然包括资源在人口中的再分配以及财富和人口在地理空间分布中的联系的改变）。根据这一标准，在能力强的政权中，无论国家机构什么时候采取行动，它们的行为都会显著地影响公民的资源、活动和人际关系；在能力弱的政权中，无论国家机关如何努力去改变现状，其影响都非常有限。路易十四逐步建立了法国国家能力，使其从17世纪中叶的可怜水平转变成为1715年路易去世时让全欧洲都敬畏的力量。

　　什么是民主？在1661年，法国人民并没有在任何高于地方的层次上经历过民主。我们将民主理解为当涉及国家行动时，服从于特定国家权威的人可以发表言论的广泛、平等、受约束与受保护的程度。如果大众的声音变得更广泛、更平等和对国家行动更有约束力，能更好地从国家机构专断行为中获得保护，那民主化就发生了。照这种说法，去民主化（de-democratization）的意思是，公民言论的范围更小、更不平等、对国家行为的制约更少，以及/或者从国家机构的专断行为中获得的保护减少。以此为标准，路易十四在极大限度地增强国家能力的同时，也为法国政体带来实质性地去民主化。设想有一个二维坐标体系，左下角是低能力无民主，右上角是高能力有民主，那我们可以描绘出路易的轨迹，在能力轴上上升而在民主轴上下降，因而产生了一个净移动（net movement）进入到高能力无民主的象限。

　　那么，我们如何能设想路易十四开辟了通往民主的道路呢？这是不是一个自相矛盾的断言呢？一旦我们区分了短期和长期的体制转变的话，结果就未必如此。以下我将详述这一区别以及我的观点。目前，让我们关注路易十四故事的四个特征：(1)中央国家权力的强化。(2)国家不断地强化优先权以获取维持生存的资源（税收、劳动力和军事手段）。(3)对那些原来拥有自主性强制权力的竞争中心，缩减它们的范围和力量。(4)对国家活动的支持更加依赖于公民的服从，无论是勉强的还是被迫的。

　　这四个特征如何关系到最终的民主发展？从长远来看，如果一个体制缺乏实质性核心能力，它就不可能维护相对广泛的、平等的、有约束力（binding）

的和受保护的公众言论。有这样的能力就意味着有极为重要的渠道能获得维续国家生存的资源。有一些竞争性的权力中心(如私人军队和巨大的地产所有者)掌控了具有自主性的强制权,它们的存在抑制了任何民主决策的实施。国家日常活动对公民服从的依赖(而不是外部资助或国家垄断稀有商品),意味着在短期内就要对国家活动方式进行持续地协商(不管这样的协商多么不对等)。在长时间段内,它至少也让有组织地抵制具有可能性。

记住路易十四故事的四个方面:(1)中央国家权力的强化;(2)国家不断地强化优先权以获取维持生存的资源(税收、劳动力和军事手段);(3)对那些原来拥有自主强制权力的竞争中心,缩减它们的范围和力量;(4)对国家活动的支持更加依赖于公民的服从,无论是勉强的还是被迫的。

……

为了把这个意外的可能纳入理论性和比较的视角,我们需要回过头来以更宽广的视角来看待维持国家的资源。在这里我将以机关枪爆发的形式来提供更多的论点。

1. 在生产和再生产资源的社会安排缺失的前提下,没有人可以运行一个国家,这些资源的生产和再生产支持了行政机构、政治控制和恩惠制度(patronage)。

2. 有效的资源随所处的经济环境的不同而多样化。从历史来看,这些资源包括:

(1)强制手段。包括武器、监狱和组织起来的暴力专业人员。

(2)劳动。特别是需要技能的劳动,和/或有效协调的劳动。

(3)动物。特别是驯养的可食用和/或可用来从事生产的动物。

(4)土地。包括在土地中和土地上的自然资源。

(5)维系承诺的制度。比如宗教教派、家族制度与贸易侨民(trade diasporas)。

(6)机器。特别是加工原材料、生产产品或服务,传输人员、商品、服务或信息的机器。

(7)金融资本。它是获取财产权的可转移和可替代的手段。

(8)信息。特别是促进盈利、安全或协作行为的信息。

(9)传播这些信息的媒体。

(10)科技知识。特别是那些促进干预人类福利的知识,而不管出于善或恶的目的。

3. 在最近的几个世纪,清单上的后一部分项目对国家能力的支持作用越来越显著,但是前一部分的项目在当代世界的绝大多数国家也没有失去它们的重要性。比如,在世界上最大的民主国家印度,国家对强制手段、劳动力、动物和土地的不完全控制,对于统治系统仍然是重要的。

4. 如果统治者不能持续有机会获得清单上后一部分的资源,那么最终就要让位于竞争者,即那些在国内外能有机会获得资源的人。

5. 统治者有三种主要途径来获得这些资源:(1)在自己的企业生产。(2)夺取资源并用它来交换维系国家的资源(如石油换武器)。(3)从已经拥有和/或生产资源的受统治群体中汲取。

6. 选择(1)和(2),会减少统治者对公民同意的依赖以及与民众讨价还价的动力,并因此对民主化造成障碍,而民主化则由不断增长的广泛性、公平性、保护力与有约束力的公众呼声构成。尽管(3)并不保证民主化,但是它开启了一条通往民主化的可能道路。

7. 在历史上(征税是最明显的进程),过去200年间世界上多数民主化都有一部分来自(3),而(1)和(2)通常都抑制了民主化。

8. 不过,如果通过一种权力转移(如革命或征服)的安排,(1)和(2)变成处于民众的集体控制之下,那这种转变同样打开了通往民主化的道路。

让我们回到经济环境中可能维持国家的资源清单上:强制手段、劳动、土地,等等。国家建构的分析者通常假定——我认为是正确的——这些资源在一个国家中的分配、所有以及相对普遍性,强烈地限制了统治者能够构造的权力形式。

例如,帝国通常依赖农业经济,其统治手段的获得不是凭借对经济的直接管理,而是通过地区权贵给予的支持以及勒索弱小毗邻群体的贡品。蒙古帝国主要以残酷暴力地掠夺贡品来支撑帝国,但是其生存仍依赖于生产贡品的农业人口。在县以下,即使是强有力的中华帝国,也依赖于小规模的官僚队伍与遍及整个帝国的地主两者之间的合作。

相比之下，城邦通常更多地通过征服和贸易而积累起金融资本，以此获取维系国家的大部分资源，同时从本地的奴隶或仆人、附近从属地区的农业工人中获取日常生存的资源，这就使得它们要从其他地区购买必要的资源（如武器与军队）。意大利城邦靠着对地中海和中东地区的紧密合作的贸易与掠夺，开启了第二个千年。但在1400年左右以后，它们依靠的是民兵和雇佣军的武装力量，这些武装的经费来自于他们对统治人口的剥削和寡头获得的商业回报。上述简单的维系国家的资源清单，把我们带到了找寻统治模式系统性差异的漫长道路。

随着世界变得更加富有，资源清单更向下的项目，比如机器、金融资本、信息、媒体和科技知识等，已获得日益增长的影响力。科技知识可能与金融资本相竞争而成为国家权力的基础，这个想法如果你认为牵强附会的话，那就想想波斯湾酋长国卡塔尔如何利用巨量的但会枯竭的天然气收入进行投资。酋长（the emir）哈马德·本·哈立法·阿勒萨尼（Sheikh Hamad Bin Khalifa Al-thani）在科学教育和研究领域投资数十亿美元，并计划使卡塔尔成为中东地区的研究圣地（magnet）。

酋长的妻子，莫扎·本·纳赛尔·阿米森德（Sheikha Mozah Bint Nasser AlMissned）管理着价值数十亿美元的卡塔尔基金会，投资于教育、科技和社会发展。她承诺把一口油井的全部收入（大概每年8 000万美元），投入到科学研究基金中去。在一个80万人的王国，那些身处羽翼未丰的大学——教育城（Education City）——中的500名学生，每一个人都有成为国家精英的机会（Science 2006）。如果酋长的计划成功，那么对土地（和在土地下面的化石燃料）的控制，将可能让位于对科技知识的控制，后者就会成为卡塔尔国家权力的主要基础。

记住统治者获得维系国家的资源选项：(1)在自己的企业生产；(2)夺取资源并用它来交换维系国家的资源（如石油换武器）；(3)从已经拥有和/或生产资源的受统治群体中汲取。卡塔尔和能源同样丰富的国家，主要依赖于选项(2)，即通过出售自己垄断的宝贵商品来获得维系国家的资源。一旦他们的能源储备减少，就可以考察它们要如何以及在多大程度上转向选项(1)和(3)，这将非常有趣。

征税属于选项(3)。对于政治分析家来说,国家征税是一个具有压迫性的问题,因为通常纳税人在纳税后得到的相应回报极少或者干脆没有。纳税人可能完全拿不回任何东西,或者从集体产品中得到的份额很少。那究竟为什么他们要贡献税收呢(Herzog,1989;Levi,1988)?国家可以定期地通过税收(强制地或以其他方式)来强化自身(Ardant,1971-2;Brewer,1989;Daunton,2001;Kozub,2003;Tilly,1992:Chap. 3;Webber and Wildavsky,1986)。当国家汲取税收时,他们经常引发"干预—抵抗—镇压—讨价还价"的循环:国家机构要求缴纳税收,公民发起抵抗,政府使用武装力量;在克服抵抗的过程中,政府消灭一些抵抗领导者,收买另一些领导者,再宣布现行的干预具有正当性并说明规则以确保未来干预的适当——总之,是镇压与讨价还价的结合。

"干预—抵抗—镇压—讨价还价"的循环,在从小规模抵抗到大众叛乱之间变动。在法国的循环,除了抗争外,还陷入1789~1799年的大革命。大革命结束于政治的反动,但同时它也建立了一种更加依赖于公民同意的政权,而这在80年前路易十四统治结束时是不可想象的。

"干预—抵抗—镇压—讨价还价"的循环,增加了国家的隐形政治成本:尽管这个循环通常增加了朝向国家的资源流动,但也增加了国家对这种资源流动的依赖,并为下一次汲取的循环创造了条件。通过这样的方式,该循环让国家受制于公共政治,进而促进了公共政治中大众的影响力。在短期内,这样的循环通常并不能推动民主的磋商;但从长期看,它为民主化提供了条件。正如我们从路易十四的故事中看到的,伴随着持续地汲取,国家转向于依赖公民的顺从,而这增加了政治体在民主化和去民主化之间变动的敏感性。"干预—抵抗—镇压—讨价还价"的循环,推动了政权跨越了敏感的门槛(across the susceptibility threshold)。

我的复杂论证,实际上仅仅基于两个简单的要点。第一,统治者获得他们统治资源的方式,是通过生产或利用垄断产品来购买,还是从臣服人口中汲取?获取资源的方式,深刻地影响了统治的特性。第二,从长远来看,只有当统治者开始依赖公民的服从并将其作为统治的手段时,民主化才会产生。

第一个要点意味着,在税收成为一种获取维系国家资源的特殊的(如果说是很重要的)方式之前,财政学者可以通过思考维系国家的资源的全部范围

(the whole range)来有效地强化他们的理论。

第二个要点意味着,财政学者正追随着民主化与(就此而言)去民主化的踪迹。综合在一起加以考虑,我们就能追寻根本性的变化和政治体制变更的原因。

第十一章　当代非洲国家税收管理的改进：历史的教训[①]

埃德加·凯瑟（Edgar Kiser）
奥黛丽·萨克斯（Audrey Sacks）

现在已经不流行从历史中寻求教训了。从历史中寻求教训，这一夸张的说法来自各种有关历史阶段的学说，其中最为突出的是现代化理论。不过，现在对历史事件独特性的强调，让当代多数社会学家在此方面的努力过时了（soured）。这是不幸的，因为排斥过激的现代化理论，承认所有的历史事件在某种程度上都是独一无二的，并不意味着我们不能从过去学到一些东西，而过去确实可以指导现在和未来的政策。不过，除非我们能说明过去的知识如何作用于当代的政策争论，否则历史社会学家将不能对公共社会学（public sociology）有所贡献。尝试把历史社会学和公共社会学结合起来，会对二者都有利，它可以为政策制定提供一个极为重要的历史维度，还可以充实读者在历史分析方面的背景。

一般而言，要从历史中提取出有用的经验教训，我们就需要完成两个相关的任务。首先，我们需要带有抽象的范围条件（abstract scope conditions）的一般理论，该理论有助于让模型和因果机制具有跨越时空的移植性。其次，在对过去和现在的社会进行比较时，我们需要对相关的初始条件进行详细的经验分析，以揭示它们是如何相似的（比较的基础），又是如何不同的（允许我们

[①] 本章内容为会议"历史的惊雷：比较和历史视角下的税收"（西北大学，2007年5月4—5日）而准备。我们想感谢所有的会议参与者和华盛顿大学非洲研究团队的成员 Margaret Levi 和 Erin Metz McDonnell，他们对本章之前的草稿提供了有益的评论意见。

第十一章 当代非洲国家税收管理的改进:历史的教训

为适应特殊案例的独特特点而调整我们的建议)。[1]

我们将把代理理论作为研究税收管理的通用模型来开始本章的分析(Kiser,1999;Klitgaard,1988;Rose-Ackerman,1978)。代理理论的社会学版本,是把代理关系的核心问题嵌入到特定的历史和制度背景中,并为理解税收管理的历史提供一个有用的分析工具。我们把征税制度置入代理关系模型中,据此统治者是委托人,国家的官员(得到授权执行国家政策的人)是代理人。这个理论让我们能够概括税收征管所面临的普遍问题,划定用来缓解问题的那些制度方案的范围,并规定不同解决方案有效性的条件。我们的中心命题是从代理理论中派生的,那就是当监控能力差(由于通信、运输和记录条件差)时,分权管理和私有化的行政制度将比中央集权的官僚税收管理制度更有效率。[2]

我们最普遍的经验主张是,当代非洲国家的税收管理的嵌入条件,在一些重要方面类似于那些前现代国家——二者都要面对限制自己监控能力的结构条件。因此,我们可以通过考察后者的历史,来了解前者在今天的行政政策。在这两种国家,中央集权的官僚机构都被认为不能很好地工作。

这样的论证带来了本章接下来要讨论的两节,第一节是讲殖民和后殖民时期非洲中央集权官僚制的失败,第二节是讲在前现代化国家中,分权管理和私有化行政制度的有效性。然后,我们转向对当代非洲国家和前现代国家进行经验比较,并说明在这两类国家中存在的决定较差监控能力的结构性因素,但也提醒注意一些重要的差异。考虑到监控能力的不足以及非洲中央集权官僚机构的失败,对于许多非洲统治者来说,越来越清楚的是,他们需要发展新的税收管理模式。在过去的二十年里,非洲的许多统治者已经开始用部分分权管理和部分私有化的行政制度来取代中央集权官僚机构,而这在某些方面类似于前现代国家所采用的方法。我们将使用乌干达、南非和肯尼亚的改革案例来进行简要研究,并通过评价这些改革来结束本章。

---

[1] Brownlee(本书第十四章)说明,缺乏这些详细的经验知识,注定了二战后日本的夏普改革(the Shoup reforms)失败的后果。

[2] 我们把一个有效率的制度定义为能产生最高纯税收收入的制度。纯税收收入的意思是,从总税收收入中减去征收的费用(管理成本),再减去官员的贪污和纳税人的逃税数额。

当代非洲国家目前正处于一个关键时期,因为它们在尝试对税务部门实行部分分权管理和私有化。这样的一种变革,对它们的国家和社会将会产生重大影响。较早时期,它们曾尝试模仿高度发达国家的中央集权官僚结构,却使得国家积弱不振、效率低下。有点讽刺意味的是,它们增加国家能力的最好机会是,通过部分地实行分权管理和私有化其税收征管,来减少中央行政机构的范围。

如果像代理理论所表明的那样,这些改革将带来额外的税收收入,那么非洲国家将能更好地保持稳定的民主制(参见蒂利,本书第十章),并为本国公民提供必要的基础设施和社会福利。当然,只有不以公平和公正为代价来提高行政效率,这样的结果才会发生(Levi 1988;艾因霍思,本书第九章),所以我们要解决这些潜在的问题。这些改革目前仍处于起步阶段,现在判断它们会带来积极的效果还言之过早,但却有乐观的基础。

一、中央集权官僚制的局限

虽然人们普遍地认为官僚机构是最有效率的代理形式,但在一定的条件下,它的局限性也会让它效率低下(Coleman,1990;Wilson,1989)。对统治者来说,主要的代理问题是信息不对称(代理人比他们的委托人更了解自己正在做的事情),所以监控问题是代理关系中固有的。韦伯(Weber,1968)和当代代理理论(Adams,1996;Kiser,1994;Kiser and Schneider,1994)都认为,充分的监控能力(统治者收集官员行动信息的能力)是官僚化的一个必要条件。在其他条件不变时(ceteris paribus),如果监控无效、制裁无力,那么各种形式的腐败都会达到更高的程度(Becker and Stigler,1974:6—7)。因为官僚体系建立在弱的约束(如固定工资)与弱的解雇基础上,当监控能力很差时,无法期待它会有效率。只有在监管能力的技术基础——通信、运输和记录——发展良好时,它才会有效。[①] 因为缺乏足够的技术基础,在前现代国家和当代许多欠发达国家,人们并不预期他们的中央集权官僚制会表现好。

[①] 经济发展会改善通信、交通、记录技术,从而为集权化和官僚化做出重要的贡献(Ardant,1975;Kiser,1994;Weber,1968)。在有效率的通信、交通、记录技术发展之前,国家或帝国的规模使得集权化和官僚化的效率低下(Ardant,1975;Weber,1968)。

第十一章 当代非洲国家税收管理的改进:历史的教训

不幸但也许可以预见的是,这些理论上的见解并不能指导当代欠发达国家行政制度结构的决定。当代欠发达国家的统治者在决定模仿什么样的行政模型时,往往会理所当然地把美国和西欧的中央集权官僚行政制度当作正当的(也许有人会说他们扭曲了美国和西欧的制度)。在殖民时代,欠发达国家的税务行政机构是仿照殖民母国中央集权官僚制的形式建成的。毫不奇怪,面对殖民地与母国截然不同的条件,由此建立的行政结构是无效的(Cohen,1979:292;Wallis,1989:8)。在后殖民时期,行政改革遍及发展中国家,但直到最近,他们才把发达国家的税务制度视为基本模型(Gillis,1989:2;Mansfield,1989:140)。如同他们之前的殖民体系,模仿发达国家建立起来的中央集权官僚机构也未能有效地运转(Bird,1989:230;Gillis,1989;Radian,1980:203;Shaw,1981:149)。

造成这些扭曲的根源,有人将其概括到文化制度主义理论中。迪马乔和鲍威尔(DiMaggio and Powell,1983:152)认为,"组织往往倾向于模仿它们,认为在自己领域中更为合法或更为成功的类似组织"。文化制度主义理论还预测,行动者不大可能改造引进的组织形式来适应当地的环境。斯特朗和迈耶(Strang and Meyer,1993:505)强调了"与已知理论模型在内容上的相似性",并认为"已得到采用的内容,可变性应该很低"。[①] 此外,文化制度主义还预测了一种特定的低效率类型:过度模仿。迈耶的观点(Meyer,Boli-Bennett and Chase-Dunn,1975;Meyer and Rowan,1977)是这样说的:这些国家经常复制制度化的规则和结构——从组织教育课程的方式到用先进的武器进行装备——主要是为了提高在世界级大国(world actors)眼中自己的合法性,然而,复制的这些制度在某些环境下未必有效。有证据表明,这种形式的模仿发生在当代欠发达国家的历史早期。由于当代欠发达国家主要为农业经济体,通讯和运输技术薄弱,因此他们模仿当代中央集权的官僚体制完全是无效的(Kiser and Baker,1994)。对于非洲国家现在的统治者来说,很明显,有必要寻求新的税收管理模式。

[①] 制度主义者对"弱结合(loose coupling)"的论述(Meyer and Rowan,1977),是一个更加精巧的描述。就是说,借用来的模型与人们实际做的事情之间,只是弱结合关系。

二、前现代国家中央集权官僚体制的选择

前现代国家很少采用中央集权的官僚体制来征税。由于统治者的监控能力差,为增加激励,他们会转移剩余索取权给代理人以作为补偿,以最大限度地提高税收收入净额。[1] 统治者会运用以下两种方式之一来完成征税:分权管理(封建制、俸禄制、由当地名人管理;Weber,1968);私有化(包税制,Kiser,1994)。[2] 前现代国家最常见的管理平衡是,采用分权管理世袭制来收直接税,用包税制来收间接税(Kiser,1994)。

多数前现代国家往往对收直接税实行分权管理,以保持小规模的行政机构和低廉的行政成本。国家允许地方单位征收国家的收入,而不是集中雇佣、控制地方各级官员。地方政治单位(省、封建领地、农民村庄、镇)保留了充分的自主权,可以雇佣、解雇和监控官员并向他们支付薪水。地方单位往往也被允许决定税收结构(纳税主体和征税客体),国家只要求这些单位定期缴纳一笔固定的总额税。在最极端的分权管理形式中,地方单位根本不用给中央送钱,而是把钱在当地花掉。

作为一种私有化方案,包税制是一种特殊类型的代理关系。在这种关系中,税款包收人向统治者支付固定的金额,以获得征收一个特定区域内某一指定税收的权力,包税人从中获得利润或是忍受亏损。包税制的主要特点是,跟缴纳固定的金额相比,作为代理人的包税人有更大的激励机制,进而能最大限度地提高税收数量。因此,当统治者遇到前面说到的监控代理人的难题时,最可能使用的是包税制。

对世袭管理制度的效率的讨论还在持续,但看起来现在已很清楚的是,他们相比于中央集权的官僚制运行得更好。在某种程度上,分权管理制度更有

---

[1] 剩余索取权指的是,在一项共同的事业中,行动者(在此处的例子中,是委托人或代理人)对剩余(收益的可变动部分)有索取权。例如,如果给雇员支付固定的的工资,那么雇主就是剩余索取人。当按比例给雇员支付佣金时,剩余索取权就在雇主和雇员之间劈分。

[2] 前现代国家的统治者也有另外的世袭制选择。第一,他们尝试减轻直接监控问题的方法是,要么通过轮换官员(允许去考察不良表现究竟是因为官员自身问题还是因为环境条件,并且限制他们在本地发展关系网),要么把多个官员放在同一个位置上(实行共同管理,从而创造一种环境,要腐败的话就需要共谋)。第二,他们可以聘用那些即使监控不佳也不太腐败的官员——个人关系常因此理由而被使用(长期多重关系被认为能减少不服从),就像使用奴隶和外国人(因为他们更依赖统治者)。

效率是因为他们大幅降低了中央收税的管理费用。国家还能从地方性知识的增加中获益。此外,征收总额税(lump sum payments),就将承担税负的责任落实到社区,而这将导致纳税人更高程度地遵从。这是因为出现了邻居间的相互监视,如果邻居逃税,那自己就不得不缴纳更多的税收。常有人认为,前现代国家的包税制是低效的(Smith,[1776]1979:434—6;Webber and Wildavsky,1986;Weber,1968:965)。虽然包税制像分权管理一样,都不是有效管理的典范,但在前现代国家的背景下,它远远好于中央集权的官僚制。在一些前现代国家,统治者分别尝试过用包税制和中央官僚制管理间接税,但通常到最后都选择前者,原因就在于它的管理成本更低,贪污、逃税问题更轻(Dietz,1932:307—10;Jones,1974:157;Kindleberger,1984:161;Kiser,1994:302—3;Thompson,1976;Wolfe,1972:322)。

三、当代非洲和前现代国家哪里相似?

到现在,我们已经说明了以下结论:(1)有充分的理论理由让人相信,当监控能力较差时,分权管理和私有化的行政制度会比中央集权的官僚制更有效率。(2)无论是在前现代国家或在当代欠发达国家,中央集权官僚制运行得都不好。(3)在前现代国家,分权管理和私有化行政优于中央集权的官僚制。总之,这些结论暗示,某种类型的部分分权管理和私有化在当代非洲国家运行时,结果也可能会比较好,只要它们嵌入到当代非洲国家的结构条件,跟前现代国家的事实上相似就行。这一节将说明的是,在许多方面前现代国家和当代非洲国家确实是相似的;至少与当代发达国家相比,非洲国家所面临的条件更像前现代化国家。不过,当代非洲国家与前现代国家也有显著的差异。所以,如果我们要把前面总结的前现代国家的管理经验用到当代非洲国家中,我们就需要进行大幅度地修改。

与前现代欧洲国家相似,非洲国家的征税能力普遍较低。平均而言,在撒哈拉以南的非洲,税收占国内生产总值(GDP)的比例在21%左右,相比之下,经济合作与发展组织(OECD)平均水平为32%左右(Fjeldstad and Rakner, 2003:12)。在坦桑尼亚和乌干达,税收占GDP的份额低至约10%。历史数据表明,在第二次世界大战之前,有许多欧洲国家的税收占GDP的比重还没有达到15%——但税收收入大大高于当代许多非洲国家(Fjeldstad and Rakner 2003:12)。前现代国家和当代非洲国家弱小的征税能力,部分原因来自他们共有的经济结构的特点。首先,与当代发达国家相比,前现代国家和当代非洲国家的农业部门要大得多,众所周知,这个部门是极难收税的。其次,就像在前现代国家一样,当代发展中国家的大多数生产商都是小企业,往往缺乏会计和记账的能力,这也使得税收征管困难。不过,在经济结构方面,前现代国家和当代非洲国家有些并不相同。比如,大型跨国公司在当代非洲国家的经济中扮演了重要的角色,它们相对于非洲国家拥有的力量,造成了一些特殊的征税问题。现在大多数非洲国家都已建立起单独的"大纳税人部门"(Large Taxpayer Units),专门向大公司征税。

最重要的是,因为通信、交通和记录技术直接影响监控能力的发展,当代非洲国家在此方面已处在中间水平,优于前现代国家,但远低于当代发达国家的水平。例如,我们可以看看当代非洲国家每平方公里土地上的道路公里数,它们的范围从苏丹和毛里塔的0.00和0.01到毛里求斯的0.98,平均是0.15(World Bank,2006b)。① 在我们所选择的案例中,范围从0.11(肯尼亚和乌干达)到0.29(South Africa,World Bank,2006b)。相比之下,当代法国和英国是1.6,而法国在1788年为0.09,在罗马帝国晚期是0.03(Hopkins,1980:120;Smith,1967:565)。当然,这些原始的数字并不能说明完整的情况——在数字上当代非洲国家尽管仍远远落后于当代发达国家,但因为使用汽车,旅行时间仍比前现代国家少。此外,因为电话和电脑,它现在可以不用人的物理移动就能传递信息。当然,这在发达国家要比在非洲国家容易得多——在乌干达每1000人有3条电话主线(肯尼亚9条,南非107条);与之相比,法国有561条和英国有581条。接下来的世界发展趋势是,整个非洲移动电话迅速取代固定电话,每1000人中拥有的手机数,肯尼亚为135,南非为724,乌干达为53,相比之下法国为789(World Bank,2006b)。此外,在历史上和当代非洲的案例中,总数和平均数都不能说明完整的故事,因为交通和通信能力在国内有着巨大的差别,尤其是在农村和城市之间。

---

① 我们承认比起非洲,欧洲的地形更有利于建设道路、电话和其他基础设施。此处呈现的数据,并没有说明这一关键性差异。

第十一章 当代非洲国家税收管理的改进:历史的教训

衡量数据采集和记录能力的一个有效的手段,是世界银行的统计能力指标,它是监管能力的另一个重要因素(世界银行 2006A)。编撰这些指标所用的数据,来源于一些不同的国际组织,主要跟以下内容相关:(1)能够使用国际推荐的标准和方法的能力。(2)普查/调查的频率和登记的完整性。(3)收集主要社会经济指标的情况和使用频率。从 0~100 的范围来评分的话,非洲平均是 55,阿根廷是 88(不和经合组织国家比,大概是因为他们的评分都接近100)。在我们的案例中,乌干达是 60,肯尼亚是 65,南非是 87。由于前现代国家的数据收集标准不一、调查和普查极其罕见以及有关经济指标信息模糊,毫无疑问,它们的排名远低于大多数(即使不是全部)当代非洲国家。因此,我们可以得出结论说:在这个维度上,当代非洲国家介于前现代国家和当代发达国家之间。

涉及税收管理的方法时,当代的非洲国家和前现代国家在多个方面不同。首先,许多非洲国家接受了大量的外援,而这在前现代国家是不存在的。在撒哈拉以南的非洲(不包括尼日利亚和南非),2003 年外援相当于非洲大陆国民总收入(GNI)的近 12%(Fjeldstad and Moore,2006:29)。一些研究表明,大量不劳而获的外援收入,以及来自天然资源的收入,会减少政府提高自己收入的动力,除非将改革作为提供援助和贷款的附加条件(Brautigam,2000;Brautigam and Knack,2004;Collier,2000)。不过,外国援助往往带有附加条件,其中的收入目标可能以各种方式扭曲管理程序。为了努力满足国际货币基金组织(IMF)设定的严格的收入汲取目标,国家可能更依赖强制而非尝试着从选民那里获取"准自愿遵从"(Gloppen and Rakner,2002:38;Levi,1997)。

日益增加的全球化,在多个领域带来全球性的知识共同体(epistemic communities),包括税收管理。现在有一个全球性的改革方案,正在塑造非洲国家的管理改革议程(Fjeldstad and Moore,2006)。在某种程度上,全球化也在向全球扩散民主和人权的理念,而这在前现代化国家是不存在(Boli-Bennett and Meyer,1978)。一些撒哈拉以南的非洲国家,特别是南非和博茨瓦纳,正做出可信的努力以实现他们在宪法中承诺的人权和民主。在这些国家中,民主机制和符合国际人权标准的压力,也许会造成社会对腐败的容忍度降

225

低,并因此提高税收管理水平。然而不幸的是,在大多数撒哈拉以南的非洲国家,人权和民主的理念只带来了国家少量的实际行动。

尽管有上述这些差异,当代非洲国家和前现代国家仍存在大量相似之处,说明非洲国家应考虑采用在前现代国家曾行之有效的那些行政体制。事实上,当前许多非洲国家都开始朝着实行部分分权管理和部分私有化税务机关的方向前进。这些改革曾经受到"新公共管理"运动的影响,一系列相关的争论也受到交易成本理论和代理理论的影响,即主张将私营部门的管理技术用于公共部门(Hope and Chikulo,2000:26—7;Kaboolian,1998)。在制度上,国外援助的捐赠者也曾经主张,用分权管理和私有化的方式来减少政府腐败,防止浪费他们的资金。国内和国外的人权和民主的倡导者,也常常推动分权管理,想让它成为加强政府责任的一种手段。这样的行政发展,仍处于起步阶段;遗憾的是,还没有足够的资料来系统地评估其效率。鉴于影响总税收收入的变量有很多(包括国内和世界经济状态、税率和结构的变化),因而权力下放和私有化对税收收入的贡献很难测量。在说明有这些限制后,接下来的章节中我们会利用现有的实证证据来描述这些行政改革,再尝试评估其后果。

四、当代非洲国家的分权管理

在过去的十年左右的时间里,有许多非洲国家,包括传统上高度中央集权管理的法语国家,开始沿着多个方面实行分权管理,进而带来比殖民地时期范围更广的管理模式(Tordoff,1994:556)。绝大多数非洲国家,都有中央政府之下的治理结构(包括最低层级的地方政府),通常是地区(districts)、城镇(towns)和村庄(communes)。在这些国家,中央政府的税收直接影响到的人相对较少(也许不到总人口的5%),而地方政府税收影响到的人更多(大约30%)。不过,尽管最近有了改革,但相比其他发展中国家,非洲大陆上的财政分权程度还是特别低。

这一分权管理的运动,影响了一些但并非所有非洲国家的税收征管活动。在2002年,世界银行展开了一项调查,调查对象是30个撒哈拉以南非洲国家的世界银行专家,目的是搞清楚整个区域分权管理的状态。分权管理的程度,可以用反映分权管理三方面的3个指标来衡量:政治、行政和财政(Ndegwa,

第十一章 当代非洲国家税收管理的改进:历史的教训

2002:2)。数据显示,非洲大陆上的分权水平仅仅为中等水平——有2个国家在大多数指标上显示分权程度得分高,有11个国家分权程度适中,另外13个国家只具有低水平的分权程度。这些数据显示,非洲分权管理在趋势上仍处于初级阶段。有两个特定的指数对于我们的观点来说特别重要:行政分权和财政分权。有2个非洲国家的行政分权程度排名高(南非和乌干达),有10个国家是中等水平(包括肯尼亚在内),另外有16个国家分权水平低(Ndegwa,2002:4)。[①] 衡量财政分权有两个指标:从中央政府到地方的财政转移程度;由地方控制公共开支的比例。在这30个国家中,有19个地方政府控制的政府开支总额占比不到5%(其他发展中国家的平均水平是14%)。只有一个非洲国家(南非)具有高度的财政分权。得分适当高的国家(即地方政府控制政府开支总额的5%至10%),有尼日利亚和乌干达。地方一级的财政责任处于中等水平的国家,有肯尼亚、加纳和塞内加尔(Ndegwa,2002:5)。

来自南非和乌干达的经验表明,税收管理分权的尝试受到了限制。[②] 虽然南非宪法规定了分权化的税收管理(Brosio,2000),但在中央和各省之间的关系上还是表现出严重的上下失衡。各省只有有限的征税权力,目前主要依靠车辆牌照费、博彩税和一些使用费,合计仅占总岁入的4%。到最后,各省都被迫依靠中央政府转移而来的巨额收入(Brosio,2000:21)。相比之下,地方政府(如自治市)有更大的获取收入的权力,但在支出方面缺乏灵活性。[③] 目前,地方政府可以通过四个计税基准来征税:财产价值、本地企业的营业额、本地企业发放的工资额和服务消费的价值。对水电、卫生设施和与市政电业事业相关的其他服务收费,构成了地方财政收入的大部分,平均为52%。地方政府自己的收入来源几乎覆盖了开支的85%左右(IDASA,2007)。

乌干达已经向地方政府移交了重要的支出责任和税收权力。地方政府确

[①] 非常不幸,就行政分权的指标而而言,税收管理和国家其他部门的管理之间没有任何差异,所以行政分权指标只能被当做税收分权的一个粗略指标。

[②] 因为篇幅有限,我们不讨论肯尼亚分权管理的结构。简言之,在肯尼亚,地方政府是主要的单位。自1963年肯尼亚独立以来,地方政府就严重地依赖于地方财产税;而自从1980年代后期开始,地方政府依赖的是本地机构服务收费,工薪税和商业税的混合等。地方政府得到的政府间转移收入极少,由选举出来的委员来管理财政事务,自主权比预期的要高(Smoke,2001:11—12)。

[③] 非洲民族会议政府强烈地鼓励地方政府实行弥补成本的财政政策,凭借于此,地方政府按市场价格向市民收取重要的公共服务费((Hoffman,2007)。

定税率和收费标准,并收取财产税、市场手续费、营业执照费和"分级税"(graduated tax,一种结合了人头税、所得税和财富税的税种)。然而,地方政府仍然高度依赖于上级政府和捐赠者的收入转移。根据29个区域(从当年既有的39个区域中抽出)的样本,1995—1996年,如果扣除外国捐赠者的捐款,地方税和收费只占地方政府总收入19%(Brosio,2000:22)。

尽管分权管理的政府结构几乎普遍存在,但这些数据表明中央集权国家仍居主导地位。这在某种程度上是因为非洲国家普遍地不安全,而且地方非常贫困以至于缺乏纳税能力,这就让中央有理由通过强化中央来阻止地方的离心倾向(Ndegwa,2002:16)。非洲国家(特别是讲法语的西非国家),继承自欧洲殖民母国的集权结构,制约了分权管理的能力。在独立时,典型的地方政府在讲法语的非洲几乎是不存在的。讲英语的非洲国家模仿英国的地方政府模式,但结果大多令人失望。与中央相比,许多地方委员会是低效和腐败的,由于薪资水平低、晋升前景差,也不能吸引符合公民服务质量的公务员。另外,对地方机构的监督往往也力不从心(Tordoff,1994:557)。

由于经验证据有限,非洲财政分权的案例评估结果会比较复杂。从理论上讲,分权使得管理更贴近百姓,提高了管理机关的控制能力。[①] 非洲案例中的证据显示,这些都是真的,因为地方政府通常会被认为比全国政府更具有合法性(Moss,Pettersson and van de Walle,2006:6)。在有些案例中,财政分权对应着税收"准自愿遵从"的提升,就跟行政效率的提高一样(见Lund,2007 on Tanzania)。这方面的证据使我们有理由对非洲分权管理的未来表示乐观。

然而,非洲权力下放的实践远非完美。遍及非洲的税收管理分权的消极后果之一是,非洲地方政府的财政收入工具在数量上大幅增长(Brosio,2000:23)。2003年卡姆里(Kamuli)地区的数字显示,区议会设立了136项独立的单一比例市场收费,81项目单独固定的营业执照费,理论上至少有22种分级的累进税阶(graduated tax bands)(Fjeldstad and Rakner,2003:7)。委员会制定的税率,对于类似税收的计税基准(如农产品),也有大的变化,这就导致

---

① 相对于中央政府,地方政府也更容易被地方精英所控制。

了委员会划定的大量税收边境被农产品走私者越过(Fjeldstad and Rakner, 2003:7)。另外还有两个问题,也在持续困扰着分权管理的努力:各级政府之间缺乏协调,以至于高度依赖强制;中央和地方之间缺乏协调,导致地方当局和全国政府之间不必要地重复征税以及发展计划规定的税费不一致。例如,在坦桑尼亚和乌干达,一些地方政府对出口作物征高额税收,而这和全国政府鼓励产品出口的政策不一致(Fjeldstad and Semboja,2000)。还有,许多地方政府在很大程度上依靠简单地强迫,让民众缴纳自己需要的资源并确保其遵从(Fjeldstad and Rakner,2003:8)。人头税(例如,坦桑尼亚的"发展税"和乌干达的"分级税"),因为在征收中使用强制手段而臭名昭著(这在前现代国家的案例中也经常出现)。而且税务机关对于纳税人的季节性收入,缺乏征收时机的敏感性。民众认为强制征税的方法是不公平的,因此出现了广泛的逃税和抵抗。一种解决强制征税方法的方案是,纳税人能够以简单匿名的方式向中央政府报告地方税务机构滥用职权。这是中央政府监控其代理人最廉价的方式,并因此被许多前现代国家采用。

五、当代非洲国家的部分私有化:半自治的税务机关

在过去 15 年左右,在拉丁美洲和非洲都出现了一种趋势,即建立"半自治的税务机关"(Semi-Autonomous Revenue Authorities,SARAs)。[1] 考虑到当代非洲通信、交通运输和记录技术比前现代国家更好,但又比不上当代发达国家,我们认为,比起要么完全分权管理和完全私有化征税,要么实行中央集权的官僚制来说,在非洲建立中央集权与部分私有化的半自治税务机关,更加合适。[2] 虽然在不同的国家,这些组织从中央国家获得自治的程度以及制度结构的特点都有所不同,但是与前现代完全私有化的包税制相比,他们都是部分私有化,可用半自治(semi-autonomous)这一术语来表示。

上述激进改革的动力,源于国际组织和非洲国家领导人对税收管理表现

---

[1] 在非洲,半自治的税务机关分别创立于加纳(1985)、乌干达(1991)、赞比亚(1993)、肯尼亚(1995)、坦桑尼亚(1996)、南非(1997)、卢旺达(1998)、马拉维(2000)。

[2] 第一个半自治的税务机关按照中央银行样子创建,尽管半自治的税务机关的自治权一般更少(Jenkins,1994)。

不良的原因达成了共识。首先,与私人部门的同类职位相比,税收管理部门的官员薪金太低(Due,1988:164;Werlin,1979:388—90)。例如,在1989年的乌干达,公职人员的平均工资约是私营部门相应薪金的20%(Fjeldstad,2005:10—11)。其结果是,高素质的官员往往离开公共部门,前往私营部门以获得更高薪水的工作(这就产生了逆向选择问题)。留在公共部门的人倾向于接受贿赂,以补充他们的薪金不足。第二,公务员管理比较刚性,政府很难解雇表现不佳或者腐败的官员。第三,公务员的工资一般是由法律规定统一固定的工资,而不是基于绩效支付工资,这就使得官员缺乏动力去遵从法律。第四,公务员程序通常限制了可能的改革范围,强势官员往往能够阻止许多必要的改革。这就需要有这样一个组织,让它有权聘用和解雇员工,设定薪金水平来奖励良好的表现,保留好员工,并改革程序,以最大限度地提高效率。半自治税务机关,被视为能够达到这些要求(Devas,Delay and Hubbard,2001;Manasan,2003—5:1—2;Taliercio,2004)。接下来我们简要描述一下乌干达、南非和肯尼亚的半自治税务机关的历史,这会帮助我们评估此种体制创新在何种程度上达到了期望。

(一)乌干达税务局

乌干达税务局(Ugandan Revenue authority,URA)在加纳之后成立,是撒哈拉以南非洲地区最古老的半自治税务机关。在两次政府委员会报告说乌干达公务员体系低效、腐败猖獗之后,它才得以成立(Therkildsen,2003:7)。1991年建立的乌干达税务局,作为政府的代理人,它处于财政部长的"总监督"之下(Taliercio,2004:48),控制所有主要的间接税和一些直接税(所得税,但不控制财产税或社会保障税)。显然这是部分私有化——从国家中合法分离出来后,它可以拥有自己的资产,但由议会拨款来提供经费。

乌干达税务局被授予人事决策的控制权,与公务员的运行方式完全不同。开始时,约75%的员工(1 700名前任官员)来自财政部,但200名官员和40名秘书因为腐败几乎立刻被解雇了,留下来的人都处于工作的见习期(Taliercio,2004:20)。乌干达税务局不受公务员条例的约束,被允许在许多重要位置上聘用外国人。[①] 这种事情在前现代国家也很普遍——他们转向聘用外国人,不仅能获得他们的专业知识,还能避免被雇佣者在国内有裙带关系(patronage ties)的官员。

乌干达税务局提高了工资,以吸引私营部门的专业人员,并激励以前的公务员改善自身的表现。绩效工资常常用来增加激励,但只用团体奖金的形式,并在超过收入目标时才发放。乌干达税务局还扩大了人员规模,从1991年到2002年,增加了大约50%(从1 450到2 186名员工)的员工。更高的薪水和更多的官员一起,导致了异常高的收税成本。在1991至2002年间,1991年的收税成本占税收收入的2.8%,2002年该比例提高到5.3%(Therkildsen 2003:9)。相比之下,南非和肯尼亚的税务机关征收成本分别为约1.1%和1.2%(Taliercio,2004:20—2)。

最初,乌干达税务局的改革是相当成功的。转变了的乌干达税务局,部分地带来税收收入的增加,从1991年占国内生产总值的7%到1999年占11.9%。这一增长部分是由于税收结构的变化——引入了增值税(VAT)并减少了税收豁免的数量——但有些显然是提高行政管理效率的产物。然而,从那以后,就一直没有什么进步。收入占GDP的比重在2004年上升至13.6%,但仍低于撒哈拉以南的平均数20%,这在很大程度上是因为乌干达税务局未能对更多的企业和个人开展税务登记并扩大税基(Taliercio,2004:33)。更重要的是,有越来越多的腐败迹象在乌干达税务局出现(Fjeldstad,2005:2;Therkildsen,2003)。1998年对于在乌干达经营的企业所做的一项调查显示,43%的企业表示,他们向乌干达税务局官员行过贿(Gauthier and einikka,2001:22)。税务局的高级管理者似乎很容易卷入腐败,而海关总署被认为尤其效率低下,无法控制走私和低报资产(Fjeldstad,2005:7;Obwona and Muwonge,2002:27)。

乌干达税务局不能进一步地改善行政效率,部分原因来自内部。税务局初始薪金的增加,没有跟上通货膨胀的节奏,从1991年到2001年只有一次加薪。相对个人奖金制度,团体奖金制度提供的激励比较弱(Fjeldstad,2005:9)。在最

[①] 第一任总税务专员(1991—1997)是加纳人,之后(2001~2004)乌干达税务局由一个瑞典人领导。

初的清洗之后,没有继续解雇表现不佳或腐败的职员(Therkildsen,2003:12)。解雇机制的缺乏,使得流行于乌干达公务员系统中的裙带网络再次出现于乌干达税务局(Fjeldstad,2005:12—14)。"透明国际"(Transparency International)组织2000年对纳税人的调查揭示,纳税人感觉到乌干达税务局的雇佣更多基于朋党关系而非才能(引自 Therkildsen,2003:13)。裙带网络的再度出现,可以解释乌干达税务局规模的加大,而这又导致了高征税成本。[①] 早期现代的历史经验表明,有两种方式来缓解这一问题。为了解决地方税务部门的裙带网络问题,在前现代国家中普遍采用的两种可行方案是:官员轮换,特别是让他们远离有本地关系网的地区;聘请外国官员。

乌干达税务局的业绩下滑,也有源自外部的其他决定因素。随着时间的推移,政治干扰在运作中增加。例如,政府经常阻止乌干达税务局解雇腐败员工。[②] 政府也没有提供必要的资金,以增加人员薪金使其跟上通胀,或支付团体奖金,甚至奖金来自乌干达税务局自己挣的也不行(1991至1999年间,乌干达税务局的业绩5次达到了发放奖金所要求的水平,但税务人员只拿到了一次团体奖金)(Uganda Revenue Authority,2002:18)。对于这个问题,一个解决方案是,可以允许乌干达税务局保留所征税收的固定百分比来弥补成本(类似于前现代包税制),并以此增加乌干达税务局的自主权。

(二)南非税务局

虽然相比许多欠发达国家,南非有一个更有效率的税务机关(Lieberman,2003),但像乌干达一样,南非也建立了一个半自治的税务机关,起因于1994年政府委员会的一份报告,该报告强调税收官僚机构的效率低下。1994年,南非税务局(SARS)成立,但并未被给予较多的行政自主权。到1997年,南非税务局被授予行政自主权,以便能自己制定政策与流程,并有权收取除博彩税和财产税以外所有税收的权力(Friedman and Smith,2005)。南非税务局比非洲其他国家的税务机关私有化程度要低,但确实有一定的自主权。南非税务局被定义为,"国家公共管理的一个组织,但又是处于公务员系统之外

[①] 对于裙带关系有一个不同视角,它强调裙带关系有积极的和消极的特征,见 Kasara(2007)。
[②] 1997年,总统亲自干涉乌干达税务局的总专员的任命。后来被任命的这个人,甚至没有出现在面试的候选名单上,但是他与总统有亲密的家庭关系(Therkildsen 2003)。

的一个机构",它从立法机构拨款获得经费(Taliercio,2004:48)。

在过渡期,南非税务局精简管理,把旧系统中的职员等级从50降到13,并减少了约10%的员工人数(从1999年的11 942人到2001年的10 847人,Taliercio,2004:18)。此外,为了提高效率,南非税务局继续积极惩治工作人员的贪污腐败案件。自1998年以来,南非税务局因不当行为解雇了173名员工,相当于那个时期员工平均数的1.5%(Taliercio,2004:19)。他们还增加了工资,但幅度受到了政府的限制,要求不能比公务员高太多。相比其他半自治税务机关,这一限制表明他们缺乏自主性。最初,南非税务局使用基于绩效的个人奖金制度,以弥补他们不能大幅度地提高工资。在1996年和1999年之间,向职员支付的年度薪金中有46%是基于绩效的奖金。然而,当工资提高时,奖金尺度就被缩减了(Taliercio,2004:19)。这是非常遗憾的,因为在前现代国家,绩效工资看起来可以提高效率、减少腐败(Kiser,1994)。

与非洲其他国家的案例不同,南非税务局的人事制度没有受到政府的公务员委员会的挑战。由财政部复核南非税务局的人事政策,以确保它能通过任人唯才的评估过程来招募人员。相比于全国(公共部门和私人部门)13%的平均人事变更率,南非税务局的人事变更率低,仅为6%(Taliercio,2004:18),这表明了它是相对有效率的。[①] 因为具有相对的自治性,南非税务局能够从82个不同的私人公司雇佣外包信息技术(IT)人员。这样的安排,使南非税务局能够解决原来在公务员系统时难以吸引并留住IT部门熟练员工的严重问题(Taliercio 2004:19—20)。

南非税务局的改革,在几个方面都是成功的。也许最重要的是,和乌干达税务局相比,他们能够通过增加个人和企业的税务登记来大幅度提高税基。在1989年到2001年间,所得税的登记增加了43%,而超过一半的增幅发生在最后两年。在同一时期,公司的税务登记增长了40%(Smith,2003:7—8)。由于税务登记和纳税遵从的增加,自1995—1996年起税收逐年增加(Friedman and Smith 2005:41—2;Hlophe and Friedman,2003:71—2)。这主要是因为征收企业税的效率提高,但同时征收个人所得税的情况也在改善。自

[①] 南非税务局正经历留住有技术职员的困难。在大约3年时间里,"大纳税人办公室"的审计人员人事变更率几乎达到了100%(Taliercio,2004)。

1989—1990年度以来,个人所得税收入整体增加了12.5亿美元。粗略计算表明,从1989—1990年度到2000—2001年度,征收到的个人所得税每年约增加7%(Friedman and Smith,2005:41—2)。总体而言,自1998年以来,一定程度上,由于南非税务局的努力,国库预计增加了141亿美元(Friedman and Smith,2005:43—4)。

有助于提高征税效率的因素,后来被提到的有很多:技术的发展;有效惩治官员贿赂和其他形式的腐败;增聘有企业背景的人手;用负面宣传来使逃税者难堪并阻止其逃税(Hlophe and Friedman,2003:70;Taliercio,2004:37)等。其中第一个因素看起来特别重要,因为伴随着纳税人登记数目的增加,税收收入会大幅增加。然而,我们的看法是,应进一步增加南非税务局的自治权,这样可以带来行政效率的额外提高。

(三)肯尼亚税务局

肯尼亚税务局(Kenya Revenue Authority KRA)成立于1995年,目的是减少原来在肯尼亚公务员系统中存在的贪污和逃税行为,这样的行为产生了40%的税收缺口(Cheeseman and Griffiths,2005:11)。肯尼亚税务局的征税范围,比前面两个案例稍微多些限制,可以征收除了博彩税、财产税和社会保障税之外的所有税费;但它也是这三个案例中,自治化和私有化程度最高的。除了是一个独立的法律实体并有自己的资产以外,肯尼亚税务局的经费来自征收税款的一定百分比(预估税款的1.5%,再加上实际税款与预估税款差异的3%,上限是实际税款的2%)。然而,就像在乌干达的案例中,由于政府没有按承诺付款,因此按剩余索取权该转到肯尼亚税务局的部分款项,一直没有到位。从1995年到2000年,肯尼亚税务局收到的款项占总预估收入的比例平均为1.2%。在2000年,财政部欠付肯尼亚税务局的款项,相当于1999~2000年总税收收入的1.62%,这个数额大于肯尼亚税务局的年度预算(Taliercio,2004:65)。

在解雇腐败和低效的职员方面,肯尼亚税务局一直非常成功(Muriithi and Moyi 2003:11)。1995年,它从原公务员系统中继承了4 500名员工,但在2000年就将人数减少到4 002名,到2001年减少到3 140名(Taliercio,2004:17)。肯尼亚税务局还显著地提高了薪金,以吸引和留住专业人员。在

1996年到2000年间,实际工资平均每年增长12.8%。而在前肯尼亚税务局时代,是以每年16.7%的速度下降(Taliercio,2004:96)。此外,它还设立了一个择优晋升制度和绩效奖金(然而,就像在乌干达,肯尼亚政府并没有支付承诺的绩效奖金)。

在我们的三个案例中,肯尼亚税务局的特点是拥有分层最多的会计责任系统,它受到高层管理人员、总专员(the Commissioner General)、董事会、财政部、肯尼亚反腐败机构和国民议会的监督(Taliercio 2004:75)。大多数国际观察家都认为,肯尼亚税务局在肯尼亚税收征管中提高了效率,降低了腐败水平,并使国际捐赠者不太担心自己的钱将被浪费(Cheeseman and Griffiths,2005:12—13)。从1997年至2000年,肯尼亚税务局已将登记的增值税纳税人数量增加了55%(Taliercio,2004:32)。大纳税人办公室(The Large Taxpayer Office),成立于1998年,也一直地有效地运行。季度纳税的按时遵从程度,从1998年的85%增加至1999年的约99%(Taliercio,2004:33)。然而,由于总体的税率显著降低,税收占GDP的比例一直变化不大(Taliercio,2004:28)。

六、结论

正如代理理论的观点所预见的,非洲国家在一段时间内模仿发达国家去建立占主导地位的中央集权官僚行政制度,几乎没有取得成功。因此,在过去的几十年中,非洲国家开始实行部分分权管理,并部分私有化自己的税务机关,也就是说更多地朝着前现代国家所使用的行政制度方向前进。由于持续的时间较短,也由于有些案例中所实施的改革在性质上有局限,再加上缺乏详细的数据,因此结果还不能完全确定。但是部分地私有化并使用半自治税务机关,看起来确实能提高效率、减少腐败。虽然尚未有可靠的数据来评估整个非洲分权管理的有效性,但我们的理论表明,它应该能提高效率、减少腐败。

基于来自前现代税务机关的教训,我们的主要建议是,非洲国家应进一步地实行分权管理和私有化。在非洲,国家要减少监控成本,主要的一项有吸引力的政策是,投入资源去改善交通、通信和记录技术,以便提高监管能力,并使其能运行有效的中央集权官僚政府。虽然从长远来看这可能是最好的解决方案,但是它目前并不可行。首先,非洲国家缺乏税收收入来从事这样重大的项目,而缺乏税收收入在很大程度上又是因为它们的税收管理效率低。其次,即使他们有税收收入来启动这种大规模的项目,它也需要几十年的时间才能产生预期的效果。因此,这些国家现在最好的策略是分权管理和私有化,并把增加的收入投资到下面的项目。能最终改善它们的监管能力,并能让中央集权的官僚管理有效。重要的是要强调,提倡分权管理和私有化不是出于意识形态的原因,也不是在所有情况下都成立。只是在考虑当代非洲现存(只能慢慢改变)结构性条件之后,它才是最佳的解决方案。

我们承认,在某些情况下,分权可能恶化政府内部和不同区域间的收入差距及贪污情况(Prud'homme,1995),会带来强制性的征税方法,也可能会带来国家分裂的危险(Hechter,2000)。不过我们认为,分权管理的潜在益处超过了这些成本。尽管已有来自国际组织和本地团体要求分权的压力(它们认为分权管理可以提高效率、增强民主责任),但是非洲国家的行政机构仍然呈现出高度集权的局面。对分权管理而言,障碍有以下几种:西非法国的遗留影响;缺乏联邦宪法;对弱小的国家而言,分出去太多权力会带来本能的恐惧。对中央而言,进一步提高行政效率,尤其是在征收财产税和博彩税方面,或可克服这些障碍。目前,更高程度的分权管理趋势很明显,我们预计这种趋势会继续下去。

也许非洲国家税收管理的发展,最有趣的地方在于,它们越来越多地使用半自治税务机关。半自治税务机关现在也正处于发展的早期阶段,所以在这个时点上仅仅是部分地被私人化。代理理论和前现代税收管理的历史表明,半自治税务机关进一步地私人化,能大幅度提高效率。极为重要的是,其他国家的半自治税务机关应该跟随肯尼亚的例子,把一定百分比的税款作为税务局经费,这将为半自治税务机关的专员带来更强的激励并提高工作效率。半自治税务机关应该在微观层面上沿着同样的道路前进,比如增加绩效工资的使用,这不仅针对个体职员,还要针对小团体(如果很难计量个人对产出的贡献的话)。

在许多前现代国家,增加私有化的确有过度征税的风险(甚至在攻打巴士底狱之前,就有法国革命者追剿包税商头领),但是我们有理由相信,在当代非

第十一章 当代非洲国家税收管理的改进：历史的教训

洲国家增加私有化的话，问题不大。首先，提高了的通信技术将使纳税人更容易地报告强制征税的情况和包税制中常常伴随的侵犯人权的行为。其次，一些纳税人拥有的力量，如跨国公司，能让他们免受过分地或强制地征收，也因此随着"大纳税人办公室"私有化程度的提高，这些问题就不可能出现。①

提高分权管理和私有化程度的另一个重要益处是，可以限制中央政府对税收征缴的干预程度。我们的案例研究表明，现在非洲税收管理面临的最大困难之一是，政府持续地干预雇佣、解雇和确定工资结构等事务，并反对必要的改革，另外政府也没有向半自治税务机关支付商定的绩效奖金。为了防止未来发生此事的可能，中央政府有必要提高地方政府组织和半自治税务机关的自主性。

最后，裙带关系仍然是非洲税收管理的一个重要问题。许多税收官员和管理者嵌入于传统的社会关系之中，也因此被期待能对他们的亲友履行互惠的责任。当政府试图在经济不稳定和不确定之时推进民主化，这样的关系在重要性上就不会消失反而会增长（Rose-Ackerman,1998:317—23）。因此，要做到消除税务机关中裙带关系的影响，而又不增加政府对税收的额外管理，会非常困难。然而，前现代国家曾经面临类似的问题，并采取了一些局部的解决方案。比如说，职员被禁止在他们长大的地方工作，并实行人员的频繁流动。在可能的时候，聘请外籍员工，因为他们缺乏本地关系网。也许最重要的是，半自治税务机关有自主权来解雇被发现卷入裙带网中的腐败职员。

更有效的税收管理，会对非洲国家的能力、稳定和民主化产生重要的影响。如果没有足够的税收收入，国家将不能向公民提供基本的公共物品，如医疗保健、教育、水和道路。如果国家无法提供这样的服务，那它就不太可能引起公民对征税要求的"准自愿遵从"（quasi-volunteer compliance）（Levi 1988）。对于自愿的行动，如投票、参与解决社区问题和遵从卫生法规等，他们也不可能进行合作（参见利伯曼，本书第六章）。非洲国家面临的最大挑战之一是，必须实现更高效的税收管理，与此同时进一步地促进而非抑制人权、社会发展和民主。

---

① 然而资本外流会是一个问题，所以政府必须对此加以密切的监控。

第十二章 亚当·斯密与追寻理想税制

比佛利·莫兰(Beverly MoranIn)

在这一章中,我将使用亚当·斯密在 1776 年的著作《国富论》来展示,我们把当前的美国想象成资本主义国家标杆的同时,自家的税制是如何偏离资本主义理想的。我之所以选择亚当·斯密(有人称其为第一位社会学家),是基于他作为资本主义与现代经济学之父的地位,以及他在研究中交互运用经验方法和哲学思辨。

我的结论是,斯密的理想税制由两个互补的成分构成:一个是单一税率的消费税,带有可退还的减免税额度(大小相当于我们现在所说的最低生活工资水平);另一个是单一税率的财富税。在考察过当时斯密面对的具体情况后,我认为基于 18 世纪英国结构的、制度的和文化的条件,斯密所提出的理想税制终其一生都是不可能实现的。从他的著作中,我看到,斯密自己也知道他的概念过大(larger concepts),在他所处的时代因行政限制而无法实现(Salomon,1945)。然而,斯密始终相信,思想可以穿越时间和文化的限制。在这一章中,我将探索斯密的理想税制以及他折中(tempered)这一理想的方式,因为他意识到了时代的限制并在这方面做出了努力。源自斯密著作的两种税收,跟现存税制存在着很大的差异。事实上,我认为斯密会觉得现行税制是不公平的,并且与他在之前的著作中阐述过的资本主义原则是对立的。

斯密所说的资本主义原则是什么?对于自由至上主义者(libertarian)来说,从斯密那里引出的最基本原理之一是:不受管制的自我利益和竞争,在一种看似"无形的手"的力量作用下,可以实现社会利益。这种对私人利益的全

第十二章 亚当·斯密与追寻理想税制

神贯注忽视了斯密的资本主义原则中另一个核心方面,即一个特定历史时期的法律和制度框架,可以确保私人和公共利益的协调(Blaug,1977)。

斯密税制框架中的一个重要方面是,税收要能在有效方便地汲取财政收入的同时,刺激劳动生产率的提高。通过研究斯密的文章,并将他的理想型税制和美国现行税制相比较,我得出如下的结论:(1)对资本而非对劳动力征税,符合斯密对资本主义税制的要求。(2)美国现行的税制公然偏向资本而非劳动力,自相矛盾地违背了资本主义的原则。这两个观点,可能会让那些仅仅通过斯密的保守派追随者来了解他的人感到震惊。对自由市场方面的那些保守派作家来说,亚当·斯密是上帝,因为他发现了完全不受政府约束的无形之手,可以让人们在追求私利过程中产生的自私和不道德行为产生净的社会福利(Rothschild,2001)。这样一种"漫画"版的亚当·斯密,绝对不会想要对资本征税,也不会对富人制定比穷人更高的税率。但从下文可以发现,这样的亚当·斯密你找不到。

相反,你发现的亚当·斯密,在分析中关注穷人和工人阶级,赞成对富人适用更高的税率,或者以财富作为合理的(实际上是最合理的)税基。很少有人这样描写斯密和税制,也许是因为斯密的税收观对富人缺乏尊重,而且他信奉的资本主义并没有暗许对资本家的特殊优待。相反,斯密在财政学上的努力表明,他渴望设计出一套税收政策和机制,在促进各个阶层经济增长的同时,保持市场和自然自由的力量(Peacock,1975)。

我们现在的社会总是宣称,要力争实现斯密的资本主义理想。然而有趣的是,我们发现现有的税制正在偏离斯密为实现普遍繁荣和政治自由而设计的整体方案中指定的特殊角色。具体来讲,我们现行的制度给予物质财富特权,而斯密的理想税制与之相反,主张把特权给予劳动阶层。

对于亚当·斯密来说,税收制度不仅通过筹集财政收入,也通过支持普遍繁荣和政治自由的资本主义理想,在支持资本主义国家中发挥了非常重要的作用。要实现第二个目标,就需要保护工人阶级免于征税,同时对富人的财产和他们消费的奢侈品征税。就这一点而言,斯密的理想税基包括财富和消费两方面,与黑格-西蒙斯(Haig-Simons)把理想的所得税基定义为"消费总和加上财富净值的变化额"相比,没有太大的差异(Simons,1938)。

因此，审视斯密的著作，可以让我们回过头看看税制对于乌托邦式启蒙理想的作用，在斯密的时代这一理想被称为资本主义。它也可以让我们反思一下，当前的社会和它所宣称的资本主义的特质。当我们审视亚当·斯密的时候，我们会发现一个有着开阔视野的跨学科的学者，他认为政府应当扮演适当的角色，要建立旨在实现社会正义的税制。我们还能看到一个务实的官员，他对自己的文化及它的社会、政治和技术限制有充分的了解，进而缓和了他的乌托邦观点。当我们用斯密的税收理想来衡量今天的税制时会发现，我们的社会声称要成为资本主义的最佳典型，然而它在用税制给自己供应资金时却违背了斯密赋予税制的角色：促进社会公平。如果我们把斯密的税收原则运用到当代美国，那么大部分人将免于被税收。出于对普遍繁荣的重视，斯密将会建议实施具有深远后果的税收高豁免水平。这一点对于家庭主妇、西班牙裔和黑人来说尤其真实，税收豁免也会涉及最起码40%的白人家庭。也许要出人意料地加给亚当·斯密的声望是，一个基于他的原则而建成的税制会比现行的税制为穷人提供更多的帮助。

一、18世纪英国的税收与行政能力

除了对经济学的贡献外，斯密还是一个人道主义者和经验主义者，他的作品立足于哲学、历史和经验性的观察。除了对社会科学和人文学科的贡献外，他还是一个社会正义的拥护者。从《道德情操论》（Smith，[1759]1976）中对道德责任和同情之发展的探索，到《法理学讲义》（Smith，[1766]1978）中对法律和政府在指导人们行为的过程中所扮演角色的审视，再到《国富论》（Smith，[1776]）中对导致国家之间不同经济结果之原因的调查，他的全部工作都在寻求达到普遍物质繁荣和政治自由的必要元素。尽管斯密被认为是一个保守的经济学家，因为他的作品通常被用来攻击社会立法，然而他却是一个比他的学术声望更复杂的思想家。

斯密对征税有深刻的实践经验，他的父亲是海关职员，他自己担任过爱丁堡海关专员，做过汤森德勋爵（Lord Townsend）的顾问和财政大臣继子的私人导师。斯密不仅自己管理税收，并且还对其他人就税收管理提供建议，他对英国内外的一系列税收都了如指掌，包括它们的优点、缺点和归宿。虽然斯密

第十二章 亚当·斯密与追寻理想税制

在《国富论》中大段描写征税,在他别的作品中也有涉及,但是他并没有直接地思考到现今的所得税,这是因为所得税直到1799年才被引进英国(Rothschild and Sen,2006)。但是,对于现今的所得税而言,斯密对一般税收及其促进社会福利作用的分析,仍意义重大。

斯密观察到,18世纪的英国除了正处于工业化的边缘外,还是一个扩张中的军事力量,支持这一力量的是由税收和公债结合起来的激进的财政制度。尽管在人类历史上,政府并不依靠税收或公债来筹集财政收入(而是依靠比如说出售自然资源或者通过战争征服来获得收入),但是,18世纪英国的政治现实限制了政府获取财政收入的选项。事实上,军事扩张需要激进的财政收入政策,而在政治上则要求通过税收或公债来获得财政收入,这也就意味着在18世纪早期的英国,税收要明显地高于同期的其他欧洲国家。这些税收通常以印花税、关税、消费税和土地税等形式来征收(Brewer,1989)。

尽管在18世纪末的时候,消费税将英国财政总收入提高了40%,但在18世纪早期占主导地位的税种是土地税,这一税收在整个18世纪都发挥了显著的作用(Brewer,1989)。事实上,有一些学者断言,英国的消费税(该税的重点在于商品)的提高和土地税(该税的重点在于和农业相关的租户的地租)的下降,让英国的经济从土地贵族主导逐渐转变为商人和制造业阶级主导。

18世纪英国税制从土地税向消费税的转型,不仅反映了国家经济结构从农业向制造业的变化,也反映了它在行政和政治能力上的转变。在整个18世纪,土地税仍然具有重要地位的一个原因是,它是议会和地方政府的权力凌驾于中央行政部门之上的表现。这种对议会和地方控制的强调,被纳入了英国土地税管理法(即要求议会确定税基并且制定每年的税率),并把征收土地税置于地方县议会(local country boards)的行政架构之内。

人们不应该低估行政基础结构的缺乏及其对英国税制的影响。在18世纪的大部分时间里,英国中央政府把两个主要财政收入来源的管理权留给了地方县议会和私营公司。这一点与凯瑟和萨克斯(Kiser and Sacks)在第十一章中描述的前现代税制一样。首先,行政基础结构的缺乏,意味着中央政府不能承担因征收关税和消费税而增加的成本,只能交由私人代为操作。后来,随着中央执行能力的增加,征税工作就由私人包税(private tax farming)商进行

241

转为由国家机构来开展(Brewer,1989)。无论如何,18世纪的英国不具备构建任何一种全面税制的条件,尽管当时对土地征收财富税已经很接近。

让斯密开始思考的,除了物质障碍——行政能力差及缺乏技术和途径,他还意识到了社会文化的制约及其对征税的影响。斯密确定了理想税制的4个主要原则:根据收入按比例设置税率(Smith,[1776]1979:825);税额透明([1776]1979:825);缴纳时间及支付方式便利([1776]1979:826);适当压缩行政成本。这4个原则均意味着,在当时的社会文化范围内,要确保征税工作尽可能地减少对纳税人的干扰。

对于斯密来说,侵犯个人隐私是税收征管过程中特别让人烦恼的一个方面。因此,斯密倾向于在决定税收义务的时候就要限制侵犯私人空间。比如,在制定土地税的时候,斯密主张使用窗户的数量而不是壁炉的数量来作为代替物进行估值,这是因为窗户从房子外面就能看到,而征壁炉税则需要征税人进入纳税人的房子里(Smith,[1776]1979:845—6)。斯密还反对任何要求查看商人账本的税种,因为曝光商人财务状况可能会使他遭到公共的羞辱(Smith,[1766]1978:531)。在另一方面,斯密相信,土地的价值是公开并且众所周知的,因此对土地征收财产税不会引发隐私问题。这些例子显示了斯密的观点,即税收除了受到基础结构和行政能力的限制以外,还受到社会关系的约束和塑造。

二、斯密的理想税收制度

如果说斯密关注的主要是制约18世纪英国税制的社会和制度环境,那么他还在《国富论》第五卷中明确地指出,如果没有社会和行政限制,他设想的理想税制会是什么样。在第五卷他关注的是,政府在理想资本主义社会中能发挥的生产作用,并从以下3个议题来讨论:公共开支、税收和财政。在每一个议题的讨论中,斯密都表达了政府在公共资金(the public trust)管理中应承担的责任。斯密把这些责任界定为:防备国外的力量([1776]1979:689);保证国内的司法([1776]1979:708—9);创造和提供广泛的利益(主要是公共教育和保护国内外贸易)([1776]1979:723)。

在确定了公共资金的主要用途之后,斯密清晰地阐述了恰当的税基——

不是18世纪英国税制因受特定背景限制而不得不收的税,而是在理想资本主义世界中的理想税基。对于斯密来说,理想税基是有限的财富税和消费税的结合,旨在实际上豁免工人阶级和中产阶级。斯密的税制所指向的这个组合税基,既能获得财政收入,又能反映出资本主义价值观(斯密相信这些价值观将从他的税制向四周扩散)。事实上,正如我们前面所看到的,在斯密所处的时代和环境,没有办法实施他所设想的税收制度,他从来也没有奢望看到他的理想税制付诸现实。然而,18世纪英国的税收制度确实在一定程度上反映了斯密整体方案中的一些元素,例如土地财产税和各种奢侈品消费税。

斯密认同税收的受益理论。受益理论将缴纳税收和政府提供利益捆绑在一起,给税收提供合法性(Murphy and Nagel, 2002)。但是斯密并不认同传统的狭隘意义上的利益。托马斯·霍布斯(Thomas Hobbes)认为,衡量政府保护带来的利益,最好的标准是个人的消费价值,但斯密对利益的看法显然广阔得多(Brownlee, 2006:3)。在斯密看来,政府所提供的利益,关键在于保护个人财产。根据斯密的观点,政府保护富人财产的方式多样,包括建立社会福利项目以使穷人不去反抗富人。

运用经他扩展后的受益理论,斯密建议地方民众为了当地的福利(例如灯光、供水和排污)而纳税([1776]1979:815);诉讼当事人通过印花税和诉讼费(filing fees)来弥补司法部门的行政成本([1776]1979:815);学生通过直接支付教师的工资来承担部分教育成本([1776]1979:815);运输商支付公路、桥梁和运河的费用,并把成本转嫁给消费者([1776]1979:724);对土地地租征税的税率应该定得比其他类型税收的要高,因为地租是由政府服务带给富人的特有财富。

在某种程度上,斯密将税收和利益结合在一起,是因为他相信,那些既从政府服务中获利又为政府服务纳税的人,更有可能恰当地管理税款的征收和使用([1776]1979:825)。他之所以把税收和利益互相绑定并作为一种避免政治动荡的方式,是因为他相信,理性的人愿意为合理定价的政府商品与服务付费([1776]1979:844)。在本质上,斯密把税收和利益相联系是因为他持有的私人财产和政府关系的理论。

财产的本质和谁拥有财产权利,对很多启蒙思想家来说是他们理论的核心。不同于他的部分启蒙者,斯密并不同意财产先于国家而存在,也不主张财产责任和财产权利超越国家而存在,不认为财产持有人可以免于对国家的义务(Fleischacker,2004)。相反,斯密认为财产不能脱离国家而存在。因此,对于斯密来说,在人身和财产方面保护富人、防备穷人,是现代国家给予的主要利益。在斯密看来,财富并非政府利益的代替物,相反财富是依靠政府才能产生并得到保护的。"没有财产……公民政府(civil government)也就没有必要存在"(Smith,[1776]1979:710)。事实上,"到目前为止,公民政府是为了保护财产安全而设立的,在现实中是为了保护富人、防备穷人,或者说是为了保护有财产的人并防备没有财产的人"(Smith,[1776]1979:715)。例如,当斯密指出君主的第二责任是执法(administration of justice)的时候,他把司法(justice)定义为:创造和保护财产。

> 哪里有巨额的财产,哪里就有巨大的不平等。有一个富裕的人,就必定有至少 500 个贫穷的人,少数人的富裕意味着多数人的贫穷。富人的巨额财富激起了穷人的愤怒,他们在匮乏和嫉妒的驱使下,侵入富人的财产。只有在民事法庭的庇佑下,持有这些源自多年劳动或者世代努力得来财产的人才能安然入眠。他时刻被未知的敌人所包围,尽管他从未挑衅,但他也无法安抚他们,他所遭受的不公正只能通过民事法庭持续强有力的惩罚来得到保护(Smith,[1776]1979:709—10)。

因此,若以财富作为税基,斯密至少指出了两点相关理由:第一,财富最终受益于政府提供的利益(government benefit)。

> 财产和公民政府相互依赖。财产的保留和占有的不平等首先形成,并且其状态始终随着政府形式的改变而改变。
> [(Smith,[1766]1978:401;MacCormick,1981)]

这是斯密的基本观点:财产和公民政府,以及因此而制定的实定法律(公民政府的创造物)之间是密切相关的,对我们而言这是最大的利益。他以另一种方式阐述了相同的观点:"没有财产就没有政府,政府的终极职能就是保障财富和帮助富人防备穷人(Smith,[1766]1978:404,as cited in MacCormick 1981)。

斯密的第二个观点认为,税收应该尽可能地和受益相匹配。这两个观点——政府创造财富、税收应该跟受益相联系,强烈地支持征收全面的财富税。

斯密的理想税制需要有税基,斯密对受益理论的使用需要以财富为税基。然而,仅凭财富税不能完成斯密的理想税制,因为亚当·斯密还认为,税收对价格的影响应该尽可能地小。

斯密的价格理论设定了两种价格:市场价格和自然价格。自然价格反映了嵌入在客体中的劳动价值,而市场价格则受到其他因素像供给和需求等影响(Smith,[1766]1978:72—81,552—3)。当处在自然价格和市场价格相匹配的公平价格时,商品就会大量地可得。不幸的是,正如斯密承认的,有许多因素打乱了自然价格和市场价格之间的平衡,包括不良的税收制度设计([1766]1978:555)。

根据斯密的理论,对劳动直接征税扭曲了自然价格和市场价格之间的匹配,因为劳动力成本已经反映在自然价格中,政府增加劳动成本的行为(例如对工资直接征税)会提高自然价格并进而对供给产生不利影响。对于斯密来说,对劳动的间接征税甚至不如直接征税,因为征收间接税会涉及很多额外的费用([1766]1978:583)。在斯密看来,对工资直接和间接征税的成本,最终将通过价格的提高而由消费者承担([1776]1979:873)。所以,对劳动的直接和间接征税都会伤害公共善(the public good)。斯密告诉我们,"中层和上层阶级的人,如果他们了解自己的利益,就应该始终反对任何征收于生活必需品的税,还应反对向劳动者的工资直接征税"([1776]1979:873)。

另一方面,对于斯密来说,根据他在第五卷中提出来的四个税收理想标准和其他几个主题,超额利润应该纳入税基之中。在本章已讨论过的其他主题也包含着斯密的倾向:(1)税收应该实现对价格的影响最小化。(2)税收的正当性来自政府提供的利益。(3)税收制度应该特别明确并且应该对那些受益于政府的人征税。例如,斯密赞同按照使用公路的运货马车的重量征税,因为这个税收对商品价格的影响最小。根据斯密的观点,税收实际上转嫁给了消费者。然而,因为公路降低了把物品带到市场上的成本,由此带来的价格下降超过了为维持公路而征税所引起的价格上升(Smith,[1776]1979:725)。斯密支持公路税还因为这个税收是用来维护公路的,公路由那些缴纳税收的人使用,并且通过他们货车的重量来缴纳税收是合理的,因为货车的重量衡量了纳税人即运输者带给道路的压力([1776]1979:724)。换言之,税收直接和税款的使用相联系。因此,公路税符合斯密的理想:一是受益与成本相匹配([1776]1979:848—9),二是对价格的影响比较正面(比较低)。

斯密对理想税制的另一个考虑,涉及上面还没有讨论过的免税金额。根据包含在斯密四条税收原则中的单一税率原则,通过免税,我们就可以创建出一个温和的累进税。斯密在他的理想税制中构建他的免税制度,即对承担风险的资本给予最低的补偿,即这部分利润应该不含税地返回到资本所有人([1776]1979:847)。对于工人阶级,斯密通过"必需品"的概念,提供了相同的免税制度(Smith[1776]1979:869)。因为工人赚的钱大多数用来购买生活必需品,所以斯密认为,对必需品和工资直接征税,将不可避免地导致工资增加或者就业减少的后果([1776]1979:874)。

斯密在第五卷(Book V)中用了一整节来讨论对消费品的征税,并继续讨论必需品及其在税制中的角色([1776]1979:869—906)。斯密把消费品分为必需品和奢侈品([1776]1979:869)。根据斯密的观点,对必需品的消费征税,跟征工资税一样会提高价格,因为这些消费税是对劳动力再生产的成本间接征税。斯密认为,对工资直接和间接的征税,会损害整个社会,这不仅会扭曲价格,也不符合自然正义和人类尊严所决定的特定时代和文化的标准;而这种的标准会随每个社会的富有程度而变化,以允许每个人(包括穷人)享受不断上升的生活水平([1776]1979:870)。斯密对"必需品"的定义,包括生活中需要的那些东西(如在冬季取暖的燃料),还有一些东西"最穷的人,无论男女,如果没有就会羞于出现在公共场合"([1776]1979:870;874)。显然,最贫穷的人对于人性尊严的需求,高度依赖于历史和文化条件([1776]1979:870)。因此,当国家变得富有、人口开始增加时,每个人都应该(包括穷人)分享不断上升的生活水平。为了把穷人和工人阶级纳入资本主义所承诺的普遍繁荣中,一个国家必须避免直接地或间接地征收所有对工资和必需品的税收([1776]1979:870—1)。

斯密对于穷人和工人阶级的描述,跟他所在时代的两个主流观点形成了鲜明的对比。一个观点是基于传统的社会阶层观念,并被常见的有关劳动和动机的经济理论强化。根据这个观点,贫穷是一种永恒的和应得的状态,不需要去干预。第二个观点基于基督教伦理,它认为,富人有责任对穷人施以仁慈和同情,在他们生活困难的时候提供帮助。斯密拒斥了上面两个传统的主流观点,反驳两个观点中包含的如下判断:穷人本质恶劣,或者穷人缺乏道德或职业道德。斯密断言,穷人和最尊贵的人具有相同的天赋,他们的问题并非源于懒惰,而是因为劳动过度。事实上,由于穷人和劳动人民对社会有贡献,斯密认为,只有当他们有渠道获得他们所生产的产品时才是公平的(Fleischacker,2004)。

尽管斯密强烈反对对工资和用工资购买的必需品征税,但是他非常倾向于对奢侈品征消费税。例如,虽然斯密反对所有对必需品征收的税收,但是他很支持奢侈品税(Smith[1776]1979:873)。另外,即使在面对自己推崇的单一税率时,他仍然主张对富人征收比对工人阶级更高的税收([1776]1979:842)。

如果斯密能从他所处时代的限制和有限的行政管理能力中解放出来,那他赞成的税制是:具有很大税收豁免额的单一税率财富税;具有可返还税收抵免(refundable credit)的消费税。这两种税都以单一税率征收,反映了斯密的税率原则是根据受益原则并按比例确定的。财富税基是把斯密关于税收的受益理论运用于以下情形的结果:政府带来的主要利益,是生产和保护财富。可返还税收抵免的额度,高到足以购买生活必需品(现在我们称之为最低生活工资),这符合斯密的价格理论,也可避免直接或间接地征税于购买生活必需品的工资(斯密的期望)。事实上,可返还税收抵免在税制里面可作为福利制度(就像在我们的税制里的勤劳所得税抵免[EITC]),也可用来保护和支持对必需品的消费。最后,财富税和消费税共同作用,均衡了储蓄和消费之间的纳税义务,与此同时还可避免去区分必需品和奢侈品。因此,这种税制可以帮助实现自然价格这一资本主义制度,并达到把工人阶级的消费从征税中豁免的社会正义目标。

在以下两个方面,斯密的作品表现出强烈的信念:一是普遍性原则;二是考虑实际的文化、政治或行政能力的限制而对理想做出调整。事实上,斯密之所以知名，是因为基于人类的本性或发展程度而考虑了上述限制行动的因素（Haakonssen，2006）。因为现实主义和理想主义的相互作用，斯密可能会赞同在21世纪的美国以财富和奢侈品消费为税基，尽管在18世纪的英国他并不主张类似的措施。

事实上，有具体的文字证据可证明，如果财富税在行政上是可行的，那斯密会对它有明确的偏好。在《法理学讲义》中，斯密认为所有的税收，要么是对占有的财产（possessions，斯密定义为土地、家畜或者货币）征税，要么是对商品（如盐、衣服或者酒精饮料）的征税（Smith，[1766]1978：581）。至于占有的财产和商品之间，斯密更倾向于对占有的财产征税，因为如前所述，斯密认为对商品的征税要么会增加劳动成本进而间接提高价格，要么可能会减少货品的供给。然而，虽然斯密倾向于对占有的财产征税，但是他面临着顾虑隐私的文化限制和缺乏行政能力的政治限制，这使得土地成为18世纪英国政府征税的唯一合理的对象。在这种情况下，斯密明确指出，在上述行政环境下，对家畜或货币征税有严重的困难，以至于这两种财产实际上可以免于被征税（[1766]1978：581，582）。

总之，斯密的理想税制主张的是，对占有的财产（即财富）和奢侈品的消费征税。然而，斯密的理想不得不在以下环境中实行：不赞成调查个人财产的文化环境；普遍认为对商品征税优于对财产征税的行政体制。这种理想主义和现实主义的冲突，可用来解释为什么18世纪的英国如此严重地依赖关税、印花税和国内货物税。这也是为什么在斯密提供的例子中偏爱累进税率的一个原因。在一般情况下，18世纪英国被迫实行的税收是累退税——尤其是印花税、进口关税（duties）和海关税费（customs）。如果斯密是正确的话，那它们在性质上就更加累退了，因为商品税的最终成本将由劳动人民或消费者承担。为了平衡由于文化、政治和行政因素带来的税收制度的累退性，斯密引入了主要以对奢侈品消费适用的高税率形式的累进税率。

符合斯密理想税制的全面的财富税和奢侈品消费税，不可能在18世纪的英国存在，但是它在一定程度上是整个英国税收制度的片段。18世纪英国的行政能力不足以拥有全面的财富税，但是它的确征收土地税，这是财富税的一个有限形式。当时也有对奢侈品的征税（这是斯密赞同的），也有对必需品的征税,而后者不符合斯密禁止对工资间接征税的观点。

三、把亚当·斯密运用到当代美国

正如凯瑟和萨克斯所指出的,历史社会学之所以重要,原因在于它有能力在时间前后来回考察,尝试着匹配相似点、确定不同点,从而有办法为今天提供相关的信息(第十一章)。在当代美国社会的背景下,用来购买被斯密称为"必需品"的金额,现在叫"最低生活工资"。有很多种方法可用来计算满足生存需要的最低的物质水平。在当代美国,三个被经常提出的标准是:第一个是一个四口之家的贫困线(在 2006 年是 20 614 美元;U. S. Bureau of the Census,2007;见 Fisher,1992,1997);第二个是两个成年人以最低工资全职工作且考虑勤劳所得税抵免和社会保障工资税后的薪水(在 2006 年是 23 848 美元)[①];第三个是一对提交联合纳税申报表并且有两个孩子的夫妇在完全失去 EITC(勤劳所得税抵免)资格之前所赚取的数额(在 2007 年是 39 783 美元,Administration for Children and Families, U. S. Department of Health and Human Services,n. d. ;最低生活工资,见 Waltman,2004)。

根据斯密有关具体文化下必需品的观点,一个双亲四口之家用以维持最低生活工资的金额最好免于征税,以避免危及他们购买生活必需品所需的金额。正如有人在一个声称要奉行资本主义理想的社会里预测,美国联邦所得税制度为双亲四口之家豁免了大约 45 000 美元的收入,并拥有儿童照顾税收抵免(the childcare credit)。然而,其他联邦税收要对这个 45 000 美元的收入征税,更不用说州和地方政府要对此征税了。截至 2008 年,这个 45 000 美元的收入,要用超过 15% 来缴纳社会保障的工资税(假定雇主和员工分别缴纳的社会保障税最终都落在劳动者身上),这个家庭每购买一加仑汽油也要缴纳超过 18 美分的联邦货物税(federal excise taxes)。

---

① 计算公式为:5.85 美元/小时×40 小时×每年 52 周×2 个工人=24 336 美元+2 950 美元(勤劳所得税抵免)-3 438 美元(社会保障税)=23 848 美元。这是 2006 年的勤劳所得税抵免,并假设没有其他的收入和扣除。请参阅 IRS Form 1040 Schedule EIC and Publication 596(2006)Earned Income Tax Credit。社会保障税的数额是自雇税的一半,见 Form 1040 SS(self—employment U. S. income)。实施学校早餐和午餐、食品券、巴士通行证以及住房补贴制度后,会进一步让家庭脱离贫困线。

美国的所得税制豁免了最低生活工资的税收,不过也许因为我们的制度过多地关注所得税而忘记了为了实现富裕,纳税人需要的不仅仅是每年通过劳动而获得的收入流。除了收入外,他们也需要存量财富以度过困难时期。不管是因为生病、工厂倒闭还是需要照顾亲人,人们总会有被迫脱离劳动的时候。当收入流受到不可预知的冲击时,那些拥有资产的家庭将处在一个更为有利的境地,更有机会度过困难时期并最终伴随着经济的复苏而恢复元气(Conley,1999,2004)。

要形成这样的差别,所需要的财富数额是多少呢?因为住房是大多数美国人财富中非常重要的组成部分,因此一个可以使用的简单标准是住房市场的进入成本。金妮·梅(Ginnie Mae)估计,在 2008 年,一个年收入为 4.5 万美元的家庭,能够以 80%的按揭贷款购买一座 19 万美元的房子。购买那座房子的市场进入成本大约为 4.55 万美元(Ginnie Mae,n. d.)。我们应该在现金账户中再增加六个月的薪水以备不时之需,这笔适当的金额应该豁免财富税。这样的话,在 2008 年这两个数字相加总计为 6.8 万美元。

美国税收制度中对财富税的处理,高度偏离了资本主义的理想。美国税制并没有像斯密的理想税制所要求的那样,给工资和劳动以特权,而是把这些利益都给了财富。此外,如麦卡弗利(McCaffery)所预测的,"旧"财富比"新"财富更受优待,使得落后者很难再追赶上(第十三章)。例如,一个家庭筹集资金进入房地产市场后,资产的升值很有可能通过借贷、继承或者出售等方式来实现避税。然而,在美国现行的税制下,那些要用数年时间筹集资金进入住房市场的人,是无法逃脱税收的。让这些只有少量财富积累的人承担最高的赋税,会让他们失去进一步积累财富的机会。

我们对税制的选择,除了反映偏好资本而非劳动者的阶级后果外,还反映了种族、民族和性别等后果。例如,非西班牙裔白人的家庭资产平均值已经远远超过了维持最低生存工资所需的财富。事实上,在 2000 年,非西班牙裔白人家庭资产的平均值是 198 383 美元,几乎是依靠最低生存工资进入住房市场所需财富额的三倍。相比之下,在 2000 年黑人家庭资产的平均净值是 35 284 美元,刚刚超过依靠最低生存工资进入住房市场所需金额的一半(Housing and Household Economic Statistics Division,U. S. Census Bureau,

2005)。以女性为户主的家庭也有类似的差距(DeNavas-Walt, Proctor, and Smith, U. S. Census Bureau, 2007)。在财政社会学传统中,这些差异明确地刻画了我们当前税制中谁赢谁输的局面(Moran and Whitford, 1996)。

在 21 世纪的美国,斯密的受益原则是否仍然暗示要征收财富税呢?从表面看来,政府提供的利益方向看起来相反,把 21 世纪的美国和 18 世纪的英国区分开来。例如,不同于 21 世纪早期的美国,在 18 世纪的英国基本上没有实行转移支付制度(Heilbroner, 1999)。正像那些主张单一比例所得税(flat tax)或者累退税的受益理论家提出来的问题:在 21 世纪的美国,难道不是穷人从政府那里获得更多而非更少吗?

在回答关于"政府利益是否不再局限于创造、维护和保护财产"这个问题时,若考虑到斯密把政府和财富联结在一起,那么无论站在政治光谱哪一端的现代受益理论家,都会对斯密的方式表示异议。例如,虽然斯密承认公共教育让工人阶级受益,因为它让工人能逃离劳动分工带来的重复性的枯燥生活;但是斯密认为真正从公共教育中受益的是富人,因为他们受革命冲击的风险大大降低(Smith, [1776]1979:782)。

> 整个国家……从教育(工人阶级)中得到了巨大的好处。他们受教育越多,就越不可能狂热和迷信,而这些会在无知的国民中经常造成最可怕的混乱。另外,受过教育的人和聪明的人,总是比那些无知和愚蠢的人更加得体和有秩序。他们每个个体都感觉到,自己是可敬的并且更有可能获得自己合法上司的尊重,他们也因此愿意尊重上司。他们更加倾向于审视,更能够看透党派和暴乱的利益游说,也因此不太容易被误导到肆意或者不必要地反对政府的施政活动中去。在自由国家,政府的安全很大程度上取决于人们对于它的管理的赞成性判断;人们不贸然判断或者肆意判断,对政府来说这是最重要的(Smith, [1776]1979:788)。

因此,关于免费的公共教育,一些 21 世纪的受益理论家认为这是把财富转移给穷人,而斯密则认为这是由政府提供给富人的巨大利益(Moran 2008)。虽然公共教育使得穷人免于无聊,但是它也保护了富人免受家破人亡的威胁。

四、斯密理想税制的制度可能性

自斯密首次提出他的理想税制以来，现代社会已经发生了很多变化。那些文化和行政限制，曾阻碍了18世纪的英国按照斯密的建议征收全面的财富税和奢侈品消费税，但在21世纪的美国已经不存在了。例如，斯密所处的18世纪的英国和现在的美国对于隐私的顾虑就有很大的不同。斯密永远也没办法想象一个国家像今天一样，电话、电子邮件和家庭都向公众和政府开放。他也无法想象人们会接受这种在他看来是对私人空间的侵入行为。面对当今社会大大降低的隐私期望，斯密关于财富税会带来麻烦的担忧便没有那么强烈了。事实上，在21世纪的美国，一个具有较大免税额的财富税并不像现行所得税那样令人烦恼，因为财富税基减少了纳税人的规模，这就立即为大量的原纳税人提供了缓解措施。

斯密熟知的那些行政负担，在21世纪也不那么受关注了。虽然18世纪的英国财政收入仅相当于21世纪的一些发展中国家的收入水平，但是斯密对当今的美国、欧盟或者其他繁荣国家的征税负担没有经验。斯密所看到的是，一个政府不能承受任何一种全面税制，取而代之的只能采用对特定的商品和土地征税的方式来筹集财政收入。然而，18世纪的英国政府确实管理了财富税和奢侈品消费税，尽管它的管理能力不及我们现在。另外，美国已经显示了自己税及国内外各种形式的收入和工资的能力。没有理由相信，当今的美国行政机构缺乏用财富税取代所得税的能力。

正如斯密指出的，每个人都会觉得税收令人烦恼，资本也不例外。斯密认为，当有可能寻求到利润时，资本就会流动；收入也具有相似的流动性，可当今的美国能把联邦所得税强加到公民和外侨（resident aliens）的全球性收入上。因此美国人并非不知道也不是反对全面的和全球性的税基。当然，声称政府有能力税及全球性收入或者财富，与实际上仅仅对外国基础的收入征税是两回事。美国已经证明了自己拥有税及相当一部分海外收入的能力，尽管不得不应对那些精心设计的避税机制。在这个方面来，当今的美国比18世纪的英国征税的范围更大，尽管斯密时代的英国资本的流动性比当今时代小得多。

第十二章 亚当·斯密与追寻理想税制

在一个较高减免标准的全面财富税制度下,涉及的纳税人口更为富庶但也拥有平均来说更高的避税能力。因此,这些人数相对较少但更加成熟的纳税人口,将会促进行政管理机构的转变。其中一项转变是,税务部门不得不致力于更加复杂的工作来确定国内外的财富。当然,在财富税制度下,资本外逃的可能性会与现在所得税体制下的收入外逃相当。然而,即使在我们日益技术化的社会中,财富的流动性仍然相对低于收入。例如,如前面所提到的,在美国人的财富中,土地是最重要的组成部分之一。

在美国,土地仍然是财富的主要来源,这也涉及斯密提出的一个问题,即估值的不稳定。和18世纪的英国相比较,21世纪的美国有办法追踪土地财富、股票财产以及其他各种有形和无形的资产,这在美国革命时期根本是无法想象的。

在美国,全面的联邦财富税面临的最大挑战,并不是行政能力和现代文化的敏感性。征收美国财富税的主要障碍,曾经是不分摊就不能征收直接税的宪法限制;如果没有后来的宪法修正案许可,征收财富税是不可能的。因此,同样在18世纪,亚当·斯密可以跨越时间和空间来分析税收制度,而此时的美国宪法却写上禁止财富税。这种对财富税的限制体现在美国宪法第1章第2节,即要求按人口分摊直接税。就征收财富税的限制而言,由18世纪美国的遭遇显示出的政治困境,跟18世纪的英国所面临的问题不是一回事。根据斯密的观点,英国在18世纪征收财富税时,面临的行政问题(财富很难确定并估值),才是难以对财富征税的原因。与此相反,18世纪美国征收财富税所面临的政治问题是,财富太容易识别和征税。

在18世纪的美国,大多数财富是土地或者奴隶,二者都很容易征税。那些最富有的美国人,拥有最大面积的土地和最多数量的奴隶,居住在白人男性最少的州。较少的白人男性人口,尤其和土地相联系,意味着人数较少的富裕种植园主所在的州,相较于那些有更多白人男性但平均每名白人男性占有的土地数量更少的州,在众议院的议员人数更少。若对土地和奴隶征税(它们是18世纪美国最主要的财富形式),那会使得政府的成本从人口高度稠密的北方转移到白人男性人口较少的蓄奴南方。于是,在美国宪法中至少有两个地方做了调整来避免这种结果。一个是在分配众议员席位的时候,把奴隶作为五分之三人口来计算;第二个是禁止无分摊地直接征税,从而有效地让征收联邦财富税的行为违宪(Einhorn,2002)。

然而,对斯密所偏好的那种财富税来说,在宪法上禁止征收直接税并不是一个不可逾越的阻碍。后来美国宪法的修正案,允许现代美国征收所得税。它当然也可以进行修正,从而允许征收联邦财富税。

18世纪的英国和18世纪的美国对财富税的反对,在今天都不那么有吸引力了。南北战争以后,美国发展出一种更为全国性的观点,更少关注州际之间的竞争问题。因此,每个州都更少担心联邦会对他们的公民的财富征税。当代的所得税制度确认了这一政治变革,即一个人从把自己视为州的公民变成视为美国的公民。此外,虽然在21世纪美国财富的持有比18世纪的英国要复杂得多,但是美国追踪财富的能力也更高了。此外,就像18世纪的英国一样,21世纪的美国也拥有成熟的机构(虽然这种机构是地方性的)来给21世纪美国财富的主要来源——土地和建筑进行估值。因此,无论反对全面财富税根据的是宪法理由还是行政理由,在今天的现实中都不再令人信服了。

五、总结

回溯过去不同的空间和时间,有时候可以揭示当代的问题。对资本主义之父亚当·斯密如何塑造他的理想税制以及美国税制怎么偏离这个理想进行研究,可以帮助我们看到今天的税制更优惠财富而不是劳动,这样的税制是偏离我们所声称的基本原则的。与此同时,关注斯密在面对时空的现实限制时如何对他的理想税制做出妥协,也可以让我们看到他是如何处理税制创建中的问题的:既要提出理想税制,又为了让税制服务于一个成功帝国的收入目标而修正这个理想税制。把税收制度作为社会正义议程的一部分和在有限能力下筹集财政收入的需要,二者之间存在的紧张在当今世界不同发展水平的国家内部都能感受到。斯密提醒我们,税收制度可以有意识有目的地影响社会秩序。社会正义既是税收制度要考虑的问题,也是政府各个部门的关注点,正如本书的各章以及亚当·斯密的作品中所阐述的那样。

资本主义和自由市场经常被用来支持"反国家干预"的意识形态。这一看法是对斯密"看不见的手"的滥用,引起了对"私利导致集体改进"问题的争论,

第十二章 亚当·斯密与追寻理想税制

也使得斯密成为那些自由放任主义者及其后辈常用来作为典范的海报男孩（poster child）(Rothschild,2001)。对斯密的这一解读，核心要素在于认为斯密反对财富税。然而，正如我在本章中所展示的，斯密并没有从根本上反对财富税，而且积极地提到了英国的土地税——他所处时期的核心财富税。相反，斯密之所以没有倡导全面的财富税，是因为他意识到了18世纪英国的文化和行政情况并不适合任何全面的财富税。事实上，斯密对受益理论的欣然接受，并主张政府在保护财富方面发挥了作用的观点，都支持全面的财富税，个中的原因和当代的问题是一致的。因此，在这一章我认为，对斯密作品精心地阅读确实具有当代的意义——但是并非如很多人想象的那样。与那些援引斯密来证明不干预市场具有合法性的人相反，我认为对斯密作品的精心解读，可以为基于消费和财富而非收入的征税体制提供有力的证明。

第十三章 财政社会学中的"性别"在哪里？

——比较视角下的税收和性别[1]

爱德华·麦克卡费里(Edward Mccaffery)

导论：超越战争

在一本主题是"财政社会学"这么令人生畏的书中,把"性别"(Gender)这个字加入一章的标题中,似乎有明显的市场营销意义。实际上,其他每一章虽然自身都有价值并且有趣,但缺少了重要的内容。

财政社会学研究领域,起源于熊彼特对"历史的惊雷"激动人心的祈祷(熊彼特,[1918]1991),正如其他章节所显示的那样,该领域主要是研究政府征税(或者用"汲取"(extraction),如查尔斯·蒂利在第 10 章中的优先选词)计划与一些大尺度议题之间的相互作用,这些议题有战争、危机、国家建设与破坏,或者诸如此类的社会宏观层面上的重要议题。如果更近更详细地审视税收制度的话,我们就会发现,在微观层面它们也有深刻持续的影响。财政政策影响了婚姻模式、生育、工作、储蓄、教育、慈善和房屋所有权以及更多。因此,财政社会学是文化社会学的一个重要元素。社会规范和社会偏见会反映在财政—税收、转移支付制度中,反过来,这样的制度也会以强制的力量,用无限的反馈

---

[1] 作者是南加州大学的罗伯特·C.帕卡德理事会主席(Robert C. Packard Trustee Chair),法学、政治学、经济学教授,加州理工的客座法学和经济学教授。本章的一个版本曾在西北法律学院的一次与税务项目学生的讲座中给出。感谢泰德·迪尔曼(Ted Dillman)给予的杰出的研究帮助,感谢编辑们在本书上花费的时间和精力。

循环来巩固社会生活的模式,在比佛利·莫兰撰写的那一章对此也有所强调。总之,这是一个丰富并且重要的主题,值得不同学科的学者去探索。

家庭的税收情况就表明了这一点。税法和财政制度的其他方面,都存在着明显的性别歧视(Stotsky,1996;Teck,2004)。例如,在英国,所得税是在1799年制定的,它把所有的收入都归于丈夫,而这反映了在当时的法律中,妻子的所有财产都归婚姻中的丈夫所有。1882年的《已婚妇女财产法》,第一次允许妇女有权管理和控制自己的财产和收入(美国妇女财产权利运动的一个绝佳分析,参阅Siegel,1995)。拖延了一段时间之后,1894年的英国税法得到了修订,并规定如下:只要夫妻两人的收入总和少于500英镑,就允许妻子的收入享受单身者的税收减免;超过500英镑后,就继续沿用"累加(aggregation)"的模型,即把妻子的收入合并到丈夫的应纳税收入中去。到1918年,"已婚男性免税额(married man's allowance)"被引入并不断增加,直到1982年达到单身男性免税额的1.6倍(这个1.6的乘数显然源于美国法律,我们将会在后面看到)。这一额外的扣除额是给娶妻的男性的税收减免,而不管他的妻子是否有收入。到了20世纪70年代,税务局(the Inland Revenue),即英国的税收机构,拒绝处理或者发放税收预扣退款给已婚妇女,而只跟她们的丈夫打交道。因此法律不得不予以改变,以便迫使官僚对现代规范敏感一些:在1978年,《财政法》明确要求税务局给已婚女性发放退款。尽管如此,当妻子挣到的收入超过市场最低收入时,这个家庭就面临着因联合报税而遭遇"累加模型"的问题,即实质性地被征收了婚姻税(这一点将在后面讨论)。在1988年的法律中消除了该问题,法律要求对勤劳所得和投资收入实行独立返还(individual returns)制度。在1933年,已婚男性的税收减免改为可以在配偶之间转移(Briggs,1985;Stotsky,1996)。上述的家庭税收政策的整个历史,都在用明显的性别歧视的语言书写,如"男人"和"女人"、"妻子"和"丈夫",而在整个大英帝国的英语系统,都受到了英国的明显影响,比如在加拿大(Kesselman,2007)、新西兰(Jones,2005)、澳大利亚(Cass and Brennan,2003)、马来西亚和新加坡(Teck,2004)等地。实事求是地讲,现在有一件事情要注意,那就是税法中不可避免地存在着性别歧视和性别影响。还有另外一件事情是,在实际的制度作为运行规则出现的地方,税务机关不和已婚女性沟通。

性别歧视的影响远甚于表达上和尊严上的危害,而不管后者的危害有多严重。举一个重要的例子,在美国,税收制度主要是在20世纪建立的,并没有表现出非常表面的性别化,没有出现在英国和其他英联邦社会存在的那些公开的性别歧视语言。然而,美国税收制度的大部分特性是在20世纪30年代、40年代和50年代确立的。在此期间,对大多数美国人来说,丈夫赚钱养家和妻子担当家庭主妇的组合,是描述性的事实和规范性的理想模型。这样的结构性因素持续存在,程度上未被减轻而事实上常常增强,一直持续到21世纪。

美国现在的财政政策让双职工已婚已育家庭生活困难,尽管这样的已婚已育的双职工是美国长时间来已婚的有孩子夫妇的主导模式。在2002年,育有18岁以下孩子的已婚夫妇中有65.1%符合这个模式(U. S. Census Bureau,2007:Table No. 582)。理解这一点很重要,即双职工家庭的负担,在分析上不同于曾经主导政策讨论和言辞的"婚姻惩罚"(Zelenak,2007:1140)。事实上,中产阶级和上层阶级的"婚姻惩罚"已经得到减轻,但从分析来看,对家庭中次要收入者的歧视显著增加了(Richards,2008)。在任何情况下,对双职工家庭的深刻的偏见在不同阶层都有不同的影响,并进而影响到劳动力的性别分工和更广泛社会的等级:

1. 在较低的收入层次上,成为选择变量的是婚姻,而不是为了获得工资的工作;税收和其他的财政法律让双职工已婚家庭的生活很困难,因此孩子常常由未婚的单身家长来养育。三分之一的美国孩子生活在没有完整双亲的家庭,大部分和母亲生活在一起,而这些家庭大多贫穷(U. S. Census Bureau,2007:Tables No. 65 and 676)。在这种情况下的妇女,被困在经济需求、社会耻辱和无情的时间匮乏之中。然而,极具讽刺性的是,对于穷人的婚姻惩罚仍然在全面持续着(Richards,2008,McCaffery,2003)。

2. 相比之下,在较高的收入层次上,对于双职工家庭相同的偏见则导致了这样的选择变量,即"次要"收入者是否要为工资而在家外工作;对于双职工家庭的偏见,推动了该家庭遵循"传统"的家庭模式(一个单职工工作,一个配偶在家,且主要是妻子在家),在经济精英阶层这一模式占主导地位(例如可参见 Tahmincioglu,2006)。

3. 在广大中等收入阶层,这种偏见引起了压力和不稳定,因为大多数已婚夫妇就好像被迫逆流而行动。在这样的社会经济结构中,这些夫妇不得不平衡工作和家庭,但社会经济结构却不鼓励他们这样生活(Crittenden 2001;McCaffery 1997)。对于他们来说,要面对的问题已经不是婚姻惩罚(讽刺的是这个惩罚已得到减轻)而是儿童照顾的税收减免(这样的减免措施尚未增加)。

　　财政政策既带来了相关的社会压力和弊病,也导致了解决方式的缺失。这样的影响,源于近一个世纪以来自觉地或不自觉地选择形成的全面税收政策。美国的选择,在整个发达甚至是不发达世界都能得到同时的回响,就像英国的选择在整个帝国都曾得到回应一样(参见布朗利,本书第十四章之"美国影响")。

　　美国和英国的故事只是众多故事中的两个。虽然美国的税收制度传达了强有力的"传统"家庭导向(即双亲单职工家庭),但这会给那些不符合该模型的家庭带来反常的和意想不到的后果——其他国家已经以不同的方式在解决这个问题。在第二次世界大战之后的一段时间,世界上有许多发达国家或多或少地在盲目地模仿美国的做法(再次参阅布朗利,本书第十四章,其中论述索普使团的那些有趣的相似者),可现在绝大多数发达国家和很多发展中国家都追随"全球性趋势",即朝向个人申报而非联合申报(Pechman and Englehardt,1991;OECD,2006a:54-6)。这些改革的主要行动者,似乎想要鼓励更多的女性进入劳动力市场:在1984年,欧洲共同体(EC)检验了欧共体的税制对女性参与劳动力市场的影响,发现其中一个主要的问题是,联合申报制度下次要收入者面临着高边际税率(就像美国现行的税制)。它给出的结论是,这一联合申报制度阻碍了妇女进入劳动力市场,并将导致:

　　　　事实上,已婚妇女进入工作市场的人数持续增加,随之而来的是双职工家庭数量的增加;在有利于传统家庭的税收制度的持续作用下,有一些成员国家内出现了异常的情况,即越来越多的男女,如果处于未婚状态会更加富裕,对那些有孩子的男女来说尤其如此,因为单亲家庭会从税制中获益(European Communities,1985)。

　　欧共体的分析把职业女性当作一种社会事实,并因此得出结论认为,税制对双职工家庭的歧视会导致不婚。相比之下，美国的政策从来没有承认职业女性是社会事实，并且显然对此为难。无论如何，英国、法国、荷兰和其他国家，在欧共体契约签订后纷纷进行了税制改革，以减轻不利的影响(Stotsky，1997)。南非在1995年也如此行动(Smith, n. d.)。现在，大多数发达国家都建立了独立的或者个人的申报纳税制度，但税制中仍存在的其他一些方面，比如对单职工家庭挣钱者实行税收减免，这使得在任何一个国家中，税制改革的净效应都难以辨认(Pechman and Englehardt, 1991；OECD, 2005；Ryrstedt, 2006)。

　　再一次地强调，税收制度确实存在着很大的差异。例如，在2005年捷克共和国选择抵制世界上联合申报纳税的趋势，而明显使用了可选择的独立申请模式(OECD, 2006a: 54)。在有些社会，例如德国，沿用了原西德发展出来的模式(与统一前东德采用的普遍激励模式形成鲜明的对比)，继续使用税收和财政政策鼓励母亲留在家里(Duggan, 2003)。德国也因此常常被挑出来作为税收和财政政策中"男性养家糊口模式"的典型(Palme, 2005)。法国采用复杂的家庭税收制度和慷慨的国家育儿项目，来鼓励形成大家庭并促进妇女在生完孩子后继续留在有偿劳动力市场(Henneck, 2003；Pechman and Englehardt, 1991)。将家庭作为适当的应税单位，一个唯一与此相像的情况似乎是印度的联合家庭(HJF)，正如在马来西亚和新加坡所实施的那样，印度联合家庭作为一个综合单位来进行申报纳税和缴纳，只要一家之主(尤其是最年长的男性)是该国的居民即可(Teck, 2004)。在日本，有以"配偶减免(AS)"和"配偶特殊减免(SAS)"为标志的个人申报纳税制度，设计这个制度的目的在于鼓励已婚妇女在家庭之外就业，但是仅限于兼职或者有限的方式(Akabayashi, 2006)。斯堪的纳维亚国家以实行"双收入模式"为傲，即"支持女性劳动力就业，在很大程度上支持男性照顾子女"(Palme, 2005)。

　　回到美国，当代实行的很多法律及后果都可以追溯到1948年实施的一部法律。在当时，随着第二次世界大战的结束，"和平红利"的一个主要部分就花在税法变化上，即通过对税法的设计来使战争期间离开家庭的女性重新回到家中(McCaffery, 1997)。所以对财政社会学来说，这是一个在宏观层面上与战争相关的重要问题：在战争中或者战争后，中央政府感觉到的需要，调节甚

第十三章 财政社会学中的"性别"在哪里？

至是积极塑造了劳动力的人数。国家可能需要女性工作者投入战争努力或者经济增长中去,或者他们不希望女性在高失业率时与男性竞争(见相关讨论Mc Caffery,1997:76—8)。于是,国家会根据这样的需求来改变他们的税收政策和其他财政政策。因此,国家似乎是通过回应那些鼓励生育者的想法(即孩子过多或过少)而改变自己的税收政策。同样,在每一个案例中,财政工具——政府的税收和转移支付政策,对于家庭生活的特性、整个社会的性别角色和劳动力分工等,都会产生强烈的影响,而这一点令人惊讶地经常得到人们积极地争论和支持。

上述内容体现出一些共同的和内部相互联系的主题,我将在这章中评论其中的三个。

第一,在令人困惑的复杂的税收与财政政策中,原因与结果很难看得出来:存在着"财政迷雾",类似于"战争迷雾"(Morris 2004),使人们往往很难理解到底发生了什么。例如,要比较不同国家之间的总体财政制度会很难。这是因为,在一个制度中某种结果很明显,比如在综合所得税制中允许独立地申报纳税,会鼓励已婚妇女成为有偿劳动力,这一结果可能被另一项制度带来的激励效果而削弱(例如不存在针对儿童照顾的补贴,或者存在针对传统单职工家庭的特殊税收和其他财政利益)(European Communities,1985;Pechman and Englehardt,1991;OECD,2005)。

第二,在复杂和迷雾当中,存在着修辞操控甚至认知错误的空间。像惩罚和奖赏这样的术语,经常被使用或者被滥用;中性或横向公平这两个竞争性概念,也互相较量;像估算收入等抽象概念常常输给更加有形的现实。在这些现象背后的,是一个有些简单的分析性事实(该事实具有戏剧性的认知后果):从一个角度或者基准来看是补贴或者奖赏,但从另一个角度或基准来说,就成了税收或者惩罚(Thaler,1980;Schelling,1981;McCaffery and Baron,2004)。儿童税收抵免对没有子女的家庭来说就是附加征税,而对结婚者的奖赏就是对单身者的罚金,对一方无职业的夫妻的补助就是对双方都工作的夫妇的税收负担。鉴于同等的政策却有不同程度的自由,由系统复杂性带来的认知困惑,以及在任何情况下都有的偏见现状,因此总体来说改变是很困难的。于是,塑造和限制家庭安排的税收和其他财政政策将会持续下去,就像在英国和美国那样,虽然有关家庭的基础规范已经改变(McCaffery,1997;Ventry, 2007)。

第三,当发生改变时,精英受惠更为常见——正如在美国所展现出来的那样(McCaffery,1997;Ventry,2007),而我们对加拿大(Kesselman,2007)和新西兰(Jones,2005)的案例研究将放在下面考虑——或者基于宏观经济学的考虑来预测,对类似劳动力参与的需求是多还是少(European Communities,1985),或者孩子的数量将会更多还是会更少(Henneck,2003)。在不存在财政政治的领域,从总体上来看,更多的是关于权利或者基本公平的实质性概念,特别是一个人在微观层面上的决定(如在工作和家庭方面)对歧视及其稳定等系统模式的动态影响(dynamic effects)(McCaffery,1993b;1996)。这里所谓的"动态",我指的是静态规则效果的影响(concern),以跨时期税收-法律结构为例:它们如何影响一些决定(例如在供给端人类资本的形成,在需求端雇佣和升职的决定)并历经时间而长存。甚至在存在这样一种影响的地方[如斯堪的纳维亚(Palme,2005),或可能在法国(Stotsky,1997)],变化虽然是朝着帮助处于危急关头的家庭前进,但并不一定能达到目标,这是因为存在着整体的复杂性、政治团体间的竞争趋势以及想着从制度中获得其他的好处(European Communities,1985;Pechman and Englehardt,1991)。另外一个值得关心的事情是,财政结果或者社会规范表明,在穷人中母亲有工作其实更恰当更有必要,但这又导致许多以家庭和孩子为导向的政策采用收入调查方法(means tested);但这样的话,作为家庭所需的救济金就从低收入人群中流出(就像税收的影响一样),并因此带来了各种形式的贫困和家庭结构的陷阱(McCaffery,1999;Palme,2005)。就像学者们关注到的,财政社会学没有看到基于性别和其他社会建构形成的偏见,已经嵌入在税收和其他财政系统之中。与平等主义和进步主义目标有关的人和运动,要么没有注意到财政政策中特定的性别建构和其他社会建构(这有悖它们广泛但通常并不成熟的再分配性质),要么无法将单一系统内不同且相互矛盾的要素整合成一个连贯的整体。

这些多种多样的主题,带来了一个强有力的结论,那就是特别需要更详细的研究,一国一国地去探知正在发生的事情及其原因,同时也能达到下面这个更具有尝试性的结论:这一游戏得不偿失,即使我们不得不接受任何规则都可能非中性,我们也有很好的理由怀疑复杂的财税制度所进行的有意无意的社会管理究竟有何效果。

本章将从历史的和比较的视角来探索这些主题。就像本书的其他章一样,在这里提出的话题都较为宏大,并且在时间和空间上的范围也较广。因此,我能记录的只是这些主题的普遍性与趣味性。时间和空间的局限性,跟下述单纯事实结合在一起:对税收政策的性别因素的分析是高度复杂的——毕竟这是其中的主题之一。基于历史的和比较的背景而对税收-法律中的偏见进行有意义地探索,应该从明智地分析性地理解事物的事实开始。因此,在下一节,我将给出一些基本的术语与概念,以比较和历史的观察来描述分析的要点和更广阔的主题。最后一节我要回头再简单地讨论,这些分析和特定的案例是如何阐述上述三个主题的。

一、对家庭征税的分析

在美国和其他发达国家存在的税收制度都是综合的和复杂的,对此发展中国家不断地加以模仿,有时候结果比较好,更多时候结果比较糟糕（Bird and Zolt,2005)。性别歧视和其他相关的社会效应隐藏在税制表面之下,而这只是故事的一部分;只有那些想通过税法来尝试社会建构的行动者,他们的付出才能得到回报。在此过程中,清楚的术语定义和理解分析极为重要。这一节将对重要的概念和词汇给出简略但是极为重要的界定。

(一)申报纳税单位、婚姻惩罚与婚姻奖赏

我们将从一些最基本的东西开始分析。在这么做的时候,有必要将婚姻惩罚与婚姻奖赏记在心中——这也极容易抓住一个人的注意力——将劳动力区分为在家或者在市场,并不是那些关心性别歧视者的主要议题。在这里要使用的一个术语是"次要收入者偏见"(secondary-earner bias),这个术语所表示的现象,会在接下来的内容中出现。

(二)申报纳税单位的选择

任何综合的基于个体的税收制度,都必须回应归责问题(question of attribution),或者说合适的申报纳税单位问题,简言之就是由谁来承担纳税的

责任。首先,这主要意味着应该怎么处理家庭(两个成年人生活在一起)。在今天的美国,这个问题的实质是如何落实向已婚夫妇征税,因为联邦税法拒绝考虑未婚情侣住在一起的问题,在这其中包括同性恋者(联邦法律一般拒绝给予结婚的合法权利)(Ventry,2006)。在1991年,荷兰是唯一允许住在一起的未婚情侣获得与异性恋已婚夫妇一样权益的国家(Pechman and Englehardt,1991)。

一种答案是,就像在美国最初税法中的缺失那样,(或多或少地)忽略婚姻,并像对待个体那样对待每一人,这就是著名的独立申报纳税(separate filing)。世界上的大多数国家,都一度尝试了更为典型的美国式联合申报纳税制度;随后,它们又选择了或者回归到独立申报纳税制度(Pechman and Englehardt,1991;Stotsky,1997;OECD,2005)。

另一种答案是,像1948年后的美国所采用的制度那样,将夫妇当作一个单位,这就是著名的联合申报纳税(joint filing)。

妥协的或者说混合的答案,是支持以上两种答案,即实行可选择的独立申报纳税制(optional separate filing),夫妇可以选择共同或者分开申报纳税。正像后来解释的那样,这不同于美国法律下的"结婚,但独立申报"制度。捷克共和国在2005年明显采用的就是这种独立申报纳税的解决方法(OECD,2006a)。

还有其他可能的申报纳税单位。与此相关的一个比较著名的例子是,美国的家庭税收可以用"家庭地位中的主导者"为申报单位(Pechman and Englehardt,1991)。这是全球范围内共有的,即针对单亲或者抚养儿童的其他成年人而设置的申报单位。然而,接下来我考虑的主要是独立申报纳税、联合申报纳税和可选择的独立申报纳税三种。

(三)它为何重要?

为什么每一种纳税申报都很重要?因为大多数发达国家的主要税制都依赖累进边际税率的模式。常被人误解的累进税制,以一种阶梯函数或者类似楼梯的形式在起作用。人们因不同层次的收入而缴纳不同比例的税收,并且随着收入的增加,边际税率向更高一级税级移动。这一更高的新税率,并不适用于一个人的全部收入,而只就在新税级上的收入量来计算。

(四)两种中性和一种不可能性原理

在累进的边际税率制下,似乎有两个有吸引力的理想概念,婚姻中性和夫妇中性;但在这二者之间存在着紧张,造成一种不可能原理。婚姻中性是指一对人的税收状况不应该受这两人是否结婚的影响;夫妇中性指的是,"收入相等的夫妇"应当承受同等的总税负。此处的不可能原理指的是,在累进的边际税率制度下,这两种中性不可能同时成立。

(五)一个数理的例子

这听起来很复杂,但是幸运的是我们可以用一个简单的税率表来解释其中的主要思想。假设所得税只有两级税率——这是单一比例税支持者事实上的愿望。最初的税级为0,随后变为20%(见表13—1)。我们从一个适用于所有人的税率结构开始,就像世界上普遍存在的独立申报纳税制度那样。

表13—1　　　　　　　　　　个人税率表

收入(美元)	边际税率
0—20 000	0%
超过20 000	20%

现在想象有两对夫妇:一对是较为传统的夫妇,丈夫奥齐挣4万美元,妻子哈丽特挣0元;另一对是较为现代的夫妇,平等主义者,丈夫哈里挣2万美元,妻子萨莉挣2万美元。在个人化的独立申报纳税制度中,奥齐付4千美元税收(最初的2万美元税收为0,第二个2万美元适用的税率为20%;于是税收额为4千美元),哈丽特的税收额为0元;哈里和萨莉两人的纳税额都为0,因为他们两人所在税级适用的税率都为零,无论他们是否结婚(独立申报纳税)。在此时,对纳税而言婚姻是中性的。然而,这个例子却违背了夫妇中性,因为这两对夫妇合计都挣4万美元,却缴纳了不同的税收。在美国,这样的解决方式是不可接受的。在本质上,夫妻中性要比婚姻中性具有更高的价值。

在战争结束后,美国重新审查了这一情况,对夫妇适用的税制现在已改为收入完全分离但联合申报纳税,单身者的税率翻倍(我将在后面讨论)。这个计划不仅要为夫妇提供激励实行收入分离,或者模拟收入分离,而且要为所有已婚家庭带来好处,尤其是高收入的单职工家庭。正因如此,该制度被广泛接受(McCaffery,1997:51—4)。从1948年这个改变命运的一刻起,美国法律就制定条款或实行联合申报纳税,而这意味着所有已婚夫妇都以一个整体的单位申报纳税;然后,在此基础上通过设计让所有同等收入的已婚夫妇都缴纳同样的加总税收。并且,即使捷克、法国、德国、爱尔兰、卢森堡、波兰、葡萄牙、瑞士和美国在今天都采用同样的联合申报纳税制(OECD,2006a:54—6),夫妻中立的规范仍然作为问题常常出现在世界范围内的税制分析中。学者们积极呼吁改革或者给单职工家庭一定的税收与财政减免,因为单职工家庭(就像我们前面例子中的奥齐和哈丽特)比独立申报纳税的双职工家庭,要承担更重的税负(European Communities,1985;Pechmanand Englehardt,1991;OECD,2005;Kesselman,2007)。

(六)转向联合申报和税率中的加总

一旦制度上规定了联合申报单位的某种模式,问题就在于怎么与税率表联系起来。假设首先法律上对所有已婚夫妇都采取与个人同样的税率结构,这在文本上叫"累加(aggregation)",因为这两对夫妇的收入都只是简单的累加(European Communities,1985;Jones,2005;Kesselman,2007)。在大多数时间的税收史上英国就是这么做的,正如前面提到的。新西兰一直使用这样的制度,直到1960年(Jones,2005),现在它用的是美国在第二次世界大战中期所提议(并受到广泛的反对)的模式。

我们所假设的两对夫妇,在累加模式下税负将会发生什么样变化?仍用表13—1的数据,现在已婚夫妇的税收待遇和个人一样。奥齐和哈丽特如果没有结婚,缴纳的税收合计为4千美元,而哈里和萨莉仍旧不用纳税。现在我们假设这两对男女结婚。奥齐和萨莉缴纳的税收保持在4 000美元,但是哈里和萨莉现在也必须纳税,作为夫妇,他们收入40 000美元,其中第一个20 000美元不用缴税,第二个2万美元要缴20%的税收。因此婚姻惩罚就出现了:同等收入的一对男女,在结婚后需要多交税。注意,任何一对夫妇即使尝试分开他们的收入,在联合申报的累加模式下,他们的税收负担也是上升的——即使能分开资本收入的夫妇,或者能用法律操纵手段分开劳动收入的夫妇,或者用他们所在州的财产法分开财产的夫妇,也是如此。这就是为什么在1941年美国该制度遭到大声地反对的原因——受到富有的传统的家庭的反对。但是累加模式具有夫妇中立性,因为两对已婚的夫妇,每对夫妇都赚 4 万美元,也都缴纳同样的税收。

假设最终(到现在)法律规定已婚夫妇适用的税级翻倍,在本例中,就是允许一对夫妇适用的零税率对应的收入为 4 万美元。这在文献中被称为"收入分割(income splitting)",因为将税级翻倍的作用是将每个婚姻成员当作各自获得一半的收入——法律的确分割了夫妇,结果是他们不必或者不必假装自己来分割。这样的税率表对未婚个人和已婚个体事实上规定了不同的税率具体如表 13—2 所示。

表 13—2　　　　　　　　　个人申报和联合申报税率表

未婚个人		已婚夫妇	
收入(美元)	边际税率	收入(美元)	边际税率
0～20 000	0%	0～40 000	0%
超过 20 000	20%	超过 40 000	20%

如果这两对夫妇没有结婚,我们可以延续前述分析:如果用左边的数据,那结果是奥齐缴纳 4 千美元,其他人都不用纳税。运用右边的数据,如果当两对夫妇结婚,则两对夫妇的税收都下降为 0;这两对夫妇,作为夫妇申报纳税,都位于 4 万美元的 0 税级。因此,由此就带来了婚姻奖赏,而这种奖赏只对更为传统的单职工夫妇奥齐和哈丽特的家庭有效,因为他们的全部税收负担在婚后下降;回想一下哈里和萨莉夫妇,他俩在未结婚时二人都不纳税,在结婚后作为夫妇也不纳税。在这里,分割收入的作用极为明显,因为整合在一起对已婚夫妇来说将税级向上翻倍,这对每对夫妇都有影响——奥齐和萨莉也同样——将他们当作好像是单独的个体那样去处理,认为他们各自挣得全部收入的一半;从这个角度来看,哈丽特也获得到一个 0 税级,就像萨莉凭借自己的工资获得 0 税级一样。再次注意,运用表 13—2 的税率表,我们再次得到了夫妻中性,因为所有的已婚夫妇缴纳的是同样的税收。

(七)全部的数学和第三条道路

所有对婚姻惩罚和婚姻奖赏的数学计算,都可以用这个简单的例子来理解,尽管数量级(magnitude)会随着税率和税级的增加而提高;同时我们也考虑其他因素(例如税收抵免奖赏、非税收益项目)的话,那还会有其他的婚姻惩罚和婚姻奖赏(McCaffery,1999;OECD,2005;Palme,2005)。在联合申报纳税中的问题是:法律将个人的税级增加到多少才能适用到已婚夫妇身上?在第一个例子中,以累加为特点,我们对税级没有调整,但这么做跟增加一个单身者的个人税级一样。这样的选择,只有婚姻惩罚没有婚姻奖赏。在第二个例子中,以分割全部收入为特点,我们将税级翻倍。这个答案只增加了婚姻奖赏,而没有惩罚。

以上用数学说明的东西,有助于解释其他的选择政策,例如从1969年开始在美国盛行的政策,在当时考虑的问题是"单身者惩罚"(Groves,1963;McCaffery,1997:59—67)。单身者惩罚,简单地说就是缺少婚姻奖赏。我们可以考虑,在我们已有的例子中将税级翻倍放到1948年的税制中:如果奥齐没有和哈丽特结婚,他将缴纳4 000美元的税收;如果他们结婚了,这笔税收就消失了。这是一个简单的分析性事实,即"奖赏"可以被转换成"惩罚",而这常常来自对基准语义的操控:一个人可以公平地说,对未婚的人存在"惩罚"——缺少福利常常被当作惩罚(Thaler,1980;Schelling,1981;McCaffery and Baron,2004)。在1969年,单身者惩罚常常被认为是极为不公平的,因此美国税收结构不得不发生改变,对已婚夫妇来说就是将个人税级乘以1.6——一个在1和2之间的数值(并且这个数值在1982年被用于扩大英国已婚男性的税收减免,正像之前所讨论的)。这同时带来了在同一个法律下的婚姻惩罚和婚姻奖赏。

表13—3是一个自1969年以来美国就开始使用的税率表。注意到现在右边的税率,对已婚夫妇联合申报纳税来说,只有32 000美元税级是零,不再是单身者20 000美元税级为0的两倍:该数字1.6倍于单身者税级,或者是约为翻倍税级的80%。

表13—3　　　　　　　联合申请税率表(非全额收入分割)

未婚个人		已婚夫妇	
收入(美元)	边际税率	收入(美元)	边际税率
0~20 000	0%	0~32 000	0%
超过20 000	20%	超过32 000	20%

第十三章 财政社会学中的"性别"在哪里？

最后考虑一下奥齐和哈丽特、哈里和萨莉这两对夫妇。每对夫妇仍然赚40 000美元，但是他们现在必须纳税1 600美元，或者说是对超过3.2万美元的收入部分缴纳20%的税收。奥齐和哈丽特仍旧得到婚姻奖赏，婚前他们的税收仍是4 000美元，婚后奖赏从4 000美元减少到2 400美元。而哈里和萨莉则相反，他们缴纳的税收因婚姻而增加（即婚姻惩罚），从过去的0元到现在的1 600美元。夫妻中性得以保留，但婚姻中性仍然存在着惩罚和奖赏。

要注意，谁得到了惩罚和奖赏很重要：收入越是平等的夫妻，婚姻惩罚越高；一个人在全部收入中所占比例越高，他们的婚姻奖赏就越高。因此，哈里和萨莉，收入五五分割，得到了最大的婚姻惩罚；奥齐和哈丽特，收入是100—0的分割，得到了最大的奖赏。在美国单职工家庭中，这成了真实的情况；而显然在这些为数不多的家庭，才是故事中的胜利者。

自从1969年最后一次改革后，美国的已婚夫妇拥有了一种可选项：结婚但独立申报纳税。但是，这和捷克现在采用的"可选择的独立申报纳税"不是一回事情。考虑表格13—2和13—3的联合申报纳税有两个明显的效应。一个是联合申报纳税的归责主体，另一个是税率表。在表格13—2中，税率结构被设定为单个人税级安排的翻倍，将全部收入放在一起进行分割。这样做不会提高任何一对夫妇的税收，而且会降低税收（除了那些挣得相同工资的夫妇）。比较一下，在表13—3中，税级被设定为单身税级的80%（1.6倍或者160%）；结果是奖赏还是惩罚，依赖于配偶之间税前收入的分割。在"已婚但独立申报纳税"的税制中，人们按总数的一半缴税，换言之，适用真实的单身税率的80%，在我们的例子中是对针对16 000美元（而不是20 000美元）适用的税率为0，正如表13—4所示。

表13—4　　　　　　　　已婚但独立申报的优先税率表

未婚个人		已婚且联合申报		已婚但独立申请	
收入（美元）	边际税率	收入（美元）	边际税率	收入（美元）	边际税率
0~20 000	0%	0~32 000	0%	0~16 000	0%
超过20 000	20%	超过32 000	20%	超过16 000	20%

如果萨莉和哈里结婚并决定独立申报纳税，那么作为夫妻，他们将继续纳

税1 600元:每人缴纳800美元,或者说他俩应税收入4 000美元中的20%(两人各自收入20 000美元中超过16 000美元的部分,而16 000美元适用的税率为0)。因为他们的收入已经分割,不需要联合申报纳税,所以对他们来说,决定独立申报是中性的。奥齐和哈丽特则相反,如果他们结婚但独立申报则需要交纳更高的税。哈丽特付0元,就像她平时一样,但是奥齐将付4 800,或者收入中(超过适用0税率16 000美元之上的)24 000美元的20%;这是个明显的税负增加,超过奥齐和哈丽特联合申报所要缴纳的税款1 600美元。运用联合申报来分割收入,对传统夫妇有较大的好处(例如奥齐和哈丽特),虽然他们自己原来并未分割经济收入。

相反,一个真正的可选择的独立申报纳税制度,应允许已婚夫妇就像他们没有结婚一样独立申报,已婚让他们在税收上受到婚姻惩罚,于是他们就会独立申报,并运用左边的税率表进行计算;与此同时,对那些像奥齐和哈丽特一样得到婚姻奖赏的人,会选择联合申报,他们将运用中间的税率表。美国严厉地拒绝了选择性独立申报的可能。简单地解释一下这些所有令人困惑的地方,将使你——亲爱的读者,对所有这些会有很好的理解——注意经济与合作发展组织(OECD),在一个冗长的出版报告中讨论了"个人所得税的基本改革",该报告还说明下面的表述是它弄错了,而且没有给出解释:美国夫妇可以选择独立申报或者联合申报(OECD,2006a:55)。这是因为,在美国夫妇纳税申报并不存在选择,美国税制并没有改变婚姻惩罚或者对次级收入者的偏见。

(八)看一看规范

表13—5总结了我们考虑的5种不同的申报纳税单位-税率表制度:独立申请;联合申报但使用单身税率,1*(累加);联合申报但使用单身税率的双倍,2*(全部收入的分割);妥协的美国式制度(联合申报但使用1.6倍的单身税率);可选择的独立申请。该表格说明了每一种制度是否符合"婚姻中性"和"夫妇中性"的规范,以及它是否具有婚姻惩罚或者婚姻奖赏效应,或者两者都有。

表 13—5　申请单位,税率表结构,规范和影响

规范/效应	申请单位/税率表结构			
	独立申请	联合申报			
		1*单身税率(累加)	1.6*单身税率(美国1969年以后)	2*单身税率表(全部收入分割)	可选择的独立申请
夫妇中性	N	Y	Y	Y	N
婚姻中性	Y	N	N	N	N
婚姻奖赏	N	N	Y	Y	Y
婚姻惩罚	N	Y	Y	N	N

我相信现在更明显,这确实是一个错综复杂的网络。从 1948 年起,美国已经只以夫妻中性和婚姻奖赏为特点的制度选择;从 1986 年以后,美国已不能改变税法来优惠双职工,同时还不优惠单职工夫妻(McCaffrey,1997;Ventry,2007)。相比之下,大多数其他发达国家,采取了不同的做法,它们选择了或者转变为在保持婚姻中性前提下的独立申报纳税制度(Stotsky,1997;OECD,2005)。然而,由于可感知的税收不公平,相同收入的单职工家庭比双职工家庭要缴纳更多的税收——即违反了夫妻中性——在多数实行独立申报纳税的国家,对单职工家庭给予了一些额外的税收优惠(Pechman and Englehardt,1991;OECD,2005;Kesselman,2007)。

所有跟以上相关的政治和心理复杂性只会增加,然而,当我们开始考虑这些夫妻规范和婚姻中性规范时,就不仅仅是对工作的影响,而且几乎也不是最重要的影响。我把它们放到了分析的第一部分,是因为它们已经是税收政策的政治和文化历史发展的起点。然而,是时候进一步丰富并进行更加复杂的分析了。首先,让我们注意到表 13—5 所反映的对这些规范的衡量;由此可以看出,在世界范围内政治经济的论述,遗漏了一个非常重要的关键点。

二、一个(并非仅仅)语义学的注释(note)

在论述完虽有限但重要的可税主体和税率表之前,我想请大家注意一个

不仅仅只是语义学的事实。我们已经看到在美国,夫妻中性的理想已经取代了婚姻中性,即存在很强的规范,要求对同等收入的夫妇征同样数量的税收。这个规范已在世界范围内产生影响,甚至在那些拒绝美国式男性主导收入模式的国家也产生了同样的影响。例如,加拿大正在考虑的改革,就像我所写的那样,给已婚夫妻更多的机会去分割收入(Kesselman,2007)。加拿大实行独立申报的税收制度已经有很长时间,虽然有细微差别,但像其他国家一样复杂。

但是,在这种分析中是有花巧的,这可能只有少数极为敏感的读者能注意到:它取决于我们假设的例子中哈丽特并没有做任何有价值的事情。换句话说,我们应该如何考虑勤劳所得或收入?奥齐和哈丽特、哈里和萨莉真的是"平等收入"的夫妻吗?

正如所有已婚已育的夫妇所了解的(希望所有的人都能了解),在家的配偶或父母一方提供了极为有价值的服务,包括儿童抚养和家务(Staudt,1996)。税务专家把这种服务的市场价值列为推定的收入(imputed income),它反映的是如果让第三方提供类似服务所需要支付的金钱数量。关键在于,美国和其他实行综合所得税制的国家一样,把推定收入简单地忽略了。税收落在货币性收入身上,即现金或者现金等价物,而"同等收入夫妇规范"就是用这种度量方式来衡量的。这就意味着传统的单职工家庭已经获得了一种福利,即对他们来说获得了一个混合有婚姻奖赏或者其他特殊补贴的制度。

换个角度,可以看看操纵"中性"概念何等轻松。"夫妇中性"听起来像是一个吸引人的规范,事实上,在我和乔纳森·巴伦(Jonathan Baron)所做的一个心理学实验中,我们发现普通市民都被它深深吸引(McCaffery and Baron,2004)。然而,"夫妇中性"中的平等,针对的是货币性收入,它很容易被看作是一个武断的变量。相反,设想我们有一个"育儿中性"的规范:这个规范衡量育儿服务的价值,意思是,无论是由自己提供服务或者由一个获取报酬的第三方提供服务,都应该被同等地征税。我猜想很多读者的第一直觉会是感到畏缩,这怎么达到目标呢:把价值赋予居家的一方父母或者照料者提供的服务,然后再对其征税?对非市场的家务价值征税,在税收管理上当然会遭遇无比的复杂性。然而,要考虑在不能自我提供(self-provided)资本或劳力时,推定的收入是没有现款支付能力的收入。换言之,双职工夫妇,哈里和萨莉,他们有育儿的成本,且他们必须以现金支付。可单职工家庭,像奥齐和哈丽特,显然就没有育儿成本。因此,"育儿中性"规范可能仅仅意味着育儿费用应在所得税中普遍扣除。无论是在美国还是在任何其他国家都没有这样的条款,事实上,有许多国家反而给单职工家庭税收优惠(Pechman andEnglehardt,1991;OECD,2005)。(然而,这是真实的,有许多国家,包括法国和斯堪的纳维亚国家,在税收制度之外提供了非常慷慨的国家资助育儿的措施,在维护双职工家庭方面确实起到了作用。见 Duggan,2003;Henneck,2003;Palme,2005。)同时,父母都工作的话,二人必须赚取育儿所需的两倍收入,因为在支付保姆之前,他们必须先给遥远的山姆大叔(或其他实行统治的"亲戚")缴税。

最后具有讽刺意味的是,学者(Staudt,1996)和许多政治运动有时会指出,留在家里的配偶的服务价值没有被正确地评估,这是因为它们不是以货币形式表现的。我不否认,在许多重要表达和尊重方式中,不给某些东西赋予货币价值意味着估值不完全。然而,在对货币化交易征税的税制中,这种"非估值"有一定的好处。尽管如此,在独立申报纳税的税制下,在心理上感知到单职工家庭遭受不利,会有意或者无意地帮助社会工程及其建构,而这又导致许多国家为有配偶在家的夫妇提供福利(OECD,2005)。

(一)不只是婚姻惩罚:对次要收入者的偏见

正如前面打算的,我们要考虑更多的细节。我们已经探讨了,在某种程度上,申报纳税单位和税率表的问题,在累进边际税率下它们会带来婚姻惩罚、婚姻奖赏或者两者兼有。这些分析的事实和修辞的特点,已经在世界许多国家的性别财政政治中发挥了作用。然而,婚姻惩罚及其关联物,在美国和其他国家都具有强大的政治心理元素,却和另一种效应几乎无关,那就是对全世界妇女都有真实强制的力量:次要收入者偏见。

一旦你联合申报纳税,首先出现的就是会计问题——在计算家庭收入和税收时,谁的收入先算?举个例子,假设在我们已经分析过的例子中,哈丽特到家庭外去工作。由于奥齐已经在工作,并且不会考虑明显地减少工作时间,那么哈丽特挣到的第一个美元就会被征20%的税收。在此将本章内容简化是重要的,因为有许多美国夫妇将会看到他们的第一个美元被征收50%或者更多；而在一些低收入家庭，这个数字可能达到100%，因为要考虑到他们的收入可能超过基准线而失去各种福利，或者失去那些依赖于推定收入的其他救济项目(McCaffery，1993a，1999；Shaviro，1999)。"先算的"或者主要的收入者，他们的劳动收入总是进入零税率的税级；在联合申报纳税制度下，税率为0的范围扩大了(或者，实际上在大多数独立申报制下，在历史性的和世界范围内，对于那些有配偶在家的单职工家庭来说是如此)。注意，这种影响不取决于为已婚夫妇而调整的精确税率，也不取决于是否存在婚姻惩罚、婚姻奖赏或者两者兼而有之。对次要收入者的偏见简单且严格地来自联合申报。在一个采用累加计算的联合申报制度中，只存在婚姻惩罚；在采用收入分割的联合申报制度中，只存在婚姻奖赏；在这两种情况中（实际上在所有情况中），税制若规定丈夫和妻子的收入加在一起，那么次要的或者"边际的"工作者将会看到，他或者她的收入适用的税率级别取决于"主要"工作者的收入。如果哈丽特去工作，因为奥齐的工资是40 000美元，所以她的工资将被作为夫妇俩的第40 001美元。这个影响是戏剧性的，接下来我们将会看到，并有足够的证据证明，不鼓励次要收入者去工作是整体地或者部分地存在的，至少在一些特定的国家——美国、德国和日本是其中最明显的——这种倾向是而且一直是刻意的。

当然，"主要"和"次要"这样的语言和修辞可能是一种冒犯，并且妻子的收入高于丈夫也变得越来越常见。然而，任何尝试去避免语言上的性别歧视——把妇女列为"次要"——可能会阻碍理解和反对性别歧视的事实。在此方面，"婚姻惩罚"和"婚姻奖赏"很显著，并且对在家配偶服务价值的估值，也模糊了次要收入者偏见的问题。然而，观察国外及不同时间的情况，可以看到强大的决策者已经普遍意识到，确有激励让在家的次要收入者进入有报酬（或者没有报酬）的劳动力市场，而且他们已经主动选择用财政政策作为工具来把社会塑造成对他们更加有利的样子。

(二)有关孩子的注释：儿童及儿童照顾税收抵免

针对儿童的旨在降低税负的税收减免措施，有利于所有育有孩子的家庭，不论他们的父母是否在家庭以外工作；为儿童照顾提供的税收政策，仅仅有利于那些需要第三方有偿照顾的家庭（尤其意味着双职工家庭）。在这两个税收政策之间,存在着关键性的差别。在美国,有明确且不断加强的倾向来利好孩子的养育,通过对每个孩子实行税收抵免,来鼓励配偶中有人留在家中照顾孩子。可与此同时,政策上却不愿意为家庭使用有偿照顾服务而做一些独特或者特殊的调整,这样一来并不能给在职妈妈具体的帮助(McCaffery,1997)。儿童照顾税收优惠通常面对的是低收入家庭,这就给该分析引入了一个重要的阶级维度:贫穷的妻子和妈妈应该去工作,而富裕的不需要出去工作。

德国也有跟美国类似的有利于单职工家庭的模式,儿童福利跟双职工家庭不挂钩,并基于收入调查而发放救济(Duggan,2003;Henneck,2003),所有这些使该模式赢得了强烈的"男性养家糊口型"社会的名称。

相比之下,法国拥有一个以家庭为基础的税制,以嘉奖和鼓励大家庭,同时也拥有一系列政策条款鼓励双职工家庭,尤其是妈妈出去工作。例如,法国提供了慷慨的产假和家庭津贴。这些津贴旨在代替工资,即给夫妻双方提供基本工资(或者至少鼓励赚钱的配偶花时间照顾他或者她的孩子),而不是像德国或者美国那样实质上付给每个母亲。受全职雇佣的法国妇女,在比例上远远大于美国,显然是因为可获得高质量且有薪酬的儿童照顾服务:25%的0—2岁的婴儿和95%的3—5岁的孩子在公共育儿机构(较小的孩子的数字较低是由于慷慨的休假政策),78.8%的处于生育高峰年龄段25~39岁的妇女是在职的。尽管如此,近些年来在法国,基于收入调查的救济增加了,这在实际上适得其反地导致了一些低收入家庭决定留父母双方中的一个在家,以免因工资收入高而错过福利——我要再一次地说,如此损失的福利就相当于对贫穷工人的税收。另外,法国提供父母任何一方带薪休假直到孩子3岁,尽管实际上总是妇女享受这种假期(Henneck,2003)。因此,从斯堪的纳维亚制度的优点看,尽管拥有慷慨的国家资助的儿童照顾项目和普遍的在职工作妈妈,法国仍然被贴上了"男人养家糊口模式"的标签,就像德国一样(Palme,2005)。

意大利也许有最强的方法让妈妈待在家里:工作的妇女可以休在职产假长达8年,但是婴幼儿照顾是由本地控制的,政策并不一致,因此鼓励了很多妇女留在家中。此外,生育后的5个月的产假是强制的,工资是之前的80%。在那之后,产假可以持续到孩子8岁,工资是之前的30%(Henneck,2003)。

经由这些差异不大的财政机制,美国、法国、意大利和德国,每一个国家的目标都是促进父母一方在家照顾孩子。许多德国母亲在产假结束以后就从劳动力市场退出来。例如,从 1990 年至 1992 年,在西德休假的母亲大约有一半没有返回工作(Henneck,2003)。税收确实重要。

(三)不仅仅是所得税

之前的讨论其实还不够,一个人单独地看所得税,并不能全面地考虑财政政策对于生育、家庭形成和劳动力性别分工的全面影响,就算补充参考税制内外的儿童照顾机制也一样。在美国,一个非常重要的和庞大的税制是为社会保障和老年医疗提供基金的工薪税。然而,我要再一次地说,单职工家庭是大赢家,双职工家庭是大输家。基于一项可追溯至 1939 年的政策,无收入的配偶基于其配偶的有偿工作,就可以享受社会福利。然而,这意味着,在大多数双职工家庭中,"次要"收入者单纯地在缴纳税收,而没有相应的福利可以与之相抵,因为作为配偶,无论如何他或她都是能得到这部分福利的(McCaffery 1997)。

这个分析还可以继续下去。雇主提供的"非现金"福利或者"附加"福利(fringe benefits),现在成了美国(或者全球)福利补偿的大头,而这些福利很大部分是基于税收优惠条款形成的;这样的税收优惠又通常是基于(并且奖励)传统的单职工家庭,即给在家的配偶扩大免费或者低成本的福利,同时要求所有的工人都接受福利(尽管有些人夫妻双方都工作,并不需要这样的福利)。当然,还有其他一些类似的政策。基于此,政府提供的福利和施加的负担,必须加以仔细地审查,以便挖掘出所有相关的偏见和隐藏的强制元素。

(四)小结

尽管前面的分析相当复杂,但此处的小结只能在表面上涉及财政制度中性别、其他文化规范和偏见等产生的影响。总之,在美国有严重的婚姻惩罚从而影响了有工作的穷人,因为当进入中低阶层时福利会因收入提高而减少。在穷人中,婚姻的代价是非常昂贵的,他们最起码要负担得起这一代价。在中等收入阶层中,对次要收入者的偏见非常严重。而在高收入阶层中,对传统的男性养家模式的激励非常明显。

有大量的证据表明,这样的偏见在全世界范围内都已经被注意到。第二次世界大战以后,美国在制定全球税收政策方面是有影响力的(见布朗利,本书第十四章),因此有许多国家采用美国的方式。然而,在几十年之后,其他国家发现自己无法承受美国的方式:妇女出去工作的压力很大,并且这体现了美国方式的偏见(European Communities,1985)。因此,有许多国家转向独立申报纳税制度,减少了对次要收入者的偏见。尽管如此,这些国家仍然对单职工家庭缴纳更高的税收感到有些自责——尽管这是问题的一面,并且是消除对次要收入者偏见的必要部分——于是他们制定了给单职工的税收减免措施(Pechman and Englehardt,1991;OECD,2005)。然而,有一些国家似乎很享受这个传统的男性养家模式,例如德国和日本。还有一些国家尝试回到过去,但是效果并不明显,例如法国和意大利。此外还有一些国家勇敢地尝试创造新世界,例如斯堪的纳维亚国家;但因缺乏全面和深入的研究,还没有什么理由可以相信这样的方法产生了净效益。每个国家似乎都被过去的幽灵所缠绕,遵循着一些表面上看起来具有吸引力但实际上不在点子上的规范。

直、三个主题

在这一部分,我将简要地回顾在一开始就指出来的三个主题,每一个都在前面的分析中提及过。

(一)税收迷雾

我认为,已经没有什么理由再多阐述"税收迷雾"了。我猜想,本章的大多数读者一开始都对这个题材的复杂性有一些困惑,然后这样的困惑态度进一步地加深。另外,正如本章一直指出的,我们还只是触及表面。1984年的欧共体报告简洁地评论说:"有多到令人眼花缭乱的方式,可以把纳税人的家庭和个人情况纳入税收义务的计算中。"(European Communities,1985)。的确如此。看起来没有两个国家能以相同的方式处理这件事,同样毫无疑问的是,学术和政治上对此的评论,也充满混乱。

(二)修辞操纵和认知错误

这个主题的复杂性,加上一些困难的抽象以及强烈的政治动机,造成了很大的修辞操纵空间和彻头彻尾的错误。例如经济合作和发展组织,如前面所说的,似乎简单地搞错了独立申报纳税,把美国式的"结婚但独立申报纳税"和

"可选择的独立申报纳税"搞混了。中性和平等是运用可观察的货币性收入来探究的,这就忽视了传统家庭主妇在家庭中创造的重要无形的推算收入。事实上,这种收入形式常常被税制所鼓励,因为这部分收入是免于征税的。下面快速考虑三个案例研究。

第一个案例还是来自美国。20世纪90年代,保守派推动的"与美国签约"以及其他事件,把税收制度中"婚姻惩罚"这一主题放到了许多报纸的头条,也让它成为大众政治中高度热烈的话题。然而,无论是民主党人克林顿总统还是共和党人乔治·布什总统,他们颁布的唯一解决方案,是以孩子为方向的,而没有采用儿童照顾、救济和税级翻倍等方案;以孩子为方向的解决方案消除了婚姻惩罚,增加了婚姻奖赏并加剧了对次要收入者的偏见。以孩子为方向而不采用儿童照顾和税收抵免等方案,帮助的是一切有孩子的夫妇,而不管他们的配偶是否在工作或者是否需要向第三方支付照顾费用。在《对妇女征税》一书出版后,我因这本书引导了人们去思考可选择独立申报制度而受到赞扬;正如我们在前面所看到的,该制度会消除婚姻惩罚,同时并不会增加婚姻奖赏。对我的赞扬是短暂的,由鹰派论坛中菲利斯·施拉弗利(Phyllis Schlafly)领导的保守力量("自1972年以来领导亲家庭运动"是他们的座右铭),对我展开了激烈的反击,抗议我说的这些政策仅仅帮助了双职工家庭,会鼓励母亲出去工作,从而伤害孩子。我们再一次看到了一条基准线带来的结果(effects of a baseline):对双职工家庭的偏见是根深蒂固的,现在甚至将这种偏见视为理所当然。施拉夫利孤立地强调这个变化所具有的政治和修辞的重点,声称该政策不帮助传统的单职工家庭,因此是不公平的。这样,美国几十年来对已婚家庭模式的偏见到今天仍然最常见而且无所作为——美国不是斯堪的纳维亚国家。

另一个有趣的例子来自1960年的新西兰(Jones,2005)。新西兰保留了英国的带有明显性别歧视的"累加"模型,在这种模型中,妻子的收入被简单地添加到丈夫的收入中,在单身者适用的税率表中一起进行申报纳税。部分地是因为这个残酷模型对次要收入者有严重的偏见,所以很久以前这个模型就演变成带有慷慨地针对"在职配偶"的税收豁免,而这意味着只有小部分新西兰人受到累加模型的不利影响:那些夫妻双方都是高收入者。然而,仍然有广泛流行的运动兴起,要求废除累加模型,转而发展纯粹的独立申报纳税制度。支持这一改革的人,能够利用这样的修辞"该制度伤害了现代双职工家庭和妇女",达到造福相对少数最富有者的目的。

一场类似的戏剧,现在似乎正在加拿大上演(Kesselman,2007)。这个国家长期以来实行独立申报纳税制度。然而,近来针对单职工家庭的偏见变得更加明显,于是兴起了一场运动,要求实行类似于美国那种全部的或部分的收入分割制度。虽然,很容易看到这样的运动将会造成对次要收入者的偏见,也会造成或者加剧工作场所中的性别歧视模式(McCaffery,1993b),但这项建议似乎吸引了很多边境北部(加拿大)的支持者,包括来自绿党的支持者。政治、财政社会学和彻头彻尾的混乱,成为奇怪的同床者。

(三)精英和效率

刚才提到的三个案例研究,说明了我的第三个也是最后一个主题。在税收迷雾中存在着眩晕的混乱和多个可能的特性,这让变革非常困难。为了回应多个突出的话语要求,改革往往朝着交叉目的进行。预测变化的方向,或者预测这个税制中任何单一因素变化的净效应如何,几乎不可能。另外,在混乱和复杂的漩涡中,最可能的是以下两种类型的"赢家"之一获得胜利。

一种赢家是精英。在涉及操纵政治过程时,他们总是拥有优势;他们也拥有时间、资源和利用政治程序的积极性。例如美国在家庭政治议程方面的变化,自1984年,都是有利于传统的高财富单职工家庭的,尽管这样的家庭不到美国家庭总数的10%。下层阶级只能自己想办法,比如在"工作福利"的边缘,生活着越来越普遍的单亲家庭,他们处在自我吹嘘的"美国梦"之外(McCaffery,1999)。与此同时,中层阶级的情况有所下滑,而富裕的传统单职工家庭则持续富裕。这些在德国和日本似乎也是真实的,而这两个也是富裕的国家。新西兰和加拿大的例子还说明,只是为了降低自己的税负,富裕的行动者怎么可能使用家庭与公平的修辞。

与精英私人行动者抗衡的主要力量,也是第二种赢家,似乎是国家的宏观经济需要。因此,当让妇女进入劳动力市场变得重要时,为了推动国民收入增长或者在低失业率时期保持工资增长,以"家庭友好"为面具的税收政策就发挥作用了。对生育问题的关心,看起来也明显地成为背景,至少在德国和法国如此。

由于我没有更多、更深入地探索单个国家的故事,因此很难再说出更多的东西;也不能得出结论说,斯堪的纳维亚国家作为事实上的明确反例,反映了在性别与不同家庭形式之间可以有更具实质性的平等概念。然而,的确出现了这样的情况,鉴于复杂性、混乱和精英在寻找促进他们私人目的的相对优势,财政政策通常就变成了一个大杂烩,不同的机制指向不同的方向。因此,在很多例子中,虽然独立申报纳税制度消除了对次要收入者的偏见,并且鼓励男性和女性在家庭和有薪工作场合分享时间,但是在独立申报纳税的国家,单职工家庭享受到的利益保护(Pechman and Englehardt,1991;OECD,2005)——对单职工家庭给予的奖赏当然就是对双职工家庭的偏见——又重新引进了一些(如果说不是全部)偏见。世界各国都在用财政工具来管理和塑造家庭,进而编织出一张错综复杂的网。

四、结论

正如卢梭教导我们的,我们生而自由,但是无所不在枷锁之中。弗洛伊德教导我们说,其中最强的枷锁来自于家庭,我们出生和成长的地方。国家和国家行动者,在这本书中如此显著地占据了大多数页面,已经表明他们是枷锁。他们已经占据了他们的权力(power),并发现了力量(power)所在——财政的力量,即征收与开支,它比步枪和导弹拥有更加频繁和持久的力量之源——国家有意识或无意识地运用这个力量来塑造家庭和社会生活。一旦到位,财政选择就很难改变:的确,财政选择甚至很难被察觉或被理解。社会选择和构建由此不断地进行,并以很难见到的方式塑造着生活。财政之中存在的困惑和复杂性,成为滋生狭隘利益团体政治的温床,并带来持续渐进的改革和难以改善的、令人窒息的现状。

鉴于国家运用财政力量工具做了很多事情,对国家继续使用这一工具的有效性,我们现在很难抱有乐观的态度。尽管不可能存在纯粹的中性,但目前也许是时候把性别因素从财政政策中消灭了。然而,要达到这个宏伟的目标,一个不可避免的步骤是把性别因素放进财政社会学,让它成为一个合法的和极为重要的工具,给我们带来更多的思想与启蒙,帮助我们理解现在在哪里以及明天可以怎么样。

第十四章　去日本的舒普使团：
两大政治经济体的相交[①]

W. 埃利奥特·布朗利(W. Eilliot Brownlee)

导论：一个雄心勃勃的使命(mission)

1945～1952年日本被美国军事占领期间，美国总统哈里·S. 杜鲁门政府着手重建日本的税收制度。这项工作最引人注目之处，就是所谓的"去日本的舒普使团"。1949年5月10日，驻日盟军总司令部(SCAP)的道格拉斯·麦克阿瑟将军，为日本引进了由哥伦比亚大学经济学和财政学领域的著名教授卡尔·S. 舒普领导的税务专家团。驻日盟军总司令部责成舒普使团研究日本的税收制度，并为其全面改革提供建议。三个月后，在深入调查日本税收制度的基础上，舒普使团完成了一份内容广泛的报告，并给出了大量的建议(Shoup Mission,1949a,b)。无论是在国内还是在国外，这一使团提供的都是美国专家针对一国税收制度转型而给出的最雄心勃勃的计划。无论是对杜鲁门政府还是对日本当局而言，这一计划都有很大的风险。双方都希望，这场全面的税制改革能够像美国境内的改革一样，带来经济稳定、塑造经济发展过程、重构民主体制和实践，进而促进自由民主国家的战略和国际利益。因此，

[①] 感谢史蒂文·班克(Steven Bank)、安德鲁·德威特(Andrew DeWit)、劳拉·海因(Laura Hein)、艾德·艾萨库(Ide Eisaku)、凯瑟琳·詹姆斯(Kathryn James)、马里克·马丁(Malik Martin)、爱德华·麦卡弗里(Edward McCaffery)、伊集守直(Iju Morinao)、神野直彦(Jinno Naohiko)、关口智(Sekiguchi Satoshi)、约瑟夫·桑代克(Joseph Thorndike)、丹尼斯·文特(Dennis Ventry)以及本书编辑的帮助。

舒普使团的背景、建议和影响,提供了一个观察美日政治经济的窗口。

一、国家危机中的政治经济

在20世纪的大部分时间里,国家危机——即战争和经济不稳定所带来的危机——深刻地塑造了税收制度的发展。[①] 在这些危机中,政治领导人面临的远不只是财政问题,即由弥补日益增长的政府支出带来的问题。这些蕴含着重大意义或者与民族存亡相连的危机,经常引起广泛的讨论,并常与国家的价值观和社会契约的本质相冲突。在此过程中,这些重大的危机会不时地强化社会中既有的意识形态分裂和收入分配分化,而意识形态分裂和收入分配分化也是20世纪主要战争之所以发生的原因。战争意味着生命和财产的严重损失,并可能进一步加深社会的分化。相应地,在世界大战的每一个交战国中,战时体制的权力架构深入税收制度中以实现两大目标:(1)集中财政力量;(2)为那些需要支持战争行动的社会部门提供税收减免或扩大福利。尽管在表面上主要参战国采取的财政制度路线有所不同,但实质上他们都注重集中财政力量、再分配税收负担和福利,以便提高战争能力。没有一个大国能用基本方式之外的手段来征税。

对比美国和日本在第二次世界大战期间的税收史,我们会发现20世纪不同国家在战争期间征税的核心部分是基本相似的。在这两个国家,初始条件以路径依赖的方式强化了财权集中和战略性税收减免的制度逻辑,以至于税收功能和税收形式呈现出惊人的一致性。

在这两个国家里,战时税收制度的核心都是大幅累进的所得税。在某种程度上,这是两国在第二次世界大战前已经恰当地采用所得税的结果。在日本,自明治维新后国家统一以来,所得税是国家税收中一个非常有特色的税种。美国着手实施第一个主要所得税稍早一点,大致在南北战争即在国家统一和国家建设期间。两国均是在本国专家对当时的欧洲尤其是英德两国的税制进行考察研究后,才设计了自己的税种。[②] 在第一次世界大战期间,美国征

[①] 关于美国的情况,详见 Brownlee,2004。

[②] 关于日本和德国之间的联系,见 Shiomi,1957:114—15。Ikeda 1957:161—5 也关注日本学者对英国所得税的研究。

第十四章 去日本的舒普使团:两大政治经济体的相交

收了大量的所得税作为它的财政来源,其中包括对企业过分得利部分征收的急剧累进的税收。在第一次世界大战期间,日本不像美国那样高度依赖于所得税,但是依然可以从中看出它在紧跟美国的经验,并因此在税收方面获得了额外的行政与政治经验。

在第二次世界大战期间,这两个国家都不断地扩大累进所得税,将其视为财政动员的主要手段。日本于1940年开始这么做,而两年后美国开始跟进。两国都深化他们的所得税,通过从源课证来不断税及大量的新人口。与此同时,两国都让自己的财政制度比战前更加累进,都使用了累进的所得税:一方面,让战争的负担落到经济中最有生产力的部门身上;另一方面,增强大众对战时人力和物力的牺牲给予的支持。在美国,战时所得税形成了明显的累进比率结构。反观日本,战时累进税率的增长并没有那么显著,仍然依赖常规所得税的比例税率结构,但是附加税的累进程度则非常惊人,以至于所得税最高边际税率达到了65%。此外,过分利得税也按照累进税率征收,从10%到40%不等。日本政府用累进所得税获取的收入,主要部分用来补贴国家中最不富裕的地区(prefects)以便维持该地区的秩序,因为这些地区的秩序被加速工业化进程打破。然而,与此同时,这两个国家都减轻了所得税的部分累进性,以有利于本国资本市场的形成和商业基础设施的维护。对于日本来说,神野直彦:"在1940年的税收改革计划中,税收向现代化部门的倾斜,是一种精心的平衡激励机制的举措。"(Jinno,1999:228)在美国发生了同样的事情,他的这种论断似乎用在美国也是正确的。在这种累进所得税制加偏爱资本的税式支出的组合模式下,日本和美国形成了明显相似的战时财政制度。在这两个国家中,战时危机成为加强民族国家发展的契机。此外,两国的战争推手都用相似的方法来管理"税收国家"与市场经济之间相互依存的关系。

美国和日本战时税收制度的相似性,有助于解释战后初期两国面临的一些相似的经济压力。当然,这两国的经济形势根本不同。在第二次世界大战中胜利并且几无损失、有着巨大生产力的美国,在战后拥有领先世界的经济力量;而日本的战争经济,正如科恩(Jerome Cohen)所写的,"在1945年的仲夏,濒临饿死、破产,几乎一蹶不振,终而投降"(Cohen,1949:417)。但是,战后这两个国家都经历了严重的通货膨胀,而且这两个国家的通货膨胀都和各自的累进所得税税率结构紧张地相互作用。无论是在美国还是日本,"税级攀升"或税级跳跃这一问题,对所有本不用交所得税但因通胀而被迫缴纳所得税的纳税人造成了困扰。他们中的大部分人,本来早已为日益增长的商品和服务价格而困扰不已。与此同时,实际税率的增加抑制了投资和生产力的增长,而这不利于扩大产量以缓解通胀压力。

在第二次世界大战之后,在日本社会战后重建和大国冷战两相交织的新危机中,两国的税制进一步地趋同。在占领日本的早期,美国沿用新政路线对日本税制进行改革,并将其作为日本社会民主化进程的重要组成部分。1946年,驻日盟军总司令部制定了较为严格的资本累进税,目的是巩固在占领早期总司令部解散财阀(zaibatsu groups)所取得的胜利果实。1947年,驻日盟军总司令部取消了以收入、股息和利息等合并所得为基础的早期个人所得税制度,转而实施税率更加陡峭的新所得税结构。在税率的最高档,边际税率从原来的20%上升到85%。然而,在随后的1947—1948年,冷战局面的加剧导致杜鲁门总统的政府改变了日本的税收政策方向:更多地强调打击通胀和刺激经济复苏,而不是民主化。杜鲁门政府希望,日本新税法的重点应该是促进日本储蓄和资本投资率的上升,尤其是在日本的出口产业方面。作为新财政计划的一部分,1948年财政部和驻日盟军总司令部共同组织了税收专家使团,由卡尔·舒普领头,为全面地、根本性地改革日本税制提出建议。[①]

二、舒普使团:美国背景

1949年8月,仅仅在卡尔·舒普走下东京军用运输机开始自己的使命后三个月,占领军当局就公布了舒普用双语撰写的四卷本日本税收和财政体制报告。报告的范围非常广泛且涉及日本各级政府层面的复杂事务,文档详细且建议复杂。

舒普和他的同事们能够这么迅速地完成如此多的任务是非常惊人的,特别是在专家团成员没有一个对日本税收有专业研究的情况下。然而,实际上,美国经济学家早已为舒普的这份报告努力了几乎半个世纪。舒普和他的同事

---

① 关于财政部和驻日盟军总司令部税收政策的"反向"变化,参见 Brownlee,2007:159—65。

第十四章　去日本的舒普使团：两大政治经济体的相交

们如此迅速地出台报告,有赖于美国经济学界三代以来的知识储备:面临经济危机,调动系统的经济学知识来改革税收政策。

19世纪末20世纪初,在经济危机发生期间及之后,上述美国经济学界知识储备的创始人,便开始从以下几方面加强探索市场经济与熊彼特称为"税收国家"之间的联系:(1)根据"量能原则"调整税收负担,以加强政府财力、发展公民社会。(2)通过给各级政府的民主赋予能量,以加深公众对税收的信任,进而促进自愿纳税。(3)从以下两点提高税制的经济效率:①加强对所得税的依赖,以超越对现有销售税、财产税制度的依赖,②远离激进行动的发生。这些创始人与政府紧密合作,先是州和地方政府,然后(特别是在第一次世界大战期间)是和联邦政府。基于动员巨额收入的需要、民众对"压榨富人"税种的极大热情,以及政商圈内对战时税制影响价格、利润和生产力的担忧等多种原因,政府对财政学家产生了极大的需求,其中包括哥伦比亚大学教授埃德温·R. A. 塞利格曼(Edwin R. A. Seligman)以及他最有成就的学生——罗伯特·默里·黑格(Robert Murray Haig)。1912年,黑格作为一个同事加入哥伦比亚的塞利格曼团队。① 在第一次世界大战期间,黑格曾供职于财政部,专注于废除战时过分利得税,并改革所得税以使所得税变得更有经济效率(Brownlee,1990:416,424—25)。黑格指出,所得税带来了显著的经济扭曲,特别是通过高累进税率结构对资本的所得征税。黑格还发现,政府在所得税制中过度使用了扣除和豁免,带来了很多弊病。黑格将这样的做法视为利益集团游说的结果,其目的是寻求降低高累进税率的影响。他相信,在税法中设立这些特权,带来的只有经济效率的低下和不公平,会削弱公众对新税制公平性的信心。黑格坚信,应该通过两方面来解决问题:一是降低过高的边际税率;二是政府取消税收扣除及豁免,以扩大税基。在拓宽税基方面,黑格考虑对收入进行重新定义以指引这一过程。从经济效率的角度来看,所得税应囊括所有收入:"一个人的经济实力在两个时间点之间净增长的货币价值。"(Haig,1921)。他希望这个概念能被经济学家和政策制定者接受,并形成全新且全面的所得税的基础。黑格这种借严格定义来界定所得税基础的方法,

---

① 关于塞利格曼和"量能"理论,见 Mehrotra,2005a,b。关于美国"量能"理论的历史,见 Brownlee,2006。

并不能显著地直接影响联邦税收,但它作为指导性原则还是赢得了财政部技术官僚的支持。①

在20世纪20年代,经济学家和财政部官员更多地关注国际税收制度,以进行战后债务的清算。在战时财政方面,美国取得了很大的成功,在世界财富版图中美国人所占的地位逐渐上升,这促使越来越多的经济学家争相输出自己的见解。值得关注的是那些对美国欠债的国家,例如法国,法国非常脆弱,因为受到了美国实行的"高关税"、自身快速回归金本位以及要偿还第一次世界大战所欠的债务等影响。美国专家随后更多地介入国际税收制度,开始着重研究如何提升美国的经济利益和全球市场经济的效率,而不是促进社会公正。然而,对分配公平的兴趣,并没有从美国专家的学术议程中抹去。通常,他们将促进税收制度的公正看作是一个提高公众对政府的信心,继而提高政府财政能力的有效手段。

在这次有组织地输出财政思想的热潮中,罗伯特·默里·黑格扮演了一个主要角色。1925~1926年的冬天,黑格于哥伦比亚大学启动了一项野心勃勃的研究——调查"1918年以来法国社会和经济发展"。在四年时间里,他召集了十多个历史学家、经济学家和政治经济学家,还组织了大量哥伦比亚大学的教职工和五十个职员投入这项研究,并最终取得七卷本的研究成果。黑格和他的三个助手完成了第一卷——《战后法国的财政》(Haig,1929)的编写。就像舒普使团的报告一样,在很大程度上黑格的项目有助于恢复一个重要国家的财政和经济力量,并努力帮助稳定世界的经济秩序。舒普是黑格的一位助手,也是他的博士生之一,作为黑格的三个助手之一,舒普在法国花费了七个月的时间来进行调研,对此书的编写做出了重大的贡献。因此,在舒普去日本之前的二十多年,他就已经致力于为饱受战争蹂躏的国家探索战后的财政实验,而不是去批评美国对外经济政策的制定所处的那些广阔背景。

三、舒普使团的准备

1902年,舒普出生于加利福尼亚州的圣何塞。他成长于一个富裕的家

---

① 关于第一次世界大战后财政部对税基扩张和削减最高边际利率的支持,见 Brownlee,1996:99—101 和 Murnane,2004。

第十四章 去日本的舒普使团:两大政治经济体的相交

庭,他的父亲于1929年开始担任南太平洋铁路公司的董事长。在1924年,舒普毕业于斯坦福大学并获得了法学学士学位。他怀着不知日后是进入商界还是法学界的迷茫,搬去了纽约,并成为《纽约世界报》的政治记者。在结束了短暂的记者生涯之后,他进入哥伦比亚大学研究生院读经济学。对金融与政治的双重兴趣,让他选择了政治经济学的研究方向。当时黑格正处在自己的学术巅峰,他的才智与活力深深吸引着舒普。舒普跟随黑格与塞利格曼(塞利格曼直到1930年才从哥伦比亚大学退休)度过了紧张学习的研究生生涯,然后在哥伦比亚大学入职,并在二人的带领下,直接进入了研究分析与适度游说的传统中。

在黑格研究法国的项目中,舒普专攻法国的销售税并在此基础上完成了自己的博士论文。1930年,也就是黑格出版了自己的作品一年之后,舒普的博士论文《法国的销售税》也得以成书。在书中,舒普研究了在1920年政府采用的1%~2%的流转税(对几乎所有商业交易的总收入征税)。对流转税的纵向公平和横向公平,舒普表示了深深地怀疑。不过,在批评了最初的政策选择后,舒普并没有去猜测法国政府的下一步行动。在他看来,销售税是通过后人称为"路径依赖"方式而发展的,深受如下三个因素的影响:(1)战前未能采用的具有重要意义的所得税;(2)战时与战后对新税收收入的巨大需求;(3)法国保守派对所得税的强烈敌意。他没有给出根本性的和结构性的改革建议,但用一段引人深思的话作为书的结尾:"战争的后果被强加在法国人民的头上,现在税收已经控制了他们,他们或许后悔了,但他们更加认识到,必须开始建立新的税制,使之缓解来自现款要求的紧迫压力"。就此时而言,舒普只能梦想税收政策能够有机会进行彻底地重整(Shoup,1930:354)。

后来,舒普加盟了哥伦比亚大学商学院(后期又转入经济系),致力于研究销售税和欠美国债务的那些国家的财政状况。紧接着,他着手开展第二个项目:输出财政建议。在1931—1932年间,他与塞利格曼访问了古巴,并系统研究了该国的税制。古巴的税收严重依赖各种形式的消费税。在完成了大部分研究工作之后,舒普和塞利格曼一起提出了一系列建议,旨在加强古巴政府的行政能力,以加强它对美国银行欠债和公共工程承建商的支付能力。相比于舒普与黑格对法国的研究,这次他与塞利格曼在提建议时就没怎么控制自己。

塞利格曼—舒普团队的建议,引发古巴税制展开了一场彻底而复杂的改革。"这一计划的细节是相互关联的",塞利格曼告诉记者,"除非考虑到这些细节相互勾连在一起,否则我们不会对其中任何一项的建议负责"。他补充道,改革的目标与其说是应对当前的危机,不如说是"奠定多年后才能形成的税制的基础(New York Times,1932)"。总之,这项复杂的改革项目需要减少或废除各种销售税,同时"集中征收依赖租金的房产税,基于评估的而非实际的收入来征收个人所得税,对商业企业(主要是公司)征收净利润税,还要征收遗产税"(New York Times,1932;Seligman and Shoup,1932:10)。[①]

在20世纪30年代早期,对大萧条这样一个新的国家危机带来的财政问题,舒普开始产生了浓厚的兴趣。同时,他在1930—1936年期间担任《全国税务协会公报》的编辑期间,建立了一个由学者和税务从业人员组成的大型国际网络。1933年和1934年,在这个国际网络和洛克菲勒基金会大量的资助与支持下,他出版了《美国销售税》一书,以"一项在罗伯特·默里·黑格指导下的研究"为副标题。这是对一个热门话题的全面调研,因为销售税在美国推进得很快。在1933年之前,只有三个州有销售税,但仅仅在一年间便有22个州颁布并实施了销售税。比起当初评估法国的税收制度,舒普对销售税的公正性给予了更加严厉地批评。他用提建议来结束全书,而这些建议他曾经不愿意提供给法国:"更努力地去寻找分配效果更公正的紧急税收(emergency taxes)吧!"他列举了诸如汽油税、机动车登记税、继承和不动产税、烟草税、公司的毛收入税和经销权税等例子(Shoup et al.,1934:9—11)。

1934年,舒普开始转向研究大萧条背景下的全国层面的税收。当时,罗斯维尔·马吉尔(Roswell Magill)是哥伦比亚大学法学院的教授兼财政部顾问,他对舒普关于销售税的研究印象深刻。马吉尔把舒普带到华盛顿,请他担任一项关于联邦岁入制度综合研究的七名顾问之一。在该项目组织过程中,

---

[①] 关于舒普对这项工作的贡献,见"Contract between the government of Cuba and Edwin R. A. Seligman," 1931. Shoup Papers. Cuba Series, Box 2, No. 17. Yokohama National University Library, and Statement of Expenses, Cuban Tax Study, January 23, 1932. Shoup Papers. Cuba Series, Box 2, No. 17. Yokohama National University Library。1938年,舒普回到古巴,这一次和马吉尔一起,因为古巴与美国债权人的关系再次陷入困境,见 Magill and Shoup n. d.。

第十四章 去日本的舒普使团：两大政治经济体的相交

舒普扮演了核心的角色(Blum,1959;*New York Time*,1934a;Blakey et al. 1934)。[1] 舒普和他的六位同事提供的建议可以归纳如下：降低个人减免，深化税改，从而提升所得税的收入。他们写道，这项举措"在我们看来，可以带来很多好处，会增多我们直接纳税人的人数，继而增加有意识地关心政府的人数。"与此同时，这个团队又反对扩大公司所得税或者过分利得税，并指出"'过分'一词，不论是在哲学方法论上，还是在起草法律法规的原则和行政可能层面，都太难准确界定。"[2]

马吉尔团队的建议，对新政税制改革几乎没有直接性影响。不过，在抵消雷蒙德·莫利(Raymond Moley)和阿道夫·伯利(Adolf Berle)等倡导的征收反公司的税收等方面，或许它稍稍有一定的作用，因为后者在企业税方面缺乏专业的素养。然而部分地因为应用了黑格的基本原则，舒普在财政部内部以及那些专注于全国税收政策的经济学家和律师界内声誉鹊起。当然，这也归功于他所展现出来的能力，即组织一个巨大的、复杂的有关国家进口的有争议的项目，并与有争议的同事相处。此外，他也向世人展示了他在迅速撰写报告、帮助产生共识、满足技术专家和吸引更广大听众等方面的突出能力。

由于在马吉尔研究团队中的表现以及黑格的持续性影响，舒普在另一个高级别和多资助的合作项目中晋升为领导。这是一个为期两年的美国税务研究项目，得到了"20世纪基金会"的资助。1937年，这项研究的最后成果出版，即《直面税收问题：美国税收调研和未来计划》。在研究期间，黑格和时任财政部副部长的马吉尔，同时也在税收基金委员会任职。该基金会为这次研究指定了研究议程，并准备基于研究结果，对美国税务问题提出正式的建议。作为本次研究主管的舒普，起草了这些建议。

舒普反对扩大新政措施中最为严厉的再分配政策，甚至提出了一些与新政相反的观点。例如，他建议废除或大幅改革新政期间作为反垄断工具颁布的激进的未分配利润税，用单一的税率取代累进的企业所得税税率，并主张

---

[1] 卡尔·S·舒普，"给马吉尔教授关于联邦税收制度的备忘录"，1934年5月5日(ShoupPapers. F-file,Box #51. Yokohama National University Library)。

[2] 同上，"前言""备忘录G"和"备忘录Q."，舒普关于调整公司和个人所得税的建议，见 Thorndike,2005:377—83。

289

"只对公司净收入征收很轻的税"(Shoup,Blough and Newcomer,1937:419—420)。在分析企业和个人所得税时,舒普采用了规范性框架的方法,而把"税收正义"和"社会控制"置于次级地位。正是在这个框架内,舒普朝着黑格所提出的"宽税基的所得税形式"——舒普在报告中称为"统一类型的所得税"——不断地迈进(Shoup,Blough and Newcomer,1937:412)。舒普认为,所得税收入的增加,应该来自提升中等群体的收入达到税级和降低税收减免,而不是从社会顶端人群那里不断地汲取。他指出,要重视社会保障税的征收经验,以便"将行政能力范围内的最小收入包括进来"。舒普还大力推荐一个题为"从房屋所有权和农场产品推算税收收入"的实验。[①] 在他看来,这些建议所产生的结果,体现了一种更好的税制设计方案,有助于促进纳税意识,这种意识是一种舒普称为"普遍意义上的善治力量"(Shoup,Blough and Newcomer,1937:41—2;New York Times,1937;Thorndike,2005:500—2;Blum,1959:439—51)。

在他其余的职业生涯中,舒普继续强调采用"统一类型的所得税"有重要的价值,这也成为他长远改革战略中的关键元素。在20世纪30年代初,舒普考虑写一本书以推进黑格的税收理论中的概念,但是由于在财政部和20世纪基金会中的工作紧张,他暂时搁置了这个想法。后来,理论推进工作落到了芝加哥大学的博士生亨利·西蒙斯(Henry Simons)身上(Simons,1938:50)。1937年,舒普仔细阅读了西蒙斯的论文,并写信给他,建议他看一看即将出版的《直面税收问题》这本书。"我想你会同意,"舒普写道,"在许多基本问题上,我们的思想一直沿着同样的路径发展,当然,在其中一些问题上,你的分析已经远远超过了我。"[②]西蒙斯的书在一年后出版,"统一类型的所得税"这一概念也渐渐以"黑格-西蒙斯税收模型"闻名。然而,舒普认为,现有的一切还不够。在20世纪30年代后期,他敦促一起参加《直面税收问题》研究的哥伦比亚大学博士生威廉·维克瑞(William Vickrey),以他的博士论文为契机,进

---

① Shoup,"Memorandum to Professor Magill",413—14.
② Carl S. Shoup to Henry Simons, March 20, 1937. Shoup Papers. Box 392—2. Yokohama National, University Library.

第十四章 去日本的舒普使团:两大政治经济体的相交

一步推进黑格和西蒙斯开创的模型。①

1934~1949年,舒普几乎担任过财政部税收研究部的所有职务。自1937年以后,舒普的方法用于个人和企业税收再分配研究。与此同时,伴随着稳定增长的财政收入,舒普在财政部的工作取得了良好的效果,并逐渐蜚声于白宫。1937年后,在伯纳德·巴鲁(Bernard Baruch)和约瑟夫·P. 肯尼迪(Joseph P. Kennedy)等民主党人的支持下,商界发起了一场反公司税的斗争,该斗争推动政府开始考虑舒普的税收政策。随后,备战和战争对新收入的需要,增强了人们对舒普的增税方案的兴趣。同时,舒普也开始把注意力转向一个新的且迫在眉睫的危机:第二次世界大战。舒普的目标是促进战时财政,以免出现第一次世界大战时的经济问题。

在此期间,舒普取得了以下三项重要的研究成果。(1)出版著作:《未来十年的联邦财政:一些累积的可能性》(Shoup, 1941a)。(2)评估知识状况:财政前景以及新社会保障工资税的经济影响(Shoup, 1941b)。(3)完成由卡内基公司赞助的一项研究:怎么决定"避免通胀所需的税收总量"(Shoup, Friedman and Mack, 1943)。总而言之,这些项目都是在推进战时财政的一些关键领域的发展:深化个人所得税;基于社保行政基础来推行纳税人识别;从源头征税;限制采用过分利得税。

然而,在战争条件下,舒普推进"黑格—西蒙斯税收模型"并没有取得任何显著性的进展。对按此模型改革的支持,敌不过大众对急剧高累进税收的依恋,也敌不过利益集团对运用税式支出(豁免和扣除)来减缓累进影响的压力,更敌不过国会税法起草委员会在保护和扩大税式支出方面的既得政治利益。尽管如此,在第二次世界大战结束的时候,舒普仍受到了广泛的赞誉,尤其是在财政部里,因为他一直努力让美国采用以大众为基础的所得税,认为这样的税制能带来更多的财政收入、横向上更公平,同时对促进投资更有效率、抑制通货膨胀也更加有力。

因此,在1947年,财政部副部长A. L. M. 维金斯(A. L. M. Wiggins)邀请舒普"起草一份报告,为永久和平时期的税收制度描绘蓝图"。在哥伦比亚法学院

---

① 这篇博士论文后来出版了,见Vickrey, 1947。

的税务专家威廉·沃伦（William Warren）的帮助下，并受益于黑格的非正式建议，舒普提出利用战后的"和平红利"，沿着黑格－西蒙斯的路线对联邦税制进行大规模的改革。他提出了一系列精心设计的改革，其中本应该可以包含一些提高关键税率的内容，但为了降低可能受到的政治阻力，他提出了削减总体财政收入的主张。舒普主张的核心条款有：收入平均化；将资本收益作为常规收入处理；通过继承税（accessions tax）在死亡环节征收未实现的资本收益税；降低高累进税率；整合个人所得税和公司所得税。然而，在1948年初，国会推翻了杜鲁门总统的一项否决，发动全面减税，从而降低了和平红利。于是财政部放弃了它的项目，但感谢舒普为未来全面改革所做的"宝贵的基础性工作"。[1]

在短短几个月后，驻日盟军总司令部及财政部便派舒普出使日本。财政部对舒普用税收杠杆来控制通胀的举措怀有深刻的印象，并希望舒普在日本也这么做。具体而言，财政部想要通过改革来增强日本实现预算盈余的能力，同时努力避免主要社会团体发动任何积极的收入再分配行动；他们担心收入再分配行动会导致社会权利意识的增强，并带来潜在的通货膨胀的压力。在这些困难面前，财政部希望舒普使团可以促进经济复苏。与此同时，驻日盟军总司令部也希望该计划可以找到继续推进社会民主化的方法。

四、舒普的建议

对如此改革的期望，极大地鼓舞了舒普。看来他有机会推动黑格－西蒙斯的"统一所得税模型"了，并可以由他亲自组建团队来完成该项目。团队的关键人物包括他最喜欢的学生、同样身为哥伦比亚教员的威廉·维克瑞，以及两位曾经与他在财政部有过密切合作的税务律师威廉姆·沃伦（William Warren）和斯坦利·萨里（Stanley Surrey），后者是加州大学伯克利分校的一位年轻教授。考虑到舒普和他的同事们相信驻日盟军总司令部的权力超过日本政府，他们发现这是一个成功的机会，远超他和志同道合的改革者在美国或

---

[1] Carl S. Shoup to A. L. M. Wiggins, April 12, 1949. Shoup Papers. Box 391—3. Yokohama National University Library; A. L. M. Wiggins to Carl S. Shoup, July 28, 1948. Carl S. Shoup Papers. Box 391—3. Yokohama National University Library. 还可以参见：Shoup, Carl S., and William Warren. December 24, 19 47. A Suggested Outline for a Peace—Time Federal Tax System. Shoup Papers, F—file "Federal Tax Reform."

第十四章 去日本的舒普使团：两大政治经济体的相交

海外所拥有的机会。

舒普于五月初抵达东京，六周内便写信告知黑格："我们所面临问题的一般本质即将凸显。"一方面，他认为，"无论从法律上还是从税收数据上看，日本的税制都是世界上最现代的税制之一"。他进一步地指出，日本的所得税"建立现收现付的基础上，从而实现了从源代扣代缴（包括利息与股息），并且按季度预估的收入征税而不是扣缴预提税"。另一方面，"当我们在实践中观察该制度运作时，发现'自我评估'在大部分情况下只是税务机关徒有其表的随意评估"。舒普坦承，没有人会知道，在更加透明的程序中日本是否会得到更多的税收收入，"主要是因为纳税人没有准确的会计记录"。然而他坚信，日本的大企业通过"精心地编制账簿系统以掩盖而不是披露信息"来逃税。在寻找对策的过程中，舒普拒绝"转移到广泛的间接税领域"，因为他觉得"间接税的逃税看上去一样广泛，并且可能更为严重"。他认为，该问题的核心在于，过高的税率水平与同样高水平的税收逃逸之间的恶性循环，"我们首先要解决的，就是打破这个恶性循环"。[①]

短短的几周后，舒普认为，他与同事们已经解决了这个问题，以及许多其他问题。在八月份，他公布了使团的最终建议。为了"打破循环"，摆脱个人所得税陷阱，舒普建议降低个人所得税的最高边际税率，从85%降到55%。针对富人的高税率，舒普提出了自己的批评。他坚信维持这一税率，尤其是在自我评估的管理系统下，只会滋生逃税行为，并导致所得税收入的减少。此外，降低最高税率在经济上会更有效率：较低的税率将"使个人有很大的动机来增加收入"（Shoup Mission，1949a：83）。在同一时间，日本政府降低了个人所得税的最高税率。舒普进一步敦促道，个人所得税应扩宽税基，不仅要通过提高公民的纳税意识来进行，同时也要把已实现的资本收益作为普通收入来征税，从而把所有的利息收入纳入征税范围，并严格约束税收豁免和抵扣行为。在舒普看来，更宽的个人所得税税基与更大的横向公平的征税制最终将会赢得公众的信任。反过来，这种信任有助于提升公民依法缴税的自愿性，并扩大税收的流量，从而增强国家的财政实力（Shoup Mission，1949a：16—19）。

[①] Carl S. Shoup to Robert M. Haig, June 16, 1949. Robert M. Haig Papers. Butler Library, Columbia University.

在使团的成员看来,一个横向公平的征税体系,同时也有助于提高经济的运行效率。至于税收方案对经济增长和发展的可能性影响,舒普与他的同事们没有进一步地讨论,不过他们在报告中提到了对效率的影响。在1989年,舒普强调说,使团避免提出刺激经济增长的具体措施。"我们怎么知道,"舒普问道,"什么样的经济增长方式是可取的?"正是因为"我们不知道哪一种经济活动值得鼓励",所以使团寻求代之以"经济中性"的税制。舒普使团对日本的"市场"与生产能力有信心,并"想要小心不让税收制度去阻碍经济的自发恢复"。但是,舒普与他的同事们也认识到,经济中性的税收与日本偏爱使用税制激励投资的做法会产生严重的冲突((Ramseyer and Shoup,1989:2—3)。

而在企业税领域内,舒普他们的关键提议是,将企业所得税的常规税率降至35%,并且在整合个人所得税和企业所得税的道路上取得温和的进展。而且,舒普使团还建议废除过分利得税。在舒普改编自《直面税收问题》一书的部分内容中,他写道,"在一个可行的税法中必须精确定义'过分'",但这是极端困难的(Shoup Mission,1949a:105)。最后,舒普使团考虑到战时及战后的通货膨胀,建议对公司资产进行重新估值,其目的是允许公司建立折旧准备金,以避免仅因通胀而膨胀的资本收益被征税(Shoup Mission,1949b:128—131,and Appendix C)。

舒普建议中包含的横向公平原则,逐渐扩展到了基层。各地方政府渐渐地从中央政府的"均等化"资金配给中脱离出来,转而扩大自己的收入来源。在这些新收入来源中,最重要的是一种在地方辖区层次的税收:对广泛的商品与服务征收"消费类型"的增值税。①

尽管早在1941年舒普就已经评估过增值税的收入潜力,但建议日本实行增值税还是他第一次认可这种税收(Shoup,1941a:7,57—8;Shoup,Friedman and Mack,1943:90—1)。他开始欣赏增值税支持者对经济效率的论断:它可以避免连锁零售业销售税特有的扭曲和不平等。从日本一回国,舒普就告诉国家税务协会,增值税是"营业税中最经济中立的形式"。他继续解释道,"它不歧视劳动节约型设备的使用(而任何其他利得税都歧视);它不支持机器代

---

① 这一方案是"消费型"的减法增值税。对该方案的最好解释,包括一些政治含义,详见Martin Bronfenbrenner 1950。

第十四章　去日本的舒普使团：两大政治经济体的相交

替人力劳动(而工薪税支持)；它不支持大型企业的垂直合并行为(而流转税或毛收入税支持)"。他的结论是，不仅日本的府县像美国的州一样，需要独立的收入来源，而且增值税是可选择项中害处最轻的。该税将取代国家征收的具有更多累退性的交易税(流转税)以及地方政府征收的商业收入税。舒普认为，这种地方政府征收的商业收入税给小型的、非法人的商店和工厂带来了沉重的负担，并且有时会转嫁给顾客。此外，增值税收入将为包括公共卫生在内的地方政府服务提供资金，由此带来的好处在分配环节具有累进性。舒普还认为，征收地方辖区层级的税收，会刺激当地的民主发展并扩大财政的能力，而累退税可能在这方面尤为有益。他设想的这个过程，与查尔斯·蒂利(Charles Tilly)在本书第十章中的分析十分相似。实行累退的被地方政府控制的税收，会推动日本公民和那些一直脆弱的地方政府进行对话；而针对税负和社会服务之间的谈判加强，其结果将是促进地方层面上的社会民主。

　　舒普对增值税的建议，让他矗立在政策的最前沿。来自美国、德国和日本的财政经济学家，从20世纪20年代开始就讨论增值税。然而舒普的提议，正如经济学家马尔科姆·吉利斯(Malcolm Gillis)所写，是"第一篇具体且详细的关于增值税的建议……用英语写的"(Gillis,1991:32)。然而，在对麦克阿瑟描述他的计划时，舒普宣称他并不是提议要将日本变成一个测试新财政工具的社会实验室。他告诉麦克阿瑟："在我们的建议中，我们坚持在我到达的第二天在你办公室接受采访时所表达的原则——即实验最小化，不存在'小白鼠'的问题。"①在1989年，舒普回忆该增值税提议时说，"我们记得那个原则，但我们认为或许一个新东西可能是正确的"(Ramseyer and Shoup,1989:4)。

　　尽管有舒普对麦克阿瑟的保证和他在1989年的回忆，但他和他的同事们建议的其他的新税种同样具有试验性。最重要的是，包括美国在内的任何现代国家都没有明确地和全面地接受黑格的关于所得税的恰当基础的概念。杰罗姆·科恩(Jerome Cohen)，舒普使团的副研究员，更准确地表达了他的同事们的立场：几个月之后，他将日本描述为"财政史上无前例的经济实验室"

---

① Radiogram, SCAP to Vorhees, Taxation Progress Report, August 12, 1949. Box 6369, unmarked file folder. SCAP files, Record Group 331, National Archives and Record Administration (NARA), Washington, DC.

(Cohen,1949:125)。

舒普相信,他有机会去应用职业生涯中一直指导他的财政原则。在日本任务的尾期,舒普给黑格寄了一份报告摘要,并评论到"我相信你会在我们的建议中发现到处充满黑格教授的影响"。① 舒普认为,黑格的教导与原则具有足够的知性力量,可以将实验的风险降低到一个可接受的程度。"我们曾经尝试过",舒普在完成报告时向陆军部写道,"在不必要的实验与不盲目地坚持过去之间,保持了明智的平衡。"②

对日本和美国而言,舒普使团的成果是巨大的。舒普宣称:"我们相信日本人民应该有机会说,在五到十年内他们拥有世界上最好的税制。"他解释说"我们牢记这个目标并形成了相关的建议,剩下的则取决于他们(日本人民)"。③ 舒普同时希望,已在日本成功试验的具有黑格风格的税改项目,可以用于其他地方,包括美国(舒普曾在1947~1948年提倡过但却最终失败)。从日本回来不到一个月的时间里,舒普被任命为国家税务协会主席,他就职演讲的主题就是"日本税收改革"。在演讲中,他陈述:"我的目标只是描述并分析日本制度的一部分",他"也会考虑为日本提出的每一条建议是否也适用于美国"。此外,他会一如既往地吹捧增值税以及他为日本民众提出的其他建议(Shoup,1950)。

来自美国的这些专家传教士们相信,他们已将财政拯救的手段展现给了日本。④ 然而,为了得救,日本人不得不无保留地接受这一福音(the message)。舒普宣称,就像塞利格曼于1939年在古巴所说的那样:"全部的主要建议和大多数的次要建议,二者是互相联系的。"他警告说:"如果任意一个主要的建议被剔除,其他的一些次要建议就会因此变得价值不大,甚至变为有害的"。舒普警告说,"如果只采纳部分建议",那么使团对"由此产生的后果不负责任"(Shoup Mission,1949a:ⅱ)。

---

① Carl S. Shoup to Robert M. Haig, September 1, 1949. Robert M. Haig Papers. Butler Library, Columbia University.

② To West from Shoup, August 24, 1949. Box 6836, file folder: "Taxation." SCAP files, Record Group 331 (NARA)

③ 同上

④ To West from Shoup, August 24, 1949. Box 6836, file folder: "Taxation." SCAP files, Record Group 331 (NARA).

第十四章 去日本的舒普使团:两大政治经济体的相交

五、舒普使团的结果和遗产

日本政府在自民党领袖吉田茂(Yoshida Shigeru)首相的领导下,勉强同意将舒普建议中大部分条款予以立法。① 然而,在推进实施这些条款时,吉田却停滞不前,特别是有关地方财政改革的部分。紧接着,在1952年美国占领日本结束后,吉田政府废除了它不喜欢的所有改革。这就导致在地方层面上,舒普的改革方案几乎没有保留,虽然有一些重要的部分得以在国家层面上实行。在国家层面实行的措施,诸如基于通胀而重估资产价值、废除占领早期一些具有新政风格的改革,在促进日本经济奇迹的发生上,发挥了比通常认识到的还要强烈的影响,该影响也比美国占领日本结束后,日本政府给予公司的"战略性"税收优惠的影响还大。然而,由于吉田政府希望加快资本的形成,于是它大力采用促进资本形成的广泛优惠措施以及税收减免,而这些并不在舒普使团的建议之中。

那么一群最优秀、最有智慧的美国财政经济学家提出的有关全面税制改革的计划,出了什么错呢?有人可能会跳到如下的结论:错误在于,舒普和他的同事们,在执着于黑格原则的同时,大大背离了对日本历史状况的具体分析。另一位杰出的财政经济学家哈罗德·格罗夫斯(Harold Groves)就警告过,可能会这样。格罗夫斯曾在约翰·R.康姆斯(John R. Commons)门下,接受侧重于财政的社会学路径的训练。1948年,财政部在选拔赴日本的税收使团领导人时,面试了格罗夫斯和舒普。根据经济学家马丁·布朗芬布伦纳(Martin Bronfenbrenner)(他与格罗夫斯在威斯康星大学曾是同事)的说法,格罗夫斯质疑道,任何局外人如果忽略日本的实际情况,都不可能对日本税制实行长久且令人满意的改革。"因为有这样的顾忌",布朗芬布伦纳回忆说,格罗夫斯"退出了这一使团的名单"。②

诚然,对于税改,舒普比格罗夫斯采取了更具普遍性的方法,他相信黑格

---

① 关于驻日盟军总司令部、杜鲁门政府和日本政府的谈判,见 Brownlee,2007:169—72。
② Bronfenbrenner, Martin. n. d. Marginal Economist (unpublished autobiography). Martin Bronfenbrenner Papers, Rare Book, Manuscript, and Special Collections Library, Duke University, Chapter 14, 17.

297

的税收原则适用于所有的现代社会。但同时,舒普也承认,要想正确地运用这些原则,还是需要密切地关注社会背景。与占领时期的其他财政措施相比,舒普还是对历史发展以及当时日本财政机构的性质进行了深入的调查。他和他的同事们广泛咨询调研的对象,既包括大藏省(MOF)官员,又涵盖了日本财政领域的一流经济学家,而这些专家的专业训练和经历有助于舒普团队对日本税制史有一个深刻的理解。在这些财政经济学家中,有一桥大学的都留重人(Tsuru Shigeto)和井藤半彌(Ito Hanya),还有京都大学的盐见三郎(Shiomi Saburo)。

在这些学者中,舒普最依赖于都留重人先生,他于1940年获得哈佛大学的经济学博士学位,在第二次世界大战期间供职于外交部的经济部门。1947年4月到1948年3月,他成为日本社会党政府首相片山哲(Katayama Tetsu)的核心经济顾问。都留重人特别热衷于舒普提出来的振兴地方民主,这是日本社会党一直青睐有加的建议。在1993年,都留重人回忆日本被美国占领期间由美国所开展的所有任务时评价道,"在被美国占领期间美国派往日本的专家团中,舒普使团是最认真的。舒普团队的成员在应用现代税收原则之前,花了很大力气去研究日本本土环境的复杂性、传统性和当下的特点,虽然在税收原则方面他们已经堪称前沿"。他还赞扬舒普的报告是"日本税制中最易懂的总结","它远远优于官方或教科书的总结,且更具有启发性"。他进一步指出:"现已证明,这个代表团是富有远见且明智的,即使过去四十多年,1949年的舒普报告仍是研究日本税制改革的参考和指南。"(Tsuru,1993:16—18,52—54)①

与舒普使团一起密切工作的大藏省官员,对舒普和他的同事们的专业性赞赏有加,并对他们调查的范围留下了极其深刻的印象。他们非常钦佩舒普及其同事,称赞他们抓住任何机会通过日本翻译采访当地的税务官员和纳税人(包括店主、渔民、农民、工人以及矿工),并从中了解他们对税制的认识以及税收如何影响了他们的行为。②

---

① 关于都留重人的职业生涯,见 Hein,2004:88,251。1985年,由于认识到舒普报告对理解日本税收仍有重要意义,一个由14名现任和前任财政部官员组成的小组发表了一份新的舒普报告译本。见 Shoup,1989:181—2 and Fukuda,1985。

② Shoup,1989:225;Fukuda,1985:454;and interview with Hara Sumio,Study Group on the Financial Situation,1955:13—14。我感谢伊集守直(Iju Morinao)博士的翻译帮助。

第十四章 去日本的舒普使团:两大政治经济体的相交

最终,在舒普的报告里,使团努力避免形成消极的文化刻板印象。然而,当杰罗姆·科恩(Jerome Cohen)后来在写日本的税收管理时,他还是提到了"税务事项中谈判、妥协和贿赂性的东方嗜好",并补充道:"东方思想里对那种应当向税务机关陈述自己真实收入的想法十分陌生"(Cohen,1950:119,122)。[1]在舒普报告中,并没有这样的措辞。但与科恩相反,如历史学家约翰·佩里·柯蒂斯(John Perry Curtis)所言,舒普却"被日美之间的诸多的相似性所震惊。"舒普相信,在美国和日本,"勤奋和公民自豪感都可以得到利用"。在纳税过程的一开始,"公民"就应"被信任可以自己计算并缴税。"[2]斯坦利·萨里持有同样的观点,他写道:"日本人已经拥有了一个因素,没有了这个因素,其他一切都毫无意义。他们基本上是一群诚实的人。在这一良好的基础上他们可以耐心地努力建立一个适合他们的所得税管理机制。"[3]

然而,舒普与他的同事们在讨论一些重要的制度性问题上却不得不走捷径。迫于时间的压力,他们不得不掩饰自己在实施最具创新性改革的过程中遇到的管理与会计上的难题,尤其是在推行增值税改革的时候。不过,舒普与他的同事们承认了这一点,并着手补充报告。舒普团队在回国后,还继续开展工作,包括向驻日盟军司令部的回国工作人员广泛征求意见,并于1950年再度访问日本,紧接着发布第二份报告。此外,舒普从经济专长和理解日本财政体制的热情方面出发,提升了驻日盟军司令部工作人员的水平。他为此安排驻日盟军司令部雇佣来自美国威斯康星大学年轻有为的经济学家马丁·布朗芬布伦纳,让马丁作为使团的代表并签了两年合约,工作内容是在舒普团队离开后充当驻日盟军司令部与财政部的联络人。布朗芬布伦纳的日语非常了得,对学习日本社会文化有浓厚的兴趣,并与都留重人等日本税务专家以及大

---

[1] 科恩曾是一名海军情报官员,他为了战略轰炸调查而询问日本公民。科恩在采访日本税务专家和纳税人时用的方法,也与舒普不同。科恩认为这一过程是询问,需要一种他描述为"坚定而有时尖锐"的风格。Jerome Cohen to Carl S. Shoup, August 9, 1949. Shoup Papers, Cohen Series 1, No. 1, Yokohama National University Library.

[2] 舒普致约翰·柯蒂斯·佩里(1979年2月22日),引自 Perry 1980:154。

[3] Surrey, Stanley. 1949. Administration of the Individual and Corporate Income Taxes. Box 27, file folder: "Tax Mission—1949 (1)." Stanley Surrey Papers, Harvard University Law School Library, Harvard University.

藏省官员有着良好的融洽关系。不久,布朗芬布伦纳成为美国研究日本经济发展的领先专家。①

然而,舒普使团所体现出的智慧、敏感性与能量,并不足以阻止吉田茂政府的反改革运动。危机终究来临,舒普与他的同事们既不能完全理解,也根本没有权力阻止那些反对舒普大部分计划的势力。驻日盟军司令部在日本的现存力量,远远无法抓住并掌控改变一个现代国家税制的机会,舒普与他的同事们只能铩羽而归。在这种心态下,他们忽视了政治经济必须面对的核心问题——权力及权力分配。

从某种程度而言,尽管舒普使团直接回应的是日本人民的诉求以及美国资助的公共宣传运动[基于第二次世界大战期间美国国税局推行的"付你自己的税款"(pay-your-taxes)运动],但问题在于,日本公共舆论从来就没有支持过舒普的改革。在1949年中,日本公众将舒普改革与占领时期颁布的应对严重通胀(和失业)的就业政策视为一路货色,并进行了广泛的抵制。虽然日本人民不愿意耐心地探索复杂的舒普建议中的晦涩难懂之处,但他们清楚地看到了两个关键点:第一,由于接受了大藏省反通货膨胀的预算约束,舒普使团无法将大部分纳税人或者重要的纳税团体从高税率的困境中解救出来。第二,由于舒普使团倡导增值税,让他们不得不直面一种强大的敌意,这种敌意针对的是增加了一种累退消费税(交易税),日本选民已将其表达在民意调查中。在占领时期自上而下的、家长式改革与日本民主的核心诉求之间存在的矛盾,是舒普使团无法解决的。

然而,公平地说,有证据表明,舒普曾寄希望于联合政府的当选(包括社会党在内),希望他们能支持使团主张的更具创新性的改革,尽管他们的提议最初变成法律是因为驻日盟军司令部的权力压倒了日本政府的权力(Bronfenbrenner and Kogiku,1957:346—7)。如果真的是这样的话,那舒普就把他的希望寄托在一个高度偶然的、相当不可能的一连串事件上,包括联合政府有兴趣、有能力去解释和兜售增值税,并将其作为一个庞大计划的一部分,而这个计划旨在扩大地方政府在社会福利领域的权力。除此之外,舒普未曾意识到,

---

① Carl S. Shoup to Martin Bronfenbrenner, March 10, 1949. Shoup Papers. Bronfenbrenner Series, 1, No. 1, Yokohama National University Library.

第十四章　去日本的舒普使团：两大政治经济体的相交

无论东京还是华盛顿流传的任何有关新政府可能性的风声,最后都只是加强吉田和他的自民党的力量,那是一个大众的支持不断增长的党派。最关键的是,1949年中华人民共和国的成立和一年后朝鲜战争的爆发,导致杜鲁门政府加强了对吉田政府的支持。结果,吉田政府和大藏省获得了更大的灵活性和自主权去做他们和自民党选民一直想做的事情——即推迟并削弱舒普的建议,尤其是在地方财政领域。东亚冷战局面的加剧,也使得驻日盟军司令部发起了"红色恐慌"(Red Scare)行动,以清除共产党势力并进一步疏远日本左翼势力。布朗芬布伦纳也由于更早之前莫须有的指控以及他在一桥大学与都留重人合作的研究生研讨会的团队教学,变成了一个无辜的受害者。对舒普团队而言,布朗芬布伦纳的损失进一步阻碍了有效增值税的谈判和地方财政更广泛转型的脆弱进程。[①]

吉田茂政府的日益强大和受欢迎,也意味着商业团体和全国政府内部根深蒂固的政治利益联盟不断地巩固,二者在税式支出方面有着强大的共同利益。在美国,这一情况已经证明对黑格-西蒙斯式改革来说是致命的。在美国政府内部,国会的税法起草委员会主要负责追查累进所得税的漏洞。而在日本政府中,这一职责落在了首相吉田茂和大藏省的身上。吉田茂和他的财政大臣池田勇人(Ikeda Hayato)的行为,表现得正如舒普使团的一位顾问井藤所描述的那样："让企业(尤其是大企业)的税负日益减轻,而这一趋势旨在重振国家经济并促进资本积累,尽管这会牺牲其他社会阶层的利益。"(Ito,1953:382—383)对于大企业的税收,吉田茂政府打算为它们提供比舒普建议更普遍的优惠。查尔默斯·约翰逊(Chalmers Johnson)将这种后占领时期的政策转变,描述为一种有意的产业政策——"对战略产业的优惠待遇";而都留重人也同样强调这种大型的出口导向型企业享有优惠的政策带来了好处(Johnson,1982:232—6;Tsuru,1993:104—8)。然而,尽管自民党领导人和大藏省官员的实质"战略性"选择,比美国众议院筹款委员会和参议院财政委

[①] Martin Bronfenbrenner to Carl S. Shoup, May 5, 1950. Shoup Papers. Bronfenbrenner Series, 1, No. 1, Yokohama National University Library; Bronfenbrenner, Martin. n. d. Marginal Economist (unpublished autobiography). Martin Bronfenbrenner Papers, Rare Book, Manuscript, and Special Collections Library, Duke University, Chapter 14, 6—7 and Chapter 15, 6.

员会的选择更具有连贯性,但他们这种权力也是政治经济力量分配的结果。如果日本在制定税收政策方面出现了民主的失败,那这一相似的失败在美国也能被找到。

总之,在美国占领日本期间由税制改革引发的高风险动荡结束后,留下来的只不过是强化了日本政府早在二战期间就已建立的税收和政府支出的体制而已。这样的强化,具有长期的效果。神野直彦解释道,1940年建立的"中央集权"财政体制到今天仍然基本存在(Jinno,1999)。此外,在1985年被再次翻译的舒普使团报告的序言中写道,舒普提醒他的日本读者们,日本政府广泛采用的"经济增长措施"背离了舒普劝告的建议,因为"他们往往为特定的纳税人群体打开优惠之门,而这又反过来导致偏袒和不公平的税收现象出现;结果就是税制的公平性被破坏"(Shoup in Fukuda,1985:5)。

舒普计划的反转结果,不仅仅局限于日本境内。这一计划所衍生的系列观念,无论是在内容还是在方向上,实际上都和舒普及他同事们的初衷相违背。在20世纪70年代和80年代初,美国出现了对"日本奇迹"的焦虑,日本实行的偏爱资本的激励措施和减税榜样,激发了"里根革命"的热情:扩大税式支出以鼓励资本投资。这里用税制来推动生产力发展的方法,是1981年《经济复苏法案》里的一个关键组成部分。舒普使团所赞成的那种通过降低过高的边际税率并封堵漏洞的方案,很快便在美国取得了成功,那就是1986年《税收改革法案》的通过(Brownlee and Steuerle,2003)。然而,就像舒普使团当时的成员一样,为1986年法案制定框架的财政部专家们也碰撞(run against)到一点存在于美国和日本"税收国家"的基本要素。1986年法案在企业的税式支出方面的胜利,证明了乔治·W.布什(George W. Bush)政府在减税方面的缺陷和脆弱[1]。美国和日本在第二次世界大战期间创建的税收体制,以及从更广的角度来说形成的深层政治经济,它们都包含了一些重要的共同元素;

---

[1] 自1981年以来,税式支出的扩张大大推进了美国的减税政策。自那时以来,日本和美国的税收占国内生产总值的比例大致相当,大致在26%至28%之间。通过这一手段,日本和美国在富裕的民主国家中的税收努力程度最低。日本和美国的税收努力水平相对较低带来的共同财政要素(除了高水平的税收支出)有:低水平的消费税;高水平的赤字融资;对福利国家的温和承诺。详见 Dewit and Steinmo 2002,especially 159—62 and Chapter 8,by Ide and Steinmo,in this volume。关于在资本相对重税、劳动收入相对轻税、美日福利国家规模相对较小之间的关联,研究文献详见 Lindert 2004:235—45 and 井手英策、施泰因莫,本书第七章。

第十四章 去日本的舒普使团:两大政治经济体的相交

这些元素表现出巨大的弹性,并因努力参与冷战而得到加强。随着时间的推移,每一个国家的税制都大大背离税负的横向平等,从而让公众对税制和政府总体的信赖感不断地下降。

结语:财政社会学的复兴?

约翰·J.坎贝尔(John J. Campbell)

正如本书的主编们在第一章提到的那样,由于税收——以及一般意义上的财政收入——是国家贯彻其政治举措的手段,因此对于税收的比较历史研究理所当然地成为一个重要的领域。事实上,税收收入是现代国家的"生命血液"(Braun,1975:243)。如果没有税收收入,很难想象国家会如何维持社会福利或防御工程,如何维持诸如道路、机场、学校以及公共运输系统等基础设施,如何规范商业和市场,如何推行产权及相关法律,或者如何支持贸易。简而言之,如果没有税收收入,难以想象国家怎么能有必要的手段支撑起资本主义本身。

虽然马克斯·韦伯、约瑟夫·熊彼特等有影响力的理论家们主张并力推此类研究,但正如熊彼特所述,财政社会学领域的发展仍经历了中断。当然,有一些重要的研究流派仍在关注税收和政府获取财政收入的其他手段,但大部分显然是经济学对财政领域的研究。多年来,对于税收,历史学家、社会学家和政治科学家同样也做了大量的研究(Campbell,1993)。但学者们认为,这个领域研究的发展仍不是清晰连贯的;也就是说,他们认为,该领域尚未建立一个统一的理论假设或者能够被清晰识别的重要观点(Swedberg,2003:178—9)。确实,相对于社会科学的许多其他领域,财政社会学仍然很不成熟。但是种种迹象表明,这个现状正在发生改变,而财政社会学也在逐渐地复兴。虽然主编们已经在第一章中简要地表明了这种可能性,但我还是想在这里进行细节验证。

财政社会学的可能复兴,其根据有以下几个:一是社会科学中有关财政社会学性质的讨论;二是国家和国际政治经济环境的变化;三是反映在本书中的理论贡献;四是存在于更广泛的社会科学文献中的内容。

一、跨越学科和亚学科边界的对话

第一个根据,正如本书所述,来自不同社会科学领域的学者开始跨越学科的边界,彼此间展开对话,并开始承认对方在财政社会学领域内的研究。当跨学科的对话出现的时候,相应地,知识上的交流和重要的突破就会随之而生。这一点曾在科学、音乐和艺术领域被历史性地验证。

例如,科学领域中重大的知识突破,通常来源于那些身处于不同学科交汇的科学家本人。在这些不同学科的交汇处有一种机会,让看似截然不同的思想通过一种崭新而深刻的方式来改变科学的进程。有一个重要的例子,就是法国著名的巴斯德研究所(Pasteur Institute)。早期,巴斯德是世界上最成功和最多产的研究中心之一,这得益于它是最早从不同领域招募科学家来共同工作的研究所之一,这些科学家来自生物、化学等不同领域。这不仅促进了新药物和疫苗的发展(获得了国家的和国际的奖项,包括诺贝尔奖),也使得巴斯德在新的和一些有影响力的亚学科,如生物化学方面获得了发展——这一点非常重要(Hage and Mote 2008)。同样,众所周知,在音乐领域,年轻的艺术家们将蓝调、福音和一部分爵士糅合在一起,创造了摇滚乐。原则上,只要这类广阔的跨学科对话不断地发生,财政社会学就没有理由不能成长为一门强大且清晰的社会科学研究的分支领域。自然,值得我们赞扬的是,本书的各位作者也在提倡此类对话。

然而,广泛的和有包容地对财政问题展开对话,也可以发生在社会科学内部的不同分支学科之间。比如,令人鼓舞的迹象出现在政治科学领域,学者们去验证福利和税收政策之间的关系,并意识到我们不能将此二者的变化分开来进行理解(例如 Kato,2003;Pierson,1994)。事实上,正如克里斯托弗·霍华德那章所论述的,美国联邦层次上福利花销的很大一部分——将近40%——通过诸如托儿、住房、医疗保健和私人养老金账户等税式支出,提供给了社会的中层和中上层阶级。其他一些传统的政治科学家,他们原来研究福利国家中决定福利政策的各种政治经济因素,如今也开始探索相同的模型是否能够同样用来解释税收政策方面的变化(Swank,2002)。

社会学领域内分支学科的对话,同样可以实现并应该继续下去。正如在政治学中,对厘清不同类型政策的决定因素,政治社会学家长期以来怀有兴趣。此外,经济社会学家对分析公司和产业结构变化的机制性决定因素,同样怀有极大的好奇。产权是这些决定性因素之一,而税收政策则是产权的重要形式之一。税收政策决定了国家在何种程度上从公司和个人身上获取利益,并进而直接影响私有财产的所有权及对它的侵占(appropriation);它同样也影响了公司和个人的投资策略,进一步影响公司和个人如何使用自己的财产。因此,财政社会学对于政治社会学和经济社会学都会大有裨益,对法律社会学来说也是如此。

虽然学者之间关于税制的讨论和对话正在逐步地升温,并能进一步地在社会学科内外扩展,但我并没有过于"天真"。这么做显然不是容易的事情。正如主编们在第一章中提到的,在 20 世纪多数时间里,社会科学领域内专业学科越发专业化、条块化,且彼此隔绝。因此,这些学科能在多大程度上实现对话犹未可知。不过,许多大学已经开始意识到跨学科对话的益处,且开始鼓励跨学科的对话,而这表明学科壁垒是可以突破的。事实证明,这类书常能找到一家好的出版社!

类似地,在过去几年内,学科内部的不同知识传统也趋于分隔。例如经济学,美国学者建立起强大的专业壁垒,将制度性和历史性导向的工作与非历史的形式化建模隔离开来,尤其是占据主导地位的新古典主义和理性选择主义(Yonay,1998)。相似的隔阂,同样也出现在政治科学中。在社会学中,这样的情况少一些,理性选择理论在栅栏的一边,其他分支流派在栅栏的另一边。几乎没有人愿意尝试跨越这些栅栏进行建设性的对话,而财政社会学就潜藏着这样的对话可能性。毕竟,一些财政社会学的学者倾向于研究税制的制度性、历史性和象征性因素,如本书作者中的·W. 埃利奥特·布朗利、罗宾·L. 艾因霍恩、查尔斯·蒂利和约瑟夫·J. 桑代克等人。但其他人,包括内奥米·费尔德曼和乔尔·斯莱姆罗德,则更关注形式化的理性选择理论。不过,这一知识鸿沟是可以避免、可以跨越的。埃德加·凯瑟和奥黛丽·萨克斯所写的那一章就是一个很好的例子,它有效地将历史分析和理性选择理论结合在了一起。

二、税收和新自由主义的兴起

财政社会学可能复兴的第二个根据是,税收议题已经被许多国家提上了政治议程,成为现在公开讨论的最重要问题之一。这一现象要归功于新自由主义政策范式的崛起,他们主张大幅度减少税收和政府开支。在20世纪70年代,为应对凯恩斯经济政策的失败和解决滞胀问题,于是新自由主义兴起。这在盎格鲁—撒克逊国家中间表现得最为明显,他们在70年代中期就开始要求实行新自由主义政策,并且在主要的税收改革中达到顶点。尤其是在英美两国,税收议题帮助玛格丽特·撒切尔和罗纳德·里根开始掌权,而减少税收和政府开支成为他们新保守主义议程的核心部分。本书的一些作者(尤其是弗雷德·布洛克和安德里亚·坎贝尔)明确地讨论过这些内容,并解释了导致此现象的部分政治原因。在2008年金融危机之后,新自由主义是否会继续主导政治格局,我们仍拭目以待。但是,美国大规模的政府救助和经济刺激计划——目前预计将超过1.4万亿美元——将使得财政赤字飞涨,这一事实将使降低或者提高税率仍是未来几年政策制定的争论核心,政策制定者们将在赤字问题上纠缠不休。

然而,税收议题在其他地方也逐渐变得政治化。斯堪的那维亚无疑一直是资本主义世界体系内税收水平最高的地区,但此地区的政府最近在税收问题上也态度不定。瑞典在历经社会民主党数十年不间断地统治后,新选出的保守党政府承诺进行税制的自由化改革。很快,在1991年,他们削减了个人和资本收入的边际税率,并封堵了多种税收漏洞。几年以后,瑞典的社会民主党夺回执政地位,并又一次地提高了这些税率,这么做的部分原因是公众对保守的税制改革表示强烈地抗议;公众认为,这些改革极大地将税收重负从高收入群体转移到了低收入群体身上(Blyth,2002;Campbell,2004)。新自由主义税收政策也在丹麦的政治舞台中扮演了重要的角色,保守党在2000年能组成联合政府的关键因素之一,便是他们对削减总体税负的允诺。

随着新自由主义思潮的蔓延,税收也逐渐进入了世界其他地区的政治议程。井手英策和斯文·斯泰因莫所撰写的那一章告诉我们，在20世纪70年代石油危机爆发后，日本的决策者怎么致力于追求供给侧的税收减免以增强国家财政——而这一政策取向从财政的角度看，体现了日本向美国的靠拢。并且，正如凯瑟和萨克斯指出的那样，乌干达、肯尼亚和南非等发展中国家，也受到了不同程度的新自由主义运动的影响，包括所谓的新公共管理项目——这一项目旨在提高公共行政管理的效率，包括国家征税的效率。

最后，在1989年东欧事变后的欧洲和俄罗斯，财政改革一直是最为重要的问题。在蒂利有关俄罗斯案例的那一章，这一点表现得尤为清楚。与改革有关的政治活动和公众情绪，在不同国家间表现得既可怕又多变。因此，改革时机的选择，以及这些改革所涉及的深度和广度，也存在着跨区域的差异。新自由主义的影响无疑一直存在，特别是当政府欣然接受由国际货币基金组织和其他国际组织及顾问倡导的所谓"休克疗法"之后，而休克疗法主要是为了鼓励国家迅速地降低收入汲取和财政支出。同样的，一些国家的政府也就如何处理这些问题游移不定（Bönker, 2006; Campbell, 2001）。

总之，随着凯恩斯主义的声誉不断地下跌，原社会主义政权在苏联和东欧的崩溃，以及世界上其他国家在20世纪末不断地寻求经济发展，新自由主义在国际政坛的地位日益上升。跟新自由主义的上升势头相同，越来越多的公众和政治关注将焦点对准了税制改革。在这一热度下，设想税制改革问题很快就会从政治议程或者公共话语中消失，似乎不太可能。而从"公共议题加速学术调研和理论进程"这一层面看，如今世界的政治形势为财政社会学打开了一扇机会之窗——特别是公众对新自由主义税制改革的支持或反对，持续地影响着政府的政策议程，并使这一议题保持着相当的热度。

三、税收和全球化

财政社会学复兴的第三个根据与第二个紧密相连。政治家、商界人士和越来越多的公众意识到，世界在全球化的进程中变得更加紧密。在这里，我对全球化的定义是，国际经济活动（如贸易、国外直接投资、跨国企业活动以及更普遍的资本流动）程度的不断提高。当你打开一份主流报纸，尤其是快速扫一眼财务和商业板块时，就会发现全球化的信息无处不在。在社会科学内部，全球化也已逐渐成为一个炙手可热的话题;从近些年关于全球化问题的文献被引用次数的成倍增长,就可见一斑(Guillén,2001;Ó Riain,2000)。在诸多的全球化问题中,最重要的问题之一无疑是全球化和税收的关系。学界的争论围绕着以下的问题展开:在税率和税负领域(尤其是在企业和资本方面),全球化必然会导致国家间的趋同,以至于各国政府必须"打到底线(race-to-the-bottom)",即朝某种最低水平的税收前进吗(Dehejia and Genschel,1999;Genschel,2002)?

根据传统观点,全球化的压力会迫使发达资本主义国家这么做,原因在于要减少公司做生意的成本。为什么这么说呢?因为对资本的竞争来说,税率是问题的关键。20世纪后期交通和电信领域的显著进步(比如空运隔夜交货、光纤、微波和卫星通信以及计算机微处理技术的出现),大大提高了企业在全球知识经济中获利的机会,并提高了企业可以追求的速度和效率,国际资本流动也相应地增加。资本流动的便利由以下三大因素促成:一是1971年布雷顿森林体系所规定的固定汇率制进一步瓦解。二是随后对国际资本的流动放松管制。三是单方面或者在国际协议(比如关税及贸易总协定和世界贸易组织)主导下实行贸易自由化。这些无疑增加了资本外流的风险——也就是说,资本倾向于从一个国家流向另一个国家,以寻找最赚钱的商业环境。反之,有人认为,国家必须通过更积极的竞争来吸引或留住其境内的资本投资。为了成功地实现这一点,它们必须削减税负;否则它们就会遭受利率上升、经济增长缓慢、失业率上升和其他经济弊病,而这些弊病无论如何都会迫使它们采取减税措施(Cerny,1997;Giddens,2000;Greider,1997;McKenzie and Lee,1991;Ohmae,1990,1995;Strange,1997;Tanzi,1995:xvii)。

在公共话语中,以上观点屡见不鲜(Block,1996;Bourdieu,1998);在学术辩论中,它也占据一席之地(Genschel,2002;Swank,2002:Chap. 7)。此外,政治家还经常发表相关的言论,以证明各种政策措施的正当性(例如Schmidt 2002,Part III)。国际机构继续哀叹资本外流的威胁,并敦促各国共同解决这个问题。例如,经济合作与发展组织(OECD)便是一个非常关注该问题的国际组织。它警告说,税收竞争会破坏政府维持他们税基的能力;因此它敦促通过国际合作来消除这种有害的税收实践(OECD,2000)。

然而,有许多学者严重怀疑这个论点。例如,约翰·霍布森(2003)指出,真正意义上的直接税负和间接税负,自 20 世纪 60 年代以来,在经合组织国家实际上是平均上升了,虽然 20 世纪 80 年代中期以后保持着较慢的增速。他认为,这是因为尽管税率峰值得以削减,但是通过封堵税收漏洞,税基扩大了(因此税负上升了)——此举旨在保护公共财库(public treasury),以避免过高的财政赤字。事实上,在此期间税负尤其是资本方面的税负,包括企业所得税,已经上升而非下降(Swank,2002:Chap.7)。即便是在研究经济合作与发展组织内不同类型的政治经济体(比如具有不同类型福利制度的国家或者说有不同财政收入要求的国家)的过程中,其他人也发现了类似的现象(Campbell,2005,2004:Chap.5)。所以,虽然传统观点认为将会出现税收趋同或者说"打到底线",但很少有研究结果能支持这一观点。至少有一个主要的研究说明了原因:税制本身——以及更广泛的政府财政政策——并没有太多地影响到跨国公司的投资决策。外国直接投资更大程度上受一个国家的政治制度质量的影响,而跨国公司相信政治风险与政治制度是息息相关(Jensen,2006)的。

这些争论与学术讨论、公共讨论关联在一起,如果学者能好好利用它们的话,这些争论就可以提供另一个平台以提升财政社会学的内在逻辑性和外在形状(profile)。这一可能性正如我前面指出的那样,是在不断增强的,因为这些辩论确实涉及一些社会科学学科的研究人员。事实上,社会学家、政治学家和经济学家(更不用说记者)都参与到了全球化和税收趋同这一议题中来。

四、作为一种制度化竞争力来源的税收

第四个可以乐观看待财政社会学兴起的根据也许是,学者、政治家和商业领袖正开始意识到,商业企业财富、产业和国民经济都显著地依赖于企业运行的制度环境(institutions)。换句话说,企业之所以能够成功地竞争,不仅仅是依靠削减成本,更为人熟知的是,企业也利用它赖以运行的周边制度来取得利润,这些周边制度包括税收制度或汲取岁入的制度。

大量现有的比较政治经济学文献认为,在当今的世界,企业竞争成功的路径可能差异非常大,而这取决于国家的制度条件。成功可以有多种实现方式

（例如 Hall and Soskice,2001）。例如,在税收较低的时候,企业可以在低成本的基础上展开竞争。然而,当税收很高时,企业可以将竞争的基础建立在以下几个方面:生产高质量的产品;实现产品和生产流程的创新;依靠训练有素的劳动力;依赖最先进的技术基础设施等等。在这种情况下,高税收往往是必要的,以便能够支持教育、持续的职业培训、技术开发以及其他类似项目。换句话说,不同于新自由主义,也不同于传统的全球化理论,高税收实际上可能是制度竞争力的一个重要而有益的来源,而不是一个障碍（Campbell and Pedersen,2007 a）。

商界的一些成员明白这一点。现在我们来谈谈两个非常不同的经济体:丹麦和美国。在美国,2001 年政府收入总额占国内生产总值（GDP）的 26%,这是发达资本主义国家中税负比较低的代表。而反观丹麦,这一数据几乎是美国的两倍,达到了 48%。此外,2003 年美国对所得和利润的课税收入占国内生产总值的 11%,而在丹麦,这一数据几乎是美国的三倍,达到了 29%（OECD,2006）。在传统观点中,低税收具有必要性,它可以避免资本外流和经济困境。鉴于此,我们应该相信,丹麦经济将会低迷。但事实并非如此。根据世界经济论坛（World Economic Forum,2006）的说法,尽管丹麦有如此高的税收,它仍跻身于世界上最具竞争力的经济体行列,也是最吸引商业投资的地方之一。[①] 这是因为,丹麦的税收收入花在提高国民经济竞争力的事情上,比如大学期间的公共教育资助,以及为上不了大学的学生提供优质的国民实习项目。这一切的结果便是,丹麦成为一个有世界上最为优秀的劳动力的国家之一。丹麦人还可以享受到公共资助的全民医保体系,从多个国民的健康指标看,这一体系比美国的医疗保障体系更为便宜、更为有效。反过来看,位于丹麦的公司也因此能够雇到聪明的、有创新力且健康的工人,并且公司不必像美国的公司那样,背负高昂的医疗保险成本。丹麦公司的竞争力也因此能够在全球经济中获益（Campbell and Pedersen,2007 b）。

这类基于税收的好处,不仅增强了丹麦雇主的竞争力,而且也证明了高税

[①] 2006 年,丹麦在世界上排名第四,仅次于瑞士、芬兰、瑞典。丹麦人取得如此成绩的同时,还让不平等和贫困程度最小化。美国的贫困率几乎是丹麦的两倍,收入不平等状况在美国也要高得多（Campbell and Hall 2006）。

收同样可以吸引外国公司——包括许多来自低税收国家(比如美国)的公司。一位负责欧洲业务的美国最大的软件制造公司的负责人,最近告诉我在丹麦的一个同事,正是因为这些制度化的好处,他把公司的欧洲总部设在了哥本哈根;他还快速地补充说,丹麦的高税收甚至不在关注之列。还有一些企业的领导人(当然不是全部的领导人)认识到,高税收可能产生重要的好处。这一事实,可能正是经合组织国家没有更积极地采取减税措施的一个原因(Kiser and Laing,2001;Swank,2002,Chap.7)。这一举措也正符合埃文·利伯曼所陈述的这本书的一个假设:如果纳税人相信他们会从这些税收政策中受益,那么他们会更容易地接受这些税收政策。根据民意调查,这个论述同样也适用于丹麦(Goul Andersen,2005)。

也有些国家的政治家,开始认识到高税收对国家竞争力的好处。我最近加入了丹麦首相的全球化委员会,该委员会邀请我去谈谈丹麦最近能够成功取得竞争力的制度基础。正如前面所说的那样,我谈到了高税收的一些好处。包括中央银行的前负责人在内的一批听众,均同意我的看法。在我演讲完后,一位高级政府官员私下告诉我:政府明白这一点,并向我保证,他们毫无大幅减税的意向。当然,政府在执政的前几年,通常会鼓吹自己将显著地削减税收,但他们从未实施过,部分地是因为他们显然意识到,尽管在竞选活动中承诺减税可能是很好的政治言论,但大幅度减税可能会削弱丹麦的制度基础,而这些制度基础又是丹麦能够取得令人印象深刻的成功的关键。事实上,全球化委员会的最终报告强调,维护并改善以税收为基础的制度,对支持丹麦经济来说具有重要性(Globalization Council,2006)。

商业领袖、政治家和学者,对税收、政府开支和国民经济绩效之间关系的认识,比以前很多人理解的要复杂得多,这为财政社会学提供了另一扇机会之窗。因为这种关系迄今所知者甚少,尤其是它在不同的国家和不同的历史中的差异性所知甚少,而财政社会学可以为商界、政治家和学者提供有吸引力的洞见。当然,税收制度应该如何构建和管理是非常困难的问题,相关答案很可能既有历史的又有国别的特殊性,并带有重要的规范性涵义。事实上,比佛利·莫兰所撰写的那一章已经表明,对税收的争论可以追溯到亚当·斯密的年代,斯密围绕所谓的规范问题所研究的,就是致力于为纳税人寻找既平等又正义的最佳方式。

五、结论

总之,有许多理由可以让我们认为,财政社会学很快就会复兴。特别鼓舞人心的事实是,有一些重要的辩论正在出现——围绕辩论,不同学科的学者可以一起关注——不仅辩论那些晦涩难懂的学术问题,而且直接地讨论商业和政治领域内的重大基本问题。当然,仍有障碍需要克服,但这些障碍不是不可逾越的。

本书所展示的新财政社会学最有前景的一个方面,可能便是将税收构建为一个关系概念(relational concept),意思是说,税收制度影响和反映出各种各样的社会关系。主编在第一章便指出,税收制度是社会契约的形式之一,它影响并明确(specify)个体与政府及社会之间的关系。对此,在这本书中有好几章都通过讨论"税收制度如何是公民、统治者以及不同的社会阶级及其他主体发生斗争、冲突、谈判和妥协的产物"来予以阐明。尽管这几章是通过历史的角度来展示这一论点的,但是我们同样可以思考未来。例如,相较于庞大的支出,美国的税负相对较轻,而这意味着美国需要将现今联邦项目要花费的巨额费用(尤其是在社会保障和医疗福利等联邦项目方面)传给下一代,从而为后人留下不断飞涨的国家债务。换言之,美国今天的税收制度缔造了一个不成文的社会契约,那就是未来几代人将不得不通过他们发明出来的创造性财政政策,来弥补现今我们在缺乏财政纪律的约束下实行的财政政策。而解决这一问题的关键在于,必须认识到税收必然是一种社会关系,它的社会学特征实在不容忽视。正因如此,对税收的研究不仅仅只是财政经济学家的任务,社会学家也应该跟更一般的社会科学家一样,充满兴趣地涉猎此领域。

这也就是说,我们应该做更多的工作来扩大财政社会学的听众基础。例如,尽管本书的许多章节采用的是定性分析,但是可获得的有用定量数据的增加,显然有助于我们进行统计分析。沿着这些线路,有一些工作已经完成。事实上,有些研究人员试图确定税收改革在何种条件下较有可能或不可能发生。而在某些案例中,他们会总结如下的教训:在更普遍的意义上,政府管理和政策制定的过程是如何进行的?(例如 Allen and Campbell,1994;Campbell and

Allen,1994;Steinmo and Tolbert,1998;Swank,2002:Chap.7)令学者好奇的是,到底是公众的意见与各种利益群体主导着税收政策,还是那些深藏不露的精英在有意操控？这一问题由本书的几位贡献者,特别是弗雷德·布洛克和安德里亚·路易斯·坎贝尔都或多或少地讨论过。当然,这样的问题理应引起人们思考民主的本质。利伯曼撰写的那一章,便是一个典型的例子。那一章表明,税收研究为我们提供了很好的构建理论的主题材料,而要构建的理论是：政府如何运作？在何种条件下他们会或者不会平等地对待不同的利益群体？

同样地,经济学家和其他研究者已经对"税收如何影响一国总人口中的收入分配"这一问题展开研究。而检验税收在何种程度上对种族和性别产生不同的影响,这些工作也已经完成。利伯曼、艾因霍恩和莫兰的那一章里就出现了这一主题,而这一主题也值得我们进一步地去探索,只要种族和性别问题能在社会科学界和公众圈子里吸引到关注。特别的是,霍华德那一章建立在法学研究者既有工作的基础上,借此他揭示了税收是如何影响家庭的。这种类型的研究,可能会受益于社会学和其他社会科学的更紧密融合。

最近,有许多社会科学家还对一个国家的政策如何影响另一个国家感兴趣。正如布朗利对第二次世界大战后日本税制改革的分析那样,或者井手英策、施泰因莫对最近日本改革的讨论中所说的,国际影响是深刻且复杂的。就是说,财政改革的理念可以从一个国家跨越到另一个国家,并依据情况的不同而产生不同的显著影响。这应该是一个得到广泛共鸣的想法,至少根据大量的跨学科文献来看是如此；这些文献主要关注的是：通过政策制定者和专家的人际网络,以及通过国际非政府组织、跨国社会运动人士等途径,政策理念是如何在国际范围内扩散的？（Boli and Thomas,1999;Dolowitz and Marsh,1996;Keck and Sikkink,1998)。

很显然,对于一些具有广泛吸引力且可以为财政社会学所解决的问题,以上的想法已经触及它们的表面。事实上,鉴于我所描述的前景以及本书作者们提供的信息,我乐观地认为,财政社会学领域的未来是长久的和健康的,财政社会学的复兴正在快速地来临！

参考文献

Adams, Julia. 1996. Principals and Agents, Colonialists and Company Men: The Decay of Colonial Control in the Dutch East Indies. *American Sociological Review* 61 (February): 12–28.

Adema, Willem. 1999. *Net Social Expenditure*. Paris: OECD.

Adema, Willem, and Maxime Ladaique. 2005. *Net Social Expenditure, 2005 Edition: More Comprehensive Measures of Social Support*. Paris: OECD.

Administration for Children and Families, U.S. Department of Health and Human Services. n.d. *Appendix B: Earned Income Tax Credit and Federal Poverty Information*. Retrieved Dec. 30, 2007, from http://www.acf.hhs.gov/assetbuilding/projectbuilder/pdf/AFIGuidebook2006AppB.pdf.

Advisory Commission on Intergovernmental Relations. 1975. Trends in Fiscal Federalism, 1954–1974. Report M-86 (February). Washington, DC: ACIR.

Akabayashi, H. 2006. The Labor Supply of Married Women and Spousal Tax Deductions in Japan – A Structural Estimation. *Review of Economics of the Household* 4: 349–78.

Akaishi, Takatsugu, and Sven Steinmo. 2003. "Why are Corporate Taxes so High in Japan?" Nagasaki and Boulder: University of Nagasaki, University of Colorado.

Akerlof, George, and Rachel Kranton. 2005. Identity and the Economics of Organizations. *Journal of Economic Perspectives* 19(1): 9–32.

Alesina, Alberto, Reza Baqir, and William Russell Easterly. 1999. Public Goods and Ethnic Divisions. *Quarterly Journal of Economics* 114(4): 1243–84.

Alesina, Alberto, Arnaud Devleeschauwer, William Easterly, Sergio Kurlat, and Romain Wacziarg. 2003. Fractionalization. *Journal of Economic Growth* 8: 155–94.

Alesina, Alberto, and Edward Glaeser. 2006. *Fighting Poverty in the U.S. and Europe: A World of Difference*. Oxford: Oxford University Press.

Allen, Michael, and John L. Campbell. 1994. State Revenue Extraction from Different, Income Groups: Variations in Tax Progressivity in the United States, 1916–1986. *American Sociological Review* 59(2): 169–86.

Allingham, Maurice, and Agnar Sandmo. 1972. Income Tax Evasion: A Theoretical Analysis. *Journal of Public Economics* 1(3–4): 323–38.

Alm, James, Betty Jackson, and Michael McKee. 1992. Estimating the Determinants of Taxpayer Compliance with Experimental Data. *National Tax Journal* 45: 107–14.

Alstott, Anne L. 2001. Tax Policy and Feminism: Competing Goals and Institutional Choices. *Columbia Law Review* 96: 2001–2082.

Amenta, Edwin, Kathleen Dunleavy, and Mary Bernstein. 1994. Stolen Thunder? Huey Long's "Share Our Wealth," Political Mediation, and the Second New Deal. *American Sociological Review* 59(5): 678–702.

Amyx, Jennifer, Harukata Takenaka, and Maria Toyoda. 2005. The Politics of Postal Savings Reform in Japan. *Asian Perspective* 29(1): 23–48.
Anderson, Benedict. 1983. *Imagined Communities: Reflections on the Origins and Spread of Nationalism*. London: Verso.
Andreoni, James, Brian Erard, and Jonathan Feinstein. 1998. Tax Compliance. *Journal of Economic Literature* 36(2): 818–60.
Annenberg School for Communication. 2000. *The Annenberg/Pew Archive of Presidential Campaign Discourse*. Philadelphia: Annenberg School for Communication. CD-ROM.
Ardant, Gabriel. 1965. *Théorie sociologique de l'impôt*. Paris: S.E.V.P.E.N.
Ardant, Gabriel. 1971, 1972. *Histoire de l'impôt*. Paris: Fayard. 2 vols.
Ardant, Gabriel. 1975. Financial Policy and Economic Infrastructure of Modern States and Nations. In *The Formation of National States in Western Europe*, ed. C. Tilly, 164–242. Princeton, NJ: Princeton University Press.
Arrighi, Giovanni. 2007. *Adam Smith in Beijing*. London: Verso.
Asahi Shimbun Company. 1996. Asahi-Soken Report August 1996. Tokyo: Asahi Shimbun Company.
Atkinson, A. B. 1999. *The Economic Costs of Rolling Back the Welfare State*. Cambridge, MA: MIT Press.
Attiyeh, Richard, and Robert F. Engle. 1979. Testing Some Propositions about Proposition 13. *National Tax Journal* 32: 131–46.
Avi-Yonah, Reuven S. 2000. Globalization, Tax Competition, and the Fiscal Crisis of the Welfare State. *Harvard Law Review* 113: 1573–1676.
Avi-Yonah, Reuven S. 2004. Corporations, Society, and the State: A Defense of the Corporate Tax. *Virginia Law Review* 90: 1193–1255.
Baack, Ben, and Edward J. Ray. 1985. Special Interests and the Adoption of the Income Tax in the United States. *The Journal of Economic History* 45(3): 607–25.
Baker, Wayne. 2005. *America's Crisis of Values*. Princeton, NJ: Princeton University Press.
Bank, Steven A., Kirk J. Stark, and Joseph J. Thorndike. 2008. *War and Taxes*. Washington, DC: Urban Institute Press.
Barro, Robert J. 1979. On the Determination of the Public Debt. *Journal of Political Economy* 87(5): 940–71.
Bartels, Larry M. 2005. Homer Gets a Tax Cut: Inequality and Public Policy in the American Mind. *Perspectives on Politics* 3: 15–31.
Bartels, Larry M. 2008. *Unequal Democracy: The Political Economy of the New Gilded Age*. Princeton, NJ: Princeton University Press.
Bates, Robert, and Da-Hsiang Donald Lien. 1985. A Note on Taxation, Development, and Representative Government. *Politics & Society* 14(1): 53–70.
Becker, Gary S. 1968. Crime and Punishment: An Economic Approach. *Journal of Political Economy* 7(2): 169–217.
Becker, Gary, and George Stigler. 1974. Law Enforcement, Malfeasance, and Compensation of Enforcers. *Journal of Legal Studies* 3: 1–18.
Becker, Howard S. 1982. *Art Worlds*. Berkeley and Los Angeles: University of California Press.
Becker, Robert A. 1980. *Revolution, Reform, and the Politics of American Taxation, 1763–1783*. Baton Rouge: Louisiana State University Press.
Beckman, Gail McKnight, ed. 1976. *The Statutes at Large of Pennsylvania in the Time of William Penn*. New York: Vantage Press.
Beito, David. 1989. *Taxpayers in Revolt: Tax Resistance During the Great Depression*. Chapel Hill: University of North Carolina Press.
Bell, Daniel. 1973. *The Coming of Post-Industrial Society*. New York: Basic Books.

Bender, Thomas. 1997. *Intellect and Public Life: Essays on the Social History of Academic Intellectuals in the United States.* Baltimore: Johns Hopkins University Press.

Bendix, Reinhard. 1964. *Nation Building and Citizenship: Studies of Our Changing Social Order.* New York: Wiley.

Bensel, Richard F. 1990. *Yankee Leviathan: The Origins of Central State Authority in America, 1859–1877.* New York: Cambridge University Press.

Bergman, Marcelo. 2003. Tax Reforms and Tax Compliance: The Divergent Paths of Chile and Argentina. *Journal of Latin American Studies* 35: 593–624.

Berinsky, Adam. 2006. Public Opinion in the 1930s and 1940s: Analysis of Quota Controlled Sample Survey Data. *Public Opinion Quarterly* 70: 530–64.

Berlin, Ira. 1998. *Many Thousands Gone: The First Two Centuries of Slavery in North America.* Cambridge, MA: Harvard University Press.

Berman, Sheri. 2006. *The Primacy of Politics: Social Democracy and the Making of Europe's Twentieth Century.* New York: Cambridge University Press.

Bernstein, Jared. 2006. *Altogether Now: Common Sense for a Fair Economy.* San Francisco: Berrett-Koehler.

Bernstein, Thomas P., and Xiaobou Lü. 2003. *Taxation without Representation in Contemporary Rural China.* Cambridge, UK: Cambridge University Press.

Bird, R. M., and E. M. Zolt. 2005. Redistribution via Taxation: The Limited Role of the Personal Income Tax in Developing Countries. *UCLA Law Review* 52: 1627–95.

Bird, Richard M. 1989. The Administrative Dimensions of Tax Reform in Developing Countries. In *Tax Reform in Developing Countries*, ed. M. Gillis. Durham, NC: Duke University Press.

Bird, Richard M. 1992. *Tax Policy and Economic Development.* Baltimore: Johns Hopkins University Press.

Bird, Richard M., and Oliver Oldman, eds. 1964. *Readings on Taxation in Developing Countries.* Baltimore: Johns Hopkins Press.

Birnbaum, Jeffery H., and Alan S. Murray. 1988. *Showdown at Gucci Gulch: Lawmakers, Lobbyists, and the Unlikely Triumph of Tax Reform.* New York: Vintage Press.

Blakey, Roy G. et al. 1934. The Federal Revenue System: A Report to the Secretary of the Treasury. September 20. U.S. Department of the Treasury. Available at: http://www.taxhistory.org/Civilization/Documents/Surveys/hst23735/23735-1.htm

Blakey, Roy G. 1917. The War Revenue Act of 1917. *American Economic Review* 7: 791–815.

Blakey, Roy G., and Gladys C. Blakey. 1940. *The Federal Income Tax.* London: Longmans Green.

Blaug, Mark. 1977. *Economic Theory in Retrospect.* Cambridge, UK: Cambridge University Press.

Block, Fred. 1981. The Fiscal Crisis of the Capitalist State. *Annual Review of Sociology* 7: 1–27.

Block, Fred. 1990. *Postindustrial Possibilities: A Critique of Economic Discourse.* Berkeley: University of California Press.

Block, Fred. 1996. *The Vampire State: And Other Myths and Fallacies About the U.S. Economy.* New York: The New Press.

Block, Fred. 2003. The Global Economy in the Bush Era. *Socio-Economic Review* 1(3): 439–56.

Block, Fred. 2006. Moral Economy. *The Nation* (March 20): 16–18.

Block, Fred. 2007. Understanding the Diverging Trajectories of the United States and Western Europe: A Neo-Polanyian Analysis. *Politics & Society* 35:1 (March): 1–31.

Block, Fred. 2008. Swimming Against the Current: The Rise of a Hidden Developmental State in the U.S. *Politics & Society* 36:2 (June): 169–206.

Block, Fred, and Margaret Somers. 2003. In the Shadow of Speenhamland: Social Policy and the Old Poor Law. *Politics & Society* 31:2 (June): 283–323.

Blum, John Morton. 1959. *From the Morgenthau Diaries: Years of Crisis, 1928–1938.* Boston: Houghton Mifflin.

Blum, John Morton. 1976. *V Was for Victory: Politics and American Culture During World War II.* New York: Harcourt Brace Jovanovich.

Blumberg, Grace. 1971. Sexism in the Code: A Comparative Study of Income Taxation of Working Wives and Mothers. *Buffalo Law Review* 21(1): 49–98.

Blumenthal, Marsha, Charles Christian, and Joel Slemrod. 2001. Do Normative Appeals Affect Tax Compliance? Evidence from a Controlled Experiment in Minnesota. *National Tax Journal.* 54(1): 125–38.

Blyth, Mark. 2002. *Great Transformations: Economic Ideas and Institutional Change in the Twentieth Century.* Cambridge, UK: Cambridge University Press.

Bogle, John. 2005. *The Battle for the Soul of Capitalism.* New Haven, CT: Yale University Press.

Boli, John, and George M. Thomas, eds. 1999. *Constructing World Culture: International Nongovernmental Organizations Since 1875.* Stanford, CA: Stanford University Press.

Boli-Bennett, John, and John Meyer. 1978. Ideology of Childhood and the State. *American Sociological Review* 43(6): 797–812.

Bönker, Frank. 2006. *The Political Economy of Fiscal Reform in Central-Eastern Europe.* Cheltenham, UK: Edward Elgar.

Bonney, Richard. 1999. *The Rise of the Fiscal State in Europe, c. 1200–1815.* Oxford: Oxford University Press.

Bordignon, Massimo. 1993. A Fairness Approach to Income Tax Evasion. *Journal of Public Economics* 52(3): 345–62.

Borrus, Michael, James Millstein, and John Zysman. 1982. *U.S.–Japanese Competition in the Semiconductor Industry: A Study in International Trade and Technological Development.* Berkeley: Institute of International Studies, University of California.

Bourdieu, Pierre. 1998. *Acts of Resistance: Against the Tyranny of the Market.* New York: The New Press.

Bowler, Shaun, and Todd Donovan. 1995. Popular Responsiveness to Taxation. *Political Research Quarterly* 48(1): 79–99.

Bowman, Karlyn. 2007. Public Opinion on Taxes. *AEI Studies in Public Opinion.* April 6. Available at: http://www.aei.org;publicopinion6.

Boyd, Julian P., ed. 1950–2000. *The Papers of Thomas Jefferson,* 29 vols. Princeton, NJ: Princeton University Press.

Braithwaite, V. A., and Margaret Levi. 1998. *Trust and Governance: The Russell Sage Foundation Series on Trust; Vol. 1.* New York: Russell Sage Foundation.

Braun, Rudolf. 1975. Taxation, Sociopolitical Structure, and State-Building: Great Britain and Brandenburg-Prussia. In *The Formation of National States in Western Europe,* ed. Charles Tilly, 243–327. Princeton, NJ: Princeton University Press.

Bräutigam, Deborah. 2000. *Aid Dependence and Governance.* Stockholm: Almqvist & Wiksell International.

Bräutigam, Deborah, Odd-Helge Fjeldstad, and Mick Moore. 2008. *Taxation and State-Building in Developing Countries.* New York: Cambridge University Press.

Bräutigam, Deborah, and Stephen Knack. 2004. Aid Dependence and Governance in Africa. *Economic Development and Cultural Change* 52: 255–85.

Breen, T. H. 1980. *Puritans and Adventurers: Change and Persistence in Early America.* New York: Oxford University Press.

Brewer, John. 1989. *The Sinews of Power: War, Money, and the English State, 1688–1783.* Cambridge, MA: Harvard University Press.

Brick, Howard. 2007. *Transcending Capitalism: Visions of a New Society in Modern American Thought.* Ithaca, NY: Cornell University Press.

Bridges, Amy. 1997. *Morning Glories: Municipal Reform in the Southwest.* Princeton, NJ: Princeton University Press.

Briggs, N. 1985. Individual Income Taxation and Social Benefits in Sweden, the United Kingdom, and the U.S.A.: A Study of Their Interrelationships and Their Effects on Lower-Income Couples and Single Heads of Household. *Bulletin of the International Bureau of Fiscal Documentation* 39 (June): 243–61.

Bronfenbrenner, Martin. 1950. The Japanese Value-Added Sales Tax. *The National Tax Journal* 3: 298–313.

Bronfenbrenner, Martin, and Kiichiro Kogiku. 1957. The Aftermath of the Shoup Tax Reforms, Part I. *The National Tax Journal* 10: 236–54.

Brosio, Giorgio. 2000. Decentralization in Africa. *IMF/World Bank Fiscal Decentralization Conference.* Washington, DC: IMF.

Brown, Dorothy A. 2007. Race and Class Matters in Tax Policy. *Columbia Law Review* 107: 790.

Brown, Karen B., and Mary Louise Fellows, eds. 1996. *Taxing America.* New York: New York University Press.

Brown, Richard Maxwell. 1963. *The South Carolina Regulators.* Cambridge, MA: Harvard University Press.

Brown, Roger H. 1993. *Redeeming the Republic: Federalists, Taxation, and the Origins of the Constitution.* Baltimore: Johns Hopkins University Press.

Brown, Rupert. 2000. Social Identity Theory: Past Achievements, Current Problems, and Future Challenges. *European Journal of Social Psychology* 30: 745–78.

Brownlee, W. Elliot. 1985. Wilson and Financing the Modern State: The Revenue Act of 1916. *Proceedings of the American Philosophical Society* 129: 173–210.

Brownlee, W. Elliot. 1990. Economists and the Formation of the Modern Tax System in the United States: The World War I Crisis. In *The State and Economic Knowledge: The American and British Experiences,* eds. Mary O. Furner and Barry Supple. Cambridge, UK: Woodrow Wilson International Center for Scholars and Cambridge University Press.

Brownlee, W. Elliot. ed. 1996. *Funding the Modern American State, 1941–1995: The Rise and Fall of the Era of Easy Finance.* Washington, DC and Cambridge, UK: Woodrow Wilson Center Press and Cambridge University Press.

Brownlee, W. Elliot. 1996a. *Federal Taxation in America: A Short History.* New York: Woodrow Wilson Center Press and Cambridge University Press.

Brownlee, W. Elliot. 1996b. Tax Regimes, National Crisis, and State-building in America. In *Funding the Modern American State, 1941–1995: The Rise and Fall of the Era of Easy Finance,* ed. W. Elliot Brownlee. Washington, DC and Cambridge, UK: Woodrow Wilson Center Press and Cambridge University Press.

Brownlee, W. Elliot. 2000. Historical Perspective on U.S. Tax Policy Toward the Rich. In *Does Atlas Shrug?,* ed. J. B. Slemrod. New York and Cambridge, MA: Russell Sage Foundation and Harvard University Press.

Brownlee, W. Elliot. 2004. *Federal Taxation in America: A Short History.* 2nd ed. New York: Cambridge University Press.

Brownlee, Elliot W. 2006a. Social Philosophy and Tax Regimes in the United States, 1763 to the Present. *Taxation, Economic Prosperity, and Distributive Justice,* eds. Ellen Frankel Paul, Fred D. Miller, Jr., and Jeffery Paul. New York: Cambridge University Press.

Brownlee, W. Elliot. 2006b. Social Philosophy and Tax Regimes in the United States, 1763 to the Present. *Social Philosophy and Policy* 23: 1–27.

Brownlee, W. Elliot. 2007. The American Occupation of Japan, the Shoup Mission, and the Transfer of Tax Ideas, 1945–1952. In *Global Debates about Taxation*, eds. Nehring, Holger and Florian Schui. London: Palgrave-Macmillan.

Brownlee, W. Elliot, and C. Eugene Steuerle. 2003. Taxation. In *The Reagan Presidency: Pragmatic Conservatism and Its Legacies*, eds. W. Elliot Brownlee and Hugh Davis Graham. Lawrence: The University Press of Kansas.

Bruce, Philip Alexander [1910] 1964. *Institutional History of Virginia in the Seventeenth Century*, 2 vols. Gloucester, MA: Peter Smith.

Buchanan, James M. 1960. La Scienza delle Finanze: The Italian Tradition in Fiscal Theory. In *Fiscal Theory and Political Economy*, ed. J. M. Buchanan. Chapel Hill: University of North Carolina Press.

Buchanan James M., and Gordon Tullock. 1962. *The Calculus of Consent*. Ann Arbor: University of Michigan Press.

Buenker, John D. 1985. *The Income Tax and the Progressive Era*. New York: Garland.

Burg, David F. 2004. *Encyclopedia of Tax Rebellions*. New York: Routledge.

Burgess, Robin, and Nicholas Stern. 1993. Taxation and Development. *Journal of Economic Literature* 31: 762–830.

Campbell, Andrea Louise. 2003. *How Policies Make Citizens: Senior Political Activism and the American Welfare State*. Princeton, NJ: Princeton University Press.

Campbell, Andrea Louise, and Kimberly J. Morgan. 2005. Financing the Welfare State: Elite Politics and the Decline of the Social Insurance Model in America. *Studies in American Political Development* 19: 173–95.

Campbell, John L. 1993. The State and Fiscal Sociology. *Annual Review of Sociology* 19: 163–85.

Campbell, John L. 2001. Convergence or Divergence? Globalization, Neoliberalism, and Fiscal Policy in Postcommunist Europe. In *Globalization and the European Political Economy*, ed. Steven Weber, 107–39. New York: Columbia University Press.

Campbell, John L. 2004. *Institutional Change and Globalization*. Princeton, NJ: Princeton University Press.

Campbell, John L. 2005. Fiscal Sociology in an Age of Globalization: Comparing Tax Regimes in Advanced Capitalist Countries. In *The Economic Sociology of Capitalism*, eds. Victor Nee and Richard Swedberg, 391–418. Princeton, NJ: Princeton University Press.

Campbell, John L., and Michael Patrick Allen. 1994. The Political Economy of Revenue Extraction in the Modern State: A Time-Series Analysis of U.S. Income Taxes, 1916–1986. *Social Forces* 72(3): 643–69.

Campbell, John L., and John A. Hall. 2006. The State of Denmark. In *National Identity and the Varieties of Capitalism: The Danish Experience*, eds. John L. Campbell, John A. Hall, and Ove K. Pedersen, 3–49. Montreal: McGill-Queen's University Press.

Campbell, John L., and Ove K. Pedersen. 2007a. Institutional Competitiveness in the Global Economy: Denmark, the United States, and the Varieties of Capitalism. *Regulation and Governance: Special Issue on Globalization and Institutional Competitiveness* 1(3): 230–246.

Campbell, John L., and Ove K. Pedersen. 2007b. The Varieties of Capitalism and Hybrid Success: Denmark in the Global Economy. *Comparative Political Studies* 40(3): 307–42.

Cannan, Edwin. 1912. *The History of Local Rates in England in Relation to the Proper Distribution of the Burden of Taxation*, 2nd ed. London: P. S. King and Son.

Carey, David, and Harry Tchilinguirian. 2003. "Average Effective Tax Rates on Capital, Labour, and Consumption." Working Paper No. 258, OECD, Paris.
Carey, J. M. 2000. Parchment, Equilibria, and Institutions. *Comparative Political Studies* 33: 735–61.
Cass, B., and D. Brennan. 2003. Taxing Women: The Politics of Gender in the Tax/Transfer System. *eJournal of Tax Research* 1(1): 1–22.
Centeno, Miguel Angel. 1997. Blood and Debt: War and Taxation in Nineteenth-Century Latin America. *American Journal of Sociology* 102: 1565–1605.
Cerny, Philip G. 1997. International Finance and the Erosion of Capitalist Diversity. In *Political Economy of Modern Capitalism: Mapping Convergence and Diversity*, eds. Colin Crouch and Wolfgang Streeck, 173–81. Thousand Oaks, CA: Sage.
Chaudhry, Kiren Aziz. 1997. *The Price of Wealth: Economies and Institutions in the Middle East*. Ithaca, NY: Cornell University Press.
Cheeseman, Nicholas, and Robert Griffiths. 2005. *Increasing Tax Revenue in Sub-Saharan Africa: The Case of Kenya*. Oxford, UK: Oxford Council of Good Governance.
Cheibub, José Antonio. 1998. Political Regimes and the Extractive Capacity of Governments: Taxation in Democracies and Dictatorships. *World Politics* 50: 349–76.
Choi, Eun Kyong. 2006. Building the Tax State in China: Center and Region in the Politics of Revenue Extraction, 1994–2003. Ph.D. dissertation, Department of Politics, Princeton University.
Citrin, Jack, and Donald P. Green. 1991. The Self-Interest Motive in American Public Opinion. In *Research in Micropolitics*, ed. Samuel Long. Greenwich, CT: JIA Press.
Clapper, Raymond. 1935. "Between You and Me." *Washington Post*, June 21, 2.
Clawson, Dan, Alan Neustadtl, and Mark Weller. 1998. *Dollars and Votes: How Business Campaign Contributions Subvert Democracy*. Philadelphia: Temple University Press.
Clawson, Dan, Robert Zussman, Joya Misra, Naomi Gerstel, Randall, Stokes, Douglas L. Anderton, and Michael Burawoy. 2007. *Public Sociology: Fifteen Eminent Sociologists Debate Politics and the Profession in the Twenty-first Century*. Berkeley: University of California Press.
Cohen, Cathy J. 1999. *The Boundaries of Blackness: AIDS and the Breakdown of Black Politics*. Chicago: University of Chicago Press.
Cohen, Jerome B. 1949. *Japan's Economy in War and Reconstruction*. Minneapolis: University of Minnesota Press.
Cohen, Jerome B. 1950. Fiscal Policy in Japan. *The Journal of Finance* 5: 110–25.
Cohen, Ronald. 1979. Corruption in Nigeria: A Structural Approach. In *Bureaucratic Corruption in Sub-Saharan Africa: Toward a Search for Causes and Consequences*, ed. M. U. Ekpo. Washington, DC: University Press of America.
Coleman, James S. 1990. Rational Organization. Rationality and Society 2: 94–105.
Coleman, John J. 1996. *Party Decline in America: Policy, Politics, and the Fiscal State*. Princeton, NJ: Princeton University Press.
Collier, Paul. 2000. "Economic Causes of Civil Conflict and their Implications for Policy." In Chester A. Crocker and Fen Osler Hampson with Pamela Aall (eds.) *Managing Global Chaos*. Washington, DC: US Institute of Peace.
Committee on Ways and Means. 1935. *Proposed Taxation of Individual and Corporate Income, Inheritances and Gifts*, 74th Congress, 1st Session, July 8–13.
Congressional Budget Office. 2006. *Utilization of Tax Incentives for Retirement Saving: An Update* Washington, DC: Congressional Budget Office.
Conley, Dalton. 1999. *Being Black Living in the Red: Race, Wealth, and Social Policy in America*. Berkeley, Los Angeles, and London: University of California Press.

Conley, Dalton. 2004. Wealth Matters. In *Reparations for Slavery: A Reader*, eds. Ronald P. Salzberger and Mary C. Tucker. Lanham, MD: Rowman & Littlefield.

Cook, Fay Lomax, and Edith J. Barrett. 1992. *Support for the American Welfare State: The Views of Congress and the Public*. New York: Columbia University Press.

Cooper, Thomas, and David J. McCord. 1836–73. *The Statutes at Large of South Carolina*, 14 vols. Columbia, SC: A. S. Johnston.

Cowell, Frank. 1990. *Cheating the Government*. Cambridge, MA: MIT Press.

Crespino, Joseph. 2007. *In Search of Another Country: Mississippi and the Conservative Counterrevolution*. Princeton, NJ: Princeton University Press.

Cresswill, John C. 1934. "The Redistribution of Wealth Ceases to be a Theory." *Magazine of Wall Street*, January 6, 279.

Crittenden, A. 2001. *The Price of Motherhood: Why the Most Important Job in the World is Still the Least Valued*. New York: Henry Holt and Company.

Cubanski, Juliette, Molly Voris, Michelle Kitchman, Tricia Neuman, and Lisa Potetz. 2005. *Medicare Chartbook, Third Edition*. Menlo Park, CA: Henry J. Kaiser Family Foundation.

Curtis, Gerald. 1999. *The Logic of Japanese Politics: Leaders, Institutions, and the Limits of Change*. New York: Columbia University Press.

Daunton, Martin. 1998. Trusting Leviathan: British Fiscal Administration from the Napoleonic Wars to the Second World War. In *Trust and Governance*, eds. M. Levi and V. Braithwaite. New York: Russell Sage Foundation.

Daunton, Martin. 2001. *Trusting Leviathan: The Politics of Taxation in Britain, 1799–1914*. Cambridge, UK: Cambridge University Press.

Daunton, Martin. 2002. *Just Taxes: The Politics of Taxation in Britain, 1914–1979*. Cambridge, UK: Cambridge University Press.

Dawson, Nelson L. 1980. *Louis D. Brandeis, Felix Frankfurter, and the New Deal*. Hamden, CT: Archon Books.

Day, Alan J. (ed.) 1988. *Annual Register: A Record of World Events*. London: Kessing's Worldwide.

Day, Alan J. (ed.) 1997. *Annual Register: A Record of World Events*. London: Keesing's Worldwide.

Day, Christine L. 1990. *What Older Americans Think: Interest Groups and Aging Policy*. Princeton, NJ: Princeton University Press.

Dehejia, Vivek H., and Philipp Genschel. 1999. Tax Competition in Europe. *Politics and Society* 27(3): 403–30.

DeNavas-Walt, Carmen, Bernadette D. Proctor, and Jessica Smith, U.S. Census Bureau. 2007. *Income, Poverty, and Health Insurance Coverage in the United States: 2006* (Current Population, Reports, P60–233). Washington, DC: U.S. Government Printing Office. Retrieved from *http://www.census.gov/prod/2007pubs/p60–233.pdf*.

Derthick, Martha. 1979. *Policymaking for Social Security*. Washington, DC: Brookings Institution.

Devas, Nick, Simon Delay, and Michael Hubbard. 2001. Revenue Authorities: Are They the Right Vehicle for Improved Tax Administration? *Public Administration and Development* 21: 211–22.

DeWit, Andrew, and Sven Steinmo. 2002. Policy vs. Rhetoric: The Political Economy of Taxation and Redistribution in Japan. *Social Science Japan Journal* 5(2).

Dietz, Frederick C. 1932. *English Public Finance, 1558–1641*. New York, London: The Century Co.

DiMaggio, Paul, and Walter Powell. 1983. The Iron Cage Revisited: Institutional Isomorphism and Collective Rationality in Organizational Fields. *American Sociological Review* 48(2): 147–60.

Doerenberg, Richard, and Fred McChesney. 1987. Doing Good or Doing Well? Congress and the Tax Reform Act of 1986. *New York University Law Review* 62: 891.
Dolowitz, David P., and David Marsh. 1996. Who Learns What from Whom? A Review of the Policy Transfer Literature. *Political Studies* 44: 343–57.
Domhoff, G. William. 1998. *Who Rules America? Power and Politics in the Year 2000.* Mountain View, CA: Mayfield.
Douglas, Mary. 1992. *Risk and Blame: Essays in Cultural Theory.* London and New York: Routledge.
Due, John Fitzgerald. 1988. *Indirect Taxation in Developing Countries.* Baltimore: Johns Hopkins University Press.
Duggan, L. 2003. East and West German Family Policy Compared: The Distribution of Childrearing Costs. *Comparative Economic Studies* 45: 63–86.
Durkheim, Emile. [1892] 1965. The Conjugal Family. *American Journal of Sociology* 70: 528–36.
Durkheim, Emile. [1893] 1984. *The Division of Labor in Society.* New York: Free Press.
Easterly, William, and Ross Levine. 1997. Africa's Growth Tragedy: Policies and Ethnic Divisions. *The Quarterly Journal of Economics* 112(4): 1203–50.
Edgeworth, Francis Y. 1915. *On the Relations of Political Economy to War.* London: Oxford University Press.
Edling, Max. 2003. *A Revolution in Favor of Government: Origins of the U.S. Constitution and the Making of the American State.* New York: Oxford University Press.
Edsall, Thomas B. 2007. *Building Red America: The New Conservative Coalition and the Drive for Permanent Power.* New York: Basic Books.
Edsall, Thomas B., and Mary D. Edsall. 1992. *Chain Reaction: The Impact of Race, Rights, and Taxes on American Politics.* New York: W. W. Norton.
Einhorn, Robin L. 2002. Patrick Henry's Case Against the Constitution: The Structural Problem with Slavery. *Journal of the Early Republic* 22: 549–73.
Einhorn, Robin. 2006a. *American Taxation, American Slavery.* Chicago: University of Chicago Press.
Einhorn, Robin. 2006b. Institutional Reality in the Age of Slavery: Taxation and Democracy in the States. *Journal of Policy History* 18: 21–43.
Eisenstadt, S. N. 1963. *The Political Systems of Empires.* New York: Free Press.
Ellis, S. J., and K. H. Noyes. 1990. *By the People: A History of Americans as Volunteers.* San Francisco: Jossey-Bass.
Ely, Richard T. 1888. *Taxation in American States and Cities.* New York: Thomas Y. Crowell and Co.
Epstein, Steven. 1996. *Impure Science: AIDS, Activism, and the Politics of Knowledge, Medicine, and Society.* Berkeley: University of California Press.
Ertman, Thomas. 1997. *Birth of the Leviathan: Building States and Regimes in Medieval and Early Modern Europe.* Cambridge, UK: Cambridge University Press.
Esping-Andersen, Gosta. 1985. *Politics Against Markets: The Social Democratic Road to Power.* Princeton, NJ: Princeton University Press.
Estevez-Abe, Margarita. 2002. Negotiating Welfare Reforms: Actors and Institutions in the Japanese Welfare State. In *Restructuring the Welfare State-Political Institutions and Policy Change,* eds. B. Rothstein and S. Steinmo. New York: Palgrave Macmillan.
European Communities. 1985. The EC Commission on Income Taxation and Equal Treatment for Men and Women: Memorandum of December 14, 1984 presented to the EC Council. *Bulletin of the International Bureau of Fiscal Documentation* 39 (June): 262–6.
Evans, Peter, Dietrich Rueschemeyer, and Theda Skocpol. 1985. *Bringing the State Back In.* New York: Cambridge University Press.

Falkinger, Josef. 1995. Tax Evasion, Consumption of Public Goods, and Fairness. *Journal of Economic Psychology* 16(1): 63–72.

Farrand, Max, ed. [1648] 1929. *The Laws and Liberties of Massachusetts*. Cambridge, MA: Harvard University Press.

Feaver, Peter D., and Christopher Gelpi. 2004. *Choosing Your Battles: American Civil-Military Relations and the Use of Force*. Princeton, NJ and Oxford: Princeton University Press.

Fehrenbacher, Don E. 2001. The Slaveholding Republic: An Account of the United States Government's Relations with Slavery. New York: Oxford University Press.

Feld, Lars, and Bruno Frey. 2002. Trust Breeds Trust: How Taxpayers are Treated. *Economics of Governance* 3(2): 87–99.

Feldstein, Martin. 2002. The Transformation of Public Economics Research: 1970–2000. In *Handbook of Public Economics*, vol. 3, eds. A. J. Auerbach and M. Feldstein, xxvii–xxxiii. New York: Elsevier.

Ferguson, Thomas, and Joel Rogers. 1986. *Right Turn: The Decline of the Democrats and the Future of American Politics*. New York: Hill & Wang.

Finer, Samuel E. 1975. State- and Nation-Building in Europe: The Role of the Military. In *The Formation of National States in Western Europe*, ed. C. Tilly, 84–163. Princeton, NJ: Princeton University Press.

Finke, Roger, and Laurence R. Iannaccone. 1993. Supply-Side Explanations for Religious Change. *Annals of the American Academy of Political and Social Science* 527: 27–39.

Finkelman, Paul. 2001. *Slavery and the Founders: Race and Liberty in the Age of Jefferson*, 2nd ed. Armonk, NY: M. E. Sharpe.

Fish, M. Steven. 2005. *Democracy Derailed in Russia: The Failure of Open Politics*. Cambridge, UK: Cambridge University Press.

Fisher, Gordon M. 1992. The Development and History of the Poverty Thresholds. *Social Security Bulletin* 55(4): 3–14.

Fisher, Gordon M. 1997. The Development and History of the U.S. Poverty Thresholds – A Brief Overview. *GSS/SSS Newsletter*, 6–7. Retrieved from Government Statistics section and the Social Statistics section of the American Statistical Association: http://aspe.os.dhhs.gov/poverty/papers/hptgssiv.htm.

Fjeldstad, Odd-Helge. 2005. Corruption in Tax Administration: Lessons from Institutional Reforms in Uganda. CMI Working Paper. Bergen, Norway: Chr. Michelsen Institute (CMI).

Fjeldstad, Odd-Helge. 2006. What's Trust Got to Do With It? Non-Payment of Service Charges in Local Authorities in South Africa. *Journal of Modern African Studies* 42(4): 539–62.

Fjeldstad, Odd-Helge, and Mick Moore. 2006. Tax Reform and State Building in a Globalized World. In *Capacity and Consent: Taxation and State Building*, eds. D. Braütigam, O.-H. Fjeldstad, and M. Moore. Cambridge, UK: Cambridge University Press.

Fjeldstad, Odd-Helge, and Lise Rakner. 2003. Taxation and Tax Reforms in Developing Countries: Illustrations from Sub-Saharan Africa. Bergen, Norway: Chr. Michelsen Institute (CMI).

Fjeldstad, Odd-Helge, and Joseph Semboja. 2000. Dilemmas of Fiscal Decentralisation: A Study of Local Government Taxation in Tanzania. *Forum for Development Studies* 1 (June): 7–41.

Fleischacker, Samuel. 2004. *On Adam Smith's Wealth of Nations: A Philosophical Companion*. Princeton, NJ: Princeton University Press.

Fortune. 1934. "Mr. Roosevelt's Men." April, p. 141.

Frank, Thomas. 2004. *What's the Matter with Kansas?* New York: Henry Holt.

Freedom House. 2005. *Freedom in the World: The Annual Survey of Political Rights and Civil Liberties*. Lanham, MD: Rowman and Littlefield.

Frey, Bruno. 1997. A Constitution for Knaves Crowds Out Civic Virtues. *Economic Journal* 107: 1043–53.

Friedman, Steven, and Laila Smith. 2005. Tax and Society in South Africa. IDS Working Paper 230: Annex 2: 32–52.

Fukuda, Yukihiro. 1985. *Shaupu no zeisei kankoku*. Tokyo: Kasumi Publishing Company.

Furner, Mary O. 1975. *Advocacy & Objectivity: A Crisis in the Professionalization of American Social Science, 1865–1905*. Lexington, KY: University of Kentucky Press.

Ganev, Venelin. 2007. *Preying on the State: The Transformation of Postcommunist Bulgaria*. Ithaca, NY: Cornell University Press.

Ganghof, Steffen. 2006. Tax Mixes and the Size of the Welfare State: Causal Mechanisms and Policy Implications. *Journal of European Social Policy* 16: 360–73.

Ganghof, Steffen. 2007. The Political Economy of High Income Taxation: Capital Taxation, Path Dependence, and Political Institutions in Denmark. *Comparative Political Studies* 40(9): 1059–1084

Garon, Sheldon. 1997. *Molding Japanese Minds: The State in Everyday Life*. Princeton, NJ: Princeton University Press.

Gauri, Varun, and Evan Lieberman. 2006. Boundary Politics and Government Responses to HIV/AIDS in Brazil and South Africa. *Studies in Comparative International Development* 41(3): 47–73.

Gauthier, Bernard, and Ritva Reinikka. 2001. Shifting Tax Burdens Through Exemptions and Evasion: An Empirical Investigation of Uganda. Washington, DC: World Bank.

Geewax, Marilyn. 2005. Tax panel report draws early fire; Ideas attack cherished deductions. *Atlanta Journal-Constitution*, November 2, 1C.

Gemmell, N., O. Morrissey, and A. Pinar. 2002. Fiscal Illusion and Political Accountability: Theory and Evidence from Two Local Tax Regimes in Britain. *Public Choice* 110: 199–224.

Genschel, Philipp. 2002. Globalization, Tax Competition, and the Welfare State. *Politics and Society* 30(2): 245–77.

Ghosn, Faten, Glenn Palmer, and Stuart Bremer. 2004. The MID3 Data Set, 1993–2001: Procedures, Coding Rules, and Description. *Conflict Management and Peace Science* 21: 133–54.

Giddens, Anthony. 2000. *Runaway World: How Globalization is Reshaping our Lives*. New York: Routledge.

Gilbert, Charles. 1970. *American Financing of World War I*. Westport, CT: Greenwood.

Gilens, Martin. 1999. *Why Americans Hate Welfare: Race, Media, and the Politics of Antipoverty Policy*. Chicago: University of Chicago Press.

Gillis, Malcolm, ed. 1989. *Tax Reform in Developing Countries*. Durham, NC: Duke University Press.

Gillis, Malcolm. 1991. Legacies from the Shoup Tax Missions: Asia, Africa, and Latin America. In *Retrospectives on Public Finance*, ed. Lorraine Eden. Durham, NC: Duke University Press.

Ginnie Mae. n.d. *Your Path to Homeownership: How Much Home Can You Afford?* Retrieved July 13, 2008, from http://www.ginniemae.gov/2_prequal/intro_questions.asp?Section=YPTH.

Globalization Council. 2006. *Progress, Innovation, and Cohesion: Strategy for Denmark in the Global Economy*. Copenhagen: Office of the Prime Minister. Also available at: www.globalization.dk.

Gloppen, Siri, and Lise Rakner. 2002. Accountability through Tax Reform? Reflections from Sub-Saharan Africa. *IDS Bulletin* 33: 30–40.

Glynn, Carroll J., Susan Herbst, Garrett J. O'Keefe, and Robert Y. Shapiro. 1999. *Public Opinion*. Boulder, CO: Westview Press.

Goldberg, Michelle. 2006. *Kingdom Coming: The Rise of Christian Nationalism*. New York: Norton.

Goldscheid, Rudolf. 1917. *Staatssozialismus oder Staatskapitalismus: ein finanzsoziologischer Beitrag zur Lösung des Staatsschulden-Problems*. Vienna: Anzengruber Verlag.

Goldscheid, Rudolf. [1925] 1962. A Sociological Approach to Problems of Public Finance. In *Classics in the Theory of Public Finances*, eds. R. A. Musgrave and A. T. Peacock, 202–13. London: Macmillan.

Goul Andersen, Jørgen. 2005. The Political Sociology of Taxation in Denmark. Unpublished paper, Center for Comparative Welfare Studies, Aalborg University, Denmark.

Gould, Andrew C., and Peter J. Baker. 2002. Democracy and Taxation. *Annual Review of Political Science* 5: 87–110.

Graber, Mark A. 2006. *Dred Scott and the Problem of Constitutional Evil*. New York: Cambridge University Press.

Graetz, Michael J., and Ian Shapiro. 2005. *Death by a Thousand Cuts: The Fight Over Taxing Inherited Wealth*. Princeton, NJ: Princeton University Press.

Gray, John. 1998. *False Dawn*. London: Granta.

Green, Donald Philip, and Ann Elizabeth Gerken. 1989. Self-Interest and Public Opinion Toward Smoking Restrictions and Cigarette Taxes. *Public Opinion Quarterly* 53: 1–16.

Greene, Jack P. 1963. *The Quest for Power: The Lower Houses of Assembly in the Southern Royal Colonies, 1689–1776*. Chapel Hill: University of North Carolina Press.

Greene, Jack P. 1988. *Pursuits of Happiness: The Social Development of Early Modern British Colonies and the Formation of American Culture*. Chapel Hill: University of North Carolina Press.

Greider, William. 1997. *One World Ready or Not: The Manic Logic of Global Capitalism*. New York: Simon & Schuster.

Groves, Harold M. 1934. "A tax policy for the United States." *New Republic*, January 24, 298.

Groves, H. M., ed. 1963. *Federal Tax Treatment of the Family*. Washington, DC: Brookings Institution.

Guillén, Mauro. 2001. Is Globalization Civilizing, Destructive, or Feeble? A Critique of Five Key Debates in the Social Science Literature. *Annual Review of Sociology* 27: 235–60.

Haakonssen, Knud. 2006. "Introduction." In *The Cambridge Companion to Adam Smith*, ed. Knud Haakonssen, 1–21. Cambridge and New York: Cambridge University Press.

Hacker, Jacob S. 1997. *The Road to Nowhere: The Genesis of President Clinton's Plan for Health Security*. Princeton, NJ: Princeton University Press.

Hacker, Jacob S. 2002. *The Divided Welfare State: The Battle over Public and Private Social Benefits in the United States*. New York: Cambridge University Press.

Hacker, Jacob, and Paul Pierson. 2005a. Abandoning the Middle: The Bush Tax Cuts and the Limits of Democratic Control. *Perspectives on Politics* 3(1): 33–53.

Hacker, Jacob, and Paul Pierson. 2005b. *Off Center: The Republican Revolution and the Erosion of American Democracy*. New Haven, CT: Yale University Press.

Hage, Jerald, and Jonathan Mote. 2008. Transformational Organizations and Institutional Change: The Case of the Institut Pasteur and French Science. *Socio-Economic Review* 6: 313–36.

Haig, Robert M. 1921. The Concept of Income – Economic and Legal Aspects. In *The Federal Income Tax*, eds. Robert M. Haig et al. New York: Columbia University Press.

Haig, Robert M. 1929. *The Public Finances of Post-War France*. New York: Columbia University Press.

Haig, Robert M. 1942. *Financing Total War*. Columbia Home Front Warbooks, Number 5. New York: Columbia University Press.

Hall, Peter A., and David W. Soskice. 2001. *Varieties of Capitalism: The Institutional Foundations of Comparative Advantage*. New York: Oxford University Press.

Hall, Van Beck. 1972. *Politics without Parties: Massachusetts, 1780–1791*. Pittsburgh: University of Pittsburgh Press.

Hanchett, Thomas W. 1996. U.S. Tax Policy and the Shopping-Center Boom of the 1950s and 1960s. *American Historical Review* 101(4): 1082–1110.

Handlin, Oscar, and Mary Flug Handlin, eds. 1966. *The Popular Sources of Political Authority: Documents on the Massachusetts Constitution of 1780*. Cambridge, MA: Harvard University Press.

Hanousek, Jan, and Filip Palda. 2004. Quality of Government Services and the Civic Duty to Pay Taxes in the Czech and Slovak Republics, and Other Transition Countries. *Kyklos* 57(2): 237–52.

Hansen, Susan B. 1983. *The Politics of Taxation: Revenue without Representation*. New York: Praeger.

Haskell, T. L. 1977. *The Emergence of Professional Social Science: The American Social Science Association and the Nineteenth-Century Crisis of Authority*. Urbana: University of Illinois Press.

Hawley, Ellis Wayne. 1995. *The New Deal and the Problem of Monopoly: A Study in Economic Ambivalence*. New York: Fordham University Press.

Hawthorne, Michael R., and John E. Jackson. 1987. The Individual Political Economy of Federal Tax Policy. *American Political Science Review* 81: 757–74.

Hechter, Michael. 2000. *Containing Nationalism*. Oxford, UK: Oxford University Press.

Heilbroner, Robert L. 1999. *The Worldly Philosophers*, 7th ed. New York: Touch-stone.

Hein, Laura. 2004. *Reasonable Men, Powerful Words: Political Culture and Expertise in Twentieth-Century Japan*. Washington, DC and Berkeley: Woodrow Wilson Center Press and University of California Press.

Hening, William Waller, ed. [1819–23] 1969–71. *The Statutes at Large; Being a Collection of all the Laws of Virginia, from the First Session of the Legislature in the Year 1619*, 13 vols. and Supplement. Charlottesville: University Press of Virginia.

Henneck, R. 2003. "Family Policy in the U.S., Japan, Germany, Italy, and France: Parental Leave, Child Benefits/Family Allowances, Child Care, Marriage/Cohabitation, and Divorce." A Briefing Paper prepared by the Council on Contemporary Families. http://www.contemporaryfamilies.org/briefpapers.php

Herbst, Jeffrey. 2000. *States and Power in Africa: Comparative Lessons in Authority and Control*. Princeton, NJ: Princeton University Press.

Herzog, Don. 1989. *Happy Slaves: A Critique of Consent Theory*. Chicago: University of Chicago Press.

Heydemann, Steven. 2000. "War, Institutions, and Social Change in the Middle East." In *War, Institutions, and Social Change in the Middle East*, ed. S. Heydemann, 1–32. Berkeley and Los Angeles: University of California Press.

Hicks, John R., Ursula K. Hicks, and L. Rostas. 1941. *The Taxation of War Wealth*. New York: Oxford University Press.

Higgs, Robert. 1987. *Crisis and Leviathan: Critical Episodes in the Growth of American Government*. New York: Oxford University Press.

Hinrichs, Harley. 1966. *A General Theory of Tax Structure During Economic Development*. Cambridge, UK: Cambridge University Press.

Hintz, Claire M. 2000. The Tax Burden of the Median American Family. Special Report No. 96 (March). Washington, DC: Tax Foundation.

Hintze, Otto. 1975. Military Organization and the Organization of the State. In *The Historical Essays of Otto Hintze*, ed. F. Gilbert, 178–215. New York: Oxford University Press.

Hiwatari, N. 1989. Organized Markets and the Restrained State: Institutions for Industrial Policy, Incomes Coordination, and Political Quiescence in Postwar Japan. Ph.D. dissertation, Department of Political Science, University of California at Berkeley.

Hlophe, Dumisani, and Steven Friedman. 2003. And Their Hearts and Minds Will Follow? Tax Collection, Authority, and Legitimacy in Democratic South Africa. *IDS Bulletin* 33: 67–76.

Hobson, John. 2003. Disappearing Taxes or the "Race to the Middle"? Fiscal Policy in the OECD. In *States in the Global Economy*, ed. Linda Weiss, 37–57. New York: Cambridge University Press.

Hochschild, Arlie. 2005. The Chauffeur's Dilemma. *The American Prospect* (July): 51–3.

Hodgson, Godfrey. 1976. *America in our Time*. Garden City, NY: Doubleday.

Hoffman, Barak. 2007. Assessing the Quality of Local Government in South Africa. Palo Alto, CA: Center on Democracy, Development, and Rule of Law, Stanford University.

Hope, Kempe Ronald, and Bornwell C. Chikulo. 2000. Decentralization, The New Public Management, and the Changing Role of the Public Sector in Africa. *Public Management* 2(1): 25–42.

Hopkins, Keith. 1980. Taxes and Trade in the Roman Empire (200 BC–AD 400). *Journal of Roman Studies* 70: 101–25.

Housing and Household Economic Statistics Division, U.S. Census Bureau. 2005. *Wealth and Asset Ownership Detailed Table 2000, Table 5: Asset Ownership of Households: 2000*. Retrieved December 29, 2007, from http://www.census.gov/hhes/www/wealth/1998_2000/wlth00-5.html.

Howard, Christopher. 1997. *The Hidden Welfare State: Tax Expenditures and Social Policy in the United States*. Princeton, NJ: Princeton University Press.

Howard, Christopher. 2007. *The Welfare State Nobody Knows: Debunking Myths about U.S. Social Policy*. Princeton, NJ: Princeton University Press.

Huber, Evelyne, and John D. Stephens. 2001. *Development and Crisis of the Welfare State: Parties and Policies in Global Markets*. Chicago, IL: University of Chicago Press.

Human Rights Watch. 2006. "Overview of Human Rights Issues in Russia." www.hrw.org/english/docs/2006/01/18/russia2218.htm.

Hungerford, Thomas L. 2006. *Tax Expenditures: Trends and Critiques*. Washington, DC: Congressional Research Service.

IDASA. 2007. Retrieved June 12, 2007. Available from http://www.idasa.org.za/.

Ikeda, Kotaro. 1957. The Establishment of the Income Tax in Japan, (A Historical and Sociological Study). *Public Finance* 12: 145–170.

Infanti, Anthony C., and Bridget J. Crawford, eds. 2009. *Critical Tax Theory: An Introduction*. New York: Cambridge University Press.

Inglehart, Ronald, Miguel Basanez, and Alejandro Moreno. 1998. *Human Values and Beliefs: A Cross-Cultural Sourcebook*. Ann Arbor: University of Michigan Press.

Internal Revenue Service. 2006. *Updated Estimates of the TY 2001 Individual Income Tax Underreporting Gap: Overview*. Research, Analysis, and Statistics. Washington, DC: IRS.

Internal Revenue Service Oversight Board. 2006. *Taxpayer Attitude Survey*. Washington, DC: IRS Oversight Board.

Ishi, Hiromitsu. 2002. *Thinking the Unthinkable: A Tax Rise of a Sustainable Future in Japan*. London: Royal Institute of International Affairs.

Ito, Hanya. 1953. Direct Taxes in Japan and the Shoup Report. *Public Finance* 8: 357–83.

Jackson, Robert H., and John Q. Barrett, eds. 2003. *That Man: An Insider's Portrait of Franklin D. Roosevelt.* New York: Oxford University Press.

Jacobs, Lawrence R., and Theda Skocpol, eds. 2005. *Inequality and American Democracy: What We Know and What We Need to Learn.* New York: Russell Sage Foundation.

Jacobs, Michael. 1991. *Short-term America.* Boston: Harvard Business Press.

Jenkins, Glenn. 1994. Modernization of Tax Administrations: Revenue Boards as an Instrument of Change. *Bulletin for International Fiscal Documentation* 48(2). IBFD Publications BV, Amsterdam, The Netherlands.

Jensen, Nathan M. 2006. *Nation-States and the Multinational Corporation: A Political Economy of Foreign Direct Investment.* Princeton, NJ: Princeton University Press.

Jinno, Naohiko. 1999. The "Japanese-Model" Fiscal System. In *The Japanese Economic System and Its Historical Origins,* eds. Tetsuji Okazaki and Masahiro Okuno-Fujiwara. Oxford, UK: Oxford University Press.

John, Richard, R. 1997. Governmental Institutions as Agents of Change: Rethinking American Political Development in the Early Republic. *Studies in American Political Development* 11: 347–80.

Johnson, Calvin H. 2005. *Righteous Anger at the Wicked States: The Meaning of the Founders' Constitution.* New York: Cambridge University Press.

Johnson, Chalmers A. 1982. *MITI and the Japanese Miracle: The Growth of Industrial Policy, 1925–1975.* Palo Alto, CA: Stanford University Press.

Johnson, Hugh S. 1935. "Pied Pipers." *Vital Speeches of the Day* 1: 357.

Johnston, David Cay. 2003. *Perfectly Legal.* New York: Penguin.

Johnston, David Cay. 2007. *Free Lunch.* New York: Penguin.

Jones, A. H. M., ed. 1974. *The Roman Economy: Studies in Ancient Economic and Administrative History.* Oxford, UK: Blackwell.

Jones, Carolyn C. 1988. Split Income and Separate Spheres: Tax Law and Gender Roles in the 1940s. *Law and History Review* 6(2): 259–310.

Jones, Carolyn. 1989. Class Tax to Mass Tax: The Role of Propaganda in the Expansion of the Income Tax during World War II. *Buffalo Law Review* 37: 685–737.

Jones, N. 2005. A History of Taxing Married Women in New Zealand. *Auckland University Law Review* 11: 147–73.

Joulfaian, David. 1998. The Federal Estate and Gift Tax: Description, Profile of Taxpayers, and Economic Consequences. In *Office of Tax Analysis Papers.* Washington, DC: U.S. Department of the Treasury, Office of Tax Analysis.

Judis, John B., and Ruy Teixeira. 2002. *The Emerging Democratic Majority.* New York: Scribner.

Kaboolian, Linda. 1998. The New Public Management: Challenging the Boundaries of the Management vs. Administration Debate. *Public Administration Review* 58(3):189–93.

Kang, Sung Won, and Hugh Rockoff. 2006. Capitalizing Patriotism: The Liberty Loans of World War I. NBER Working Paper No. 1191. National Bureau of Economic Research, Cambridge, MA.

Kars, Marjoleine. 2002. *Breaking Loose Together: The Regulator Rebellion in Pre-Revolutionary North Carolina.* Chapel Hill: University of North Carolina Press.

Kasara, Kimuli. 2007. Tax Me If You Can: Ethnic Geography, Democracy, and the Taxation of Agriculture in Africa. *American Political Science Review* 101(1): 159–72.

Kato, Junko. 2003. *Regressive Taxation and the Welfare State: Path Dependence and Policy Diffusion.* New York: Cambridge University Press.

Katz, Richard. 2003. *Japanese Phoenix: The Long Road to Economic Revival.* Armonk, New York: M. E. Sharpe.

Kay, Marvin L. Michael. 1965. Provincial Taxes in North Carolina During the Administration of Dobbs and Tryon. *North Carolina Historical Review* 42: 440–53.
Kay, Marvin L. Michael. 1969. The Payment of Provincial and Local Taxes in North Carolina, 1748–1771. *William and Mary Quarterly* 3rd. ser. 26: 218–40.
Keck, Margaret, and Kathryn Sikkink. 1998. *Activists Beyond Borders: Advocacy Networks in International Politics.* Ithaca, NY: Cornell University Press.
Keller, Morton. 2007. *America's Three Regimes: A New Political History.* Oxford, UK: Oxford University Press.
Kerber, Linda K. 1999. *No Constitutional Right to Be Ladies: Women and the Obligations of Citizenship.* New York: Hill and Wang.
Kesselman, J. R. 2007. Taxing Couples: Is Income Splitting Fair? Montreal, Canada: Institute for Research on Public Policy.
Kindleberger, Charles P. 1984. *A Financial History of Western Europe.* London, Boston: Allen & Unwin.
King, Ronald F. 1993. *Money, Time, and Politics: Investment Tax Subsidies and American Democracy.* New Haven, CT: Yale University Press.
Kingdon, John W. 1999. *America the Unusual.* New York: St. Martin's/Worth.
Kinsey, Karyl A. 1992. Deterrence and Alienation Effects of IRS Enforcement: An Analysis of Survey Data. In *Why People Pay Taxes: Tax Compliance and Enforcement,* ed. Joel Slemrod, 259–85. Ann Arbor: University of Michigan Press.
Kiser, Edgar. 1994. Markets and Hierarchies in Early Modern Tax Systems: A Principal–Agent Analysis. *Politics & Society* 22(3): 285–316.
Kiser, Edgar. 1999. Comparing Varieties of Agency Theory in Economics, Political Science, and Sociology: An Illustration from State Policy Implementation. *Sociological Theory* 17(2): 146–70.
Kiser, Edgar, and Kathryn Baker. 1994. Could Privatization Increase the Efficiency of Tax Administration in Less Developed Countries? *Policy Studies Journal* 22(3): 489–500.
Kiser, Edgar, and Aaron Laing. 2001. Have We Overestimated the Effects of Neoliberalism and Globalization? Some Speculations on the Anomalous Stability of Taxes on Business. In *The Rise of Neoliberalism and Institutional Analysis,* eds. John L. Campbell and Ove K. Pedersen, 51–68. Princeton, NJ: Princeton University Press.
Kiser, Edgar, and April Linton. 2001. Determinants of the Growth of the State: War and Taxation in Early Modern France and England. *Social Forces* 80: 411–48.
Kiser, Edgar, and Joachim Schneider. 1994. Bureaucracy and Efficiency – An Analysis of Taxation in Early-Modern Prussia. *American Sociological Review* 59(2): 187–204.
Klein, Jennifer. 2004. *For All These Rights: Business, Labor, and the Shaping of America's Public–Private Welfare State.* Princeton, NJ: Princeton University Press.
Klepper, Steven, and Daniel Nagin. 1989. The Anatomy of Tax Evasion. *Journal of Law, Economics, and Organization* 5(1): 1–24.
Klitgaard, Robert. 1988. *Controlling Corruption.* Berkeley: University of California Press.
Kohli, Atul. 2004. *State-Directed Development: Political Power and Industrialization in the Global Periphery.* Cambridge, UK: Cambridge University Press.
Kornhauser, Marjorie E. 1985. The Origins of Capital Gains Taxation: What's Law Got to Do With It? *Southwestern Law Journal* 39: 869.
Kornhauser, Marjorie E. 1990. Corporate Regulation and the Origins of the Corporate Income Tax. *Indiana Law Journal* 66: 53.
Kozub, Robert M. 2003. Evolution of Taxation in England, 1700–1850: A Period of War and Industrialization. *Journal of European Economic History* 32: 363–390.

Kraus, Franz. 1981. The Historical Development of Income Inequality in Western Europe and the United States. In *The Development of Welfare States in Europe and America*, eds. Flora, Peter and Arnold J. Heidenheimer. Edison, NJ: Transaction Publishers.

Krippner, Greta. 2003. The Fictitious Economy: Financialization, The State, and Contemporary Capitalism, unpublished Ph.D. dissertation, University of Wisconsin, Department of Sociology.

Krugman, Paul. 2003. *The Great Unraveling*. New York: Norton.

Kwass, Michael. 2000. *Privilege and the Politics of Taxation in Eighteenth-Century France: Liberté, Égalité, Fiscalité*. New York: Cambridge University Press.

Kyodo News Service. 2004. Keidanren Urges More Financial Support for Childbirth, Nursing. *Japan Economic Newswire*, December 13.

Lamare, James W., Jerry L. Polinard, and Robert D. Wrinkle. 2003. Texas: Religion and Politics in God's Country. In *The Christian Right in American Politics*, eds. John C. Green, Mark J. Rozell, and Clyde Wilcox, 59–78. Washington, DC: Georgetown University Press.

Lambert, Walter. 1970. New Deal Revenue Acts. Ph.D. dissertation, Department of History, University of Texas at Austin.

Lamont, Michèle, and Virág Molnár. 2002. The Study of Boundaries in the Social Sciences. *Annual Review of Sociology* 28: 167–95.

Landis, Walter S. 1935. The hodge podge of tax legislation. *Vital Speeches of the Day*, Vol. 1, No. 12: 369–70.

Lassiter, Matthew. 2007. *The Silent Majority: Suburban Politics in the Sunbelt South*. Princeton, NJ: Princeton University Press.

Lau, Richard R., and David O. Sears. 1981. Cognitive Links Between Economic Grievances and Political Responses. *Political Behavior* 3: 279–302.

Laure, Maurice. 1956. *Traité de Politique Fiscale*. Paris: Presses Universitaire de France.

Ledeneva, Alena V. 1998. *Russia's Economy of Favours: Blat, Networking, and Informal Exchange*. Cambridge, UK: Cambridge University Press.

Leff, Mark H. 1984. *The Limits of Symbolic Reform: The New Deal and Taxation, 1933–1939*. New York: Cambridge University Press.

Leff, Mark H. 1991. The Politics of Sacrifice on the American Home Front in World War II. *Journal of American History* 77: 1296–1318.

Lemon, James T., and Gary B. Nash. 1968. The Distribution of Wealth in Eighteenth-Century America: A Century of Change in Chester County, Pennsylvania, 1693–1802. *Journal of Social History* 2: 1–24.

Levi, Margaret. 1988. *Of Rule and Revenue*. Berkeley: University of California Press.

Levi, Margaret. 1997. *Consent, Dissent, and Patriotism*. Cambridge, UK: Cambridge University Press.

Levy, Barry. 1988. *Quakers and the American Family: British Settlement in the Delaware Valley*. New York: Oxford University Press.

Lewis, D. L. (ed.) 2004. *Annual Register: A Record of World Events*. London: Keesing's Worldwide.

Lieberman, Evan S. 2001. National Political Community and the Politics of Income Taxation in Brazil and South Africa in the 20th Century. *Politics and Society* 29(4): 515–55.

Lieberman, Evan S. 2002a. Taxation Data as Indicators of State-Society Relations: Possibilities and Pitfalls in Cross-National Research. *Studies in Comparative International Development* 36: 89–115.

Lieberman, Evan S. 2002b. How South African Citizens Evaluate Their Economic Obligations to the State. *Journal of Development Studies* 38(3): 37–62.

Lieberman, Evan S. 2003. *Race and Regionalism in the Politics of Taxation in Brazil and South Africa*. New York: Cambridge University Press.

Lieberman, Evan S. 2009. *Boundaries of Contagion: How Ethnic Politics Have Shaped Government Responses to AIDS*. Princeton, NJ: Princeton University Press.

Lindert, Peter. 2004. *Growth Public: Social Spending and Economic Growth since the Eighteenth Century. Volume 1: The Story*. Cambridge, UK: Cambridge University Press.

Lipset, Seymour Martin. 1959. Some Social Requisites of Democracy: Economic Development and Political Legitimacy. *The American Political Science Review* 53(1): 69–105.

Lipset, Seymour Martin. 1996. *American Exceptionalism: A Double-Edged Sword*. New York: W. W. Norton.

Livingston, Michael A. 2006. From Milan to Mumbai, Stopping in Tel Aviv: Progressive Taxation and "Progressive" Politics in a Globalized But Still Local World. *American Journal of Comparative Law* 54: 555–586.

Lo, Clarence Y. H. 1990. *Small Property versus Big Government: Social Origins of the Property Tax Revolt*. Berkeley and Los Angeles: University of California Press.

Lowenstein, Roger. 2006. Tax Break: Who Needs the Mortgage-Interest Deduction? *The New York Times Magazine*, March 5, 79+.

Lowery, David, and Lee Sigelman. 1981. Understanding the Tax Revolt: Eight Explanations. *American Political Science Review* 75: 963–74.

Lubell, Mark, and John T. Scholz. 2001. "Cooperation, Reciprocity, and the Collective-Action Heuristic." *American Journal of Political Science* 45(1): 160–78.

Lucassen, Jan, and Erik Jan Zurcher. 1998. Conscription as Military Labour: The Historical Context. *International Review of Social History* 43: 405–19.

Lund, Jens Friis. 2007. Is Small Beautiful? Village Level Taxation of Natural Resources in Tanzania. *Public Administration and Development* 27: 307–18.

Lustick, Ian. 2006. *Trapped in the War on Terror*. Philadelphia: University of Pennsylvania Press.

Lynch, Julia. 2001. The Age-Orientation of Social Policy Regimes in OECD Countries. *Journal of Social Policy* 30(3): 411–36.

Lynd, Staughton. 1967. *Class Conflict, Slavery, and the United States Constitution: Ten Essays*. Indianapolis, IN: Bobbs-Merrill.

MacCormick, Neil. 1981. Adam Smith on Law. *Valparaiso University Law Review* 15: 243–63.

MacManus, Susan A. 1995. Taxing and Spending Politics: A Generational Perspective. *Journal of Politics* 57: 607–29.

Magill, Roswell, and Carl Shoup. n.d. *The Cuban Fiscal System 1939: A Study, Made at the Request of the Secretary of the Treasury*. n.p.

Malthus, T. R. [1798] 1970. *An Essay on the Principle of Population*. London: Penguin.

Manasan, Rosario. 2003–5. Tax Administration Reform: (Semi-) Autonomous Revenue Authority Anyone? In *Discussion Paper Series*. Makaki City, Philippines: Philippine Institute for Developing Countries.

Mann, Michael. 1980. State and Society: 1130–1815: An Analysis of English State Finances. *Political Power and Social Theory* 1: 165–208.

Mann, Michael. 1985. "The Autonomous Power of the State: Its Origins, Mechanisms, and Results." *European Journal of Sociology* 25: 185–213.

Mansbridge, Jane J. 1985. Myth and Reality: The ERA and the Gender Gap in the 1980 Election. *Public Opinion Quarterly* 49: 164–78.

Mansfield, C. Y. 1989. Tax Administration in Developing Countries: An Economic Perspective. *International Monetary Fund Staff Papers* 35: 181–97.

Martin, Isaac William. 2008. *The Permanent Tax Revolt*. Palo Alto, CA: Stanford University Press.

Martinez-Mongay, Carlos. 2003. Labour Taxation in the European Union. Convergence, Competition, Insurance? Banca d'Italia. Available at : http://www.bancaditalia.it/studiricerche/convegni/atti/taxpolicy/i/031–068_martinez-mongay.pdf.

Marx, Karl. 1852. The Eighteenth Brumaire of Louis Bonaparte. In *The Marx-Engels Reader*, ed. Robert Tucker. New York: W. W. Norton.

Marx, Karl, and Frederick Engels. 1848. Manifesto of the Communist Party. In *The Marx-Engels Reader*, ed. Robert Tucker. New York: W. W. Norton.

Massachusetts. 1869–1922. *Acts and Resolves, Public and Private, of the Province of Massachusetts Bay*, 21 vols. Boston: Wright and Potter, printers to the state.

Massachusetts. [1660] 1949–51. *Laws and Liberties*. In *Records of the States of the United States of America: A Microfilm Compilation*, ed. William Sumner Jenkins. Washington, DC: Library of Congress.

Mayer, William G. 1993. *The Changing American Mind: How and Why American Public Opinion Changed Between 1960 and 1988*. Ann Arbor: University of Michigan Press.

McCaffery, E. J. 1993a. Taxation and the Family: A Fresh Look at Behavioral Gender Bias in the Code. *UCLA Law Review* 40: 983–1060.

McCaffery, E. J. 1993b. Slouching Towards Equality: Gender Discrimination, Market Efficiency and Social Change. *Yale Law Journal* 103: 595.

McCaffery, E. J. 1996. Equality, of the Right Sort. *UCLA Women's Law Journal* 6: 289.

McCaffery, E. J. 1997. *Taxing Women*. Chicago: University of Chicago Press.

McCaffery, E. J. 1999. The Burdens of Benefits. *Villanova Law Review* 44: 445.

McCaffery, E. J. 2003. Marriage Penalty Relief in the New Tax Law. Brief Analysis No. 445. National Center for Policy Analysis.

McCaffery, E. J., and J. Baron. 2004. Framing and Taxation: Evaluation of Tax Policies Involving Household Composition. *Journal of Economic Psychology* 25: 679–705.

McCaffery, E. J., and Linda Cohen. 2006. Shakedown at Gucci Gulch: The New Logic of Collective Action. *North Carolina Law Review* 84: 1159–1252.

McCaffery, E. J., and Joel Slemrod. 2006. Toward an Agenda for Behavioral Public Finance. In *Behavioral Public Finance*, eds. Edward J. McCaffery and Joel Slemrod, 3–31. New York: Russell Sage Foundation.

McCarthy, John D., David W. Britt, and Mark Wolfson. 1991. The Institutional Channeling of Social Movements in the Modern State. *Research in Social Movements, Conflict, and Change* 13: 45–76.

McChesney, Fred S. 1997. *Money for Nothing: Politicians, Rent Extraction, and Political Extortion*. Cambridge, MA: Harvard University Press.

McCraw, Thomas K. 2007. *Prophet of Innovation: Joseph Schumpeter and Creative Destruction*. Cambridge, MA: Harvard University Press.

McCusker, John J., and Russell R. Menard. 1985. *The Economy of British America, 1607–1789*. Chapel Hill: University of North Carolina Press.

McDonald, Terrence J. 1986. *The Parameters of Urban Fiscal Policy: Socioeconomic Change and Political Culture in San Francisco, 1860–1906*. Berkeley: University of California Press.

McKenzie, Richard B., and Dwight R. Lee. 1991. *Quicksilver Capital*. New York: Free Press.

Medema, Steven G. 2000. "Related Disciplines": The Professionalization of Public Choice Analysis. In *Toward a History of Applied Economics*, eds. Roger E. Backhouse and Jeff Biddle. *History of Political Economy* 32(Supplement): 289–323.

Medvetz, Thomas. 2006. The Strength of Weekly Ties. *Politics & Society* 34: 3: 343–68.

Mehrotra, Ajay K. 2005a. Envisioning the Modern American Fiscal State: Progressive-Era Economists and the Intellectual Foundations of the U.S. Income Tax. *UCLA Law Review* 52: 1793.

Mehrotra, Ajay K. 2005b. Edwin R. A. Seligman and the Beginnings of the U.S. Income Tax. *Tax Notes*, 109: 933–950 (November 15).

Mehrotra, Ajay K. 2007. From Berlin to Baltimore: German Historicism and the American Income Tax, 1877–1913. In *Taxation, State and Civil Society in Germany and the United States from the 18th to the 20th Century*, eds. Alexander Nuetzenadel and Christoph Strupp, 167–84. Baden-Baden, Germany: Nomos.

Mendoza, Enrique G., Assaf Razin, and Linda L. Tesar. 1994. Effective Tax Rates in Macroeconomics: Cross-country Estimates of Tax Rates on Factor Incomes and Consumption. *Journal of Monetary Economics* 34(3): 297–323.

Mendoza, Enrique G., Assaf Razin, and Linda L. Tesar. n.d. Available at: http://www.bsos.umd.edu/econ/mendoza/pdfs/newtaxdata.pdf

Meyer, John W., John Boli-Bennett, and Christopher Chase-Dunn. 1975. Convergence and Divergence in Development. *Annual Review of Sociology* 1: 223–46.

Meyer, John W., and Brian Rowan. 1977. Institutionalized Organizations: Formal Structure as Myth and Ceremony. *American Journal of Sociology* 83(2): 340–63.

Michels, Robert. [1915] 1968. *Political Parties: A Sociological Study of the Oligarchical Tendencies of Modern Democracy.* New York: The Free Press.

Micklethwait, John, and Adrian Wooldridge. 2004. *The Right Nation: Conservative Power in America.* New York: Penguin.

Migdal, Joel S. 2004. *Boundaries and Belonging: States and Societies in the Struggle to Shape Identities and Local Practices.* Cambridge, UK, and New York: Cambridge University Press.

Miliband, Ralph. 1974. *The State in Capitalist Society: An Analysis of the Western System of Power.* London: Quartet.

Mill, John Stuart. [1871] 2004. *Principles of Political Economy with Some of Their Applications to Social Philosophy.* Indianapolis, IN: Hackett Publishing Company.

Mills, C. Wright. 1956. *The Power Elite.* New York: Oxford University Press.

Milly, Deborah. 1999. *Poverty, Equality, and Growth: The Politics of Economic Need in Postwar Japan.* Cambridge, MA: Harvard University Asia Center.

Mitchell, James T., and Henry Flanders, comps. 1896–1915. *The Statutes at Large of Pennsylvania from 1682–1801*, 18 vols. Harrisburg: C. M. Busch, State Printer of Pennsylvania.

Miura, Mari. 2002. From Welfare Through Work to Lean Work: The Politics of Labor Market Reform in Japan. Ph.D. dissertation, Political Science Department, University of California at Berkeley.

Moley, Raymond. 1966. *The First New Deal.* 1st ed. New York: Harcourt Brace & World.

Moley, Raymond. 1972. *After Seven Years.* New York: Da Capo Press.

Monroe, K. R. 2005. *Perestroika! The Raucous Rebellion in Political Science.* Kirkwood, NY: Vail-Baillou Press.

Moore, Mick. 2004. Revenues, State Formation, and the Quality of Governance in Developing Countries. *International Political Science Review* 25: 297–319.

Moran, Beverly I., ed. 2008. *Race and Wealth Disparities: A Multidisciplinary Discourse.* Lanham, MD: University Press of America.

Moran, Beverly I., and William Whitford. 1996. A Black Critique of the Internal Revenue Code. *Wisconsin Law Review* 4: 751–820.

Morgan, Edmund S. 1972. Slavery and Freedom: The American Paradox. *Journal of American History* 59: 4–29.

Morgan, Edmund S. 1975. *American Slavery, American Freedom: The Ordeal of Colonial Virginia.* New York: Oxford University Press.

Morgan, Kimberly J., and Andrea Louise Campbell. 2005. Financing the Welfare State: Elite Politics and the Decline of the Social Insurance Model in America. *Studies in American Political Development* 19(2): 173–195.

Morgan, Kimberly, and Monica Prasad. 2009. The Origins of Tax Systems: A French-American Comparison. *American Journal of Sociology* 114(5).

Morgan, Mary, and Malcolm Rutherford, eds. 1998. *From Interwar Pluralism to Postwar Neoclassicism*. Annual Supplement to Volume 30, *History of Political Economy*. Durham, NC: Duke University Press.

Morgenthau, Henry. 1933–1939. *The Morgenthau Diaries: Depression and the New Deal, 1933–1939*. Bethesda, MD: University Publications of America.

Morris, E. 2004. The Fog of War – Eleven Lessons from the Life of Robert S. McNamara. Documentary film, Sony Pictures.

Mosca, Gaetano. 1994. The Ruling Class. In *Social Stratification: Race, Class, and Gender in Sociological Perspective*, ed. D. B. Grusky, 155–60. Boulder, CO: Westview Press.

Moss, Todd, Gunilla Pettersson, and Nicholas van de Walle, eds. 2006. An Aid-Institutions Paradox? A Review Essay on Aid Dependency and State Building in Sub-Saharan Africa. Washington, DC: Center for Global Development.

Mueller, Dennis C. 1989. *Public Choice II: A Revised Edition of Public Choice*. New York: Cambridge University Press.

Mumford, Ann. 2002. *Taxing Culture: Toward a Theory of Tax Collection Law*. Burlington, VT: Ashgate Publishing Company.

Murakami, Yasusuke. 1987. The Japanese Model of Political Economy. In *The Political Economy of Japan: The Domestic Transformation*, eds. K. Yamamura and Y. Yasuba. Palo Alto, CA: Stanford University Press.

Muriithi, Moses Kinyanjui, and Eliud Dismas Moyi. 2003. Tax Reforms and Revenue Mobilization in Kenya. Paper No. ES 131. Nairobi: African Economic Research Consortium.

Murnane, M. Susan. 2004. Selling Scientific Taxation: The Treasury Department's Campaign for Tax Reform in the 1920s. *Law and Social Inquiry: Journal of the American Bar Foundation* 29: 819–56.

Murphy, Bruce Allen. 1982. *The Brandeis/Frankfurter Connection: The Secret Political Activities of Two Supreme Court Justices*. New York: Oxford University Press.

Murphy, Liam, and Thomas Nagel. 2002. *The Myth of Ownership: Taxes and Justice*. New York: Oxford University Press.

Musgrave, R. A. 1969. Cost-Benefit Analysis and the Theory of Public Finance. *Journal of Economic Literature* 7(3): 797–806.

Musgrave, Richard A. 1980. Theories of Fiscal Crises: An Essay in Fiscal Sociology. In *The Economics of Taxation*, eds. H. J. Aaaron and M. J. Boskin, 361–390. Washington, DC: Brookings Institution Press.

Nadelhaft, Jerome J. 1981. *The Disorders of War: The Revolution in South Carolina*. Orono: University of Maine Press.

Nash, Gary B. 1979. *The Urban Crucible: Social Change, Political Consciousness, and the Origins of the American Revolution*. Cambridge, MA: Harvard University Press.

Nation. 1935a. "Mr. President, begin to tax!" March 6, p. 264.

Nation. 1935b. "Wanted: A Philosophy of Taxation," July 3, p. 4.

National Resources Committee. 1941. *Family Expenditures in the United States*. Washington, DC: Government Printing Office.

Ndegwa, Stephen. 2002. Decentralization in Africa: A Stocktaking Survey. In *Africa Region Working Paper Series*. Washington, DC: World Bank.

New Republic. 1933. "Tax Profits!" May 24, pp. 32–3.

New York Times. 1932. "Seligman Outlines New Cuban Tax Code." February 13: p. 24.

New York Times. 1934a. "Treasury Orders Bank, Tax Studies." June 27, p. 19.

New York Times. 1934b. "Dr. Butler Scores Radicals for Talk of Wide Poverty." September 3, p. 1.

New York Times. 1935a. "Congress Planning Quick Tax Action." June 20, 2.
New York Times. 1935b. "Press Comment on President's Tax Message." June 21, 3.
New York Times. 1935c. "Tentative New Tax Rates." June 26, 1.
New York Times. 1935d. "Incomes Over Million Totaled 46 in 1933; Total for Corporations was 2 1/2 billions." June 26, 2.
New York Times. 1937. "Tax Consultants Named." December 10, p. 28.
Newfield, Christopher. 2008. *Unmaking the Public University*. Cambridge, MA: Harvard University Press.
Nippon-Keidanren. 2002. Survey on Corporate Welfare Expenditures for Fiscal Year 2001. Tokyo: Nippon Keidanren.
Norris, George W. 1935. Redistribution of Wealth. *Vital Speeches of the Day* 1: 327.
Novak, William J. 2008. The Myth of the "Weak" American State. *American Historical Review* 113: 752–72.
Novick, Peter. 1988. *That Noble Dream: The "Objectivity Question" and the American Historical Profession*. New York: Cambridge University Press.
Ó Riain, Seán. 2000. States and Markets in an Era of Globalization. *Annual Review of Sociology* 26: 187–213.
Oates, Wallace E. 1988. On the Nature and Measurement of Fiscal Illusion: A Survey. In *Taxation and Fiscal Federalism: Essays in Honor of Russell Mathews*, eds. G. Brennan, B. S. Grewal, and P. Groenewegen, 65–82. Sydney: Australian National University Press.
Oberlander, Jonathan. 2003. *The Political Life of Medicare*. Chicago: University of Chicago Press.
Obwona, Marios, and Abdu Muwonge. 2002. "The Efficiency and Effectiveness of the Revenue Administration in Uganda." Development Research Working Paper. Copenhagen: Institute for International Studies.
O'Connor, James. 1973. *The Fiscal Crisis of the State*. New York: St. Martin's.
OECD. 2000. *Toward Global Tax Cooperation: Report to the 2000 Ministerial Council Meeting and Recommendations by the Committee on Fiscal Affairs*. Paris: OECD.
OECD. 2001. *Tax Ratios: A Critical Survey*. OECD Policy Studies No. 5. Paris: OECD.
OECD. 2004. *Social Expenditure Database*. Paris: OECD. Available online at: www.oecd.org/els/social/expenditure.
OECD 2005. *Taxing Working Families: A Distributional Analysis* (No. 12). Paris: OECD, Center for Tax Policy and Administration.
OECD 2006a. *Fundamental Reform of Personal Income Tax*, Tax Policy Studies. Paris: OECD.
OECD. 2006b. *OECD Fact Book, 2006*. Paris: OECD. Available at: http://miranda.sourceoecd.org.
OECD. 2006c. National Account of OECD Countries, Online Database. Paris: OECD. Available at: http://www.oecdwash.org/PUBS/ELECTRONIC/epecnat.htm
OECD 2007. *OECD Factbook 2007: Economic, Environmental, and Social Statistics*. Paris: OECD. Available at http://puck.sourceoecd.org/vl=7934397/cl=15/nw=1/rpsv/factbook/index.htm
Ohmae, Kenichi. 1990. *The Borderless World: Power and Strategy in the Interlinked Economy*. New York: Harper Collins.
Ohmae, Kenichi. 1995. *The End of the Nation State*. New York: Free Press.
Olasky, Marvin. 1992. *The Tragedy of American Compassion*. Washington, DC: Regnery.
Oliphant, Herman. 1934. Tax program. In *Morgenthau Diaries*, Vol. 2. Bethesda, MD: LexisNexis Academic and Library Solutions, 275.
Orloff, Ann Shola. 2005. Social Provision and Regulation: Theories of States, Social Policies, and Modernity. In *Remaking Modernity: Politics, History, and Sociology*, eds. Julia Adams,

Elisabeth S. Clemens, and Ann Shola Orloff, 190–224. Durham, NC: Duke University Press.

Osawa, Mari. 2001. Dispensing with the "Male Breadwinner" Model for Social Policy. *Social Science Japan* (21): 3–4.

Padgett, John F. 1981. Hierarchy and Ecological Control in Federal Budgetary Decision Making. *The American Journal of Sociology* 87(1): 75–129.

Paine, Thomas. [1787] 1908. *Prospects on the Rubicon*. Reprinted in *Life and Writings of Thomas Paine*, ed. Daniel Edwin Wheeler. New York: Vincent Parke & Co.

Palme, J. 2005. *Why the Scandinavian Experience is Relevant for the Reform of ESM*. Stockholm: Institute for Future Studies.

Pareto, Vilfredo. [1916] 1963. *The Mind and Society: A Treatise on General Sociology*, trans. Andrew Bongiorno and Arthur Livingston. New York: Dover Publications.

Patashnik, Eric M. 2000. *Putting Trust in the U.S. Budget: Federal Trust Funds and the Politics of Commitment*. New York: Cambridge University Press.

Patterson, James T. 1967. *Congressional Conservatism and the New Deal: The Growth of the Conservative Coalition in Congress, 1933–1939*. Lexington: University of Kentucky Press.

Paul, Randolph E. 1954. *Taxation in the United States*. Boston: Little Brown.

Peacock, Alan. 1975. The Treatment of the Principles of Public Finance. In *The Wealth of Nations*, in *Essays on Adam Smith*, eds. Andrew S. Skinner and Thomas Wilson. Oxford, UK: Clarendon Press.

Peacock, Alan, and Jack Wiseman. 1961. *The Growth of Public Expenditures in the United Kingdom*. Princeton, NJ: Princeton University Press.

Pechman, J. A., and G. V. Englehardt. 1991. The Income Tax Treatment of the Family: An International Perspective. *National Tax Journal* 43(1): 1–22.

Pechman, Joseph. 1986. Tax Reform: Theory and Practice. Paper read at 1986 Distinguished Lecture on Economics in Government, Joint Session of the American Economics Association and Society of Government Economists, December 29, New Orleans.

Pempel, T. J. 1979. Japan: Corporatism Without Labor? The Japanese Anomaly. In *Trends Toward Corporatist Intermediation*, eds. P. Schmitter and G. Lehmbruch. Beverly Hills, CA: Sage.

Pempel, T. J. 1982. *Policy and Politics in Japan: Creative Conservatism*. Philadelphia: Temple University Press.

Perry, John Curtis. 1980. *Beneath the Eagle's Wings, Americans in Occupied Japan*. New York: Dodd, Mead.

Peters, B. Guy. 1991. *The Politics of Taxation: A Comparative Perspective*. Cambridge, MA: Basil Blackwell.

Peterson, Merrill D. 1960. *The Jefferson Image in the American Mind*. New York: Oxford University Press.

Phillips, H. I. 1935. "The Lament of the Taxpayer," Saturday Evening Post, February 9, p. 27.

Pierce, Emmet. 2005. "Tax Proposal Draws Strong Reactions Here." *San Diego Union-Tribune*, November 2, C1.

Pierson, Paul. 1994. *Dismantling the Welfare State? Reagan, Thatcher, and the Politics of Retrenchment*. New York: Cambridge University Press.

Pierson, Paul. 1998. The Deficit and the Politics of Domestic Reform. In *The Social Divide: Political Parties and the Future of Activist Government*, ed. Margaret Weir, 126–78. Washington, DC: Brookings Institution.

Piketty, T., and T. Saez. 2003. Income Inequality in the United States, 1913–1998. *Quarterly Journal of Economics* 118(1): 1–39.

Piketty, Thomas, and Emmanuel Saez. 2006. The Evolution of Top Incomes: A Historical and International Perspective. *American Economic Review* 96(2): 200–5.

Polanyi, Karl. [1944] 2001. *The Great Transformation.* Boston: Beacon Press.

Polenberg, Richard. 1972. *War and Society: The United States, 1941–1945.* New York: Lippincott.

Posner, Daniel. 2004. Measuring Ethnic Fractionalization in Africa. *American Journal of Political Science* 48: 849–63.

Prasad, Monica. 2005. Why is France so French? Culture, Institutions, and Neoliberalism, 1974–1981. *American Journal of Sociology* 111: 357–407.

Prasad, Monica. 2006. *The Politics of Free Markets: The Rise of Neoliberal Economic Policies in Britain, France, Germany, and the United States.* Chicago: University of Chicago Press.

Prasad, Monica, and Yingying Deng. 2009. "Taxation and the Worlds of Welfare." *Socio-Economic Review* 7(3).

Prud'homme, Rémy. 1995. The Dangers of Decentralization. *The World Bank Research Observer* 10(2): 201–20.

Putnam, Robert. 2000. *Bowling Alone.* New York: Simon & Schuster.

Puviani, Amilcare. [1903] 1973. *Teoria della Illusione Finanziara.* Milano: Istituto Editoriale Internazionale.

Radian, Alex. 1980. *Resource Mobilization in Poor Countries.* Edison, NJ: Transaction Publishers.

Ramseyer, Mark, and Carl Shoup. 1989. Japanese Taxation: The Shoup Mission in Retrospect. *The Japan Foundation Newsletter* 16: 1–7.

Rasler, Karen A., and William R. Thompson. 1985. War Making and State Making: Governmental Expenditures, Tax Revenues, and Global Wars. *American Political Science Review.* 79: 491–507.

Ratner, Sidney. 1942. *American Taxation, Its History as a Social Force in Democracy.* New York: W. W. Norton.

Ratner, Sidney. 1967. *Taxation and Democracy in America.* New York: Wiley.

Richards, Leonard L. 2000. *The Slave Power: The Free North and Southern Domination, 1780–1860.* Amherst: University of Massachusetts Press.

Richards, Leonard L. 2002. *Shay's Rebellion: The American Revolution's Final Battle.* Philadelphia: University of Pennsylvania Press.

Richards, Wendy. 2008. An Analysis of Recent Tax Reforms from a Marital-Bias Perspective: It is Time to Oust Marriage from the Code. *Wisconsin Law Review.* 2008(3): 611–54.

Roosevelt, Franklin D. 1938. *The public papers and addresses of Franklin D. Roosevelt.* Edited by Samuel Irving Rosenman. Vol. 4. New York: Random House.

Rose-Ackerman, Susan. 1978. *Corruption: A Study in Political Economy.* New York: Academic Press.

Rose-Ackerman, Susan. 1998. Democracy and "Grand" Corruption. *International Social Science Journal* 48(149): 365–80.

Ross, Dorothy. 1991. *The Origins of American Social Science.* New York: Cambridge University Press.

Ross, Michael L. 2004. Does Taxation Lead to Representation? *British Journal of Political Science* 34: 229–49.

Rostow, W. W. 1960. *The Stages of Economic Growth: A Non-Communist Manifesto.* New York: Cambridge University Press.

Rothschild, Emma. 2001. *Economic Sentiments: Adam Smith, Condorcet, and the Enlightenment.* Cambridge, MA: Harvard University Press.

Rothschild, Emma, and Amartya Sen. 2006. Adam Smith's Economics. In *The Cambridge Companion to Adam Smith*, ed. Knud Haakonssen. Cambridge and New York: Cambridge University Press.

Ryrstedt, Eva. 2006. Family Law and Social Law: Reciprocal Dependency in a Comparative Perspective. *International Journal of Law, Policy, and Family* 20: 44–53.

Salomon, Albert. 1945. Adam Smith as Sociologist. *Social Research* 12: 12–42.

Samuels, Richard J. 1994. *"Rich Nation, Strong Army": National Security and the Technological Transformation of Japan.* Ithaca, NY: Cornell University Press.

Saulnier, Raymond J. 1991. *Constructive Years: The U.S. Economy under Eisenhower.* Lanham, MD: University Press of America.

Savage, James. 2000. A Decade of Deficits and Debt: Japanese Fiscal Policy and the Rise and Fall of the Fiscal Structural Reform Act of 1997. *Journal of Public Budgeting and Finance* 20(1): 55–84.

Schelling, T. C. 1981. Economic Reasoning and the Ethics of Policy. *Public Interest* 63: 37–61.

Schiltz, Michael E. 1970. *Public Attitudes Toward Social Security: 1935–1965.* Washington, DC: U.S. Government Printing Office.

Schlozman, Kay Lehman, and Sidney Verba. 1979. *Insult to Injury: Unemployment, Class, and Political Response.* Cambridge, MA: Harvard University Press.

Schmidt, Vivien A. 2002. *The Futures of European Capitalism.* New York: Oxford University Press.

Schmitt, Gary J. 2006. "Natural Gas: The Next Energy Crisis?" *Issues in Science and Technology*, Summer: 59–64.

Schmölders, Günther. 1960. *Das Irrationale in der öffentlichen Finanzwirtschaft.* Hamburg, Germany: Rowohlt.

Scholz, John T., and Neil Pinney. 1995. Duty, Fear, and Tax Compliance: The Heuristic Basis of Citizenship. *American Journal of Political Science* 39(2): 490–512.

Schumpeter, Joseph. [1918] 1991. The Crisis of the Tax State. In *The Economics and Sociology of Capitalism*, ed. R. Swedberg., 99–140. Princeton, NJ: Princeton University Press.

Science (2006): "Qatar Taps Wells of Knowledge," 312(7 April): 46–47.

Scott, John Calvin. 2007. Private Pensions, the Tax Code, and the Erosion of Retirement Income Security. Working paper presented at the Graduate Student Workshop of the Thunder of History: Taxation in Comparative and Historical Perspective, Northwestern University, May.

Sears, David O., and Jack Citrin. 1985. *Tax Revolt: Something for Nothing in California*, enlarged edition. Cambridge, MA: Harvard University Press.

Seebohm, Kurt. 1976. *Die Entwicklung der Steuerstruktur im Prozess der Modernisierung: Eine vergleichend-historische Analyse westeuropäischer Staaten.* Ph.D. dissertation, Mannheim University.

Selden, Thomas M., and Bradley M. Gray. 2006. Tax Subsidies for Employment-Related Health Benefits: Estimates for 2006, *Health Affairs* 25 (November/December): 1568–79.

Seligman, Edwin R. A. 1895–1931. *Essays in Taxation.* New York: Macmillan.

Seligman, Edwin R. A. 1902. *The Economic Interpretation of History.* New York: Columbia University Press.

Seligman, Edwin R. A. 1911. *The Income Tax: A Study of the History, Theory, and Practice of Income Taxation at Home and Abroad.* New York: Macmillan.

Seligman, Edwin R. A., and Carl S. Shoup. 1932. *A Report on the Revenue System of Cuba.* Havana, Cuba: Talleres tipográficos de Carasa y cía.

Sen, Amartya K. 1977. Rational Fools: A Critique of the Behavioral Foundations of Economic Theory. *Philosophy and Public Affairs* 6: 314–44.

Shapiro, Robert H., and H. Mahajan. 1986. Gender Differences in Policy Preferences: A Summary of Trends from the 1960s to the 1980s. *Public Opinion Quarterly* 50: 42–61.

Shaviro, D. 1999. *Effective Marginal Tax Rates Facing Low-Income Households*. Washington, DC: Employment Policies Institute.

Shaw, G. K. 1981. Leading Issues of Tax Policy in Developing Countries: The Economic Problems. In *The Political Economy of Taxation*, eds. A. Peacock and F. Forte. Oxford, UK: Blackwell.

Sheffrin, Steven M., and Robert K. Triest. 1992. Can Brute Deterrence Backfire? Perceptions and Attitudes in Taxpayer Compliance. In *Why People Pay Taxes: Tax Compliance and Enforcement*, ed. Joel Slemrod, 193–218. Ann Arbor: University of Michigan Press.

Shefter, Martin. 1985. *Political Crisis, Fiscal Crisis: The Collapse and Revival of New York City*. New York: Basic Books.

Sheils, John, and Randall Haught. 2004. The Cost of Tax-Exempt Health Benefits in 2004. *Health Affairs* 23: W4-106 to W4-112.

Shiomi, Saburu. 1957. *Japan's Finance and Taxation, 1940–1956*. New York: Columbia University Press.

Shoch, James. 2008. Bringing Public Opinion and Electoral Politics Back In: Explaining the Fate of "Clintonomics" and its Contemporary Relevance. *Politics & Society* 36:1, 89–130.

Shoup Mission. 1949a. *Report on Japanese Taxation by the Shoup Mission*, vol. I. Tokyo: Supreme Commander for the Allied Powers.

Shoup Mission. 1949b. *Report on Japanese Taxation by the Shoup Mission*, vol. II. Tokyo: Supreme Commander for the Allied Powers.

Shoup, Carl S. 1930. *The Sales Tax in France*. New York: Columbia University.

Shoup, Carl. 1941a. *Federal Finances in the Coming Decade: Some Cumulative Possibilities, 1941–51*. New York: Columbia University Press.

Shoup, Carl. 1941b. *The Prospects for a Study of the Economic Effects of Payroll Taxes*. Washington, DC: Committee on Social Security, Social Science Research Council.

Shoup, Carl S. 1950. Tax Reform in Japan: Presidential Address, National Tax Association, Wednesday, September 21, 1949. In Proceedings of the Forty-second Annual Conference on Taxation Held under the Auspices of the National Tax Association, 400–13. Sacramento, CA: National Tax Association.

Shoup, Carl S. 1989. The Tax Mission to Japan, 1949–1950. In *Tax Reform in Developing Countries*, ed. Malcolm Gillis. Durham, NC: Duke University Press.

Shoup, Carl, with the assistance of Reavis Cox, Louis Shere, Edwin H. Spengler, and staff members. 1934. *The Sales Tax in the American States: A Study Made under the Direction of Robert Murray Haig*. New York: Columbia University Press.

Shoup, Carl with Roy Blough and Mabel Newcomer. 1937. *Facing the Tax Problem: A Survey of Taxation in the United States and a Program for the Future*. New York: The Twentieth Century Fund.

Shoup, Carl, Milton Friedman, and Ruth P. Mack. 1943. *Taxing to Prevent Inflation: Techniques for Estimating Revenue Requirements*. New York: Columbia University Press.

Shurtleff, Nathaniel B., ed. 1853–4. *Records of the Governor and Company of the Massachusetts Bay in New England*, 5 vols. Boston: Commonwealth of Massachusetts.

Siegel, R. B. 1995. The Modernization of Marital Status Law: Adjudicating Wives' Rights to Earnings, 1860–1930. *Georgetown Law Journal* 82: 2127–2211.

Simon, Herbert A. 1983. *Reason in Human Affairs*. Palo Alto, CA: Stanford University Press.

Simons, Henry Calvert. 1938. *Personal Income Taxation: The Definition of Income as a Problem of Fiscal Policy*. Chicago: University of Chicago Press.

Skocpol, Theda. 1996. *Boomerang: Clinton's Health Security Effort and the Turn Against Government in U.S. Politics.* New York: W. W. Norton.

Skocpol, Theda. 2000. *The Missing Middle: Working Families and the Future of American Social Policy.* New York: W. W. Norton.

Slemrod, Joel. 2003. Trust in Public Finance. In *Public Finance and Public Policy in the New Century*, eds. Sijbren Cnossen and Hans-Werner Sinn, 49–88. Cambridge, MA: MIT Press.

Slemrod, Joel. 2004. Are Corporate Tax Rates, or Countries, Converging? *Journal of Public Economics* 88: 1169–86.

Slemrod, Joel. 2006. The Consequences of Taxation. *Social Philosophy and Policy* 23(2): 73–87.

Slemrod, Joel. 2007. Cheating Ourselves: The Economics of Tax Evasion. *Journal of Economic Perspectives* 21(1): 25–48.

Slemrod, Joel, ed. 1992. *Why People Pay Taxes: Tax Compliance and Enforcement.* Ann Arbor: University of Michigan Press.

Slemrod, Joel, Marsha Blumenthal, and Charles Christian. 2001. Taxpayer Responses to an Increased Probability of Audit: Evidence from a Controlled Experiment in Minnesota. *Journal of Public Economics* 79(3): 455–83.

Slemrod, Joel, and Shlomo Yitzhaki. 2002. Tax Avoidance, Evasion, and Administration. In *Handbook of Public Economics*, Volume 3, eds. A. Auerbach and M. Feldstein, 1423–70. Amsterdam: North-Holland.

Sloan, John W. 1991. *Eisenhower and the Management of Prosperity.* Lawrence: University Press of Kansas.

Slovic, Paul. 1999. Trust, Emotion, Sex, Politics, and Science: Surveying the Risk-Assessment Battlefield. *Risk Analysis* 19(4): 689–701.

Slovic, Paul, Melissa L. Finucane, Ellen Peters, and Donald MacGregor. 2004. Risk as Analysis and Risk as Feelings: Some Thoughts About Affect, Reason, Risk, and Rationality. *Risk Analysis* 24(2): 311–22.

Smelser, N., and R. Swedberg, eds. 2005. *Handbook of Economic Sociology* (2nd. ed.). Princeton, NJ: Princeton University Press; New York: Russell Sage Foundation.

Smith, Adam. (1759) 1976. *The Theory of Moral Sentiments.* Vol. I of the Glasgow Edition of the Works and Correspondence of Adam Smith, eds. D. D. Raphael and A. L. Macfie. Oxford, UK: Clarendon Press.

Smith, Adam. (1766) 1978. *Lectures on Jurisprudence.* Vol. V of the Glasgow Edition of the Works and Correspondence of Adam Smith, eds. R. L. Meek, D. D. Raphael, and P. G. Stein. Oxford, UK: Clarendon Press.

Smith, Adam. (1776) 1979. *An Inquiry Into the Nature and Causes of the Wealth of Nations.* Vol. II of the Glasgow Edition of the Works and Correspondence of Adam Smith, eds. R. H. Campbell and A. S. Skinner. Oxford, UK: Clarendon Press.

Smith, Alan Gordon Rae. 1967. *The Government of Elizabethan England.* London: Edward Arnold.

Smith, Daniel Scott. 1999. Population and Political Ethics: Thomas Jefferson's Demography of Generations. *William and Mary Quarterly* 3rd ser. 56: 591–612.

Smith, Karen, Eric Toder, and Howard Iams. 2003/2004. Lifetime Distributional Effects of Social Security Retirement Benefits. *Social Security Bulletin* 65(1): 33–61.

Smith, Laila. 2003. The Power of Politics: The Performance of the South African Revenue Service and Some of its Implications. *Policy: Issues and Actors* 16(2). Available at: http://www.cps.org.za/pia2.htm

Smith, T. n.d. "Women and Tax in South Africa." Available at: http://www.internationalbudget.org/resources/library/WomenSA.pdf.

Smoke, Paul. 2001. Fiscal Decentralization in Developing Countries: A Review of Current Concepts and Practice. In *Democracy, Governance, and Human Rights*. Geneva: United Nations Research Institute for Social Development.

Sokoloff, Kenneth L., and Eric M. Zolt. 2006. Inequality and Taxation: Evidence from the Americas on How Inequality May Influence Tax Institutions. *Tax Law Review* 59(2): 167–242.

Somers, Margaret, and Fred Block. 2005. From Poverty to Perversity: Ideas, Markets, and Institutions over 200 Years of Welfare Debate. *American Sociological Review* 70: 260–287.

Sørensen, Peter Birch, ed. 2004. *Measuring the Tax Burden on Capital and Labor*. Cambridge, MA: MIT Press.

Sparrow, Bartholomew H. 1996. *From the Outside In: World War II and the American State*. Princeton, NJ: Princeton University Press.

Sparrow, James T. 2008. "Buying Our Boys Back": The Mass Foundations of Fiscal Citizenship, 1942–1954. *Journal of Policy History* 20: 263–86.

Spencer, Herbert. [1876–1896] 1967. *The Evolution of Society: Selections from Herbert Spencer's Principles of Sociology*. Chicago: University of Chicago Press.

Spicer, M. W., and L. A. Becker. 1980. Fiscal Inequity and Tax Evasion: An Experimental Approach. *National Tax Journal* 33(2): 171–5.

Stanley, Harold W., and Richard G. Niemi. 2008. *Vital Statistics on American Politics, 2007–2008*. Washington, DC: CQ Press.

Stanley, Robert. 1993. *Dimensions of Law in the Service of Order: Origins of the Federal Income Tax, 1861–1913*. New York: Oxford University Press.

Staudt, Nancy. 1996. Taxing Housework. *Georgetown Law Journal* 85: 1571–1646.

Steensland, Brian. 2008. Cultural Categories and the American Welfare State: The Case of Guaranteed Income Policy. *American Journal of Sociology* 111(5): 1273–326.

Stein, Herbert. 1996. *The Fiscal Revolution in America: Policy in Pursuit of Reality*. 2nd rev. ed. Washington, DC: AEI Press.

Steinmo, Sven. 1989. Political Institutions and Tax Policy in the United States, Sweden, and Britain. *World Politics* 41(4): 500–35.

Steinmo, Sven. 1993. *Taxation and Democracy: Swedish, British, and American Approaches to Financing the Modern State*. New Haven, CT: Yale University Press.

Steinmo, Sven, and Caroline J. Tolbert. 1998. Do Institutions Really Matter? Taxation in Industrialized Democracies. *Comparative Political Studies* 31: 165–87.

Steuerle, C. Eugene. 1992. *The Tax Decade: How Taxes Came to Dominate the Public Agenda*. Washington, DC: Urban Institute Press.

Steuerle, C. Eugene. 2004. *Contemporary U.S. Tax Policy*. Washington, DC: Urban Institute.

Stiglitz, Joseph. 2003. *The Roaring Nineties*. New York: W. W. Norton.

Stimson, James A. 2004. *Tides of Consent: How Public Opinion Shapes American Politics*. New York: Cambridge University Press.

Stoker, Laura. 1992. Interests and Ethics in Politics. *American Political Science Review* 86: 369–80.

Stotsky, J. G. 1996. Gender Bias in Tax Systems. IMF Working Paper, 1–18. Washington, DC: International Monetary Fund.

Stotsky, J. G. 1997. How Tax Systems Treat Men and Women Differently. *Finance & Development* 34(1): 30–3.

Strang, David, and John W. Meyer. 1993. Institutional Conditions for Diffusion. *Theory and Society* 22(4): 487–511.

Strange, Susan. 1997. The Future of Global Capitalism; Or, Will Divergence Persist Forever? In *Political Economy of Modern Capitalism: Mapping Convergence and Diversity*, eds. Colin Crouch and Wolfgang Streeck, 182–91. Thousand Oaks, CA: Sage.

Strum, Philippa. 1984. *Louis D. Brandeis: Justice for the People*. Cambridge, MA: Harvard University Press.

Study Group on the Financial Situation, Research Department, Ministry of Finance. 1955. *Oral Materials of the Postwar Financial History. Part 7: Circumstances of the Shoup Report*. February 22. Library of the Graduate School of Economics, University of Tokyo.

Surrey, Stanley, S. 1973. *Pathways to Tax Reform: The Concept of Tax Expenditures*. Cambridge, MA: Harvard University Press.

Swank, D. 1998. Funding the Welfare State: Globalization and the Taxation of Business in Advanced Market Economies. *Political Studies* 46: 671–92.

Swank, D. 2006. Tax Policy in an Era of Internationalization: Explaining the Spread of Neoliberalism. *International Organization* 60: 847–82.

Swank, Duane. 2002. *Global Capital, Political Institutions, and Policy Change in Developed Welfare States*. New York: Cambridge University Press.

Swank, Duane, and Sven Steinmo. 2002. The New Political Economy of Taxation in Advanced Capitalist Democracies. *American Journal of Political Science* 46: 642–55.

Swedberg, R. 1991. *Schumpeter – A Biography*. Princeton, NJ: Princeton University Press.

Swedberg, Richard. 2003. *Principles of Economic Sociology*. Princeton, NJ: Princeton University Press.

Swenson, Peter. 2002. *Capitalists Against Markets*. New York: Oxford University Press.

Tachibanaki, Toshiaki. 2005. *Confronting Income Inequality in Japan: A Comparative Analysis of Causes, Consequences, and Reform*. Cambridge, MA: MIT Press.

Tahmincioglu, E. 2006. *From the Sandbox to the Corner Office: Lessons Learned on the Journey to the Top*. New York: Wiley.

Tajfel, Henri, and John C. Turner. 1986. The Social Identity Theory of Intergroup Behavior. In *Psychology of Intergroup Relations*, eds. Stephen Worchel and William G. Austin, 7–24. Chicago: Burnham.

Taliercio, Robert. 2004. Designing Performance: The Semi-Autonomous Revenue Authority Model in Africa and Latin America. World Bank Policy Research Working Paper. Washington, DC: World Bank.

Tanzi, Vito. 1995. *Taxation in an Integrating World*. Washington, DC: Brookings Institution Press.

Teck, T. H. 2004. "Income Taxation of Husband and Wife in Singapore and Malaysia." *Bulletin of the International Bureau of Fiscal Documentation* 58(11):520–4.

Tedin, Kent L. 1994. Self-Interest, Symbolic Values, and the Financial Equalization of the Public Schools. *Journal of Politics* 56: 638–49.

Tedin, Kent L., Richard P. Matland, and Gregory R. Weiher. 2001. Age, Race, Self-Interest, and Financing Public Schools through Referenda. *Journal of Politics* 63: 270–94.

Telles, Edward Eric. 2004. *Race in Another America: The Significance of Skin Color in Brazil*. Princeton, NJ: Princeton University Press.

Thaler, R. H. 1980. Toward a Positive Theory of Consumer Choice. *Journal of Economic Behavior and Organization* 1: 39–60.

Thelen, Kathleen. 1999. Historical Institutionalism in Comparative Politics. *Annual Review of Political Science* 2: 369–404.

Therkildsen, Ole. 2003. Revenue Authority Autonomy in Sub-Saharan Africa: The Case of Uganda. Oslo, Norway: Norwegian Institute for Urban Regional Research.

Thies, C. G. 2004. State Building, Interstate, and Intrastate Rivalry: A Study of Postcolonial Developing Country Extractive Efforts, 1975–2000. *International Studies Quarterly* 48: 53–72.

Thies, C. G. 2005. War, Rivalry, and State Building in Latin America. *American Journal of Political Science* 49: 451–65.

Thies, C. G. 2006. Public Violence and State Building in Central America. *Comparative Political Studies* 39: 1263–82.

Thompson, E. P. 1963. *The Making of the English Working Class*. New York: Pantheon.

Thompson, I. A. A. 1976. *War and Government in Habsburg Spain, 1560–1620*. London: Athlone.

Thorndike, Joseph. 2005. The Price of Civilization: Taxation for Depression and War, 1932–1945. Ph.D. dissertation, University of Virginia.

Thurow, Lester C. 1992. *Head to Head: The Coming Economic Battle among Japan, Europe, and America*. New York: Morrow.

Tilly, Charles, ed. 1975. *The Formation of National States in Western Europe*. Princeton, NJ: Princeton University Press.

Tilly, Charles. 1985. War Making and State Making as Organized Crime. In *Bringing the State Back In*, eds. P. Evans, D. Rueschemeyer, and T. Skocpol, 169–91. New York: Cambridge University Press.

Tilly, Charles. 1992. *Coercion, Capital, and European States, AD 990–1992*. Malden, MA: Blackwell Publishers.

Tilly, Charles. 2005. *Identities, Boundaries, and Social Ties*. Boulder, CO: Paradigm Publishers.

Tocqueville, Alexis. [1856] 1955. *The Old Regime and the French Revolution*, trans. A. P. Kerr. New York: Anchor Books.

Tordoff, William. 1994. Decentralisation: Comparative Experience in Commonwealth Africa. *Journal of Modern African Studies* 32(4): 555–80.

Torgler, Benno. 2003. Tax Morale, Rule-Governed Behaviour, and Trust. *Constitutional Political Economy* 14(2): 119–40.

Torgler, Benno. 2004. Moral Suasion: An Alternative Tax Policy Strategy? Evidence from a Controlled Field Experiment. *Economics of Governance* 5(3): 235–53.

Treisman, Daniel. 1999. *After the Deluge: Regional Crises and Political Consolidation in Russia*. Ann Arbor: University of Michigan Press.

Tsuru, Shigeto. 1993. *Japan's Capitalism: Creative Defeat and Beyond*. Cambridge, UK: Cambridge University Press.

Turley, Gerald. 2006. *Transition, Taxation, and the State*. Burlington, VT: Ashgate.

Turra, Cleusa, and Gustavo Venturi, eds. 1995. *Racismo Cordial*. São Paulo: Editora Ática.

U.S. Bureau of the Census. 2007. POV35: Poverty Thresholds by Size of Family and Number of Related Children Under 18 Years: 2006. Retrieved September 2, 2008, from http://pubdb3.census.gov/macro/032007/pov/new35_000.htm.

U.S. Census Bureau. 2007. *Statistical Abstract of the United States: 2008*. Washington, DC: Government Printing Office.

U.S. Congress, Joint Committee on Taxation. 1981. *Estimates of Federal Tax Expenditures for Fiscal Years 1981–1985*. Washington, DC: Government Printing Office.

U.S. Congress, Joint Committee on Taxation. 2007. *Estimates of Federal Tax Expenditures for Fiscal Years 2007–2011*. Washington, DC: Government Printing Office.

U.S. House Committee on Ways and Means. 1998. *1998 Green Book*. Washington, DC: U.S. Government Printing Office.

Uganda Revenue Authority (URA). 2002. Corporate Plan 2002/03–2006/07. Kampala: Uganda Revenue Authority.

United States Department of Commerce, and Bureau of the Census. 1975. *Historical Statistics of the United States, Colonial Times to 1970.* Bicentennial ed. Vol. 2. Washington, DC: U.S. Government Printing Office.

Varese, Federico. 2001. *The Russian Mafia: Private Protection in a New Market Economy.* Oxford, UK: Oxford University Press.

Vatter, Harold G. 1985. *The U.S. Economy in World War II.* New York: Columbia University Press.

Ventry, D. J. 2006. No Income Splitting for Domestic Partners: How the IRS Erred. *Tax Notes* 110: 1221.

Ventry, D. J. 2007. *The Politics and Economics of Gender Norms and Competing Family Forms under the U.S. Federal Income Tax, 1969–2006.* Paper delivered at the Levy, Economics Institute's Symposium on "Gender Equality, Tax Policies and Tax Reform in Comparative Perspective. May 17–18, 2006.

Ventry, Dennis J. 2002. Equity versus Efficiency and the U.S. Tax System in Historical Perspective. In *Tax Justice: The Ongoing Debate,* eds. Joseph J. Thorndike and Dennis J. Ventry Jr. Washington, DC: Urban Institute Press.

Verba, Sidney, Kay Lehman Schlozman, and Henry E. Brady. 1995. *Voice and Equality: Civic Voluntarism in American Society.* Cambridge, MA: Harvard University Press.

Vickrey, William, 1947. *Agenda for Progressive Taxation.* New York: The Ronald Press.

Vogel, Steven. 2006. *Japan Remodeled: How Government and Industry are Reforming Japanese Capitalism.* Ithaca, NY: Cornell University Press.

Volkerink, Bjorn, and Jakob de Haan. 2001. Fragmented Government Effects on Fiscal Policy: New Evidence. *Public Choice* 109(3–4): 221–42.

Volkov, Vadim. 2002. *Violent Entrepreneurs: The Use of Force in the Making of Russian Capitalism.* Ithaca, NY: Cornell University Press.

Volpi, Francesco. 1973. Introduzione. In *Teoria della illusione finanziaria,* ed. A. Puviani, xv–xxxi. Milano: Istituto Editoriale Internazionale.

Wagner, A. 1890. *Finanzwissenschaft.* Leipzig, Germany: C. F. Winter.

Wallis, Malcolm. 1989. *Bureaucracy: Its Role in Third World Development.* London: Macmillan.

Waltman, Franklyn Jr. 1935. "First Part of Program for Taxes on Wealth Goes to Senate Today." Washington Post June 26, 1.

Waltman, Jerrold L. 2004. *The Case for the Living Wage.* New York: Algora Publishing.

Washington Post. 1935a. "Widely Varied Views Greet Tax Proposals." June 20, 1.

Washington Post. 1935b. "Text of Vandenberg Address on Tax Program." July 8, 7.

Warden, G. B. 1976. Inequality and Instability in Eighteenth-Century Boston: A Reappraisal. *Journal of Interdisciplinary History* 4: 585–620.

Webber, Carolyn, and Aaron Wildavsky. 1986. *A History of Taxation and Expenditure in the Western World.* New York: Simon & Schuster.

Weber, Max. 1968. *Economy and Society.* Berkeley: University of California Press.

Weir, Robert M. 1983. *Colonial South Carolina: A History.* Millwood, NY: KTO Press.

Werlin, Herbert H. 1979. The Consequences of Corruption: Ghanaian Experience. In *Bureaucratic Corruption in Sub-Saharan Africa,* ed. M. U. Ekpo. Washington, DC: University Press of America.

Wilensky, Harold L. 1975. *The Welfare State and Equality: Structural and Ideological Roots of Public Expenditures.* Berkeley: University of California Press.

Wilensky, Harold L. 2002. *Rich Democracies: Political Economy, Public Policy, and Performance.* Berkeley and Los Angeles: University of California Press.

Wilentz, Sean. 2008. *The Age of Reagan: A History, 1974–2008.* New York: Harper Collins.

Williams, T. Harry. 1989. *Huey Long.* New York: Knopf.

Wilson, James Q. 1989. *Bureaucracy*. New York: Basic Books.

Wilson, Mike. 2003. "What Is 'Bama to Render to Caesar?" *St. Petersburg Times*. September 9, 1A.

Winograd, Morley, and Michael D. Hais. 2008. *Millenial Makeover: MySpace, YouTube, and the Future of American Politics*. New Brunswick, NJ: Rutgers University Press.

Wiseman J., and Peacock A. T. 1961. *The Growth of Public Expenditures in the United Kingdom*. Princeton, NJ: Princeton University Press.

Witte, John F. 1985. *The Politics and Development of the Federal Income Tax System*. Madison: University of Wisconsin Press.

Wolfe, Martin. 1972. *The Fiscal System of Renaissance France*. New Haven, CT: Yale University Press.

Womack, Jack, Daniel T. Jones, Daniel Roos, and Donna Sammons Carpenter. 1990. *The Machine that Changed the World: The Story of Lean Production*. New York: HarperCollins.

Wong, R. Bin. 1987. Chapter 10: State Making, Fiscal Negotiations, and Tax Resistance. In *China Transformed: Historical Change and the Limits of European Experience*, ed. R. B. Wong, 231–51. Ithaca, NY: Cornell University Press.

Woolley, John, and Gerhard Peters. n.d. The American Presidency Project. Available at: http://www.presidency.ucsb.edu.

World Bank. 1988. *World Development Report: Issues in Public Finance*. Washington, DC: Oxford University Press.

World Bank. 2006a. Country Statistical Information Database. Available at http://www.worldbank.org/data/countrydata/csid.html

World Bank. 2006b. World Development Indicators Database. Online database. Available at http://www.worldbank.org/data/onlinedatabases/onlinedatabases.html

World Economic Forum. 2006. *Global Competitiveness Report, 2006–2007*. Geneva: World Economic Forum.

Yamamura, Kåozåo, and Wolfgang Streeck. 2003. *The End of Diversity?: Prospects for German and Japanese Capitalism*. Ithaca, NY: Cornell University Press.

Yonay, Yuval P. 1998. *The Struggle Over the Soul of Economics: Institutional and Neoclassical Economists in America Between the Wars*. Princeton, NJ: Princeton University Press.

Zelenak, Lawrence. 2007. The Theory and Practice of Tax Reform. *Michigan Law Review* 105: 1133–50.

Zelinsky, Edward A. 2007. *The Origins of the Ownership Society: How the Defined Contribution Paradigm Changed America*. New York: Oxford University Press.

Zelizer, Julian E. 1998. *Taxing America: Wilbur D. Mills, Congress, and the State, 1945–75*. New York: Cambridge University Press.

Zelizer, Julian E. 2003. The Uneasy Relationship: Democracy, Taxation, and State-building Since the New Deal. In *The Democratic Experiment: New Directions in American Political History*, eds. Meg Jacobs, William J. Novak, and Julian E. Zelizer. Princeton, NJ: Princeton University Press.

译者后记

本书的翻译由上海财经大学人文学院刘长喜老师组织协调,上海财经大学公共经济与管理学院刘守刚老师校改并统稿。整个翻译过程历时多年,多位师生共同参与。最早是刘长喜老师在研究生课程上为教学之用组织 2012 级研究生(包晓、程璐、江吟、刘心靖、谢砶、张睿、周武、朱娜)、2013 级社会学研究生(冯晨、何迎希、黄琳、倪林、钱周伟、吴际、张耿博、朱亚平)和 2014 级研究生(洪磊、张艳花)进行了初译工作。后来上海大学社会学院研究生林伟挚、李婷婷也参与部分章节初译工作。

在此基础上,刘长喜老师又重新组织上海财经大学人文学院经济社会学系教师进行系统翻译,具体分工如下:

作者名单、致谢、前言:苏熠慧

第一章、第二章:严俊[①]、刘长喜

第三章:刘长喜、严俊、邢婷婷

第四章、第五章:吴淑凤

第六章、第七章:王鲁峰

第八章、第九章、第十章:张虎祥[②]、刘长喜

第十一章:王鲁峰

第十二章:刘长喜、邢婷婷

---

① 严俊老师原为上海财经大学人文学院经济社会学系教师,现为上海大学社会学院副教授。
② 张虎祥老师原为上海财经大学人文学院经济社会学系教师,现为上海社科院社会学所副研究员。

第十三章：苏熠慧
第十四章：刘长喜
结语：苏熠慧
全书校改并统稿：刘守刚

本书在日本学者译名方面，请教了日本专修大学的徐一睿教授，特此致谢。感谢编辑刘兵老师和台啸天老师的辛苦工作。翻译中的疏漏之处，敬请各位方家批评指正。

刘长喜　刘守刚
2021 年 5 月 7 日

译丛主编后记

财政活动兼有经济和政治二重属性，因而从现代财政学诞生起，"财政学是介于经济学与政治学之间的学科"这样的说法就不绝于耳。正因如此，财政研究至少有两种范式：一种是经济学研究范式，在这种范式下财政学向公共经济学发展；另一种是政治学研究范式，从政治学视角探讨国家与社会间的财政行为。这两种研究范式各有侧重，互为补充。但是检索国内相关文献可以发现，我国财政学者遵循政治学范式的研究并不多见，绝大多数财政研究仍自觉地或不自觉地将自己界定在经济学学科内，而政治学者大多也不把研究财政现象视为分内行为。究其原因，可能主要源于在当前行政主导下的学科分界中，财政学被分到了应用经济学之下。本丛书的两位主编，之所以不揣浅陋地提出"财政政治学"这一名称并将其作为译丛名，是想尝试着对当前学科体系进行纠偏，将财政学的经济学研究范式和政治学研究范式结合起来，从而以"财政政治学"为名，倡导研究财政活动的政治属性。编者认为，这样做有以下几个方面的积极意义。

1. 寻求当前财政研究的理论基础。在我国的学科体系中，财政学被归入应用经济学之下，学术上就自然产生了要以经济理论为财政研究基础的要求。不过，由于当前经济学越来越把自己固化为形式特征明显的数学，以经济理论为基础就导致财政学忽视了那些难以数学化的政治视角研究，这样就让目前大量的财政研究失去了理论基础。在现实中已经出现并将更多出现的现象是，探讨财政行为的理论、制度与历史的论著，不断被人质疑是否属于经济学，一篇研究预算制度及其现实运行的博士论文，经常被答辩委员怀疑是否可授予经济学学位。因此，要解释当前的财政现象、推动财政研究，就不能不去寻找财政的政治理论基础。

2. 培养治国者。财政因国家治理需要而不断变革，国家因财政治理而得以成长。中共十八届三中全会指出："财政是国家治理的基础和重要支柱，科学的财税体制是优化资源配置、维护市场统一、促进社会公平、实现国家长治久安的制度保障。"财政在国家治理中的作用，被提到空前的高度。因此，财政专业培养的学生，不仅要学会财政领域中的经济知识，而且应该学到相应的政治知识。财政活动是一项极其重要的国务活动，涉及治国方略；从事财政活动的人至关重要，应该得到综合的培养。这一理由，也是当前众多财经类大学财政专业不能被合并到经济学院的原因之所在。

3. 促进政治发展。在18—19世纪，在普鲁士国家兴起及德国统一过程中，活跃的财政学派与良好的财政当局曾经发挥了巨大的历史作用。而在当今中国，在大的制度构架稳定的前提下，通过财政改革推动政治发展，也一再为学者们所重视。财政专业的学者，自然也应该参与到这样的理论研究和实践活动中去。事实上也已有不少学者参与到诸如提高财政透明、促进财税法制改革等活动中去，并成为推动中国政治发展进程的力量。

因此，"财政政治学"作为学科提出，可以纠正当前财政研究局限于经济学路径造成的偏颇。包含"财政政治学"在内的财政学，将不仅是一门运用经济学方法理解现实财政活动的学科，而且是一门经邦济世的政策科学，更是推动财政学发展、为财政活动提供指引，并推动中国政治发展的重要学科。

"财政政治学"虽然尚不是我国学术界的正式名称，但在西方国家教学和研究中却有广泛相似的内容。在这些国家中，有不少政治学者研究财政问题，同样有许多财政学者从政治视角分析财政现象，进而形成了内容非常丰富的文献。当然，由于这些国家并没有像中国这样行政主导下的严格学科分界，因而不需要有相对独立的"财政政治学"的提法。相关的研究，略显随意地分布在以"税收政治学""预算政治学""财政社会学"为名称的教材或论著中，本译丛提倡的"财政政治学"(fiscal politics)的说法也不少见。

中国近现代学术进步历程表明，译介图书是广开风气、发展学术的不二良方。因此，要在中国构建财政政治学学科，就要在坚持以"我"为主研究中国财政政治问题的同时，大量地翻译国外学者在此领域的相关论著，以便为国内学者从政治维度研究财政问题提供借鉴。本译丛主编选择了这一领域内的多部

译丛主编后记

英文著作，计划分多辑陆续予以翻译和出版。在文本的选择上，大致分为理论基础、现实制度与历史研究等几个方面。首先推出的有《财政理论史上的经典文献》《税收公正与民间正义》《战争、收入和国家构建》《发展中国家的税收与国家构建》《为自由国家而纳税：19世纪欧洲公共财政的兴起》《信任利维坦：不列颠的税收政治学(1799—1914)》《欧洲财政国家的兴起》等著作。

  本译丛的译者，主要为上海财经大学公共经济与管理学院的教师以及已毕业并在高校从事教学的财政学博士，另外还邀请了部分教师参与。在翻译稿酬低廉、译作科研分值低下的今天，我们这样一批人只是凭借着对学术的热爱和纠偏财政研究取向的希望，投身到这一译丛中来。希望我们的微薄努力，能够成为促进财政学和政治学学科发展、推动中国政治进步的涓涓细流。

        刘守刚 上海财经大学公共经济与管理学院
        魏 陆 上海交通大学国际与公共事务学院
          2015年5月

"财政政治学译丛"书目

1. 《财政理论史上的经典文献》
   理查德·A. 马斯格雷夫,艾伦·T. 皮考克 编　刘守刚,王晓丹 译
2. 《君主专制政体下的财政极限——17世纪上半叶法国的直接税制》
   詹姆斯·B. 柯林斯 著　沈国华 译
3. 《欧洲财政国家的兴起 1200—1815》
   理查德·邦尼 编　沈国华 译
4. 《税收公正与民间正义》
   史蒂文·M. 谢福林 著　杨海燕 译
5. 《国家的财政危机》
   詹姆斯·奥康纳 著　沈国华 译
6. 《发展中国家的税收与国家构建》
   黛博拉·布罗蒂加姆,奥德黑格尔·菲耶尔斯塔德,米克·摩尔 编　卢军坪,毛道根 译
7. 《税收哲人——英美税收思想史二百年》(附录:税收国家的危机 熊彼特 著)
   哈罗德·格罗夫斯 著　唐纳德·柯伦 编　刘守刚,刘雪梅 译
8. 《经济系统与国家财政——现代欧洲财政国家的起源:13—18世纪》
   理查德·邦尼 编　沈国华 译
9. 《为自由国家而纳税:19世纪欧洲公共财政的兴起》
   何塞·路易斯·卡多佐,佩德罗·莱恩 编　徐静,黄文鑫,曹璐 译　王瑞民 校译
10. 《预算国家的危机》
    大岛通义 著　徐一睿 译
11. 《信任利维坦:英国的税收政治学(1799—1914)》
    马丁·唐顿 著　魏陆 译
12. 《英国百年财政挤压政治——财政紧缩·施政纲领·官僚政治》
    克里斯托夫·胡德,罗扎那·西玛兹 著　沈国华 译
13. 《财政学的本质》
    山田太门 著　宋健敏 译
14. 《危机、革命与自维持型增长——1130—1830年的欧洲财政史》
    W. M. 奥姆罗德,玛格丽特·邦尼,理查德·邦尼 编　沈国华 译
15. 《战争、收入与国家构建——为美国国家发展筹资》
    谢尔登·D. 波拉克 著　李婉 译
16. 《控制公共资金——发展中国家的财政机制》
    A. 普列姆昌德 著　王晓丹 译
17. 《市场与制度的政治经济学》
    金子胜 著　徐一睿 译
18. 《政治转型与公共财政——欧洲1650—1913年》
    马克·丁塞科 著　汪志杰,倪霓 译
19. 《赤字、债务与民主》
    理查德·E. 瓦格纳 著　刘志广 译
20. 《比较历史分析方法的进展》
    詹姆斯·马汉尼,凯瑟琳·瑟伦 编　秦传安 译
21. 《政治对市场》
    戈斯塔·埃斯平-安德森 著　沈国华 译
22. 《荷兰财政金融史》
    马基林·哈特,乔斯特·琼克,扬·卢滕·范赞登 编　郑海洋 译　王文剑 校译
23. 《税收的全球争论》
    霍尔格·内林,佛罗莱恩·舒伊 编　赵海益,任晓辉 译
24. 《福利国家的兴衰》
    阿斯乔恩·瓦尔 著　唐瑶 译　童光辉 校译
25. 《战争、葡萄酒与关税:1689—1900年间英法贸易的政治经济学》
    约翰 V. C. 奈 著　邱琳 译

26.《汉密尔顿悖论》
    乔纳森·A.罗登 著　何华武 译
27.《公共经济学历史研究》
    吉尔伯特·法卡雷罗,理查德·斯特恩 编　沈国华 译
28.《新财政社会学——比较与历史视野下的税收》
    艾萨克·威廉·马丁 阿杰·K.梅罗特拉 莫妮卡·普拉萨德 编,刘长喜 等译,刘守刚 校
29.《公债的世界》
    尼古拉·贝瑞尔,尼古拉·德拉朗德 编　沈国华 译
30.《西方世界的税收与支出史》
    卡洛琳·韦伯,阿伦·威尔达夫斯基 著　朱积慧,苟燕楠,任晓辉 译
31.《西方社会中的公共财政(第三卷)——政治经济学的新思维》
    理查德·A.马斯格雷夫 编　王晓丹,王瑞民,刘雪梅 译　刘守刚 统校
32.《财政学手册》
    于尔根·G.巴克豪斯,理查德·E.瓦格纳 编　何华武,刘志广 译
33.《来自地狱的债主——菲利普二世的债务、税收和财政赤字》
    莫里西奥·德里奇曼,汉斯乔亚吉姆·沃斯 著　施诚 译
34.《金钱、政党与竞选财务改革》
    雷蒙德·J.拉贾 著　李艳鹤 译
35.《牛津福利国家手册》
    弗兰西斯·G.卡斯尔斯,斯蒂芬·莱伯弗里德,简·刘易斯,赫伯特·奥宾格,克里斯多弗·皮尔森 编
    杨翠迎 译
36.《经由税收的代议制》
    史科特·格尔巴赫 著　杨海燕 译
37.《政治、税收和法治》
    唐纳德·P.雷切特,理查德·E.瓦格纳 著　王逸帅 译
38.《18世纪西班牙建立财政军事国家》
    拉斐尔·托雷斯·桑切斯 著　施诚 译
39.《美国现代财政国家的形成和发展——法律、政治和累进税的兴起,1877—1929》
    阿贾耶·梅罗特 著　倪霓,童光辉 译
40.《另类公共经济学手册》
    弗朗西斯科·福特,拉姆·穆达姆比,彼得洛·玛丽亚·纳瓦拉 编　解洪涛 译
41.《财政理论发展的民族要素》
    奥汉·卡亚普 著　杨晓慧 译
42.《联邦税史》
    埃利奥特·布朗利 著　彭骥鸣,彭浪川 译
43.《旧制度法国绝对主义的限制》
    理查德·邦尼 著　熊芳芳 译
44.《债务与赤字:历史视角》
    约翰·马洛尼 编　郭长林 译
45.《布坎南与自由主义政治经济学:理性重构》
    理查德·E.瓦格纳 著　马珺 译
46.《财政政治学》
    维特·加斯帕,桑吉·古普塔,卡洛斯·穆拉斯格拉纳多斯 编　程红梅,王雪蕊,叶行昆 译
47.《英国财政革命——公共信用发展研究,1688—1756》
    P.G.M.迪克森 著　张珉璐 译
48.《财产税与税收抗争》
    亚瑟·奥沙利文,特里 A.塞克斯顿,史蒂文·M.谢福林 著　杨海燕 译
49.《社会科学的比较历史分析》
    詹姆斯·马奥尼,迪特里希·鲁施迈耶 编　秦传安 译
50.《税收逃逸的伦理学——理论与实践观点》
    罗伯特·W.麦基 编　陈国文 译
51.《税收幻觉——税收、民主与嵌入政治理论》
    菲利普·汉森 著　倪霓,金赣婷 译